汽车技术创新与研发
系列丛书

乘用车底盘系统开发

车辆动力学原理应用与正向开发工程实践

[美] 吴旭亭 ◎ 著

车辆动力学是整车研发的一项基础工作，它不仅影响到整车的操纵性和安全性，而且对于整车的用户体验和综合产品力也有着显著影响。即便是在汽车产业掀起以电动化、智能化、网联化、共享化为代表的"新四化"变革的当下，车辆动力学研究仍然具有不可替代的重要作用，为分布式驱动、滑板底盘以及智能驾驶等前沿技术提供了理论基础和技术支撑。本书从大量实践应用出发，较为系统地介绍了整车动力学开发的理论知识，并提供了实践指导。第1章介绍了车辆动力学简史及发展趋势；第2章介绍了车辆动力学性能和整车集成；第3章和第4章系统介绍了车辆动力学与悬架系统设计要素及轮胎动力学的关系；第5章到第7章分别从车辆动力学的三个方面详细介绍了车辆稳定性及其控制、车辆操纵性和转向系统的开发以及行驶平顺性与相关车辆系统的关系；最后在第8章结合工程实践，介绍了车辆动力学在整车开发中的应用。

本书适用于从事车辆动力学和底盘开发的专业技术人员，如整车前期性能和系统定义工程师、动力学性能仿真工程师、底盘性能调校和性能验证工程师、零部件配套工程师、整车架构和技术管理工程师等。同时，本书内容深入浅出、图文并茂，对于汽车技术爱好者以及相关专业的高校师生也普遍适用。

北京市版权局著作权合同登记　图字：01-2020-7521

图书在版编目（CIP）数据

乘用车底盘系统开发：车辆动力学原理应用与正向开发工程实践/（美）吴旭亭著.—北京：机械工业出版社，2023.3（2024.3重印）
（汽车技术创新与研发系列丛书）
ISBN 978-7-111-72527-5

Ⅰ.①乘…　Ⅱ.①吴…　Ⅲ.①乘用型－汽车－底盘－机械系统－系统开发　Ⅳ.①U472.41

中国国家版本馆 CIP 数据核字（2023）第 010649 号

机械工业出版社（北京市百万庄大街22号　邮政编码100037）
策划编辑：何士娟　　　　责任编辑：何士娟
责任校对：樊钟英　张　薇　责任印制：常天培
北京中科印刷有限公司印刷
2024年3月第1版第3次印刷
169mm×239mm・22.25印张・2插页・459千字
标准书号：ISBN 978-7-111-72527-5
定价：199.00元

电话服务　　　　　　　网络服务
客服电话：010-88361066　机　工　官　网：www.cmpbook.com
　　　　　010-88379833　机　工　官　博：weibo.com/cmp1952
　　　　　010-68326294　金　书　网：www.golden-book.com
封底无防伪标均为盗版　机工教育服务网：www.cmpedu.com

序 1

中国汽车工业的发展与汽车业正在经历的"新四化"密不可分。汽车"新四化"的赋能，给汽车这个传统交通工具带来更多的可能性。但是汽车作为移动出行工具的基本工业属性仍然是用户非常关注的方面。只要仍然使用轮胎在路面运动，无论是有人驾驶或者无人驾驶，其性能边界和可能的性能冲突依然存在。没有可靠的行驶稳定性或安全性，用户就不可能在第三生活空间中过得安心；没有优良的乘坐平顺性和NVH性能，乘员就无法充分享受智能驾驶车辆的信息娱乐系统、无法静心办公或者休息。因此，车辆动力学在整车研发中的重要性不仅没有降低，而且需要加强。同时，汽车的智能化和电动化为车辆动力学和底盘这样的传统领域提供了更多的发展机会。车辆动力学协同控制技术以及与此相关的底盘全面线控化，是实现全天候、全工况自动驾驶的必要保证。

车辆动力学与整车研发有着密切关系。车辆动力学是一门从整车研发实践中诞生的实用学科，是把用户体验与整车研发联系起来的桥梁。车辆动力学与整车架构参数、底盘中的各主要执行系统、车身系统、动力传动系统等都有着密切关系。车辆动力学在整车研发前期的正确应用，能够使得大量的研发工作前置，使平台化研发成为可能，有利于在缩短的开发周期内基于数据快速做出决策；在后期开发中，可以有效为实车调校提供理论指导，并最终有效提升整车的行驶安全性和用户驾乘体验。因此，车辆动力学研发能力是整车企业的核心竞争力之一。

这本书把车辆动力学理论和整车设计有机融合在一起，用于指导产品设计开发。作者吴旭亭博士具有多年的科研和车型项目开发经验，领导过多个车型的车辆动力学开发项目，并解决过多个动力学难题。本书的主要特色是用大量篇幅讨论行驶平顺性，详细介绍了前后轴等效侧偏刚度对操纵稳定性的影响，并系统探讨了影响中心区转向性能关键设计要素。具有一定产品开发经验的工程师会发现该书很有参考价值，从事智能驾驶控制执行工作的工程师也会发现该书提供的理论知识和工程经验很有帮助。可以说，这是一本少有的工程师写给工程师的书。

我愿意把这部著作推荐给汽车界的工程技术人员以及高校师生，在智能驾驶时代打造坚实的车辆动力学和底盘基础，助力中国汽车工业继续做大做强。

中国工程院院士

序 2

2021年春节旭亭在广州，我邀请他来深圳坐坐，一起散步时，他说正在写一本汽车动力学的书，并让我为新书做序。这是莫大的荣誉，我毫不迟疑地应承下来。

我知道旭亭为这本书准备了很久。记得2008—2009年我在美国通用汽车访问研究期间，与旭亭常谈论起国内外汽车的现状，旭亭就说要为国内汽车发展做些事情，我们首先想到的就是讲学，从那时起旭亭就开始了资料的准备。旭亭家有个地下室，他布置成了自己的研究室，下班后就常在这里整理并思考这些年的学习工作所得。回国探亲时，他常挤出时间到企业去讲课，践行着自己为国内汽车发展做些事的想法，同时也深感将他的所学所得与更多人分享的必要性，我想这可能就是这本专著写作的"初心"吧！

旭亭热爱汽车，从毕业后留在清华任教，到出国留学及工作，这么多年一直在汽车行业，也一直勤勤恳恳、兢兢业业。我与旭亭相识始于2006年吉林大学与通用汽车的 UniTire 模型应用课题，旭亭工作一丝不苟，方方面面的考虑非常周详，他在车辆动力学领域宽广丰富且精深的知识与技能对于课题的顺利开展起到了关键作用。旭亭对问题的研讨非常深入，有自己独到的见解，相信在读了这部专著的每个人都会对此深有体会。

如大家所见，我国汽车产业正在经历一个历史机遇期，新能源汽车的蓬勃发展使我们找到了一个新赛道，很多车企都宣布了停售燃油车的时间表，但汽车的基本形态并未发生根本性变化，仍然是依靠轮胎实现在地面上的运动，因此车辆动力学问题依然存在，只不过是因动力系统、驾驶系统、应用场景的改变赋予了新的研究内容，如今的主机厂要想在新赛道上保持领先、笑到最后，并非易事。旭亭的这部专著详细介绍了整车开发中的动力学问题，对从事汽车研发的科技人员大有裨益。

自主汽车的发展要避免"内卷"，不应该总强调低价格，市场认可的产品一定具有高的性价比。通过降低价格来提高性价比就易产生"内卷"，对整个行业的发展没有好处，容易走进死胡同。反之，通过提高性能来提升性价比就能不断突破边界，获得更大的发展空间。道理很简单，但如何能做出高性价比的汽车，对国内的很多企业而言还是挑战。我们的仿真工程师会用 ADAMS 等动力学软件，但如果一个高精度的整车模型都做不出来，这样的动力学工作对整车开发又有什么贡献呢？究其原因还是车辆动力学没学好，而学好动力学必须要精通转向、悬架、轮胎等系统的动力学，且要深刻理解整车与系统间的动力学关系，这些内容都在旭亭的这部专著中有详尽的阐述。

　　车辆控制工程师也需要学习动力学，动力学就是对控制对象——汽车的描述，若对控制对象的特性不清楚，怎能做出高效的控制算法呢？说到控制，就很感慨于这些年我们一直在"跟跑"的状态，为什么我们提不出来ESC、GVC？主要原因也是对车辆动力学研究得不够，不能提出动力学控制的原理创新。

　　2019年3月，我在德国出差时，接到了旭亭的电话，他告诉我要回国来亲身参与到自主品牌汽车的发展中，我告诉他，回来得很及时。今天，在自主品牌汽车真正强大必须根植于创新的时刻，旭亭博士的这部专著很及时！

吉林大学"唐敖庆学者"卓越教授

前　言

汽车业正在经历一场以"新四化"（电动化、智能化、网联化、共享化）为代表的大变革，汽车也被赋予了比移动出行工具更多的所谓第三生活空间的属性。汽车"新四化"为人们带来了有关移动空间更多的想象。在传统意义的基本功能之外，汽车将会变得更加智能、更加互联、更加安全、更加舒适、更加便利；同时，汽车作为移动出行工具所具有的基本属性，如汽车的使用空间、人机工程、感知品质、主被动安全性、车辆动力学性能、NVH性能、能耗、强度、耐久性和可靠性等仍然是用户非常关注的。

汽车的智能化和电动化为车辆动力学和底盘这样的传统领域提供了更多的发展机会。智能驾驶和底盘控制技术自身的发展以及整车平台化模块化需求，直接对底盘域控制和中央控制技术、底盘全面线控化提出需求。"软件定义汽车"要求软、硬件模块开发解耦，硬件平台数量减少，单个平台延展性增强。主机厂业务重心必须向软件及服务转移，具备自主软件开发能力。正如机械底盘的物理集成和性能集成是主机厂的核心能力一样，掌握车辆动力学协同控制技术也是主机厂的必由之路。底盘全面线控化带来的快速响应、灵活布置、机电解耦等优势直接支撑车辆动力学协同控制和智能驾驶技术的落地。因此，车辆动力学在这个激烈变化的时代依然大有可为，仍然是整车企业的核心竞争力，是品牌形象的重要支撑。本书是在大变革时代带有守正创新时代烙印的一个产品。

车辆动力学与整车研发的关系

车辆动力学与整车的架构参数，底盘中的悬架、转向、轮胎、传动、动力总成悬置等系统，以及副车架、下地板、车身和座椅系统等都有密切关系。车辆动力学在整车研发中的合理应用，可以有效提升整车行驶安全性和用户驾乘体验，是整车企业的核心竞争力之一。

现代整车开发流程中，前期需要根据客户需求制订整车性能要求，然后通过逐级分解，提出系统和零部件的性能要求。多体动力学模拟技术的普及使得模拟仿真复杂车辆系统的难度大为降低。对于产品开发工程师，主要的挑战在于根据前期不完善的数据快速做出决定，这就要求关注最重要的性能指标，并从大量仿真数据中找出最关键的本因，简明扼要地明确问题的本质。通过应用多体动力学仿真技术，大量的研发工作得以前置，有利于在缩短的开发周期内基于数据快速做出决策。另外，后期的实车调校同样需要车辆动力学的理论指导。

前言

作者、读者和本书特色

笔者曾在清华大学、英国南安普顿大学和加拿大康考迪亚大学从事车辆动力学和人体振动方面的学习、研究和教学工作达 18 年；之后在美国通用汽车公司和广汽研究院在车辆动力学领域从事具体产品开发和技术研究工作近 30 年，所领导车辆动力学和载荷预测团队支持多个主要车辆平台的开发，负责完成多个通用汽车公司车辆动力学道路 - 实验室 - 计算机仿真（Road-Lab-Math）研发项目。在理论研究方面，笔者在国际核心刊物和学术会议上发表 40 余篇论文，主笔起草一项 ISO 国际标准，并受邀组织并主持十余年 SAE 年会车辆乘坐舒适性专题。

本书适宜的读者对象是掌握了车辆动力学和底盘开发的基础知识，且有一定产品开发经验的工程师，如整车前期性能和系统定义工程师、车辆动力学性能仿真工程师、底盘性能调校和性能验证工程师、零部件配套工程师、整车架构和技术管理工程师等。在智能驾驶汽车感知识别、决策规划、控制执行三个核心系统中，本书提供的理论知识和工程经验对从事决策规划和控制执行工作的工程师会很有帮助。

本书在内容和写作风格上力求精简，并且强调把车辆动力学理论与工程应用和产品开发密切关联起来。本书第 2 章介绍了车辆动力学性能和整车集成；第 3 章和第 4 章系统介绍了车辆动力学与悬架系统设计要素及轮胎动力学的关系；第 5 章到第 7 章分别从车辆动力学的三个方面详细介绍了车辆稳定性及其控制、车辆操纵性和转向系统的开发以及行驶平顺性与相关车辆系统的关系。其中，第 7 章用大量篇幅从多个方面讨论行驶平顺性，是本书的主要特色和贡献；第 5 章中详细介绍的前后轴等效侧偏刚度对操纵稳定性的影响，以及第 6 章对影响中心区转向性能关键设计要素的探讨都是本书与众不同之处。本书与国内现有的车辆动力学和底盘设计的教科书和参考书相结合可构成更为完整的底盘开发知识体系。

致谢

在成长过程中，得益于几位师长的教诲和帮助：我的导师，清华大学的赵六奇教授带我进入了车辆动力学之门，最初选择的行驶平顺性研究变成了职业生涯中每一个转折点的主线，也是本书行驶平顺性部分内容丰富的原因；已故的英国南安普顿大学的 MichaelJ.Griffin 教授是一位真正的科学家，让我见识了大师风范，他在人因（Human Factors）方面的专著 *Human Response to Vibration* 让我深切体会到比产品功能更重要的是用户体验；在通用汽车公司工作时，有幸向车辆动力学中心的几位老先生当面请教，受益匪浅，他们在通用汽车公司的米尔福德试车场见证了车辆动力学的诞生并参与了它的发展，文献里引用了他们的文章。其中，有人甚至和 Maurice Olley 做过同事，想来比较传奇。非常荣幸能和车辆动力学专家 Douglas L.Milliken 在 SAE 工作中交往互动，他的父亲 William F.Milliken

是车辆动力学的创始人之一,是与 Maurice Olley 同时期的专家。他们父子合著的 *Chassis Design – Principles and Analysis* 和 *Race Car Vehicle Dynamics* 仔细梳理了车辆动力学和底盘设计理论诞生的过程,书中关注的车辆动力学问题如今仍然是地面车辆必须关注的最基本的问题。在通用汽车公司工作期间,我常和华人朋友 Jason M. Wong 讨论各种悬架设计,获益良多。回国后,通过桃李满天下的郭孔辉院士和卢荡教授发起的轮胎动力学协同创新联盟,我开始参加国内车辆动力学和轮胎领域的活动,从而和中国汽车业再续前缘,衷心感谢他们提供的机会。郭先生在汽车底盘、车辆动力学和轮胎力学方面几十年辛勤耕耘,成果的深度和广度值得我认真学习,他治学的态度、勤奋、远见、天赋再一次让我体会到大师的风采。汽车业的前辈、郭院士的朋友吕孝培先生曾告诉我:"你必须认识郭院士,你需要找到好榜样跟随。"

在写作过程中,我的朋友和同事唐湘民博士把日常问候改为了询问写作进展,成了无形的推力。他写的《汽车企业数字化转型:认知与实现》从写作到出版仅花了一年时间,而且一经发行就登上了京东和当当网畅销书榜首。在本书初稿完成后,广汽研究院的同事和朋友刘兵、李志魁、杨蔓、殷珺和袁世海从整车开发工程师和读者的视角对内容编排、文字表述和图表格式提出了修改建议,使得本书行文更为流畅,更合乎国内语言习惯,也使得本书以更快的速度、更好的面貌面世,特此感谢。我在 20 世纪 80 年代初学习汽车专业时的教材不包括硬点设计、K&C 指标、等效侧偏柔度等对车辆动力学和底盘设计至为重要的概念,中心转向性能概念也尚未引入,行驶平顺性仅限于基于垂向 1/4 车辆模型的一些基本讨论。本书中覆盖的知识和术语大都是我在通用汽车公司工作期间在英文语境下学习或工作实践中得到的,直译过来难免有不合规范或约定俗成的用语,这也从侧面反映了近三十年来国内车辆动力学和底盘设计技术的进步。

感谢我的三代家人对我写作本书极大的鼓励和支持,他们都非常理解写作本书对一个既有科研背景又有工程经验的工程师的意义及可能提供的价值。

正如满足用户需求是汽车开发的最强大驱动力,满足同行的期望也是本书写作的最大驱动力。书中肯定有不当之处,恳请读者不吝指正,以便将来持续完善。

著 者

资源说明页

本书配套"乘用车底盘系统开发系列讲座"。

获取方式

1. 微信扫码（封底"刮刮卡"处），关注"天工讲堂"公众号。
2. 选择"我的"—"使用"，跳出"兑换码"输入页面。
3. 刮开封底处的"刮刮卡"，获得"兑换码"。
4. 输入"兑换码"和"验证码"，点击"使用"。

通过以上步骤，您的微信账号即可享有5折 **全套课程** 购买权限！

微信扫描本页的"课程空间码"即可直接跳转到课程空间。

乘用车底盘系统开发系列讲座
课程空间码

客服人员微信：13641202052

目 录

序 1
序 2
前 言
资源说明页

第 1 章 车辆动力学简史及发展趋势 ······ 1
1.1 概述 ······ 1
1.2 车辆动力学的起源 ······ 3
1.3 车辆动力学的覆盖范围 ······ 4
   1.3.1 车辆的动态性能定义 ······ 4
   1.3.2 定义车辆主要特征和品牌形象的车辆动力学 ······ 7
1.4 车辆动力学在智能汽车时代的发展趋势 ······ 8
   1.4.1 底盘域控制器和软硬件解耦 ······ 8
   1.4.2 汽车智能化与底盘线控技术 ······ 9
1.5 本书的覆盖范围与结构 ······ 9
参考文献 ······ 10

第 2 章 车辆动力学性能与整车集成 ······ 12
2.1 车辆动力学性能与整车架构参数 ······ 13
   2.1.1 轴距和轮距的影响 ······ 13
   2.1.2 整车重量和重量分布的影响 ······ 14
   2.1.3 重心高度的影响 ······ 14
   2.1.4 转动惯量的影响 ······ 15
   2.1.5 驱动形式的影响 ······ 16
   2.1.6 小结 ······ 18
2.2 整车集成 ······ 18
   2.2.1 承载式车身结构和副车架 ······ 18
   2.2.2 前悬架和其他系统的布置关系 ······ 21
   2.2.3 后悬架和其他系统的布置关系 ······ 22
   2.2.4 轮胎包络 ······ 23
   2.2.5 最小离地间隙 ······ 24
   2.2.6 电动汽车布置的特殊考虑 ······ 24
   2.2.7 小结 ······ 25
2.3 模块化平台架构与平台拓展策略 ······ 25
   2.3.1 整车平台开发历史 ······ 25
   2.3.2 模块化平台架构 ······ 27
   2.3.3 平台拓展策略 ······ 28
   2.3.4 小结 ······ 30
2.4 总结 ······ 30
参考文献 ······ 31

第 3 章 车辆动力学与悬架系统设计要素 ······ 32
3.1 悬架系统的基本功能和种类 ······ 32
   3.1.1 悬架的构成要素 ······ 33
   3.1.2 双叉臂悬架的种类 ······ 36
   3.1.3 麦弗逊悬架的种类 ······ 37
   3.1.4 多连杆悬架的种类 ······ 39
   3.1.5 扭力梁悬架的种类 ······ 41
   3.1.6 悬架形式的选择原则 ······ 43
3.2 主销几何 ······ 44
   3.2.1 主销内倾角、主轴长度和摩擦半径 ······ 45
   3.2.2 主销后倾角、后倾拖距和后倾偏移距 ······ 47
   3.2.3 转向主销几何和转向回正力矩 ······ 47

- 3.2.4 制动稳定性与摩擦半径 ……… 49
- 3.3 前视图几何运动学特性 ……… 49
  - 3.3.1 侧倾中心的运动学定义与物理意义 ……… 50
  - 3.3.2 外倾角及其运动学变化 ……… 51
  - 3.3.3 前束角及其运动学变化 ……… 52
- 3.4 侧视图几何运动学特性 ……… 54
  - 3.4.1 侧视图瞬时中心与虚拟摆臂 …… 54
  - 3.4.2 支撑特性 ……… 55
- 3.5 悬架俯视图几何运动特性 ……… 59
  - 3.5.1 阿克曼转向几何与阿克曼转向机构 ……… 59
  - 3.5.2 阿克曼校正的讨论 ……… 60
  - 3.5.3 最小转弯直径 ……… 62
- 3.6 悬架弹性运动学特性 ……… 63
  - 3.6.1 侧向力弹性运动学特性 ……… 64
  - 3.6.2 回正力矩变形特性 ……… 65
  - 3.6.3 纵向力变形特性 ……… 66
- 3.7 悬架几何运动和弹性运动学特性试验 ……… 66
  - 3.7.1 常用的试验系统 ……… 66
  - 3.7.2 常见 K&C 试验介绍 ……… 66
- 3.8 对麦弗逊悬架的特殊考虑 ……… 72
  - 3.8.1 麦弗逊悬架的滑柱侧向力补偿 ……… 72
  - 3.8.2 连接滑柱的横向稳定杆吊杆对车辆动态性能的影响 ……… 74
- 3.9 影响车辆动力学的关键悬架几何设计参数与 K&C 参数 ……… 77
  - 3.9.1 车轮定位角设定指南 ……… 77
  - 3.9.2 影响轮胎磨损的悬架定位参数和 K&C 参数总结 ……… 78
  - 3.9.3 自回正和自转向因素总结 …… 79
  - 3.9.4 对性能影响最大的悬架关键几何设计参数与 K&C 参数总结 …… 80
- 参考文献 ……… 83

第 4 章 车辆动力学与轮胎动力学性能 ……… 84
- 4.1 轮胎动力学介绍 ……… 84
- 4.2 影响操纵性和稳定性的轮胎侧向力和回正力矩 ……… 86
  - 4.2.1 侧偏角输入下的侧向力和回正力矩 ……… 86
  - 4.2.2 外倾角输入下的侧向力和翻转力矩 ……… 88
  - 4.2.3 轮胎垂向载荷的影响 ……… 89
- 4.3 影响制动和加速性能的轮胎纵向力 ……… 91
- 4.4 转向、加速或减速复合工况下的轮胎力 ……… 92
  - 4.4.1 侧偏角和纵向滑移同时输入时的轮胎动力学特性 ……… 92
  - 4.4.2 摩擦圆 ……… 93
- 4.5 影响驾控体验的轮胎瞬态特性 …… 95
  - 4.5.1 阶跃侧偏角输入下轮胎的松弛特性 ……… 95
  - 4.5.2 定侧偏角扫频输入下轮胎的频响特性 ……… 96
- 4.6 行驶平顺性与轮胎的动态特性 …… 97
  - 4.6.1 轮胎的模态 ……… 97
  - 4.6.2 轮胎的包络特性 ……… 98
  - 4.6.3 胎面橡胶的影响 ……… 99
  - 4.6.4 轮胎的行驶平顺性模型 ……… 99
- 4.7 影响能耗的轮胎滚动阻力 ……… 101
  - 4.7.1 滚动阻力产生的原因 ……… 101
  - 4.7.2 滚动阻力与动力学性能之间的权衡 ……… 101
- 4.8 影响车辆动力学性能的轮胎不均匀性 ……… 102
  - 4.8.1 轮胎质量不均匀产生的不平衡力 ……… 102
  - 4.8.2 承载轮胎垂向和纵向力的波动 ……… 103

    4.8.3　帘布层转向和轮胎锥度 ……… 103
    4.8.4　轮胎气压与磨损程度对动力学
        性能的影响 ………………… 103
4.9　与车辆动力学性能相关的轮胎
    客观性能指标总结 ……………… 104
    4.9.1　与操纵稳定性能相关的轮胎性能
        指标 ………………………… 104
    4.9.2　与行驶平顺性能相关的轮胎性能
        指标 ………………………… 105
    4.9.3　与制动性能相关的轮胎性能
        指标 ………………………… 106
4.10　总结 …………………………… 106
参考文献 ………………………………… 106

第5章　车辆稳定性及其控制 …… 107

5.1　整车稳态侧向力学 ……………… 107
    5.1.1　稳态线性转弯模型的演进 …… 108
    5.1.2　稳态转向灵敏度和横摆角速度
        增益 ………………………… 113
    5.1.3　非线性不足转向度和等效
        侧偏柔度的讨论 …………… 115
5.2　整车稳态侧倾力学 ……………… 117
    5.2.1　考虑车身侧倾自由度的
        四轮车辆模型 ……………… 117
    5.2.2　侧倾梯度 ………………… 118
    5.2.3　横向载荷转移 …………… 119
    5.2.4　操纵稳定性与侧倾角刚度
        设计指南 …………………… 120
5.3　转向输入下线性二自由度模型的
    瞬态响应 ………………………… 121
    5.3.1　线性二自由度动态模型 …… 122
    5.3.2　线性二自由度模型频响
        特性分析 …………………… 125
    5.3.3　线性二自由度模型在阶跃
        输入下的瞬态响应 ………… 129
    5.3.4　小结 ……………………… 135
5.4　转向输入下非线性多体模型的

    瞬态响应 ………………………… 136
    5.4.1　悬架设计参数对车辆瞬态
        响应的影响 ………………… 136
    5.4.2　悬架减振器调校对车辆瞬态响应
        的影响 ……………………… 139
    5.4.3　小结 ……………………… 141
5.5　整车侧翻力学 …………………… 142
    5.5.1　静态侧翻稳定性概念及试验 … 143
    5.5.2　稳态侧翻稳定性裕量 …… 146
5.6　车辆稳定性的主动控制 ………… 147
    5.6.1　基于制动系统的电子稳定性
        控制系统（ESC）…………… 148
    5.6.2　基于差速器和四驱技术的
        稳定性控制 ………………… 151
    5.6.3　基于转向系统的稳定性控制 … 152
    5.6.4　主动侧倾稳定性控制 ……… 154
    5.6.5　评估ESC系统对横摆稳定性和
        可操控性影响的试验方法 … 156
    5.6.6　底盘电控系统的集成控制 … 157
5.7　总结 ……………………………… 158
参考文献 ………………………………… 159

第6章　车辆操纵性和转向系统的
　　　　开发 ……………………… 161

6.1　转向系统的功能和种类 ………… 161
    6.1.1　转向系统的构成要素及
        工作原理 …………………… 162
    6.1.2　EPS系统的种类和控制算法 … 164
    6.1.3　转向速比和可变速比 …… 168
    6.1.4　四轮转向系统的影响 …… 169
    6.1.5　主动转向系统 …………… 171
    6.1.6　线控转向 ………………… 171
    6.1.7　小结 ……………………… 173
6.2　具有良好操纵性能车辆的特点 … 173
    6.2.1　操纵性与转向性能覆盖的
        用户场景 …………………… 173
    6.2.2　直线行驶的可控性 ……… 173

XIII

6.2.3　变道行驶的可控性 …………175
6.2.4　弯道行驶的可控性 …………176
6.2.5　高速紧急避障的可控性 ……177
6.3　转向性能客观指标定义 …………177
6.3.1　转向盘中心区操纵性试验 …178
6.3.2　转向灵敏度及其线性度 ……178
6.3.3　转向力矩梯度及其线性度 …179
6.3.4　转向刚度与中位感 …………181
6.3.5　转向盘回正特性 ……………182
6.3.6　小结 …………………………183
6.4　转向系统关键设计参数与转向助力调校原理 …………………………184
6.4.1　简化的前轮转向系统模型 …184
6.4.2　基础转向灵敏度与中心转向速比的选定 ………………………185
6.4.3　端到端转向速比的设计原理 …186
6.4.4　齿条行程 ……………………187
6.4.5　转向助力特性调校 …………187
6.4.6　最小转向灵敏度与转向系统的刚度 …………………………189
6.4.7　手力可调转向系统随速变化的调校 …………………………191
6.4.8　小结 …………………………193
6.5　转向干扰 …………………………193
6.5.1　直行跑偏 ……………………193
6.5.2　转矩转向（加速跑偏）……195
6.5.3　制动跑偏 ……………………197
6.5.4　自转向 ………………………197
6.5.5　车辙路漂移 …………………197
6.5.6　转向盘"打手" ………………197
6.5.7　小结 …………………………198
6.6　极限操稳性和赛车动力学 ………198
6.6.1　典型的极限操稳工况及G-G图 …………………………198
6.6.2　路径选择 ……………………199
6.6.3　赛道操纵实施 ………………201

6.7　总结 ………………………………203
参考文献 …………………………………204

第7章　行驶平顺性与相关车辆系统　205

7.1　行驶平顺性涉及的范围与评价方法 …………………………205
7.1.1　行驶平顺性的范围 …………205
7.1.2　行驶平顺性的主观评价 ……206
7.1.3　行驶平顺性的客观量化 ……207
7.2　路面激励与内部激励 ……………210
7.2.1　路面激励-车辆垂向和俯仰方向的输入 ……………211
7.2.2　路面激励-车辆纵向和侧向输入 ……………………212
7.2.3　路面数据采集 ………………213
7.2.4　车辆内部激励 ………………215
7.3　粗糙路面输入下垂向线性刚体模型及用途 ……………………217
7.3.1　路面激励下的1/4车辆刚体模型 …………………………217
7.3.2　传递函数图 …………………221
7.3.3　考虑路面输入的4个关键性能指标 …………………………226
7.3.4　关键参数的影响分析及性能优化 …………………………227
7.3.5　考虑减振器衬套柔度的1/4车辆模型 ……………………229
7.3.6　小结 …………………………234
7.4　减振器设计与调校原理 …………234
7.4.1　整车动态性能对减振器特性的要求 …………………………234
7.4.2　筒式减振器的工作原理 ……237
7.4.3　整车前期设计中的减振器 …240
7.4.4　筒式减振器的调校原理及调校步骤 ………………………242
7.5　主动及半主动悬架 ………………244

7.5.1 主动和半主动悬架的区别与分类……244
7.5.2 控制系统模型与不变点……245
7.5.3 从状态反馈控制理论推导出的控制算法……247
7.5.4 传递函数及其渐进线特征……249
7.5.5 全主动控制与被动悬架的性能比较……250
7.5.6 全状态变量反馈控制与部分状态变量反馈控制的性能比较……254
7.5.7 半主动控制与天钩控制、地钩控制和全状态反馈控制的关系……257
7.5.8 半主动控制与其他悬架控制系统的性能比较……258
7.5.9 半主动悬架的减振器硬件……260
7.5.10 小结……260
7.6 车辆俯仰模型与前后悬架刚度比的选择……262
7.6.1 二自由度俯仰模型……262
7.6.2 悬架弹簧刚度的选择……267
7.7 动力总成悬置与平顺性……269
7.7.1 动力总成悬置的形式……269
7.7.2 发动机悬置对内部激励的隔振……270
7.7.3 模态频率的分隔与解耦……271
7.7.4 橡胶悬置件……272
7.7.5 液压悬置件……274
7.7.6 半主动和主动悬置件系统……276
7.7.7 小结……276
7.8 对限速带类路面凸起的冲击强度和余振响应……278
7.8.1 车辆对冲击工况响应的机理分析……278
7.8.2 包括侧视摆臂及轮胎包络的多自由度模型……279
7.8.3 纵向响应的影响因素……280

7.8.4 垂向响应的影响因素……282
7.8.5 小结……283
7.9 平滑路上的抖动……284
7.9.1 模态分析……284
7.9.2 转向盘轴向振动响应……286
7.9.3 垂向响应……288
7.9.4 纵向的响应……298
7.9.5 平滑路抖动小结……299
7.10 不平路面输入下车身的侧向、横摆和侧倾响应……299
7.10.1 简化分析模型……300
7.10.2 等效侧偏刚度对平顺性的影响……302
7.10.3 悬架侧倾转向系数和侧倾中心高度对平顺性的影响……303
7.10.4 不平路面输入下的车身"侧倾中心"……303
7.10.5 小结……305
7.11 人-椅系统动力学对行驶平顺性的影响……305
7.11.1 人体动质量与人体动力学模型……305
7.11.2 座垫的动刚度和等效阻尼系数……307
7.11.3 座椅传递率、人-椅系统响应函数之间的关系和SEAT值……308
7.11.4 人-椅系统动力学模型……310
7.11.5 小结……313
7.12 总结……313
参考文献……314

第8章 车辆动力学在整车开发中的应用……316

8.1 整车正向开发流程概述……316
8.1.1 整车开发主要任务和V字形开发流程……316
8.1.2 主要开发阀门及其交付物……318

8.2 产品规划和概念设计阶段 ………319
　8.2.1 车辆特征和对标分析 ………319
　8.2.2 车辆动力学研发团队组建 …… 320
　8.2.3 车辆动力学性能目标设定 …… 320
　8.2.4 概念设计 ……………………321
　8.2.5 阀门交付物 …………………326
8.3 详细设计与样车制造阶段 ………327
　8.3.1 详细设计阶段的车辆动力学仿真与虚拟验证 ……………………327
　8.3.2 车辆动力学仿真与轮胎虚拟送样 …………………328
　8.3.3 样车制造 ……………………328
　8.3.4 阀门交付物 …………………329
8.4 整车动力学性能调校与验证阶段 …………………329
　8.4.1 性能调校任务清单和调校流程 …………………329
　8.4.2 轮胎选型 ……………………330
　8.4.3 底盘弹性件和柔性件的调校 …………………331
　8.4.4 减振器的调校 ………………332
　8.4.5 转向系统的标定 ……………333
　8.4.6 电控稳定系统的标定 ………334
　8.4.7 车辆动力学客观试验验证 …… 335
　8.4.8 车辆动力学主观评估 ………336
　8.4.9 阀门交付物 …………………339
8.5 总结 ………………………………339
参考文献 ……………………………340

第 1 章 车辆动力学简史及发展趋势

1.1 概述

虽然人类发明和使用车辆已经有几千年的历史，但只有在 1886 年卡尔·本茨（Karl Benz）和戈特利布·戴姆勒（Gottlieb Daimler）独立研发出世界上第一辆汽车之后，人类才真正进入了机器动力驱动的汽车时代。在汽车时代最初的几十年里，无数发明家和工程师致力于不同系统和总成的发明和制造，以满足人们对汽车某种功能的需求。汽车业的大部分工程资源都用于如何使车辆更快、更舒适、更可靠的发明和设计。1908 年，以福特 T 型车为代表，汽车开始走入寻常百姓家成为大众交通工具，日趋激烈的市场竞争使得有着较好综合性能并具有较低成本的车辆处于优势地位。

1920 年，量产车的最高速度达到了 160km/h。随着速度的提升，车辆的转向行为有时变得不可预测，甚至不稳定。正如 Maurice Olley（1889—1972）曾经观察到的那样："所有部件都能完美地发挥作用，但当整合起来时，整体很少令人满意""汽车工业在 35 年里一直以一个一个零件的方式制造汽车，而没有真正意义上的整车概念"。汽车设计需要理论指导，车辆动力学因此应运而生。所以说，车辆动力学是一门从底盘的研发实践中诞生出来的实用学科，是一座把零部件设计和整车动态性能联系起来的桥梁。汽车主机厂意识到了操纵稳定性和行驶平顺性在市场竞争中的重要作用和对品牌形象的影响，于是，早期以通用汽车公司为代表的主机厂开始大力支持这方面的研究，使得从 20 世纪 30 年代起，车辆动力学逐步从解释复杂的动力学现象和解决一些技术难题，发展成为一门独立的学科，并在整车产品正向开发中发挥越来越重要的作用。车辆动力学的开发能力是整车企业的核心竞争力之一，其正确应用可以有效提升车辆安全性和用户驾乘体验。虽然车辆动力学是从底盘的研发实践中诞生出来的学科，但整车架构参数以及底盘之外的动力总成悬置、承载式车身的下地板及副车架和人-椅系统等，都会影响车辆动力学性能。因此，本书关注讨论车辆动力学和整车开发的关系，而不仅仅是和底盘的关系。

从 20 世纪 70 年代开始，以防抱死制动系统（ABS）为代表的各种底盘控制系统，开启了车辆动力学性能主动控制的新篇章，并为自动驾驶技术奠定了运动执行器基础。最初的防抱死制动系统（ABS）和驱动力控制系统（TCS）通过保证轮胎最优纵向滑移率来最大化轮胎可用制动力和牵引力，以实现最好的制动或加速性能。随后出现的各种产生轴力矩的底盘控制系统，如电子稳定性控制系统（ESC）、电子限滑差速器（eLSD）、扭矩矢量控制（Torque Vectoring）和分布式驱动电机等可以有效地改善车辆横摆性能。这类系统通过调节轮胎的纵向力产生横摆力矩来提升车辆的极限稳定性，甚至线性区的响应。在垂向振动衰减方面，主动和半主动悬架已经在量产车上得到应用，各种新的控制算法仍在不断被研发出来。车辆动力学的发展和整车控制系统的演进因此形成了彼此促进、相辅相成的关系。

汽车的"新四化"（即电动化、智能化、网联化和共享化）以及轻量化已成为新型汽车的发展方向，围绕这一趋势将使得汽车更轻量节能、单车更为智能、车车-车物更为互联、出行更为便捷和低成本。中国提出的"碳达峰"和"碳中和"时间表也在战略层面对汽车轻量节能提出了目标。随着以上"五化"的落地，汽车的技术含量将大为提升，传统底盘在整车成本中的占比显著下降，但事关用户体验的车辆动力学、整车QDR（品质、耐用性、可靠性）和节能性，就像大楼的地基一样，其重要性并没有下降。

虽然网联化中的OTA（空中升级）技术能够升级车载多媒体系统，甚至深层次地改变汽车控制系统、管理系统及某些性能，但汽车最基础的动态性能还是由动力系统、车身、悬架、转向和车轮等硬件共同决定，而这些部分都无法通过OTA升级。若底盘硬件本身就存在某些质量问题或设计缺陷，无论如何OTA，安全隐患仍会存在。归根到底，汽车OTA只能优化计算机的算法或者参数，无法解决硬件上的问题，更无法让一款机械性能不佳的车脱胎换骨。

无论在"五化"时代真正到来之前或以后，能给用户带来最大利益的仍然是有良好驾乘体验、安全节能、耐久可靠的车，而这一切都和基础底盘有直接关系。各个主机厂正在开展汽车架构的平台化、系统的模块化，强调零部件的通用化率。通过设计平台化、采购平台化和制造平台化，可实现缩短开发周期、降低成本和提高QDR的目的。系统模块化要求共用底盘硬点和主要零部件，这实际上限制了通过优化悬架K&C（Kinematic & Compliance，指悬架的运动学特性）参数改善整车动力学性能的可能性。因此，悬架设计的主要目的就变成了让轮胎能更好地发挥其潜力，同一个平台的不同车型只能主要依赖不同的轮胎特性来实现性能的差异。这给轮胎企业提出了更高的要求，即产品不止要在操稳转向、行驶平顺性、滚动阻力、NVH（Noise, Vibration, Harshness，指噪声、振动与声振粗糙度）性能等各方面都要有较好平衡，而且要在需要性能有所侧重时能准确实现目标。这也是传统轮胎开发技术的成长空间和新时期必须要努力的方向。总之，在"五化"时代，传统的充气轮胎和机械底盘仍将发挥至关重要的作用。

1.2 车辆动力学的起源

最早有关操纵稳定性方面的文章是 Lanchester 在 1908 年发表的，与转向角度增大后的离心力产生的"过多转向"有关[1]，而前轮摆振是早期行驶平顺性方面的主要问题[2]。因为对轮胎力学几乎没有了解，对车辆操纵稳定性不佳的现象主要是观察和描述，几乎不能解释实际驾乘中出现的问题，操纵稳定性和行驶平顺性之间的关系更不为人所知。

1931 年固特异轮胎公司设计并制造了轮胎试验机以测试轮胎的力学特性。轮胎的侧偏力学特性试验结果，以及 Olley 最初在车辆转向模型中对侧偏力学特性的正确应用，奠基了车辆动力学学科的基石。1932 年，Olley 在凯迪拉克汽车公司进行了著名的"K^2"试验来研究前后悬架的偏频、轮距和俯仰转动惯量之间的关系。试验中，可以调节前后附加的质量块来改变俯仰转动惯量。Olley 认为"Flat-Ride"（平稳行驶）是期望的性能，即过路面凸起后，为了车身达到平稳行驶（即没有俯仰运动），后轮的振动频率要高于前轮。这些早期的工作发表于 1934 年[3]。从通用汽车公司退休后，Olley 将他在悬架设计理论、操纵稳定性和行驶平顺性的早期成果总结在四本未公开发行的小册子里。直到 2002 年，基于这些小册子的内容，由同样是车辆动力学的先驱者 William F. Milliken 和他的儿子 Douglas L. Milliken 总结出版了《Chassis Design: Principles and Analysis》[4]。

包括车辆瞬态响应在内的较为完整的线性区操纵稳定性和转向方面的体系，建立于 20 世纪 50 年代。主要得益于在 Olley 的推动下由通用汽车公司资助，由康奈尔航空实验室在 William F. Milliken 领导下于 1952—1963 年完成的一个项目。标志性事件是 1956 年在英国机械工程师学会由 William F. Milliken 和 Leonard Segal 等五人发表的 5 篇文章，所谓"The 5 IME Papers"。在车辆动力学发展历史上这次会议很重要，详细情况在《Race Car Vehicle Dynamics》[5] 有介绍，同时由 Milliken 父子写的这本书也是车辆操纵稳定性方面最全面、最深入的一本专著。借鉴飞机稳定性而来的用微分方程来描述汽车瞬态运动响应，以及对轮胎侧向力学特性的深入理解，使得车辆操纵稳定性的研究发展达到了新的高度。轮胎对于车辆动力学至关重要，可以说没有对轮胎力学特性深入细致的研究，就不会有对车辆动力学深入细致的理解。

1955 年，通用汽车公司的车辆动力学小组在通用研究中心成立，到 1966 年，大约有 20~50 名工程师从事这方面工作，1966 年该小组转移到工程部参与车型开发。当时的车辆动力学小组的带头人 Joe Bodwell 推动将原有的 SAE 乘坐舒适性委员会改名为车辆动力学委员会，特别是 1965 年发表的包括轮胎力和力矩、车辆坐标系、不足转向、过度转向和稳定性等标准化定义的《车辆动力学术语》[6] 可以看作是车辆动力学作为一门独立学科出现的标志性事件。

1984 年发表的有关转向盘中心位置操纵性的文章[7] 标志着车辆动力学从研究

客观车辆力学系统本身转向以驾驶员体验为中心，随后出现的制动踏板感和加速踏板感研究都是在这方面的拓展。如今，各种电动助力转向系统、制动助力系统和加速踏板的调校都以驾驶员体验为中心，各种底盘线控技术的整车驾乘技术规范也应该和传统机械系统的要求相似。

1.3　车辆动力学的覆盖范围

车辆动力学既描述车辆和地面的关系，也研究驾驶员和车辆的关系。车辆和地面通过轮胎发生相对运动，并产生使得车辆运动的所有力和力矩，因此车轮系统（包括轮胎和轮辋）是底盘中最重要的系统。驾驶员通过转向盘控制车辆的横向运动，并通过转向盘感知地面反馈，用身体感知车辆相对于地面的运动。以上两类关系构成了车辆动力学的主要内容，因此车辆动力学性能是整车性能，又可称为车辆的动态性能。为达成最佳整车性能，需要根据整车性能要求设计和调校车辆各系统和车身之间的相对运动关系，这部分属于底盘设计方面的工作。车辆动力学一般包括四个方面：操纵性、稳定性、行驶平顺性和制动性能。事实上，驾驶性也应该包括在车辆动态性能之内，因为它描述的是加速踏板和车辆加速响应之间的关系。

1.3.1　车辆的动态性能定义

车辆的动态性能是悬架设计和车辆动力学性能开发的核心。车辆的动态性能用于指导悬架设计和开发，决定驾驶员的驾乘体验。驾驶员和车辆的关系、车辆和地面之间的相对运动关系及相互作用力，车辆动态特性和整车各系统之间的关系可以用图1.1表示。驾驶员通过操纵转向盘、制动踏板和加速踏板，经由转向系统、制动系统和动力传动系统和悬架系统改变车轮系统相当于地面的侧偏角、外倾角和纵向滑移率，从而产生轮心六个方向的分力。轮心力通过悬架系统作用于车身，在动力学原理的作用下，产生整车动态响应。底盘各系统的反馈和整车动态响应综合起来决定了驾驶员的驾乘体验。在整个闭环系统中，轮胎和地面的相互作用是核心，所有的底盘开发都围绕改变轮胎相当于地面的运动和传递它们之间的作用力展开，因此，轮胎力学对底盘开发和车辆动力学至关重要。可以这么说：车辆的硬件结构和早期设计基本决定了车辆物理系统的特征及大致的性能范围，后期调校可以改进和优化主观驾乘体验。

车辆动力学研究的范围一般可以分为操纵性、稳定性、行驶平顺性和制动性。最初的车辆动力学主要研究车辆这一机械力学系统，后来驾驶员的驾乘体验逐步成为另一个关注点。因此，从驾乘体验角度考虑车辆动力学也应该包括驾驶性（图1.2）。底盘电控系统的广泛应用使得车辆动力学研究的范围进一步扩大。

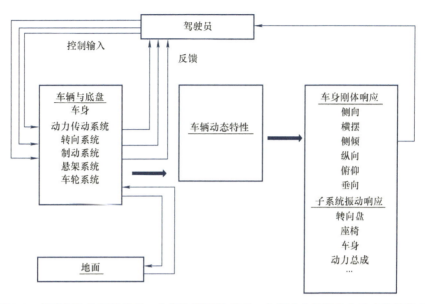

图 1.1　驾驶员和车辆的关系、车辆和地面的关系、车辆动态特性和底盘之间的关系

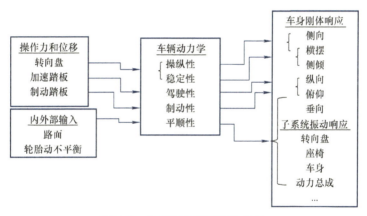

图 1.2　车辆动力学覆盖的范围

操纵性和稳定性最初经常相提并论，统称为操纵稳定性。最初提出的简化两轮模型是为了解释车辆横摆和侧向的动态表现，主要考虑轮胎性能的贡献，奠定了操纵稳定性的基础。在后来的研究成果中，车辆模型从静力学拓展到动力学甚至控制理论模型，从平面两轮模型拓展到包括侧倾自由度的四轮模型，逐步包括了悬架系统、转向系统和电子控制系统的影响。在相同理论起源的基础上，随着研究的不断深入，特别是主观评价活动对运动性能的关注越来越详细，逐步从主要关注车辆作为一个客观动力学系统的稳定性（stability）、操纵性（handling）和机动性（maneuverability），到关注驾驶员的主观感受，包括稳定感、操纵灵敏感、转向盘力矩反馈、抗干扰能力等。从车轮角输入到车辆的横摆和侧倾响应输出是车辆稳定性的考察范围，包括方向稳定性（即横摆稳定性）和侧倾稳定性。

从转向盘角度输入到车辆侧向和横摆响应输出以及转向盘力矩反馈属于操纵性范畴。早期关注转向盘角度和转矩两种输入下车辆响应的文献仍然使用转向盘中心区操纵性能（On-center Handling），随后的文献也使用转向性能这一术语（Steering Performance）。本书中统一使用操纵性这一术语。

更具体来说：稳定性（即方向稳定性和侧倾稳定性）是车辆作为机械物理系统本身的属性。稳定的车辆能够很好地维持现有的运动状态，受到干扰后（侧风、路面不平）能保持或迅速恢复原有的运动状态，比如直行和零侧倾、零俯仰。受到控制输入后（转向和制动输入）能很快达到稳定状态。不稳定的车辆容易失控，比如甩尾和侧翻，容错能力低，有安全隐患。可以用稳态不足转向度、弯道制动和弯道加速等弯道稳定性、侧翻稳定性裕度、鱼钩试验、正弦迟滞（Sine with Dwell）试验等来量化稳定性。另一个相关但不同的概念是乘员的稳定感，线性范围内的侧倾梯度、侧倾角速度、制动点头梯度或最大点头角和乘员稳定感有关。这种工况下车辆一般不存在安全隐患，但会影响驾驶员的安全感和信心。横摆稳定性可以用控制理论解释，并由此发展出了车辆稳定性控制理论。

操纵性指的是车辆的可操纵性，指车辆可以被驾驶员操纵来改变前进方向或者路径的能力。操纵性越好的车辆在不同车速下通过转向盘角度输入改变横摆角速度、侧向加速度或侧向位移的能力越强，能够迅速响应转向输入，有可预测的侧向和横摆响应。操纵性好的车辆转向盘总圈数少、转弯半径小。转向盘角度输入后产生的侧倾运动不是期望的输出，不应该作为判断操纵性优劣的指标。根据定义，在共同关注的横摆和侧向运动方面，操纵性和稳定性必然体现出对立的性质，即稳定性越好的车辆可操纵性越差，反之，太高的转向灵敏度虽然可能意味着优秀的可操纵性，但也和不稳定感相关。第 5.1 节将要讨论的转向灵敏度与不足转向系数的公式可以很好地把横摆稳定性（即不足转向度）和操纵性（即转向灵敏度）联系起来，可以体现二者的对立关系，也可以解释为什么在高速公路上有些车的稳定感会下降。ESC 的标定风格很好地体现了二者的对立关系，标定过于稳定的车辆不够灵活，而过于灵动的车辆又难以驾驭，因此需要恰当的平衡。操纵性关注驾驶员的主观感受和转向系统的贡献，除转向盘转向角输入的响应外也关注转向盘力矩和车辆动态响应的关系，同时关注机动性（maneuverability），包括最小转弯半径、转向盘总圈数、操纵灵敏感、转向盘力矩反馈、抗干扰能力等。主观动态评价的很多内容都和操纵性密切相关，操纵性能的主观和客观指标能够直接指导转向系统参数的设计和调校。

本书中讨论的平顺性特指行驶平顺性，乘坐舒适性这一术语的内涵更为广泛，为避免混淆，本书不使用这一术语。行驶平顺性主要讨论运动中的车辆在道路或车辆内部激励下人-车界面传递到乘员的低频和中频振动。低频振动主要体现为车身作为整体在垂向、俯仰、侧向和侧倾方向的响应，而中频振动主要与簧下质量的振动模态、转向系统模态、动力总成悬置模态、座椅系统和车身本身作为柔性体的某些模态相关。高于 20Hz 的振动称为高频振动，一般归为 NVH 性能。

本书不单独讨论整车制动性能，因为现代车辆广泛采用的电控稳定性系统大多基于制动系统，将在稳定性部分讨论制动工况下的稳定性问题。

1.3.2 定义车辆主要特征和品牌形象的车辆动力学

车辆动力学最初的出现是为了解决车辆的机械系统稳定性问题，完善其功能并改善其性能，到现在已成为定义车辆主要特征和品牌形象的重要因素。其中最典型的代表应该是宝马、奔驰和保时捷三个品牌，通过不断强化其动态性能的主要特征，其品牌形象已深入人心。因此，正确定义品牌的动态性能特点，并不断通过引入新的设计开发方法和底盘新技术加以强化，可以明确表现产品的特征。如果产品能持续满足用户对车辆性能的期望，必然会带动销量的增长。车辆主要动态特征的明确定义也有助于将客户需求转换为整车性能指标，并在设计初期就做出正确选择。

在产品开发中，应根据车辆动态特性的定位，对操纵性、稳定性和平顺性的优先级进行合理排序。对普通乘用车而言，安全性是第一考虑要素，首先要保证稳定性，其次要有优秀的操纵性和行驶平顺性。良好的侧倾控制可以提高驾驶员的信心，但可能会影响行驶平顺性。对运动型车辆而言，首先要有优秀的操纵性，略微降低的稳定性需要由驾驶员高超的驾驶技能来补充。此时能够随心所欲地改变车辆的横摆和侧向运动状态是第一要务，控制车身侧倾对提高车辆极限侧向能力和驾控信心非常重要。能够高度兼顾并平衡这些性能，是对车辆动力学工程师的考验。表1.1 为某自主品牌根据产品现有特色定义的动态性能特点，这也是将来企业持续强化产品特色的努力方向。

表1.1 某自主品牌的动态性能特点

动态性能特点	描述
"韧"	1）给人的柔韧之感，具体指车的整体感、底盘的紧凑感、扎实感和品质感；好车对大幅度输入的响应，包括噪声品质，都可以给人以柔韧之感 2）车的坚韧之性，车辆不光要经受住严苛的强度耐久试验的考验，其性能还要不随着时间的变化而衰减 3）韧是好底盘的首要特质，韧性足够，才能经得住考验，坚韧的底盘更稳健
"顺"	1）顺心如意之感，即转向力矩和踏板反馈的恰如其分、响应灵敏的合乎预期、不易感知的响应滞后带来的随心所欲，做到了这三点，就能达到人车合一的效果，精准而高效 2）车的平顺之性，运动顺畅的悬架能高效隔振，转向盘操作顺滑，无力矩波动，制动平稳无抖动、异响 3）顺畅与否决定驾控的感受，影响驾乘体验，实现人车合一才能让驾驶员享受驾驶的乐趣
"稳"	1）给人的稳定之感，具体说来就是直线行驶没有飘忽感、弯道行驶有足够的支撑、无"推头摆尾"感、不平路上轮胎跳动得到很好的控制 2）车的稳定性，在紧急避险的极限工况车本身的安全性 3）日常驾驶感觉稳定、极限驾驶车辆安全才能提升用户信心

1.4 车辆动力学在智能汽车时代的发展趋势

经过100多年的发展,汽车底盘各机械系统已经成熟,针对不同车型定位和应用,悬架和转向系统的形式选择也趋于一致。整车企业大多已从单车型开发发展到车型平台开发,再进一步到模块化平台开发时期。平台化的主要目的是加快新产品推出速度、增加单平台规模以系统性降本、保障产品品质,而模块化平台则增加了平台拓展性。但以底盘和动力系统为核心的整车物理架构平台化并没有改变汽车的传统开发模式,汽车的迭代速度依然依赖于硬件设计开发流程。

传统汽车底盘的若干功能被分割成了一个个互不相通的系统。为了优化这些功能,每个系统逐步发展出了自己的控制模块并有自己的控制软件,软硬件高度捆绑,供应商以"黑盒模式"交货,以实现主机厂预先设定的功能(图1.3)。发展到现在,一台车都有几十到数百个ECU,基于此的电子电气架构也被称为分布式架构。在开发的后期,主机厂的开发工作主要是标定这些控制系统的参数。标定工作往往需要不同的供应商同时参加,成本高且效率低。在今后一段时间里,车辆动力学协同控制技术和底盘线控技术是智能汽车时代的努力方向之一。

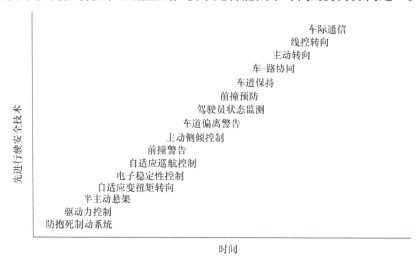

图1.3 汽车底盘电控技术发展历程

1.4.1 底盘域控制器和软硬件解耦

随着电子电气架构走向中央集中式,将控制功能上移,软硬件解耦、软硬件分离开发是大势所趋。中央集中式电子电气架构的优势包括:①减少车身线束长度及重量;②减少ECU的数量、提升ECU的通用化率;③降低成本、提升可靠性;④提升数据带宽和数据传输能力;⑤支撑新生产需求和功能需求的实现。

目前,大部分车企整合方向基本都是从过去的多系统多控制器分布式架构集中到 3 到 5 个域，即把上百个 ECU 集成为 3~5 个域控制器（DCU），如自动驾驶域、车身域、底盘动力域等。未来汽车电子电器架构可能进一步发展到整车中央计算式阶段，汽车将真正变成带四个轮子的"机器人"。随着汽车电子电气架构从分布式走向中央集中式，汽车软硬件开发将高度解耦，底层硬件标准化、平台化、模块化，输入输出接口高度开放，车企专注于研发用户感受度高的应用软件和功能软件是大势所趋。

与之对应，汽车将从"硬件为主软件为辅"，向"软件为主硬件为基础"过渡。车企的整车物理平台数量将减少，单个硬件平台可拓展性增强。绝大部分车企的自研软件占比将大幅上升，结合自身已有的车辆硬件基础，通过组合不同的硬件和软件来实现差异化的产品和服务。新车开发节奏显著加快，软件价值占比提升，对车的差异化定位起到越来越重要的作用，且在全生命周期可持续进化。

1.4.2　汽车智能化与底盘线控技术

智能汽车的"感知识别、决策规划、控制执行"三个核心系统中，与底盘强相关的主要是控制执行。中央集中式控制架构和域控制器为智能汽车提供了坚实基础。新型智能线控底盘是智能汽车的关键控制执行技术，传统汽车的底盘必须进行线控升级改造才能适应自动驾驶技术的发展。

底盘线控技术采用导线代替了原来的机械、液压连接，物理结构大为简化。但为了提高线控系统的安全可靠性，需要提供足够的硬件冗余，如传感器、执行器和芯片冗余等。这些直接导致成本增加，限制了其发展。线控的关键技术有信息获取与传输、驾驶员意图与工况辨识、电机与控制器、故障诊断与容错识别、电源与能量管理和线控底盘集成控制技术。其中，集成控制技术指当底盘控制功能、执行机构、传感器等增加时，必须协调好各子系统间的耦合、解决控制动作的冲突，使其稳定工作。

线控底盘主要由五大子系统构成，包括线控转向、线控制动、线控驱动、线控换档和线控悬架，与自动驾驶关系最密切且可靠性要求最高的两个线控系统分别是线控转向和线控制动系统，线控驱动和自动驾驶的纵向控制关系也非常密切。线控转向的工作原理将在第 2.2 节介绍。线控制动系统的种类、工作原理及技术上的挑战不是本书关注的内容。

1.5　本书的覆盖范围与结构

本书共分为 8 章，内容编排试图将车辆动力学和底盘前期开发、后期调校融为一体，讨论在乘用车开发过程中需要掌握的基础理论和车辆关键性能，帮助工程师学习和理解产品开发中需要考虑的关键因素、解决问题的思路、主要工具和研发节点的主要交付物等。

第 1 章介绍底盘与车辆动力学发展简史及发展趋势。车辆动力学是一门从底盘的研发实践中诞生的实用学科，与用户体验和品牌形象关系密切，在智能驾驶时代仍将发挥重要作用。

第2章讨论车辆动力学性能与整车架构参数的关系，整车集成的考虑要素，最后讨论以满足用户需求多样化和零部件通用性为目标的模块化平台架构概念与平台拓展策略等。

第3章首先介绍悬架系统的功能、发展历史和具体构造，然后从车轮定位角和转向轴几何开始，逐步介绍悬架几何特性和悬架柔度变形特性等影响车辆动力学的悬架系统设计要素，随后主要介绍悬架运动学和弹性运动学试验。这一章是悬架前期概念设计的主要内容，悬架的硬点和柔性件特性定义是概念设计的主要交付物。

第4章介绍车辆动力学与轮胎力学性能的关系。轮胎在横向、纵向和垂向三个方面都对车辆动力学性能有至关重要的影响。轮胎本身结构和特性很复杂，有多个方面的技术要求。本章只介绍与悬架和转向系统设计相关且直接影响车辆动力学的部分。

第5章详细论述车辆稳定性及其控制，包括横摆稳定性和侧翻稳定性，以及基于制动系统的车辆稳定性主动控制。车辆稳定性和操纵性研究所用的核心动力学原理相同，但关注点不同，本章聚焦于车辆稳定性。

第6章讨论车辆操纵性及转向系统的开发。车辆操纵性受转向系统的影响很大，但优秀的底盘动力学性能是优秀操纵性能的基础。可以说，车辆稳定性理论以车辆为主体，而车辆操纵性以驾驶员为主体，转向系统的开发和调校都是为了提升驾驶员的驾驶体验。

第7章以很大篇幅讨论行驶平顺性，除常见的垂向和俯仰方面的理论及调校原理外，这部分内容涵盖了很多产品开发中遇到的其他行驶平顺性问题，如平滑路面上的抖动、整车侧向响应机理、人-椅系统动力学的影响等。只有在开发前期规避这些问题，才能提高产品力和用户体验。同时，主动和半主动悬架原理也在该章进行讨论。

第8章将车辆动力学性能开发放到整车开发流程中，具体介绍每一个关键开发节点的车辆动力学相关交付物，所用开发工具等，最后以整车客观试验和整车动态性能的主观评价报告作为车辆动力学性能开发结束的交付物。

参 考 文 献

[1] LANCHESTER F W. Some problems peculiar to the design of automobile [J]. Automobile Engineers, 1908, II: 187.

[2] OLLEY M. Road manners of the modern car [J]. Automobile engineers, 1946-47, 51: 147-182.

[3] OLLEY M. Independent wheel suspension-its whys and wherefores [J]. SAE Journal, 1934, 34（3）: 73-81.

[4] MILLIKEN W F, MILLIKEN D L. Chassis design-principles and analysis [M]. Warrendale PA: Society of Automotive Engineers, Inc., 2002.

[5] MILLIKEN W F AND MILLIKEN D L, Race Car Vehicle Dynamics[M]. Warrendale PA: Society of Automotive Engineers, Inc., 1995.

[6] SOCIETY OF AUTOMOTIVE ENGINEERS. Vehicle Dynamics Terminology: SAEJ670e [S]. Warrendale PA: Society of Automotive Engineers, Inc., 1976.

[7] NORMAN K.Objective evaluation of on-center handling performance, SAE Technical Paper No.840069 [C]. Warrendale PA: Society of Automotive Engineers, Inc., 1984.

第 2 章
车辆动力学性能与整车集成

整车是由多个车辆系统物理集合而成,每一个车辆系统的发明都是为了完成特定的功能,同时这些系统本身的性能不同程度地影响整车的动力学性能。另外集成这些系统的集成方式同样影响整车动力学性能。车辆动力学性能和车辆各系统性能的双向关系可以用图 2.1 描述,每一个车辆系统性能都对整车动力学性能产生影响,而在实际正向开发流程中的概念设计阶段,从整车性能指标分解到系统性能指标,在验证阶段,验证系统的性能并在集成完成之后,验证整车的性能。这一过程将在第 8 章讨论。

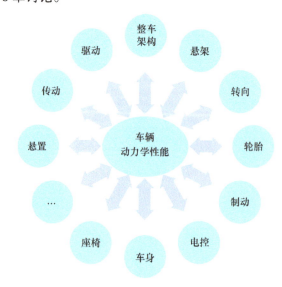

图 2.1　车辆动力学性能与整车架构和系统性能的关系

除了从不同整车性能分解下来的性能要求,车辆各系统还需要满足其他很多方面的要求或约束,包括耐久、重量、成本、开发时间等,如图 2.2 所示。其中不同性能之间可能提出相互冲突的需求,比如提高动力悬置系统的刚度和阻尼有助于行驶平顺性和操稳性能,但可能会恶化 NVH 性能。

车辆动力学性能与整车构造集成的发展史是一个在更低成本和重量的约束

下，不断满足更高功能和性能要求，提升用户感知和体验的过程。本章首先介绍车辆动力学性能与整车主要架构参数的关系，从整车集成角度考虑悬架和其他系统的布置关系，最后讨论模块化架构和平台拓展策略。

图 2.2　车辆动力学性能是车辆各系统的设计输入之一

2.1　车辆动力学性能与整车架构参数

车辆动力学性能取决于车辆的架构参数，如轴距与轮距、质量分布、横摆惯量与俯仰惯量、重心高度、轮胎特性和底盘特性（包括悬架系统、转向、副车架等）等。本节讨论影响车辆动力学性能的整车架构参数。这些参数在整车架构设计完成后基本确定，不属于底盘和车辆动力学工程师能够影响和改变的设计参数，因此在架构设计阶段就应合理设计。

2.1.1　轴距和轮距的影响

轴距和所有的动力学性能都有关。对操纵稳定性而言，长轴距通常对应着较好的横摆稳定性，同时意味着车辆的响应灵敏度降低，即操纵性变差。长轴距也意味着更好的侧翻稳定性。平坦路面的侧翻稳定性通常以双轮离地为判断标准。因为车身的柔性，长轴距车辆更不容易出现双轮离地的现象。对平顺性而言，长轴距车辆的俯仰惯量更大，俯仰和乘员纵向运动响应较小，车身运动更为平稳。在同样重心高度、悬架抗"点头"支撑特性以及弹簧刚度的前提下，长轴距车辆的制动"点头角"更小，增加了制动稳定感。提高轴距和车长的比例，即轴占比，可以提升多方面的动力学性能。

在同样重心高度下，转弯时宽轮距车辆的侧向载荷转移更小，内外侧轮胎都能更好地产生侧向力，轴转弯能力损失更小，因此前轮转弯能力更强，后轮更为稳定。宽轮距车辆弹簧和减振器的杠杆比更高，在同样垂向刚度和阻尼比的情况下，车身的侧倾角和侧倾角速度更小，增加了侧倾稳定性。由于转弯时侧向载荷转移更小,双轮离地的可能性降低,提高了抗侧翻性能。因此,在同样车宽的前提下,尽可能增加轮距可提升动力学性能。

2.1.2 整车重量和重量分布的影响

降低整车重量使得轮胎尽可能工作在侧偏刚度-垂向力曲线的线性部分,同时横向载荷转移时轴转向能力损失较小,这些都有助于获得更为线性而敏捷的转向响应和更为稳定的抓地能力。前轮胎承载与车辆总重量的百分比定义为前轴荷占比。不同的动力学性能要求不同的重量分布(图2.3),比如:为提高后驱车辆的加速性能,希望将尽可能多的重量集中在后轴(降低前轴重量分配)以便获得更大的驱动力;而为了得到更好的稳定性,需要车辆有足够的不足转向性能,因此前轴荷占比应该提升。稳态转弯希望前后轴荷比接近50∶50,这样两个轮胎都能发挥最佳潜力。如果前轴太重,则车辆易于"推头";后轴太重,车辆容易"甩尾"。行驶平顺性也希望前后轴荷比接近50∶50,此时俯仰指数更接近1,前后轮的运动相互独立,一个轴的运动不受另一个轴输入的影响。综合以上工况,为了保证较好的车辆综合动力学性能,理想的前后轴荷比应该接近50∶50。

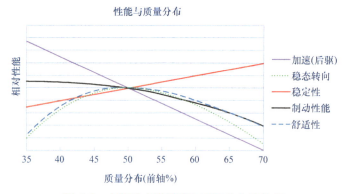

图2.3 车辆动力学性能和质量分布的关系

2.1.3 重心高度的影响

重心高度对所有车辆动力学性能的重要性毋庸置疑。在抗侧倾和侧翻方面,降低重心高度和增加轮距有相似效果,相同弹簧刚度和稳定杆线径对应的侧倾梯度降低,或者维持相同的侧倾梯度可以使用更小线径的稳定杆,从而降低重量。降低重心高度可以降低横向载荷转移,减少轴转弯能力的损失,提高稳态定圆行驶的最高车速。在极限情况下,降低重心高度可以增加抗侧翻能力。在制动动力学性能方面,降低重心高度和增加轴距有相似效果,在相同弹性件参数下,制动点头梯度和最大点头角都会降低。在行驶平顺性方面,降低重心高度可以直接减小侧向和甩头运动;对垂向运动而言,因为控制车身侧倾运动所需的横向稳定杆刚度降低，左右两侧悬架可以更独立地工作，提升隔振能力。因此必须在架构设计和布置阶段反复优化，尽最大努力降低重心高度。

2.1.4 转动惯量的影响

整车横摆转动惯量 I_Z 和操纵稳定性能强相关。越大的横摆转动惯量产生车身横摆需要的时间越长，因为在横摆方向加速车辆的难度越大（图2.4）。另外，因为惯量大，横摆运动容易超调，收敛时间更长。可以用横摆动态指数（YDI）来描述横摆惯量和整车质量以及重心位置的关系[1]。横摆动态指数越小，转向输入下横摆和侧向响应越快。当重心位于车辆中心时（即 $a = b$），同样的转动惯量和质量（$M_f + M_r$）下，横摆动态指数（YDI）越小，转向输入下横摆和侧向响应越快，车辆的响应灵敏度增加，稳定性提高。横摆动态指数定义为

$$\text{YDI} = \frac{I_Z}{ab(M_f + M_r)} \tag{2.1}$$

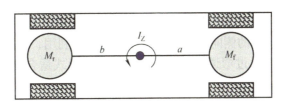

图 2.4 整车横摆转动惯量与重心位置

俯仰转动惯量 I_Y 与行驶平顺性能相关，直接测量在俯仰方向加速车辆的难度较高（图2.5）。理论上讲，同样垂向输入下，增加俯仰转动惯量可以降低俯仰方向的响应，但相应的横摆转动惯量也会相应增加，不利于侧向和横摆动态性能。相似地，可以定义俯仰动态指数 PDI（式2.2）。在第7章将证明，当俯仰动态指数等于1时，前后轴的响应相互独立，即前轴的路面垂向输入不会引起后轴车身的响应。

$$\text{PDI} = \frac{I_Y}{ab(M_f + M_r)} \tag{2.2}$$

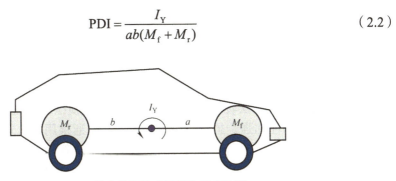

图 2.5 整车俯仰转动惯量与重心位置

2.1.5 驱动形式的影响

驱动形式与动力系统的布置和动力传动形式有关，不仅影响整车的布置集成，也影响车辆的加速和操纵稳定性能。一般可以分为前置后驱、前置前驱、中置后驱、后置后驱和四轮驱动等几种形式。

前置后驱形式的发动机通常纵向布置在乘员舱前部，由传动轴经过装在后轴的差速器来驱动后轮，是一种最传统的驱动方式。由于发动机纵置，前车架纵梁间距不需要扩展，轮胎可以有更大的转角，最小转弯半径因此更小。前置后驱也可以搭载更大功率的发动机，适合运动型或者豪华型车辆。但变速器通常伸入乘员舱下方，并且需要传动轴将动力传递到后轴，在布置上减小了乘员舱内部空间。在操稳性能方面，由于差速器在后轴，轴荷分配接近50∶50，更为合理，有较低的横摆转动惯量，更灵敏的转弯性能。加速或爬坡时，轴荷转移使得驱动轮的附着力增加，提高驱动能力。后驱车的不足在于：直线行驶时抗外界干扰能力低；在雪地和湿滑路面加速起动时，容易出现甩尾，稳定性降低；弯道行驶加速时，后轮的侧偏刚度降低，有过度转向趋势。这会影响普通驾驶员的驾控信心，但对高技能驾驶员可以充分利用这个特点更灵活地转弯。相对于前置前驱车，前置后驱车的前后两个轴的侧向抓地能力可以得到充分利用，极限侧向加速度更高，有助于以更快的车速通过弯道，这是前置后驱驱动形式适合于运动型车的另一个原因。

前置前驱形式的发动机通常横向布置在乘员舱前部，直接通过驱动轴驱动前轮，节省了传动轴布置空间，使得车内空间更大，布置更为合理，也减轻了重量，提高动力传递效率。但是横置发动机结构需要扩大车身前纵梁的间距，缩小了轮胎转角，最小转弯半径因此加大。在操稳性能方面，前置前驱形式抗外界干扰能力较强，高速直行和在雪地或湿滑路面加速起动时稳定性好，抗侧风能力强。但这类车辆的发动机、变速器和差速器都在前轴上，使得轴荷分配不理想。前轴的重量分配偏大，加上前轮驱动降低了轮胎侧偏刚度，这两个因素可能使得车辆有太多不足转向，在弯道加速时表现尤为明显，虽然提高了稳定性，却降低了操纵性。由于前轮过早达到附着极限，降低了极限侧向加速度。另外，当左右驱动轴角度不同时，会在大功率加速时发生转矩转向。总之，前置前驱车在稳定性及布置空间方面的优势使得其更适合于普通用户。

中置后驱形式的发动机置于乘员舱后侧，用后轮驱动。有前置后驱车的基本特点，但采用中置后驱形式的最大优势是：发动机和变速器集中于车辆的重心位置，重量分配合理，横摆转动惯量达到最低，转向横摆响应迅速，侧向响应快，收敛性良好，运动性加强。虽然有以上优点，在普通乘用车上却很少使用，原因在于发动机的布置限制了车内空间，而且发动机距离驾驶员很近，难以解决噪声和隔热问题，舒适性差。因此，中置后驱只适合极端强调操纵性能的运动车。

后置后驱形式与前置前驱形成鲜明对比，其重量集中在车辆后部。在布置方面，比前置前驱在空间布置方面的优势更为明显，除车内空间大外，前车架纵梁间距不需要扩展，轮胎可以有更大的转角，最小转弯半径更小。由于后轴荷较大，轮胎附着力增加，有益于提升加速性能。但容易出现过度转向，并且由于横摆惯量大，响应慢，收敛性差，因此在现代乘用车上很少应用。

采用前置发动机的四轮驱动在布置上有前置前驱和前置后驱的所有不利因素，结构复杂，重量大，传动效率差。但其越野性能和爬坡能力很好，因为充分利用了四个轮胎的驱动力，可以用来改善越野和爬坡性能，最早应用于成本和油耗压力小的军用或越野车辆。后来在大功率运动车和乘用车上应用也日趋广泛，主要为了改善大功率紧急起步或低附路面行驶打滑问题。为了克服传统四驱车高油耗的问题，催生了各种形式的四轮驱动，可以在城市道路行驶时采用两轮驱动，而在需要越野和爬坡能力时主动或手动切换成四轮驱动。四驱车可以增加驾驶员的操控信心，结合第5章介绍的稳定性控制技术，四轮驱动车辆的操纵性和稳定性都可以得到提升。

总之，前驱车的优势在于成本低，稳定性好，车内空间大，因此适合大众用户；后驱车虽然在成本、乘员舱空间方面不如前驱车，但其优势在于操纵性优越，极限侧向加速度高，可以使用大功率发动机提升运动性能；四驱车主要在越野性能方面有突出优势，在大功率乘用车上能取得很好的起步和加速性能。表 2.1 列出了这几种驱动形式的关键性能对比。

表 2.1 几种驱动形式的关键性能对比

		前置前驱	前置后驱	中置后驱	后置后驱	四驱
设计布置	车内空间	好	一般	差	好	一般
	大功率发动机布置	差	好	好	差	好
性能	前后轴荷分配	差	好	好	差	一般
	横摆转动惯量	差	好	很好	差	一般
	最小转弯半径	一般	好	好	好	一般
	操纵性	一般	好	好	一般	好
	最大侧向加速度	一般	好	好	一般	好
	稳定性	好	一般	一般	差	好
	转向干扰	一般	好	好	好	一般
	越野性	一般	一般	一般	一般	好
	爬坡性能	一般	好	好	好	好
成本	购买成本	低	一般	一般	一般	高
	油耗	低	一般	一般	一般	高

2.1.6 小结

车辆动力学性能不仅取决于底盘与轮胎特性，而且与整车架构参数密切相关。具有卓越动力学性能的车辆除了拥有高度优化的底盘特性和高性能的轮胎之外，首先必须具有以下特点：重心高度低、前后轴的荷载几乎相等、具有低横摆转动惯量等。这些都是在架构设计阶段就要充分考虑、反复优化的关键参数。以上几个参数对车辆动力学的影响将在第5章详细讨论；对行驶平顺性的影响将在第7章详细讨论。

2.2 整车集成

整车集成讨论如何把包括底盘各系统在内的车辆系统物理集成起来，比如动力总成和底盘各系统的布置关系、轮胎尺寸与可用布置空间的关系、车轮转向角与轮胎尺寸和动力总成尺寸的关系等。除了静态布置关系外，车辆在运动状态下运动部件之间也要满足一定的最小间隙要求。

整车的物理集成方式取决于车身的承载形式。非承载式车身都有单独的车架，车架是连接前后轴的桥梁式结构，类似梯形。对使用非承载式车身的车辆，车架是整车的核心，整车的物理集成围绕车架展开，所有的车辆系统，包括车身、动力总成和底盘各系统都直接以某种方式装配到车架上，车辆的操纵部分直接连接到车身上，如转向管柱、制动踏板、加速踏板、驻车制动控制和变速杆；对使用承载式车身的车辆，整车的物理集成围绕车身和副车架展开，使用副车架首先将车辆主要系统如悬架、转向和动力总成系统装配到一起，然后再将副车架直接与下车体结构连接，悬架系统中的弹簧和减振器、转向系统的转向管柱和部分动力总成悬置件，以及排气系统都直接连接到车身，从而和车身装配成一个整体。

2.2.1 承载式车身结构和副车架

车身可分为承载式和非承载式两类。非承载式车身都有单独的车架，车架是连接前后轴的桥梁式结构，类似梯形。底盘和动力总成直接安装在车架上，主要承担来自地面的载荷。车身通过多个弹性件安装在车架上，弹性件可以吸收振动和噪声，提高了车身寿命和行驶平顺性。车架是整车的核心，便于各总成部件以及车身的安装。另外，撞车时，车架可以对车身提供保护作用（图2.6）。但由于这种结构在车身和底盘之间装有车架，从而会增加整车高度，而且为了保证有足够的强度和刚度，车架变成车上最重的部件，增加了整车重量，需要大型制造设备，成本也比较高。因此，非承载式车身结构主要应用于大中型货车、大客车、高级轿车和越野型SUV。近年来，随着电动车的兴起，将电池模组直接集成到底盘结构的CTC架构（Cell to Chassis）因其提供的诸多优势重新引起关注。实际上可以看成非承载式车身的进一步发展。

承载式车身结构试图取消车架,将车架的承载功能融入车身结构中,直接将发动机和底盘与车身连接,但这势必将发动机和路面的振动、噪声直接传递到车身(图2.7)。为此,在下车体与底盘之间引入了前后独立的副车架。为了增加强度并降低重量,副车架通常做成封闭断面结构。副车架可在承载最集中的前后轴部位分担一部分载荷,使车身纵梁变形减小,因此,带有副车架的车身结构又称为"半承载式车身"。车身中间部位仍然直接承受各种外力引起的弯曲和扭转变形。副车架和车身纵梁之间可以通过橡胶衬套连接或者螺栓硬连接。采用橡胶衬套连接可以降低发动机和路面的振动对车身的影响,但衬套的变形会降低承载式结构的整体刚度,影响操纵性能。硬连接可以有效增加整体刚度,有助于改善操纵

图 2.6 非承载式车身和车架

图 2.7 承载式车身

响应,当然平顺性和NVH性能会受到负面影响。副车架可以将动力总成、悬架、转向系形成一个组装部件,这种模块化结构给生产带来方便。承载式车身是空间框架结构,充分利用了车身结构承担载荷,因此其整体刚度大、重量轻、整车高度低、生产效率高,是乘用车上最常用的结构。承载式与非承载式结构相比,减轻了重量,易于充分利用车内空间,成本低。当然,发生事故导致车身损坏时,承载式结构的修复更为困难。

乘用车车身结构相当复杂,图2.8试图简要描述与发动机和底盘承载直接相关的车身骨架部分。车身骨架主要由纵梁、横梁和立柱焊接成一个空间框架结构,起主要承载作用,因此必须满足一定的强度和刚度要求。车身覆盖件是覆盖在车身骨架上,体现汽车外形的板型件,对车身的强度和刚度有一定贡献。

车身结构件或车身骨架是车身的核心结构,其中车身纵梁一般是车身最主要的骨架部件。带有副车架结构的汽车,因副车架需承受悬架杆件传递来的所有轮胎侧向力、纵向力、部分垂向力和回正力矩、侧翻力矩等,所以必须安装在前纵梁较为坚固的部位(图2.9)。

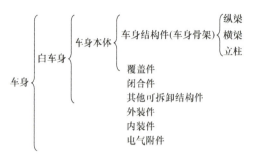

图2.8 乘用车承载式车身结构与车身骨架的关系　　　图2.9 车身纵梁和副车架

悬架的阻尼力、弹簧力和缓冲限位块力通常直接作用到车身上，最大弹簧和减振器动态力一般在千牛级，而限位块最大的动态力通常在万牛级。图2.10为承受减振器力的车身塔座部位结构图。有些动力总成悬置的抗扭衬套也直接连接到下车体上，因此，车身必须有足够的局部强度和刚度。车身上通常采用加强梁以提高车身的局部强度和刚度，加强梁是下车体的一部分，不可拆卸。

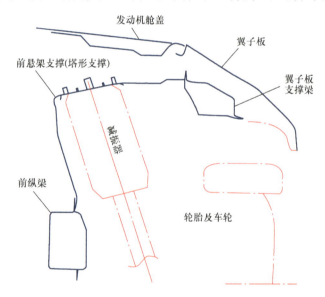

图2.10 车身塔座部位结构

车身的强度决定了发生碰撞时是否容易损坏，而车身的刚度一般与驾驶操作时车身受力后的弹性变形有关。理论上，刚性车身结构可以达到最佳的操纵稳定性和行驶平顺性。可以想见，用一整块金属挖出所需的乘坐空间得到的车身结构应该是最理想的情况。车身刚度高的车辆，在转向操作时其优势可以充分发挥出来。车身刚度太低，容易产生各种噪声和振动问题，甚至会影响底盘调校的有效性。除了运用有限元分析技术在设计阶段降低车身重量的同时优化刚度之外，还可以通过在悬架的关键安装部位增加支承杆的方式加强局部刚度。

2.2.2 前悬架和其他系统的布置关系

前悬架的选型和布置与以下系统有关：动力总成、车身结构、发动机舱盖高度、转向系统、制动系统和轮胎等。横置发动机所需的横向尺寸较大，而麦弗逊悬架的弹簧在车轮之上，在纵梁位置占用宽度较窄，故二者通常一起使用（图2.11）。在横置发动机结构中可以用下式表示轮距之内横向尺寸的叠加关系。

横向发动机尺寸+车身纵梁宽度+弹簧和支柱横向尺寸+轮胎的横向叠加尺寸=轮距

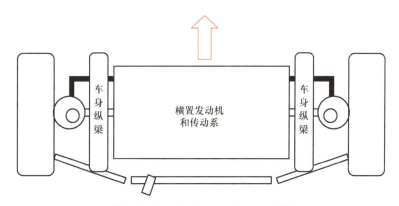

图 2.11 横置发动机与纵梁以及转向系统的布置关系

横置发动机的宽度可能迫使车身纵梁外推，限制悬架横向布置空间，包括弹簧和减振器的布置和悬架连杆长度。短连杆在侧向加速度较高时导致侧倾外倾和侧倾转向更大的变化，影响不足转向度。麦弗逊悬架的垂向高度较大，通常需要较高的发动机舱盖位置（图2.12）。

发动机前后尺寸和半轴前后位置影响齿轮齿条式转向器位置和横向稳定杆布置（前置或后置），可能迫使齿轮齿条式转向器后移，增加俯视图中横拉杆角度，使得阿克曼转向几何更加难以实现。车轮中心决定了半轴外铰位置，为保证驱动轴在前视和俯视图中的角度在合理范围内（如±7°），变速器输出轴位置也因此受限。另外变速器或发动机油底壳的离地间隙要求也是变速器输出轴垂向位置的考虑要素。阿克曼转向几何要求内轮转角大于外轮转角，最大车轮转角时车身纵梁限制了内侧车轮转角，进而影响最小转弯半径。对于车身纵梁必须外移的横置发动机布置，最小转弯半径也因此受到影响（图2.13）。

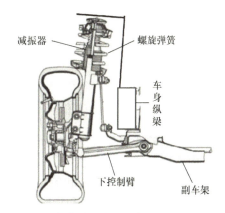

图 2.12 麦弗逊悬架需要较小侧向空间但更多垂向空间

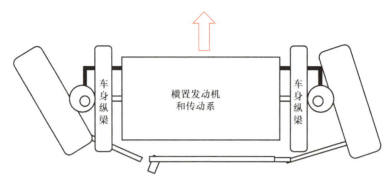

图 2.13　横置发动机布置影响最小转弯半径

相对而言，纵置发动机的横向尺寸较小，而高双叉臂悬架在车轮和车身之间有弹簧、减振器、上下摆臂和转向节，需要占用较大空间，故二者通常一起使用（图 2.14）。因为布置的原因，横向稳定杆与转向器通常需要前置。相比于后置方案，前置转向系统往往有更大的侧向力不足转向趋势。双叉臂悬架的弹簧位置较低，且不受轮胎高度限制，因此发动机舱盖可以较低，通常用于运动车（图 2.15）。

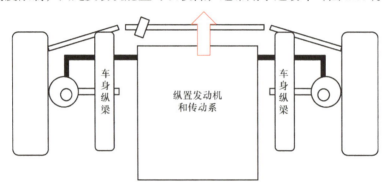

图 2.14　纵置发动机与车身纵梁以及转向系统的布置关系

2.2.3　后悬架和其他系统的布置关系

后悬架的选型和布置与以下系统有关：后排或第三排座椅和货舱空间、下车体结构、副车架、制动系统、转向系统（如果是四轮转向）、油箱位置、传动系（后驱或四驱）、排气系统和轮胎规格等。车辆集成的目的之一是为客户提供最大的可用空间，后悬架布置和货舱空间有很大关系。在宽度方面的布置关系为：

货舱宽度 + 轮胎宽度 + 弹簧和阻尼器侧向空间 + 车身结构尺寸 = 轮距

增加货舱宽度会限制悬架连杆长度（图 2.16）。当侧向加速度较高时，短连杆导致侧倾外倾和侧倾转向更大的变化，影响等效侧偏柔度系数。货舱长度与地板高度限制某些悬架类型的布置，可能使得备胎布置困难，影响后差速器布置，限制排气消声器的体积。后悬架减振器和弹簧的布置位置应尽可能靠近车轮以提高杠杆比。后悬架减振器和加油管可能存在布置冲突：如果加油管在减振器前方，则减振器上部安装点会后移；如果加油管在减振器后方，则其上部安装点会前移（图2.17）。减振器倾斜角度的增加会减小杠杆比。后驱车辆的半轴占据车轮中心位置，弹簧和减振器必须为其让位。通常二者会安装在半轴之后的横向连杆（又称为"弹簧连杆"）上，弹簧连杆也同时承载主要的侧向力。后独立悬架的上摆臂与下摆臂之间需要足够的垂直跨度来平衡外倾力矩，因此其外点不能太低。而为使后部地板较低以得到最大可用空间，车身纵梁又需要较低。因此，后悬架的上摆臂通常会采取弯曲形状，以保证车轮上行时和车身纵梁之间不发生干涉。

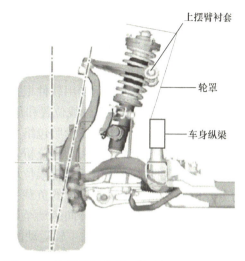

图2.15 双叉臂悬架需要较大侧向空间及较小垂向空间

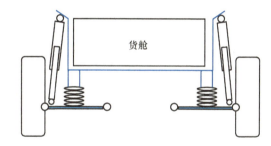

图2.16 货舱与后悬架的布置关系

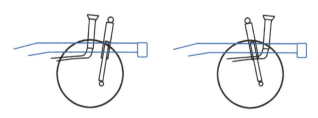

图2.17 后悬架减振器和加油管位置可能存在的布置冲突

2.2.4 轮胎包络

轮胎包络代表轮胎在各种动态工况下占据的三维空间的总和，主要有四个影响因素，即：轮胎尺寸、悬架运动学（轮跳和转向）、各种道路输入下悬架衬套变形引起的悬架位移、悬架的制造误差。轮胎包络与整车架构有关，决定了悬架最大行程、转向最大行程和轮胎尺寸之间的关系，因此早期开发阶段就要考虑。造型和车身结构、空气动力学等领域在设计早期都需要轮胎包络信息。有三种方法确定轮胎包络的大小：一是分析方法，包括运动学分析以及动态变形分析；二是试验方法，用车轮跟踪设备测量动态车轮的主轴位置，再加以转化；三是已逐步弃用的传统泥模测量方法。

运动学分析方法利用专用软件根据悬架几何以及悬架的最大转向位移和悬架行程，创建一系列车轮主轴线位置和角度，这一系列的主轴线用于产生轮胎包络。考虑到悬架变形的影响，在轮胎包络上添加预定的误差量。动态变形分析是目前主要依赖的分析方法，采用动态分析软件建立前后悬架准确的悬架几何、衬套和其他弹性件数据曲线（包括悬架限位块）甚至包括一部分结构件柔性，通过悬架的全方位运动和各种精心设计的负载工况捕捉轮胎运动的极端情况，使得车轮垂向位移至最大有效行程和转向运动至最大齿条行程，并且增加轮胎侧向载荷以模拟转弯工况。产生一个反映主轴运动的包括车轮中心位置和主轴方向的主轴文件，设计软件读入该主轴文件即可生成轮胎包络。

试验方法用设备来测量轮心而不是轮胎本身相对于车身的位置，收集并处理大量的主轴三维数据，进而计算出轮胎包络。该方法用于验证轮胎包络而不能用于指导早期设计。泥模法目前仅用于特定情况，比如用于验证带防滑链的包络，不能用于早期开发。方法是首先将黏土放置在轮舱区域中，经过所有的轮胎包络试验工况后，某些部位的一部分黏土会被擦掉，产生的形状通过数字扫描，生成在各种驾驶条件下代表轮胎包络的数据文件。

2.2.5 最小离地间隙

最小离地间隙用于评估车辆的最低部分和地面之间最小的距离。其中绝对离地间隙与采用的整车重量定义有关。其中各个国家和地区的规定不同，比如中国、美国、欧洲、巴西和印度都定义车辆最大工作质量（GVW）下的最小离地间隙要求，而俄罗斯仅定义名义整备重量下的最小离地间隙。相对离地间隙规定了系统之间的相对离地高度，主要为了保护关键部件。一般来说，动力总成和传动系部件不应低于底盘结构，燃油箱的底部和燃料系统的任何部分都不得低于周围的保护结构，排气系统里昂贵的排放组件（如催化转化器、柴油微粒过滤器等）应该不低于底盘或车身结构。其他部分可以允许首先与地面突出物接触。

2.2.6 电动汽车布置的特殊考虑

电动汽车的动力蓄电池组、驱动电机和电机控制器取代了传统燃油车的发动机、变速器、油箱和排气系统，结构上更为简单。布置上最大的不同是动力系统横向布置空间需求大为降低，不再需要在前后轴之间用刚性联轴器传递动力，不再需要为排气系统留出布置空间。布置于车身下的动力蓄电池系统使得地板可以尽可能做平，整车重心得以降低，有助于提升操纵性能。通过柔性线束传递动力使得驱动方式的选择大为灵活。在现阶段电池能量密度下，为增加续驶里程，需要尽可能增加电池包布置空间。在总车长给定的情况下，尽可能增加电池包长度必然导致电动车辆前后悬尺寸的减小从而增加轴占比（轴距占车总长的比例），这可以降低横摆惯量，有助于操控性能的提升。在长度方向电池尺寸的增加使得纵向布置更紧凑的悬架更为适用。在宽度方向，电池包尺寸的增加可能导致某些悬架形式布置上的挑战，如四连杆独立悬架纵臂有可能和电池的布置干涉。

基于以上特点，当电动车选择麦弗逊悬架时，主要考虑因素为其低成本优势，而非横向布置优势。当后轴选择扭转梁悬架时，扭转梁可能不得不后移以便为电池腾出更多纵向空间。因为同样车长时，电动车普遍比燃油车重，所以前轴更倾向于使用双叉臂悬架，以避免麦弗逊悬架固有的较高摩擦力；后轴更倾向于使用独立5连杆悬架，因为在纵向上5连杆悬架更为紧凑，可以为电池包留出更多空间（图2.18）。

2.2.7 小结

整车集成涉及多个系统之间空间布置的权衡。整车集成的主要目的是合理布置所有系统并达到可用空间的最大化，实现悬架性能和转向性能的最优化，同时还要满足静态和动态间隙要求。电动汽车的底盘结构有较大的简化，布置起来相对容易，但对大容量电池的需求也给底盘布置和悬架形式的选择提出了新的要求。

图2.18 电动汽车集成布置

2.3 模块化平台架构与平台拓展策略

作为大规模生产的大众消费品，乘用车产业从开始就面临高效低成本生产与多样化需求之间的矛盾。从单车型研发生产到平台化研发生产，提升了效率，降低了成本，但不能满足多样化的需求，而模块化平台较好地解决了这一矛盾。平台拓展策略讨论如何在工程上落实模块化平台，在提供产品差异性的同时满足对功能和性能的要求。

2.3.1 整车平台开发历史

在汽车工业的初期并没有平台化的需求。T型车是早期福特公司的唯一车型，也可以说是唯一的汽车平台，初期获得了巨大成功。单调的车型不能满足所有消费者的不同需求，为此，通用汽车公司在管理奇才斯隆的带领下，设计出了不同品牌、不同特点的车型以满足不同消费者的需求，同样也取得了巨大的成功。在20世纪80年代之前，所有早期车型都处于单车型开发阶段，根据市场需求和具体车型的市场生命周期，在上一代基础上不断优化迭代。通过扩张和兼并，汽车制造商拥有了更多的汽车平台，同一类车型有各自独立的底盘结构、供应商体系和生产流水线。例如通用汽车公司曾经拥有10多个品牌，大多数品牌都有自己的中型家用轿车平台。从消费者的角度，大家看到的是通用汽车的产品多样化策略；但从企业经营的角度，更多的车型意味着更高的成本，旗下各品牌之间甚至相互竞争，造成研发、采购、生产和销售环节极大的内耗。如何让不同车型共享同一平台，在产品多样化的同时，实现与福特T型车相当的研发与制造成本是必须正视的问题。因此迫切需要整合、梳理现有车型平台。从20世纪80年代开始，各大主机厂纷纷对现有平台进行整合及优化，实施平台化战略，进入平台化开发阶段。例如所有前驱中型乘用车共用一个平台，所有后驱和四驱中型乘用车共用一个平台等，开发方式由单车型开发转变为车型群开发。通用汽车公司计划到2025年，将旗下所有品牌的车型整合到4个模块化平台上去，即前驱/四驱轿车平台、后驱/四驱轿车平台、SUV平台和载货汽车平台。

　　平台化自然包括通用化和标准化。平台化的实质是"求同"，在看不见的地方如底盘结构和下车体尽可能相同。平台化不仅推动了生产制造领域的技术革命，还对研发、产品供应链和服务链产生了革命性的影响。平台化的出现，使得汽车厂商通过降低研发成本、采购成本、生产成本、售后服务成本，实现车型项目全成本下降，提高产品竞争力。在产品开发方面，由于车型规划、车型定位、车型亮点、动力总成规划等是平台化开发的输入条件，所以平台化开发应该可以充分满足具体车型需求。通过平台的"先行开发"，工程师有更充分的时间在整车姿态、下车身、底盘、动力总成、电子架构的初步设计阶段进行设计优化，实现性能提升，工时节约和技术降本。在采购方面，由于提高了零部件共用率，分摊成本使得零件单价下降，并可以简化采购供应链管理、物流仓储和供应商品质管理。在生产方面，可以实现共线生产，降低生产线改造和工装投资成本。在售后服务阶段，因为零部件共用化率的提升，使得售后服务效率提高，成本降低。总之，平台化对于降低车型成本，缩短开发周期和保持质量稳定有明显的作用。换言之，在同样的研发投入下，可以得到更高质量的设计。平台化的优势具体体现在：通过增加零件共用率，提高单个零件的采购量，降低零部件成本；通过增加零件共用率，减少总零件数量，降低制造复杂度和供应链管理难度。从消费者角度来说，平台化让更多的车型能够享受到同一平台下更多的先进技术。

　　需要定义不同平台的原因包括空间维度和尺寸上的区别，不同尺寸的车需要进行不同的布置，大尺寸的零部件，很难合理地布置在小尺寸的平台上。因此，很多整机厂都以轴距作为关键参数来定义不同平台。另外，随着时间的推移，各种新技术的出现导致原有架构体系可以有新的优化，所以平台需要更新。例如在汽车电动化的大潮下，用燃油车平台造电动车可能就不再适用。

平台化的固有弊端包括可能影响每个车型的个性化发挥，不利于提升不同级别车型之间的差异化，不利于品牌各自的发展甚至技术创新等。为体现同一平台不同车型之间的差异，在平台化的前提下，只能在看得见的地方，比如上车身和内饰尽可能不同，从而生产出不同的产品。因此，平台开发完成后，车型开发的重点是造型、上车身、内外饰以及底盘调校件和软件的详细调校和标定。可以说，平台是基础，车型开发体现个性。理想的平台架构应该能满足图2.19所示的要求，能够在提高零部件通用性和产品差异性之间找到更好的平衡。为满足该要求，模块化平台战略逐步兴起。

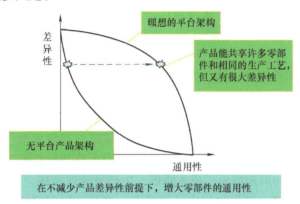

图2.19 理想的平台架构能够在提高零部件通用性和产品差异性之间找到更好的平衡

2.3.2 模块化平台架构

为了提高生产敏捷性，缩短产品设计与制造周期，同时保证产品个性化和多样性，催生了模块化研发和生产的概念。模块化设计是指在设计过程中，把整车按功能划分并设计出一系列独立的模块。每个模块集成多个零件或总成，模块之间的连接不会因为其中零件或总成的变化而改变，以模块为基础进行装配，通过模块的选择和组合就可以构成不同的产品。模块化平台比较好地满足了消费者对差异化和个性化的需求，解决了用户差异化需求和大规模标准化生产之间的矛盾。模块化设计是系列化和平台化设计的一个延伸，而模块化生产是平台化生产的一个延伸。同一平台的不同车型得以共享更多的资源，并体现更多的差异化。其实质是在保证产品质量和提供多样化产品的同时，通过模块化设计和生产来降低车型群的零件数量、简化工艺流程。模块化是比平台化更先进的研发和生产理念，在降低成本与提高产品个性化之间达到新的平衡。模块化的第一个阶段为产品的模块化研制过程，根据产品的功能和性能以及市场需求合理分成不同的模块；第二个阶段是选择和组合的过程，根据用户的具体要求对模块进行选择和组合，并进行必要的功能、性能、耐久强度等方面的仿真或实车验证。

模块化开发阶段在 21 世纪 10 年代从大众汽车公司开始，其主要特点是：从顶层进行设计和规划，在产品开发、采购和生产制造三个维度最大程度实现架构模块化和零部件通用化，在同一代产品之间都使用同样的技术，以期最大程度地降低成本，同时提升产品性能和品质。大众集团仅从驱动模式和发动机布局区别开发模块化平台，并应用于绝大多数大众集团的车型当中。其中包括 MLB 纵置发动机模块化平台、MQB 横置发动机模块化平台、MSB 保时捷运动性模块化平台（前置后驱）和 MEB 纯电平台等。实际上，悬架形式在每一个平台中也基本上是固定的，如后驱 MSB 和纯电 MEB 平台基本都采用双叉臂前悬架和多连杆后悬架。MQB 平台作为大众集团未来的核心平台，兼容性和拓展性很强，具备更高的模块化生产水平，取代了之前的 PQ25、PQ35、PQ46 等三个平台。该模块化平台还在奥迪、斯柯达以及西雅特品牌上广泛运用。MQB 模块化平台可以满足多个跨度、多种级别，可供 60 款车型生产使用。在提出了平台化之后，大众便正式走向了注重零件通用性设计道路，并且随着通用性设计程度越来越高，极高程度的平台化策略打破了车型级别的壁垒，发展成为了模块化理念。模块化架构的主要优点有三个：①研发成本降低，开发进程加快，使得更多最新技术能够迅速得到应用；②零件通用性提高，对整车厂可以降低零部件开发成本和采购成本，对客户可以提高产品的性价比并降低维护成本；③因为将部分装配工作转移到整车装配之前，生产准备的周期缩短，成本降低，生产灵活性提高。

模块化平台对产品开发也提出了新要求：产品计划部门的水平和实力需要大幅提升，产品研发部门对仿真水平要求大为提高，大量平台开发验证工作需要前移，需要先行制定平台拓展策略并完成带宽设计，对新的电子控制技术要有很强的兼容性，以便提升产品个性并提高产品附加值。采购部门同样需要提高水平和实力，以便让模块化平台架构充分发挥在成本和质量方面的潜力。不过，过度模块化也可能带来其他问题，比如一旦从同一供应商采购的某个零部件有问题，就会牵扯到更多的车型，创纪录大规模召回可能频频发生，甚至能使一个企业破产。过度模块化带来的相同硬点使得小型车无法做小、中型车无法做大，同样的结构件在大轴荷车型上可能只能满足边界需求，而在小轴荷车型上又有太多冗余，造成成本和运行能耗等方面的浪费。模块化也可能使不同车型的底盘和动力相似，必须通过不同的底盘调校来满足不同的产品定位要求。

2.3.3 平台拓展策略

到现在为止，大众最新提出的平台化战略的概念已经超出单纯的整车硬件研发和生产模块平台的概念，进而聚焦四大维度，即硬件、软件、电池和充电、出行服务等。平台化战略不再是单纯的整车生产模块平台的概念，而是以软件定义的出行生态平台。本小节仍然聚焦于传统的底盘硬件平台的拓展策略。底盘领域的模块化体现在前端模块和后端模块，每个模块高度集成，如前端模块包括副车架、转向系统、悬架系统、行走系统、传动系统和动力系统悬置等。初期将汽车尺寸划分为小型车、紧凑型车、中型车、中大型车和大型车,并以此划分平台。现在轴距基本上作为一个平台的拓展变量,通过拓展策略实现同级车型动力总成、底盘和技术共享,对低级别车型进行尺寸缩小和成本优化,而对高级别车型进行强度和材料升级,并在尺寸上灵活放大。把各级别车型都做成一种平台下的产物,需要开展大量工程设计优化工作。

底盘平台拓展策略是对给定的悬架形式,从平台的基准硬点设计开始,以悬架K&C性能带宽为约束,通过多刚体动力学仿真,确定轴距、轮距、轮跳的尺寸拓展策略和范围的过程,如图2.20所示。底盘平台基准硬点根据基准车型的物理布置和性能要求确定。轴距的拓展基本与悬架拓展无关,但是和整车性能相关。轮距有多种拓展方式,如副车架宽度变化、摆臂和拉杆长度变化、轮辋偏置距变化和轴节变化等。轮距的不同拓展方式各有其特点和适用范围,比如:拓宽副车架及修改摆臂支架可以保证后悬架五连杆摆臂内外硬点一致,改变轮辋偏置距可能成本更低,更容易实现。对于麦弗逊前悬架而言,如为了维持塔座位置不变而仅仅改变摆臂长度,则主销内倾角会发生变化。另外,轮辋偏置距、轮胎半径、摩擦半径、主轴长度和主销内倾角之间彼此关联,影响动力学性能。轮跳拓展范围一般定义为相对于基准车型轮心的垂向位移。表2.2以MQB平台为例,展示轮距拓展方式及轮距和轮跳的拓展范围。

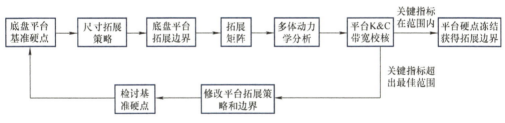

图2.20 平台拓展策略、范围及校核过程

表2.2 以MQB平台为例的轮距拓展方式及轮距和轮跳的拓展范围

轮距	前悬架	同级别	轮辋偏距 A级:40~51mm;B级:38~44mm
		跨级别	摆臂/拉杆长度 A/B级均为单边15mm
	后悬架	同级别	轮辋偏距 A级:40~51mm;B级:38~44mm
		跨级别	后轴节 A/B级均为单边25mm
轮跳 (以途观L为基准)	前悬架	上跳	13mm
		下跳	−12mm
	后悬架	上跳	20mm
		下跳	−5mm

在初步确定底盘平台的拓展策略和范围后，采用边界校核方法，可以分析并确定平台的可拓展范围。这就需要应用多体动力学分析确定悬架的 K&C 范围，获得相应的性能带宽，并结合数据库的关键指标带宽，判断所选拓展策略和范围是否合适。轮距拓展方式及拓展范围可以主要根据主轴长度、摩擦半径、轮跳转向、轮跳外倾、侧倾转向、侧视图虚拟摆臂水平夹角等判断。轮跳的拓展范围应该通过各车型的侧倾中心高度范围确定，在合理范围内，侧倾中心高度随轮跳量上升而线性降低。所谓边界校核方法就是首先构造如表 2.3 所示的分析矩阵，应用多体动力学分析所有组合。如果分析结果处于事先确定的最佳悬架指标范围内，则平台的拓展策略和范围是可行的；否则需要重新检讨拓展策略和范围，甚至需要重新设计基准硬点。大众 MEB 平台前悬跨级别轮距拓展策略与现有 MQB 平台一致。

表 2.3　以 MQB 平台为例构造的轮距和轮跳的拓展范围的分析矩阵

	轮跳	最小轮距（最短摆臂+最大轮辋偏置距）	基准轮距	最大轮距（最长摆臂+最小轮辋偏置距）
前悬架	+13mm			
	0mm		分析矩阵（3×3）	
	−12mm			
后悬架	+20mm			
	0mm		分析矩阵（3×3）	
	−5mm			

2.3.4　小结

本小节追溯了乘用车从单车型开发到平台化开发再到模块化平台开发的发展历史。模块化平台比较好地解决了消费者对高质量低成本产品的差异化和个性化的需求与大规模标准化生产之间的矛盾。为了通过模块化设计和生产来降低车型群的零件数量和改善工艺流程，在平台开发前期需要付出大量工程设计优化工作，需要制定平台拓展策略，并通过仿真和数据库确定和验证拓展范围。

2.4　总结

整车架构参数对车辆动力学性能有直接影响。其中轴距和轮距一般根据所要开发车辆的级别而定，但质心高度，前后轴荷分布以及横摆转动惯量等特性必须在平台架构设计阶段就要充分考虑，并加以优化。

悬架是汽车底盘最重要的系统。虽然悬架形式或构造不同，但必须满足相同的功能，即提供对路面不同输入的隔振能力，同时又要约束车身和轮胎在其他方面的自由度，以及在各种工况下轮胎与路面良好的接触。为了让悬架更好地发挥作用，悬架设计理论应运而生。悬架运动学和弹性学特性直接影响车辆动力学性能。

动力系统、驱动形式和布置形式直接影响悬架形式的选择和整车布置。如何在较小的空间内让各系统发挥其最优性能，同时为用户提供最大的可用空间是整车物理集成的主要工作。

模块化平台的出现比较好地解决了产品多样性需求和低成本大规模生产高品质产品的矛盾。优化模块化平台架构需要在平台研发初期做大量的 CAE 仿真，从性能需求出发确定可行的平台拓展策略和拓展范围。

参 考 文 献

[1] MILLIKEN W F, MILLIKEN D L. Chassis design – principles and analysis [M]. Warrendale PA：Society of Automotive Engineers, Inc., 2002.

第 3 章
车辆动力学与悬架系统设计要素

悬架八大基本功能中，大部分都和车辆动力学密切相关，包括保证垂直方向的隔振能力，保持动态工况下轮胎与路面的接触，以及保证车轮相对于车身的正确运动，传递轮胎产生的控制力，同时阻止底盘侧倾。本章首先介绍悬架的基本功能和种类，以及结构形式选择的考虑因素，从影响车辆动力学的悬架系统设计要素入手，讨论悬架设计的基本概念，包括转向主销几何、车轮定位角及其变化、三个视图中的几何运动学特性和弹性运动学特性参数等，然后介绍相应的试验方法，并总结关键的悬架设计参数。

3.1 悬架系统的基本功能和种类

早期的马车没有悬架，只有刚性轮胎，而且道路条件非常恶劣，车辆的行驶平顺性很差。后来发展出非弹簧式悬架，车身由皮带悬挂在支柱末端，它们既起到弹簧又起到减振器的作用。17世纪用钢板弹簧代替皮带是悬架设计的一大进步。发明悬架系统的最初动机是隔绝不平路面传递的振动和冲击，减小传递到车身的最大动态力。将原来的一体式车身用板簧分为簧上和簧下两部分后，悬架系统需要约束簧上和簧下两部分质量在除垂直方向外的其他5个自由度的相对位移，传递轮胎产生的控制力，在抑制俯仰和侧倾方面给车身足够的支撑。现代悬架是由弹簧、减振器和连杆组成的系统，将车轮连接到车身并允许两者之间的相对运动。曾经应用或者仍在应用的悬架类型多达几十种。总结起来，悬架的诞生和演变都是为了实现以下的基本功能：

1）提供垂向柔度吸收能量，达到隔振目的；
2）动态工况下保持轮胎与道路接触，以提高操稳性；
3）保持车辆行驶高度；
4）保证车轮相对于车身的正确运动；
5）减小传递到车身上的最大动态力；
6）传递轮胎产生的控制力；
7）阻止车身侧倾；
8）减少路面输入引起的噪声。

要同时满足以上功能并达到最佳性能,显然需要一定的设计理论指导。1925年独立悬架的出现以及 Maurice Olley 在其性能潜力上的挖掘,实际上催生了悬架设计理论的诞生。

随着悬架和橡胶轮胎的使用,以及道路条件变好,车辆的速度越来越高,因此车辆的运动性能越来越受到重视,逐步开始了悬架对运动性能影响的研究。为提升行驶平顺性能,悬架形式逐步从刚性整体轴板簧悬架向独立悬架转变,出现了各种形式的独立和半独立悬架。为减少路面输入引起的高频振动和噪声传递,在悬架系统中的各连接节点引入了橡胶衬套。而悬架衬套的变形在悬架的几何运动特性之外提供了弹性运动学特性,为悬架设计提供了更多自由度。可以认为:在垂直方向,悬架的主要作用是隔振和车身运动控制,而在其他方向上悬架的主要作用是保证车轮在运动及受力后相对于车身的正确定位,以便更好地发挥轮胎的潜力。表 3.1 总结了在不同工况下,为了控制车身的自由度,悬架必须传递的轮胎力和力矩,以及影响的相应车辆性能。所有类型悬架的工作原理都可以从如何传递轮胎力和力矩,以及如何改善车辆性能方面进行分析。悬架的出现催生了悬架几何运动学与弹性运动学特性设计理论,也催生了车辆动力学及其发展。悬架设计和调校的重点是达成期望的行驶平顺性和操控性能的平衡。本节将介绍主要悬架类型的历史、优缺点及应用。

表 3.1 不同工况下悬架传递的轮胎力和力矩以及影响的车辆性能

工况	需要控制的车身自由度	悬架传递的轮胎力和力矩	影响的车辆性能
不平路输入	垂向、纵向、侧向、俯仰、侧倾	垂向力、纵向力、侧向力	行驶平顺性
转向输入	侧向、横摆、侧倾、俯仰	侧向力、回正力矩、垂向力、侧翻力矩	操纵性、稳定性
制动输入	纵向、俯仰、横摆	纵向力、垂向力、俯仰力矩	制动性能
加速输入	纵向、俯仰、横摆	纵向力、垂向力、俯仰力矩	加速性能

3.1.1 悬架的构成要素

悬架的构成要素包括弹簧、减振器、横向稳定杆、衬套和限位缓冲块。在不平路面输入下,轮胎的跳动可能导致轮胎垂向力短时间内减小或消失,直接导致侧向力和纵向力的损失,降低车辆的稳定性。因此,在动态工况下减小轮胎垂向力的变化是悬架的一个主要功能,减振器的调校必须满足这方面的需求。在被动悬架的基础上逐步发展出了半主动悬架和主动悬架,主要包括:空气弹簧、可调式减振器、主动横向稳定杆和电液/电磁式主动悬架。应该指出,半主动悬架和主动悬架主要在车身跳动、侧倾和俯仰方以及减小轮胎垂向力传递方面发挥作用。在给定轴荷下为维持行驶高度,弹簧需要有一定的预压力和预压高度,而空气弹簧和主动悬架提供可变行驶高度。弹簧的刚度需要根据减振和车身运动控制需求进行设定。实车的悬架行驶高度可以通过测量某种规定载荷下的前后轮眉高度得到（图 3.1），并通过改变悬架弹簧的预压力和预压高度进行调节。设计和仿真过程中的悬架高度位置一般通过检测某横向摆臂内外点的垂直高度差得到（图 3.2）。除弹簧刚度外，横向稳定杆产生的额外侧倾刚度可以有效减小底盘相对于车身的侧倾。但横向稳定杆使得左右悬架产生关联，导致独立悬架的独立性降低，行驶平顺性变差。直接连接到麦弗逊悬架减振器外筒上的横向稳定杆拉杆还会产生额外的转向力矩，对操纵稳定性产生一定影响。悬架的上跳行程一般通过减振器外部或内部的限位缓冲块进行控制。由于弹簧、减振器和缓冲块力直接传递到车身，所以要求车身侧必须有足够的强度和刚度。

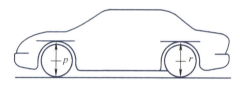

图 3.1　通过测量规定载荷下的前后轮眉高度得到实车的悬架行驶高度

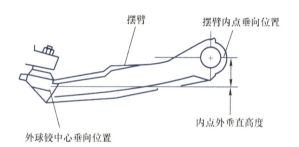

图 3.2　通过检测某横向摆臂内外点的垂直高度差得到悬架行驶位置

悬架连杆或控制臂可以保证车轮相对于车身的正确定位和运动关系。悬架的运动特性是指轮胎相对于车身产生垂向运动时车轮外倾角和转向角的变化情况，由悬架连杆的长度和彼此之间的角度关系决定。悬架连杆需要传递轮胎在纵向和左右方向上的力及力矩，因此有强度和刚度的要求。

为减少路面输入引起的噪声和高频振动，悬架杆件需要采用橡胶衬套柔性连接到副车架上。而柔性连接会引起车轮在轮胎侧向力、回正力矩、纵向力作用下发生转向和外倾运动，称为悬架弹性运动学特性。悬架几何、运动学和弹性运动学特性是悬架设计的核心。

早期车辆的前后悬架通常都采用钢板弹簧整体桥悬架（图 3.3a），属于非独立悬架，即一侧车轮的路面输入必然对另一侧车轮产生影响。钢板弹簧分为多片簧和少片簧。钢板弹簧必须传递所有方向的轮胎力和力矩，唯一可以优化的是钢板弹簧到车架的安装点和轮心在侧视图的夹角，以及钢板弹簧在俯视图中和车辆中心线的夹角,它们会影响悬架运动特性。随后出现的多连杆整体桥悬架(图3.3b、c)比钢板弹簧整体桥悬架提供了更多的设计灵活性,但是非独立悬架总体来说因左右轮直接连接相互影响,悬架特性设定的自由度低。比如:单轮后行导致两轮同时转向;侧倾刚度取决于弹簧间距,侧倾阻尼取决于减振器间距;侧倾不足转向需求和期望的侧视摆臂角度需求之间相冲突等。因此,非独立悬架不易平衡行驶平顺性和操纵稳定性的要求,而且簧下质量大,影响行驶平顺性和动态抓地性。非独立悬架也有某些优点,比如:接近零的轮跳外倾,接近零的侧倾外倾,侧倾转向与轮跳转向关联性低,轮距变化不受悬架行程和侧倾中心高度的影响等。整体桥悬架侧倾中心在轮心高度位置,比较高,因此可以使用较低的侧倾刚度。

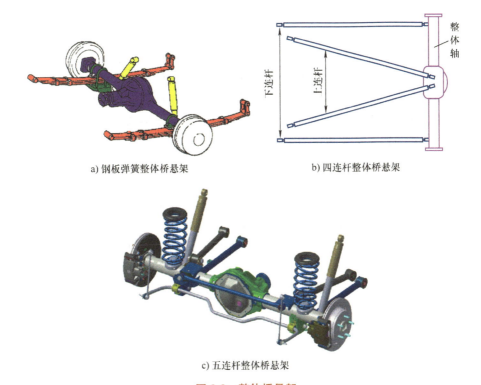

a) 钢板弹簧整体桥悬架

b) 四连杆整体桥悬架

c) 五连杆整体桥悬架

图3.3 整体桥悬架

独立悬架的发明主要为了弥补非独立悬架的不足。独立悬架的左右轮独立运动(图3.4),簧下质量大为减少,行驶平顺性和动态抓地性大为提升。悬架特性设定的自由度提高,性能可调范围大,有利于更好平衡行驶平顺性和操稳性之间的关系。比如:对于给定的轮心刚度,侧倾刚度与弹簧位置无关;对于给定的轮心阻尼,侧倾阻尼与减振器位置无关。独立悬架的缺点包括:轮跳转向与侧倾转向相关联(例如,独立悬架需要一定的侧倾转向但不希望太高的轮跳转向),侧倾外倾与轮跳外倾相关联,轮距变化与侧倾中心高度相关联(较小的轮距变化需要较低的侧倾中心高度,而侧倾中心高度降低则侧倾刚度需求提高)。较早的独立悬架为 20 世纪 30 年代凯迪拉克前桥的双横臂悬架,1949 年麦弗逊悬架开始在福特汽车上应用,20 世纪 70 年代多连杆麦弗逊悬架开始在宝马 7 系上应用,众多多连杆独立悬架随后出现。

图 3.4　与整体桥相比独立悬架的左右轮独立运动可以提高行驶平顺性

20 世纪 30 年代在第一代大众甲壳虫上应用的扭力梁悬架以及在此基础上发展出来的采用瓦特连杆的扭力梁悬架统称为半独立悬架。扭力梁悬架不需要副车架,前面两个衬套直接连接到车身,控制除垂直方向外所有其他自由度。当一侧车轮跳动或车身侧倾时,扭转梁产生扭转,起稳定杆作用。该悬架最大的特点是结构简单、成本低廉。目前乘用车上几乎都使用独立或半独立悬架,因此以下将详细介绍主要的独立悬架和扭力梁悬架。

3.1.2　双叉臂悬架的种类

双叉臂悬架分为高上臂、低上臂和多连杆等多种主要形式。上下叉臂一起约束侧向、侧倾、纵向和轴节轴向旋转等 4 个自由度,转向拉杆约束车轮转向自由度。上下叉臂和转向拉杆的长度及相对角度决定了其运动特性。

高上臂悬架(图 3.5a)的上臂位置较高,上下两个球铰垂向距离增加。优点包括:叉臂载荷减小,有较高的外倾刚度,较大的制造安装容错能力。缺点是要求垂向布置空间大,导致机舱盖高,轴节重量和成本高,主要用于纵置发动机后驱载货汽车和乘用车。

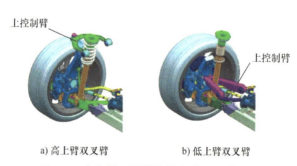

a) 高上臂双叉臂　　　　b) 低上臂双叉臂

图 3.5　高上臂双叉臂和低上臂双叉臂悬架

低上臂双叉臂悬架（图 3.5b）结构相似，不过上球铰较低，伸入轮辋之内，因此其优点是：主轴较短，垂向紧凑，侧倾外倾变化大，易于控制侧视摆臂角和支撑特性，有较大的行程。也因为上摆臂球铰的侧向和纵向空间布置通常在轮辋之内，垂向间距小，其缺点是：上摆臂的受力较大，成本和重量增加，弹簧和减振器杠杆比较低，主要用于轻型载货汽车和跑车。

将下叉臂拆成两个独立连杆或者上下叉臂都拆成两个独立连杆，就变成虚铰双叉臂悬架。这样两个独立连杆的延伸线形成虚拟球铰结构，如图 3.8 所示。其优点包括：轮心纵向柔度增加，因为虚铰"深入"到轮辋结构中，主轴长度可进一步减小，可实现较大阿克曼转向修正。缺点是重量和成本高，主要用于高档大型豪华乘用车。

3.1.3　麦弗逊悬架的种类

从结构上看，将双叉臂悬架上臂的三个点合为一点就成为麦弗逊悬架。为了实现轮跳自由度，滑柱的上端有围绕这一点转动的自由度及沿滑柱轴线的移动自由度（通过滑柱活塞的运动实现，同时滑柱又用作减振器），这样上面的一个点和下叉臂以及转向拉杆就能约束除轮跳之外的 5 个自由度。麦弗逊悬架分为常规、多连杆和高性能三种。

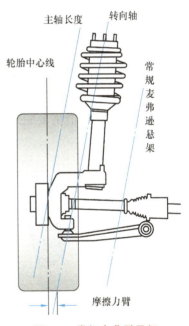

图 3.6　常规麦弗逊悬架

常规麦弗逊悬架（图 3.6）的优点包括部件少、重量低、费用低以及主销跨度大，有很高的弹簧和减振器杠杆比，侧向布置紧凑，但轮胎垂向力会导致滑柱活塞杆和滑柱导向套的侧向力从而增加滑柱内部摩擦力，几何调校能力有限，需要较大垂向布置空间，主销内倾角和主轴长增加，主要适用于横置发动机前驱布置方式。麦弗逊悬架塔座接受来自于减振器、弹簧和缓冲限位块的载荷，依传递路径的不同分为单通道、双通道和三通道 3 种。图 3.7 所示为双通道结构，弹簧力和缓冲块力直接传递到车身，而阻尼力通过塔座衬套 Topmount 传递到车身，以便增加隔振降噪能力。

同样，将麦弗逊悬架的下臂分为双连杆就变成了多连杆麦弗逊悬架。双连杆交于一个虚拟球铰，虚拟转向主销可以"深入"到结构中（图 3.8）。其优点包括：主轴长度较小，可以提高阿克曼转向修正，车轮和制动盘可以由此内移。缺点是增加一个球铰并由此带来成本和摩擦力的增加。

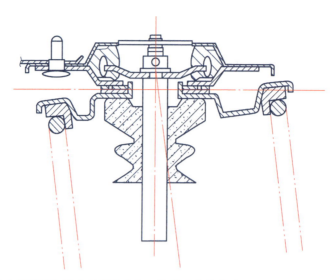

图 3.7 双通道麦弗逊悬架塔座（弹簧力和限位块力直接传递到车身，阻尼力通过柔性件传递）

2010 年，通用汽车公司在其大功率高档车上引入了高性能麦弗逊悬架，用单独的转向主销结构将前视几何设计和转向轴设计独立开来（图 3.9），这样主销几何设计受较少约束，主轴长度减小，从而减少了大驱动功率带来的转矩转向，同一平台架构里也可与常规麦弗逊悬架互换，形成模块化设计。但其成本和重量增加，复杂的结构可能需要额外的布置空间从而引起轮距增加。

图 3.8 双连杆下臂虚拟球铰麦弗逊悬架

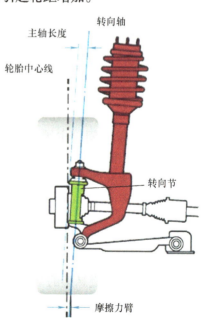

图 3.9 高性能麦弗逊悬架

另有一些从麦弗逊悬架演变来的悬架形式，如今已经逐步不再使用，共同特点是都有滑柱结构，但约束轴节自由度的方式不同（图3.10）。

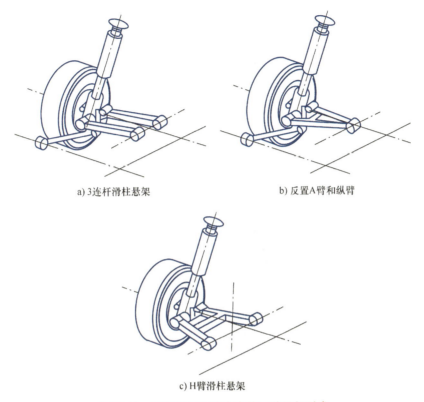

a) 3连杆滑柱悬架　　b) 反置A臂和纵臂

c) H臂滑柱悬架

图3.10　麦弗逊悬架演变来的三种悬架形式

3.1.4　多连杆悬架的种类

多连杆悬架主要包括4连杆、5连杆和H臂连杆三种。4连杆独立悬架顾名思义，一共有4个独立的连杆，包括刚性连接到转向节但可以侧向和扭转变形的拖臂连杆，以及外倾连杆、弹簧连杆和前束连杆（图3.11）。该悬架有分工明确的拖臂（调校行驶平顺性）和弹簧连杆及前束（调校操纵稳定性），易于达成性能调校的解耦，需要较小的垂向布置空间，并且可以通过紧凑型副车架实现双重隔振。但较短的侧视摆臂以及通常为了地板平整而不得不下移的拖臂连杆衬套，可能造成轮跳轮心前行，不利于提升平顺性。目前4连杆悬架在紧凑型到大型轿车和SUV燃油车上

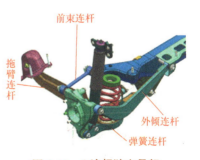

图3.11　4连杆独立悬架

得到广泛应用,不过在电动车上因存在拖臂与电池包横纵向布置上的干涉,其应用受到一定限制。

5 连杆独立悬架顾名思义,一共有 5 个独立的连杆,包括两个拖臂连杆,一个外倾连杆,一个弹簧连杆和一个前束连杆(图 3.12)。可以将 5 连杆独立悬架考虑成上下皆为虚铰的双叉臂悬架的一种。最大的优势是在纵向布置非常紧凑,占用空间小。此外,其几何设计和优化更为灵活,能够达到良好的行驶平顺性和操控性平衡,可以实现轻量化,并与副车架配合实现双重隔振。缺点包括两个斜向布置的拖臂连杆造成的悬架后退柔度和侧向刚度的耦合,成本偏高,以及上摆臂连杆和外倾连杆为了避让车身纵梁而不得不取弯曲形状,不利于满足强度和刚度要求。5 连杆独立悬架一般应用于高级轿车和 SUV。

图 3.12 5 连杆独立悬架

H 臂独立悬架因为下摆臂有 4 个连接点形成 H 形而得名(图 3.13),这样的 H 形下摆臂除可以控制纵向和侧向自由度外,还可以通过一个下端连接到 H 摆臂上,上端连接到轴节上的垂向连杆约束轴节俯仰转动自由度,其他的两个转动自由度由外倾和前束连杆约束。H 臂独立悬架的冲击和隔振性能非常好,有比较清晰的行驶平顺性和操纵稳定性解耦的衬套,和副车架形成双重隔振,便于行李舱、第 3 排座位和驱动系统的布置。缺点包括 H 臂受载复杂、成本和重量较高以及垂向连杆布置困难等。H 臂独立悬架主要应用于中

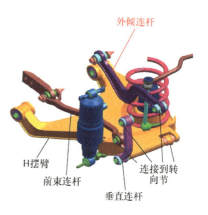

图 3.13 H 臂独立悬架

大型乘用车和 SUV。

3.1.5 扭力梁悬架的种类

扭力梁悬架是一种结构简单、设计巧妙的低成本悬架，可以同时约束纵向、侧向、侧倾、横摆等自由度，这类悬架不需要副车架。有多种看起来结构相似的悬架都可以称为扭力梁悬架，在功能和作用上各有特点。扭力梁可以直接设计在拖臂衬套位置，可以布置在轮心和衬套之间，也可以布置在靠近轮心位置（图 3.14）。当扭力梁靠近衬套时得到的扭转刚度最大，侧倾外倾表现为过度转向，轮跳运动表现接近于独立悬架，而扭力梁靠近轮心得到的扭转刚度最小，侧倾外倾和轮跳表现接近于整体轴悬架。因为这个特点，这类悬架又称为半独立悬架。为增大纵向轮心柔度，需要较低的衬套纵向刚度，但结构上固有的特点会带来侧向力变形过多转向。

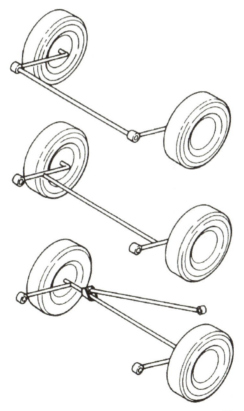

图 3.14 不同横梁位置的扭力梁示意图 [1]

常规扭力梁（Compund Crank）悬架的扭力梁安装在车轮和拖臂衬套（A-Bushing）之间，有一个刚性拖臂，拖臂衬套提供纵向柔度，衬套通常与车身中心线形成角度以减小轮心侧向位移和侧向力变形导致的过度转向（图 3.15）。扭力梁一般为管状或开口梁，不需要副车架，所以成本和重量较低。有基本独立的轮跳外倾和侧倾外倾变化，可通过旋转扭力梁开口调整侧倾转向系数，可通过改变梁截面厚度调整梁的扭转刚度。这类悬架也有较多缺点，包括固有的侧向力变形导致过度转向，有限的侧倾转向，可调性较低，侧视摆臂长度较短，侧视几何设计容易产生轮跳前行，以及扭力梁跳动时扫过体积较大，影响后舱布置。扭力梁悬架一般应用于前驱小型和紧凑型乘用车。

第二种扭力梁悬架为拖臂扭力梁（Trailing Twist Axle），其扭力梁靠近车轮中心，由于轮跳时需要扭转变形，所以拖臂是柔性的。该悬架需要引入横拉杆来控制横向自由度，拖臂衬套可以用于更好地调校纵向柔度。梁中通常有横向稳定杆，以便提高侧倾刚度。该悬架同样不需要副车架，因此有较低成本和较低重量。其在轮跳和侧倾下相对于地面有较恒定的外倾角。缺点同样为较短的侧视摆臂、有限的侧倾转向、低可调性、轮跳轮心前行以及扭力梁扫过体积大影响行李舱布置。横拉杆实际上是非对称结构，不同承载状态下连接在车身和悬架的两点必然会有高度上的差异，引起悬架相对于车身的横向位移，可能恶化行驶平顺性。拖臂扭力梁一般应用于前驱小型、紧凑型轿车以及厢式车（图3.16）。

图 3.15　常规扭力梁

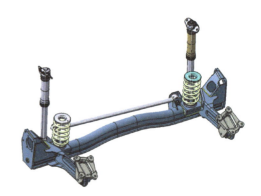
图 3.16　带横拉杆的拖臂扭力梁

为解决横向拉杆带来的不对称性，在更高端的扭力梁悬架上引入了瓦特连杆。瓦特连杆的两个横向连杆外端安装在左右纵臂的后端，中间连杆安装在连接到车身的横梁上（图3.17）。瓦特连杆既可以传递侧向力，也可以减小车身和底盘之间侧向相对位移，增加侧倾刚度，减小侧向力变形导致的过度转向，通过较低刚度的拖臂衬套改善行驶平顺性能，因此可以实现相对独立的行驶平顺性和操稳性调校。另外也可做成模块化扭力梁结构和常规扭梁悬架互换。瓦特拉杆导致成本和重量增加，需要增加副车架横梁来安装瓦特连杆，并且瓦特连杆的垂向高度进一步占用后车厢空间。带瓦特连杆的扭力梁悬架主要应用于较高级的前驱小型和紧凑型轿车。

图 3.17　带瓦特连杆的扭力梁悬架

3.1.6　悬架形式的选择原则

悬架大致可分为整体桥非独立、独立和半独立等三种主要形式，每一种又分为不同的类型。每一种悬架要实现的功能都相同：在垂直方向，悬架的主要作用是隔振和车身运动控制，而在其他方向上悬架的主要作用是保证车轮相对于车身的正确定位，以便更好地发挥轮胎的潜力。在占用布置空间、性能可调性、成本和重量等方面，不同的悬架各有特点。乘用车上多采用独立悬架，其中前轴倾向于使用双叉臂和麦弗逊悬架，后轴倾向于使用 4 连杆、5 连杆和 H 臂等悬架形式。半独立扭力梁由于低成本的优势，在经济型车的后轴上应用广泛。

悬架形式的选择和车型定位有关，包括车型特征和售价。在概念设计阶段，除考虑布置约束、性能需求外，成本和重量也是必须考虑的重要约束。前悬架的选择需要考虑发动机的布置形式，横置发动机通常采取麦弗逊悬架，纵置发动机通常采用双叉臂悬架。对电动汽车而言，机舱布置的约束相对较少，悬架形式的选择更多考虑成本和性能方面的约束。后悬架有更多的选择，通常从成本、重量以及性能可调性考虑。图 3.18 所示为各式悬架在操纵稳定性和行驶平顺性方面的大致表现。其中，双叉臂悬架有很好的可调性，能够充分满足对悬架转向柔度和不足转向特性的需求，达到最好的操纵稳定性能。事实上，大多数运动车上都采用双叉臂悬架。相比而言，多连杆悬架的可调性更好，可以达到较好的行驶平顺性，同时维持较好的操纵稳定性。扭力梁悬架的轮心纵向柔度与侧向柔度高度相关，有固有的侧向力过多转向倾向，限制了达成需要的后轴等效侧偏柔度的能力，因此难以实现较好的操稳性能，另外簧下质量较大以及更接近于非独立悬架的特性也妨碍了优良行驶平顺性能的达成。大型豪华车可以承受更高的成本，因此倾向于使用多连杆悬架。运动型车辆一般采用双叉臂悬架。因为纵向紧凑的结构特点，5 连杆独立悬架在电动汽车后轴上的应用更为普遍（图 3.19）。

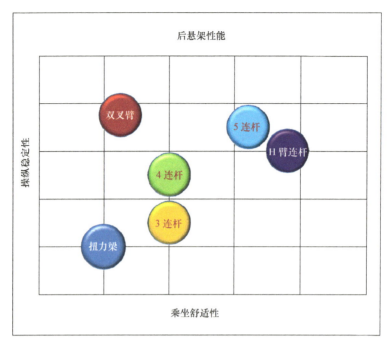

图 3.18　各种后悬架形式在操稳性能和行驶平顺性方面的相对关系

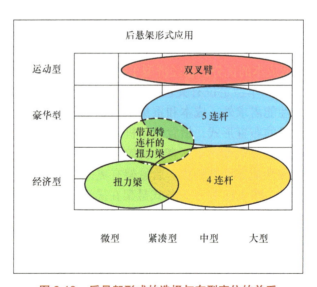

图 3.19　后悬架形式的选择与车型定位的关系

3.2　主销几何

主销（Kingpin）是车轮转向时围绕的轴线，也称为"转向主销"。对于不同的悬架结构，主销轴线的定义方式有所不同。对双叉臂悬架而言，主销由上球铰和下球铰定义；对麦弗逊悬架而言，主销由上端弹性安装中心（Topmount）和下球铰定义；对虚铰悬架而言，主销则由虚铰的实时位置定义。转向主销几何包括主销内倾角、后倾角以及与之相关的四个长度指标。这六个指标是悬架设计时首先要确定的参数。

3.2.1 主销内倾角、主轴长度和摩擦半径

前视图里的主销角度称为"主销内倾角"（Kingpin Inclination Angle），上端向内为正（图3.20）。主轴长度是前视图中车轮中心与主销之间的横向距离，轮心在主轴与转向主销交叉点之外时主轴长度定义为正。摩擦半径定义为轮胎接地印迹中心和主销与地面交点之间的横向距离。当主销与地面交点位于车轮中心内侧时，摩擦半径定义为正。当主销内倾角、主轴长度和摩擦半径中任意两个量确定后，则第三个量唯一确定。转向时主销内倾角产生外胎负外倾，对前轴来说会降低不足转向度。

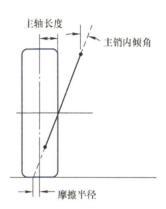

图 3.20 前视图中主销内倾角、主轴长度和摩擦半径的定义

主轴长度是驱动力矩和纵向力作用在转向系统上绕转向主销的力矩臂。主轴长度力矩臂对由轮胎不均匀导致的平滑路抖动和扭矩转向具有放大效果，主轴长度不仅影响输入到系统的激振力，而且也是影响系统模态特征的关键参数[2]。减小主轴长度有助于减小加速扭矩转向、平滑路抖动和轮胎包络。

摩擦半径是制动力绕转向主销的力臂。对于给定的 Topmount 或上球铰侧向位置，下球铰侧向布置位置直接决定最小的主轴长度和能否实现负摩擦半径。车轮、制动钳和制动盘的横向位置约束了下球铰侧向布置位置，从而限制了能够实现的最小主轴长度。

传动半轴的外球铰在布置上必须靠近主销轴，以最大限度地减少转向时球铰侧向窜动。任何球铰的侧向窜动都会对传动和行驶平顺性产生负面影响。

转向主销几何由上下球铰的位置决定。上下球铰的垂向和侧向位置由一系列设计约束给出大致的范围，再通过详细设计以满足运动和性能要求，最后确定具体位置。

下球铰的垂向位置由离地间隙决定的内衬套高度和侧倾运动中心高决定的摆臂角确定，通常应尽可能高，以提高离地间隙，但会受到驱动轴外球铰外壳布置的限制。下球铰的侧向位置需要尽可能外移，这需要将制动卡钳尽可能外移，使之与轮辋之间的间隙最小。但下球铰的外移量受制动盘位置的限制，如果距离太近，下球铰要承受来自制动盘的高温，因此有最小间隙要求（图3.21）。

上枢轴的垂向位置应尽可能高，以增加主销球铰跨度。主销球铰跨度是上枢轴和下枢轴之间的垂向距离。增加主销跨度有助于降低对零部件制造装配公差的敏感度，减小控制臂和连杆组件的负荷，从而可以使用较轻的部件，以实现更低的簧下质量和更好的行驶平顺性。增加主销跨度也可以减小侧向力外倾从而改善操纵稳定性。上枢轴的垂向位置受麦弗逊悬架的上端弹性安装中心或双叉臂悬架的衬套垂向布置位置的限制。运动型车为了降低重心高度，驾驶员 H 点高度必须降低，为不影响视线，发动机舱盖也必须降低，因此，要求麦弗逊悬架的塔座必须降低。

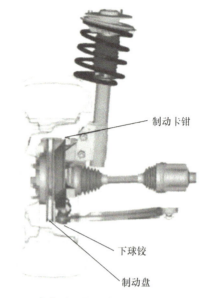

图 3.21　麦弗逊悬架侧向布置需要考虑的因素

从性能要求出发，在给定下球铰位置的前提下，上枢轴的横向位置由主轴长度和摩擦半径要求决定。主销内倾角由此确定。在布置上，上枢轴的内侧横向位置受拉伸行程螺旋弹簧和车身纵梁之间的距离限制，外侧受轮胎与减振柱管间隙限制。

因为主轴长度是前视图中车轮中心与主销之间的横向距离，在主销内倾角确定后，减小轮心与主销之间的横向距离可以减小主轴长度，同时还可能将摩擦半径向负的方向变化。通过轮辋安装平面偏移可以实现这一点。轮辋安装的偏移距定义为从轮辋安装平面到车轮中心面的距离。正偏移为车轮安装平面位于车轮中心面的外侧（图 3.22）。能够实现的偏移由车轮设计和制动钳、制动盘的横向位置决定。正偏移（即车轮内移）可减小主轴长度和悬架部件载荷。负偏移（即车轮外移）可以增加挡泥板等之间的布置

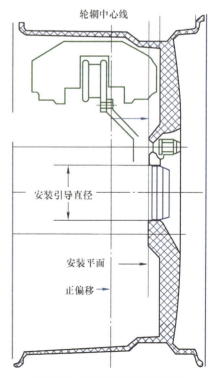

图 3.22　轮辋安装偏移距定义

间隙，增加轮距以提升侧翻稳定性，但同时主轴长度和悬架部件载荷都会增加。

3.2.2 主销后倾角、后倾拖距和后倾偏移距

主销后倾角（Caster Angle）是侧视转向主销和垂直坐标轴之间的夹角。转向主销顶部向后倾斜定义为正后倾角。设计状态的后倾角定义为转向主销和设计参考坐标系的关系，实车相对于地面的主销后倾角与车身纵倾角有关，可能与设计状态不同。在转向时正后倾角在外侧车轮产生有益的负外倾角，另外外侧悬架被压缩，如果设计保证此时主销后倾角增加可以提供更好的回正性能和行驶稳定性。

后倾拖距是从转向主销与地面交点到车轮中心的纵向距离。交点位于车轮中心前方定义为正拖距。对前轴而言，正拖距产生不足转向效果，因此可以增加车辆稳定性。对后轴而言，负拖距，即交点位于车轮中心后方会产生不足转向效果，提高稳定性。

后倾偏移距是侧视图中转向主销到车轮中心的纵向距离。转向主销位于车轮中心前方时定义为正偏移距。当主销后倾角、后倾拖距和后倾偏移距中任意两个量确定后，第三个量唯一确定（图3.23）。当前轮为非驱动轮时，可利用正的后倾偏移在给定后倾角时增加后倾拖距，以提高直线稳定性和转弯回正性能。前驱车的后倾偏移距应尽可能小，以便最大限度地减少转向时传动半轴外球铰侧向窜动。

对应于前悬架后倾的转向主销，后悬架的转向主销应该前倾，以便产生需要的不足转向趋势。对多连杆后悬架而言，虚拟转向主销的位置由硬点和连杆衬套共同决定，可能不够直观，但可以借助于多体动力学软件求解出来。

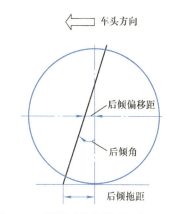

图 3.23 侧视图中主销后倾角、后倾拖距和后倾偏移距的定义

3.2.3 转向主销几何和转向回正力矩

转向主销几何的设计原则是从大量的实践中总结出来的经验，并且可以很好地通过理论解释。在静止状态或低速大角度转向时，侧向载荷转移主要与转向主销几何参数有关，主销内倾角可以举升车身，主轴长度增加可增加举升量。根据势能最小原理，车身有降低的趋势以达到稳定状态，因此，主销内倾角与主轴长度相结合会产生大部分低速自回正力。主销后倾角和主轴长度相配合可以提升车身前内侧高度，降低车身前外侧高度，从而使车身产生扭转变形。主轴长度的增加可增加扭转变形量。车身的扭转变形以及相应的弹簧变形产生第二种低速自回

正力。

高速转弯时回正力矩的主要来源是轮胎的侧向力和主销几何。主销后倾角产生后倾拖距，可以加大回正力矩，在高速直行时主销后倾角可以增加方向稳定性，从而提供更好的高速操稳路感，但相应地需要更高的转向助力。下面将讨论转向主销几何和转向回正力矩以及转向助力的关系。

车辆匀速转弯行驶时，轮胎垂向载荷会发生横向转移，轮胎产生侧向力、回正力矩以及翻转力矩（Overturning Moment），所有这些都会通过转向主销几何产生转向回正力矩，并根据转向臂长转换为转向横拉杆载荷。单侧转向横拉杆载荷 F_{tierod} 与以下五个悬架设计参数有关：侧视图转向臂长 L_{SA}、主销后倾角 ϕ、后倾拖距 L_X、主销内倾角 θ 和摩擦力矩臂 L_Y。转向横拉杆载荷可以表达为：

$$F_{\text{tierod}} = \frac{1}{L_{\text{SA}}} \left(\frac{L_Y \sin^2\phi - L_X \sin^2\theta}{\sqrt{1-\sin^2\phi-\sin^2\theta}} F_Z + L_X F_Y + N + T_X \tan\phi \right)$$

式中，F_Z 为轮胎垂向力；F_Y 为轮胎侧向力；N 为轮胎回正力矩；T_X 为轮胎翻转力矩。

增加主销后倾角、轮胎垂向力、侧向力、回转力矩或者降低转向臂长都会引起转向横拉杆载荷的增加。当转向主销几何对称时，如果转向盘角输入为零，则齿条上的净转向横拉杆载荷为零，车辆保持直行。转向主销几何不对称会产生非零的净转向横拉杆载荷，从而引起跑偏。

转向工况下，轮胎力的所有分量都和侧向加速度有关。在轮胎力的线性范围内施加在转向横拉杆上的载荷随侧向加速度的增加而增加。在中心区线性假定并忽略摩擦力的前提下，可以推出转向横拉杆载荷梯度 $\frac{\partial F_{\text{tierod}}}{\partial A_Y}$ 的表达式，影响因素包括轮胎特性（侧偏力系数和回正力矩系数）和横向载荷转移量。

$$\frac{\partial F_{\text{tierod}}}{\partial A_Y} = \frac{1}{L_{\text{SA}}} \left(\frac{L_Y \sin^2\phi - L_X \sin^2\theta}{\sqrt{1-\sin^2\phi-\sin^2\theta}} \cdot \frac{\partial F_Z}{\partial A_Y} + L_X \frac{\partial F_Y}{\partial A_Y} + \frac{\partial N}{\partial A_Y} + \frac{\partial T_X}{\partial A_Y} \tan\phi \right)$$

转向横拉杆载荷梯度是施加在转向齿条上的净负载相对于侧向加速度的斜率（单位 N/g）。转向横拉杆载荷梯度与转向性能以及转向系统的设计和调校密切相关。载荷梯度太低则回正性不好，但如果太高则转向助力能耗增加。因此，应该定义转向横拉杆载荷梯度的合适范围，并以此指导转向主销几何设计。用户对作为转向性能重要指标的转向盘转向力矩梯度有一个期望的范围，在给定转向横拉杆载荷梯度的情况下，转向助力特性需要仔细标定，以便满足用户对恰如其分的转向手力的期望。

在低速大转角输入情况下，阿克曼修正不足产生的侧向力和有效转向臂长度的缩短共同作用可能会使转向横拉杆上的净载荷为负值。此时，车辆可能出现自转向趋势。有关自转向的详细讨论将在第3.5节展开。

3.2.4 制动稳定性与摩擦半径

如果制动时左右两侧轮胎与地面间的摩擦系数相同，且左右载荷对称，则摩擦半径不会影响制动稳定性。当上面任一条件不满足时，如摩擦系数不同或轮荷不同，则左右两侧的制动力不对称，摩擦半径会影响制动稳定性。当摩擦半径为正时，高摩擦系数或高制动摩擦力一侧本身就会产生加到车身的横摆力矩，而正摩擦半径会对转向主销形成附加的转向力矩，加到转向系统的净力矩加剧车身横摆引起跑偏，或制动时行车方向不稳定（图3.24）。当摩擦半径为负时，加到转向系统的净力矩与制动力本身加到车身的横摆力矩方向相反，因此可以减少制动跑偏（图3.25）。

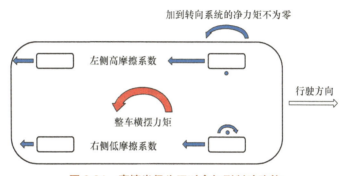

图3.24 摩擦半径为正时会加剧制动跑偏

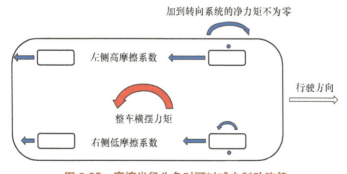

图3.25 摩擦半径为负时可以减少制动跑偏

3.3 前视图几何运动学特性

悬架的几何运动学特性描述车轮相对于车身静止时，与动态性能有关的几何设计参数，以及车轮相对于车身垂向运动时外倾角、前束角等参数的变化，简称为悬架的K（Kinematics）特性。悬架在前视图中的主要几何设计参数包括侧倾中心高度、车轮中心距和轮距,而悬架的 K 特性包括轮跳时车轮相对于车身的外倾角、前束角、侧倾中心高度和轮距的变化。

3.3.1 侧倾中心的运动学定义与物理意义

麦弗逊悬架前视图中滑柱轴线和下控制臂球铰和衬套的连线方向决定了前视图瞬时中心和前视虚拟摆臂的长度,这个虚拟摆臂长度决定了轮跳外倾角变化量和侧倾中心高度偏移量,虚拟摆臂长度越长对应的外倾角变化量和侧倾中心高度偏移量越小(图 3.26)。麦弗逊悬架运动学侧倾中心高度由轮胎接地中心和前视图瞬态中心的连线及车辆中心线确定,并随悬架行程而移动。双叉臂悬架的前视图虚拟摆臂由前视图中上球铰与上摆臂衬套连线的延长线和下球铰与下摆臂衬套连线的延长线确定(图 3.27)。

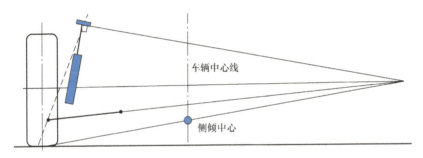

图 3.26 麦弗逊悬架前视图瞬时中心和运动学侧倾中心的定义

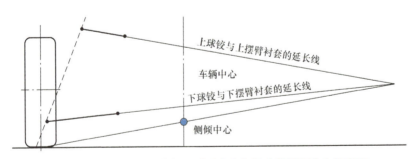

图 3.27 双叉臂悬架前视图瞬时中心和运动学侧倾中心的定义

侧倾中心的物理意义并不像字面意义那样是悬架相对于车身的转动中心。根据 SAE 的定义,侧倾中心是一个通过车辆中心垂直平面中的点。在该点处将侧向力施加到簧载质量时不会引起悬架的侧倾运动。因此,它是一个与侧向力传递有关的点。前后悬架有各自的侧倾中心。前后侧倾中心的连线称为侧倾轴线。车辆质心到侧倾轴的垂直距离是影响侧向载荷转移和转弯时车身侧倾梯度的关键因素之一。侧倾中心高度对车辆操控性能的影响将在第 5 章详细讨论。

3.3.2 外倾角及其运动学变化

车轮中心平面与垂直坐标轴的夹角定义为外倾角（图 3.28），车轮上端向外定义为正外倾角。静态外倾角是在给定静态载荷和悬架高度下的外倾角。外倾角不对称性用左侧与右侧外倾角之差来衡量。轮胎与接地面的外倾角会产生外倾推力，当两侧外倾角不对称时会引起车辆跑偏。外倾控制是悬架设计的一个基本要求。首先需要考虑设计状态下车轮外倾与车身的位置关系，其次需要考虑转向和轮跳或侧倾时，轮胎与路面的关系。车轮转向时由于主销内倾角和后倾角的作用，车轮外倾相对车身会发生变化；车身在转弯时会发生整体侧倾，从而可能引起轮胎相对车身的运动学外倾；转向时轮胎产生的侧向力会产生轮胎相对车身的弹性运动学变化；轮跳也会引起外倾变化。转向时，保持轮胎相对于地面的外倾角尽可能小可以最大限度地发挥轮胎的潜力，尤其需要保证外侧轮胎与路面尽可能大的接触面积，这是良好操纵稳定性的必要保证。

静态车轮中心距、轮距与外倾角之间彼此联系如图 3.29 所示。车轮中心距定义为左右轮心之间的横向距离，是一个整车设计参数。轮距是左右轮胎接地中心之间的横向距离。对于整体轴悬架这两个量基本相同，但对独立悬架而言，由静态外倾角和悬架变形引起的外倾角变化可能导致车轮中心距与轮距不同。侧倾中心高度会影响轮距变化。轮跳情况下轮距的增加会产生轮胎侧向力进而影响车身侧向响应，另一方面，侧倾时轮距的增加可以提高车辆侧倾稳定性。

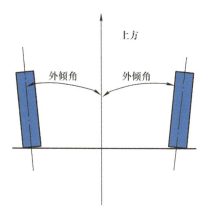

图 3.28 外倾角定义为车轮与车身垂直坐标轴的夹角

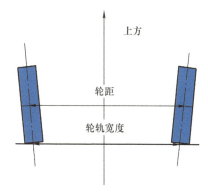

图 3.29 车轮中心距、轮距与外倾角的关系

悬架轮跳运动引起车轮外倾角的变化如图 3.30 所示。轮跳外倾定义为悬架的垂向行程引起的外倾角变化，侧倾外倾是由悬架的侧倾运动引起的外倾角变化。

对独立悬架而言，轮跳外倾和侧倾外倾相关联。轮跳外倾角变化由上下连杆的相对长度和角度决定，轮胎接地要求需要悬架上跳时产生负外倾。一定的静态负外倾角有助于保持转弯工况车身侧倾时外侧胎面与道路的接触。

在不考虑悬架柔性变形时，前视图中轮距变化主要由侧倾中心的位置确定。侧倾中心越高，轮距变化越大（图3.31）。当侧倾中心在地面上时，轮距变化为零。另外，当车轮上跳时，通常设计为车轮发生负外倾以提高轮胎侧向抓地力，侧倾外倾绝对值越大，轮距变化越大（图3.32）。

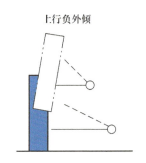

图 3.30　轮跳外倾定义为车轮跳动时引起的外倾角变化

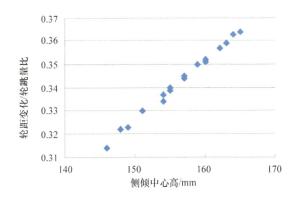

图 3.31　轮距变化/轮跳量比随侧倾中心高度变化的关系

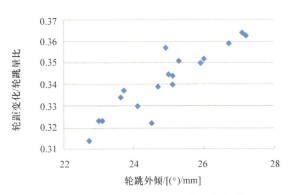

图 3.32　轮距变化/轮跳量比和轮跳外倾的关系

3.3.3　前束角及其运动学变化

前束角定义为车轮与车辆中心线在俯视图中的夹角（图3.33），车轮前端向内定义为正前束。静态前束角是在给定静态载荷和悬架高度下的前束角，轴荷变化可能引起静态前束角的变化。当两侧前束角不对称时会引起跑偏，而为了保持直行，必须有转向盘角度修正。总前束是左右两侧前束之和。太大的总前束，无论正负都会引起轮胎磨损。

悬架的垂向行程或轮跳引起的前束角变化称为轮跳转向。轮跳转向产生的轮胎侧偏角会产生侧向力，引起车身侧向运动响应，影响加速和制动横摆稳定性，因此应该将轮跳幅度控制在一定范围内。减小轮跳转向也可以减小静态前束角随载荷的变化。侧倾转向是由悬架相对于车身的侧倾运动引起的前束角变化。一般情况下，内外侧车轮的转动方向相同。转弯时外侧前轮的负前束变化方向导致不足转向，而外侧后轮的正前束变化方向导致不足转向。侧倾转向对车辆操纵稳定性和转向灵敏度有显著影响，一定的不足转向度可以提高转向横摆稳定性，更多的相关讨论将在第 5 章进行。

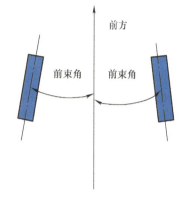

图 3.33 前束角定义为车轮与车辆中心线在俯视图中的夹角

1. 轮跳转向的线性度

轮跳转向线性度影响不同载荷下的前束特性，强非线性会导致不同载荷下的前束特性差异过大。当车辆转弯时车身侧倾，轮跳转向的线性度影响不足转向特性的线性度，从而影响驾驶员操纵的主观感觉。当悬架前视图硬点确定后，在设计位置附近，轮跳转向线性度主要由转向横拉杆的长度与悬架等效摆臂长度的匹配程度决定，而轮跳转向曲线的斜率或者轮跳转向幅值主要由转向横拉杆相对于悬架等效摆臂的角度决定。如果转向横拉杆的长度与等效摆臂的长度匹配且平行，则轮跳转向为零且线性；当前置的横拉杆太短或者后置的横拉杆太长时，无论上跳或下跳，都会导致正前束转向；反之，当前置的横拉杆太长或者后置的横拉杆太短时，无论上跳或下跳，都会导致负前束转向。

轮跳转向曲线的斜率由转向横拉杆内外球铰的垂向位置差确定，当转向机前置时，外球铰相对于内球铰上移会产生更多正前束，对前轴而言有减小不足转向的趋势；反之，当外球铰相对于内球铰下移时会产生更多不足转向趋势。对后置转向机来说，上述结论相反，即外球铰相对于内球铰上移会产生更多负前束，对前轴而言产生更多不足转向趋势，反之则减小不足转向趋势。

2. 轮跳转向与侧倾转向的关系

独立悬架的轮跳转向和侧倾转向相互耦合，不可能只增加侧倾不足转向而不增加轮跳转向。侧倾转向曲线需要有良好的线性度，其斜率由整车的不足转向度决定。良好的线性度可以保证在整车侧向加速度和车身侧倾角持续增加时，整车有线性的操纵性能表现。轮跳曲线和侧倾转向曲线的斜率和线性度由悬架的硬点位置确定。

轮跳转向与侧倾转向不是简单的相互转换关系，影响二者关系的因素包括转向器壳体安装衬套和副车架衬套的刚度，以及麦弗逊悬架横向稳定杆连接杆的布置。同时，车身、副车架和试验台架柔度都会对二者关系产生一定的影响。同向轮跳试验里，轮胎垂向力产生的绕主销的力矩大小相等相互抵消。因此，悬架衬套、转向器安装衬套和副车架衬套变形几乎不会对结果产生影响。侧倾试验（反向轮跳试验）里，压缩侧轮胎的垂向力增加，会产生绕主销的净力矩，转向器安装衬套的侧向柔度通常会产生侧倾过度转向趋势；另一方面，由于柔性的乘用车副车架衬套变形，副车架本身可能发生侧向或者扭曲变形，既可能产生侧倾过度转向也可能产生侧倾不足转向趋势。同向轮跳试验的轮跳量可以根据轮距转换成悬架相对于车身的侧倾角，轮跳转向和侧倾转向因此可以相互比较。一般说来，侧倾转向产生的不足转向度通常会低一些，即底盘中的柔性件在侧倾试验中通常产生过度转向的效果。

3.4　侧视图几何运动学特性

悬架在侧视图中的主要几何设计参数包括虚拟摆臂的长度、角度以及与之相关的支撑特性和车轮退让性，而悬架的 K 特性包括轮跳时主销后倾角的变化。

3.4.1　侧视图瞬时中心与虚拟摆臂

当发生轮跳运动时，在侧视图中轮心会绕一个虚拟瞬时中心运动，可以用轮心和瞬时中心之间的虚拟摆臂来代表悬架的运动状态。虚拟侧视摆臂概念可以帮助快速了解有关行驶平顺性和车辆俯仰运动的悬架特性。侧视虚拟瞬时中心和虚拟摆臂长度随轮跳行程而变化。

对麦弗逊悬架而言，虚拟侧视瞬时中心的位置与减振器支柱的后倾角以及下控制臂衬套连成的轴线有关，由通过 Topmount 中心点作减振器支柱中心的垂线和通过下控制臂外球铰作下控制臂衬套轴线的平行线决定。连接虚拟侧视瞬时中心和车轮中心的直线确定了侧视摆臂角度（Side View Swing Arm Angle）和侧视摆臂长度（Side View Swing Arm Length）（图 3.34）。

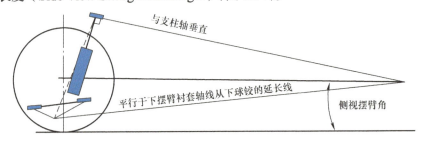

图 3.34　麦弗逊悬架虚拟侧视瞬时中心的位置、虚拟摆臂角度和长度的定义

对双叉臂悬架而言，虚拟侧视瞬时中心的位置与上下控制臂衬套的连线有关。是由上控制臂外球铰做上控制臂衬套轴线的平行线和下控制臂外球铰做下控制臂衬套轴线的平行线的交点，即为虚拟侧视瞬时中心（图 3.35）。双叉臂悬架在选择侧视摆臂几何方面有更大的自由度，可以比较灵活地通过调整上下摆臂的衬套相对高度来设计侧视几何特性。

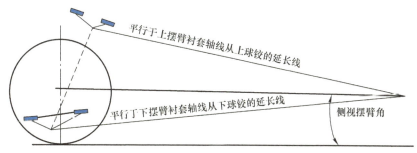

图 3.35 双叉臂悬架虚拟侧视瞬时中心的位置、虚拟摆臂角度和长度的定义

对于所有悬架形式，侧视图摆臂角度决定了当车轮遇到路面凸起时，悬架垂向位移引起的车轮后退或前行量。当车辆前行遇到路面凸起时，如果几何上保证车轮后退，可减少碰撞时的冲击力。欲达到车轮上跳后行效果，前悬架的瞬时中心应该位于轮心下方，而后悬架的瞬时中心应该位于轮心上方（图 3.36）。

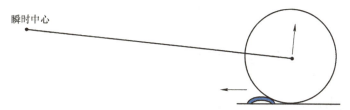

图 3.36 后悬架的瞬时中心高于轮心可保证轮心上跳时后退从而改善纵向冲击强度

侧视摆臂长度决定轮跳时摆臂角度变化量，而摆臂角度变化决定了前悬架的主销后倾角变化。前悬架在压缩行程中主销后倾角增加，有助于转向时轮胎侧向力反馈，提高回正性能和路感。摆臂角度变化也和静态悬架高和车身俯仰角变化有关。

3.4.2 支撑特性

侧视几何中一个很重要的概念是支撑特性。支撑特性是悬架侧视几何特性在没有悬架弹簧变形的情况下对车辆纵向载荷转移做出反应的能力。支撑特性的实质是利用悬架侧视几何特性减小在加速或制动时的悬架变形，从而减小车身的俯仰角度。通过支撑特性减小车身的俯仰角度与通过增加弹簧刚度来起到同样的作用相比，弹簧刚度的增加通常会影响其他方面性能的平衡。在概念设计阶段就要设定支撑特性的目标，并通过优化硬点来实现。支撑特性与侧视摆臂角度、整车质心高度、轴距以及牵引力和制动力分配有关。

支撑特性包括四项内容，分别是制动时前悬架的抗点头和后悬架的抗抬头，以及加速时前悬架的抗抬头和后悬架的抗下蹲特性。统一定义为：

$$A(\%) = 100\left(1 - \frac{\Delta F_s}{\Delta F_z}\right) \quad (3.1)$$

式中，ΔF_z 为制动或加速时轮胎垂向力转移的变化量；ΔF_s 为弹簧力的变化量。在所有四种情况下，ΔF_z 和 ΔF_s 的符号都相同。

如果某项支撑特性 $A(\%) = 100$，如制动时抗俯冲支撑特性 $A(\%) = 100$，则意味着制动时轴荷转移量完全由悬架杆件传递。此时，弹簧力增量为零，弹簧的变形为零，前悬架完全没有制动点头行为，并且悬架弹簧刚度对前悬架制动点头行为没有任何影响。而如果某项支撑特性 $A(\%) = 0$，如制动时抗点头支撑特性 $A(\%) = 0$，则意味着制动时通过悬架杆件传递的垂向力为零，载荷转移量完全由弹簧承担，弹簧的变形大小和前悬架的制动点头量完全由弹簧刚度决定。下面将从此定义出发，推导抗俯仰特性和悬架及整车设计参数的关系，以便量化并准确设计支撑特性。

在制动工况下，制动力作用于地面，并通过悬架传递到车身。前悬架的制动抗点头工况的受力分析如图 3.37 所示。图中 H 为质心高度；F_{xf} 为前轮制动力；ρ 是悬架的抗点头角，定义为轮胎接地点和瞬时中心的连线与水平面的夹角。对绕瞬时中心的总力矩求和，并做适当简化可得出式（3.2）：

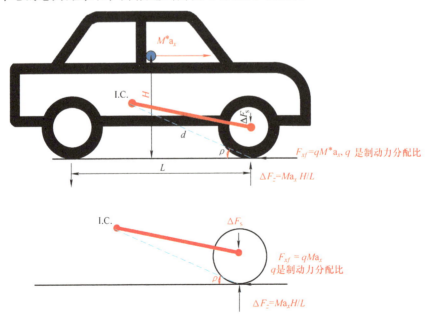

图 3.37　制动工况下前悬架的抗点头工况受力分析

$$\Delta F_{\mathrm{s}} = \Delta F_{z} - F_{xf}\tan\rho \tag{3.2}$$

将式（3.2）代入式（3.1），可得出制动抗点头支撑特性的表达式，应用该表达式可以根据整车和悬架设计参数很方便地计算出制动抗点头能力。

$$A(\%) = 100\left(1 - \frac{\Delta F_{\mathrm{s}}}{\Delta F_{z}}\right) = 100\frac{qL}{H}\tan\rho \tag{3.3}$$

根据定义，实现 100% 制动抗点头能力时弹簧力为零，从式（3.3）可得出此时悬架的抗点头角度，标记为 $\rho_{100\%}$。

$$\tan\rho_{100\%} = \frac{H}{Lq} \tag{3.4}$$

由式（3.4）可以推出支撑特性的第二个表达式（3.5）。该表达式更直观地描述了支撑特性的实质，即支撑特性是悬架抗点头角度的正切值与达到 100% 支撑特性的悬架角度正切值的比值。

$$A(\%) = 100\frac{\tan\rho}{\tan\rho_{100\%}} \tag{3.5}$$

因此，提高悬架抗点头角可以提高制动抗点头特性，而这个夹角与侧视图虚拟摆臂角和轮胎承载半径有关。应该指出，没有制动力（$F_{xf} = 0$）则没有抗点头能力，因为从式（3.2）可知：$\Delta F_{\mathrm{s}} = \Delta F_{z}$，即垂向载荷转移必须完全由弹簧承担。另外，当悬架抗点头角 ρ 为零（即瞬时中心在地面上）时，从式（3.5）可知，抗点头能力也为零。

类似地，从一般的定义出发，也可以推导出后悬架制动抗抬头能力与相应悬架特征参数的关系。后悬架的制动抗抬头工况的受力分析如图 3.38 所示，由此得出的支撑特性表达式：

$$A(\%) = 100\left(1 - \frac{\Delta F_{\mathrm{s}}}{\Delta F_{z}}\right) = 100\frac{(1-q)L}{H}\tan\rho \tag{3.6}$$

后悬架的制动抗抬头能力从形式和影响因素上与前悬架制动抗点头能力完全对称。当后轴制动力分配比为零，或者当角度 ρ 为零时，后悬架制动抗抬头能力为零 [$A(\%) = 0$]。

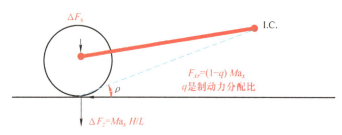

图 3.38　制动工况下后悬架的抗抬头工况受力分析

加速时，作用于车轮的驱动力矩在车轮中心产生一个作用于悬架的纵向力。此时与支撑特性相关的角度就是侧视虚拟摆臂角 θ。加速时前悬架抗抬头工况的受力分析如图 3.39 所示，由此得出支撑特性表达式（3.7）。当前轴驱动力矩为零（即后轮驱动车），或者侧视摆臂角为零时，加速时前悬架的抗抬头能力为零 [$A(\%) = 0$]。

$$A(\%) = 100\left(1 - \frac{\Delta F_s}{\Delta F_z}\right) = 100\frac{pL}{H}\tan\theta \tag{3.7}$$

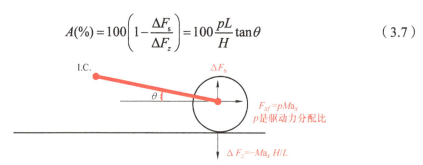

图 3.39　加速时前悬架抗抬头工况受力分析

类似地，加速时后悬架驱动工况的受力分析如图 3.40 所示，由此得出加速抗下蹲支撑特性的表达式为式（3.8）。当后轴驱动力矩分配为零（即前轮驱动车），或者侧视摆臂角为零时，后悬架加速抗下蹲支撑特性 $A(\%) = 0$。

$$A(\%) = 100\left(1 - \frac{\Delta F_s}{\Delta F_z}\right) = 100\frac{(1-p)L}{H}\tan\theta \tag{3.8}$$

图 3.40　加速时后悬架抗下蹲工况受力分析

虽然提高悬架的制动抗点头能力可以有效地减小制动点头角，但是开发实践表明,太高的制动支撑特性可能会引起在轻微制动时车身的前后"窜动"。因为此时车身的动能更多地需要由相对较低的纵向阻尼来消耗。

另外,对前悬架而言,与侧视图几何有关的抗俯仰特性与车轮退让性要求相矛盾。前悬架制动抗点头和加速抗抬头能力需要较高的悬架瞬时中心的位置(即较大的 ρ 值);而车轮退让性要求降低悬架瞬时中心的位置以减轻过坎冲击强度。因此,在设计前悬架几何时需要折中,通常车轮上跳时会有轻微的前行,需要适当降低轮心的纵向刚度作为补偿。对后悬架而言,支撑特性与车轮退让性需求对后悬架侧向摆臂设计要求一致,因此无须折中。

3.5 悬架俯视图几何运动特性

悬架俯视图几何运动特性主要讨论车辆转弯时内外车轮的转角关系,包括阿克曼转向几何与阿克曼转向机构的理论、阿克曼转向修正和最小转弯直径。阿克曼转向修正是悬架系统设计的指标之一,而最小转弯直径是整车的性能指标。

3.5.1 阿克曼转向几何与阿克曼转向机构

低速大角度转向时,所有车轮必须围绕着同一中心转动,如图 3.41 所示。为满足这个要求,前内侧车轮的转角必须大于前外侧车轮的转角。如果转向车轮之间的角度不满足这一关系,会导致轮胎的侧向滑动、磨损和噪声。假定此时侧向加速度接近于零、轮胎纯滚动且无侧偏角,则理想的内外车轮转角表达为

$$\delta_\text{o} = \arctan\frac{L}{R+T/2} \approx \frac{L}{R+T/2}$$

$$\delta_\text{i} = \arctan\frac{L}{R-T/2} \approx \frac{L}{R-T/2}$$

式中,R 为后轴中心点到转弯中心的距离;T 为轮距;L 为轴距。

当 $R \gg T/2$ 时,内外车轮转角近似相等,此时可以定义阿克曼转向角为:

$$\delta_\text{ack} = \frac{L}{R} \tag{3.9}$$

在给定内侧车轮转角 δ_Inner 的情况下,低速保持纯滚动的理想外侧车轮转角 $\delta_\text{OuterIdeal}$ 可以表达为

$$\delta_\text{OuterIdeal} = \arctan\left(\frac{1}{\frac{1}{\tan\delta_\text{Inner}} + \frac{T}{L}}\right) \tag{3.10}$$

上述内外侧车轮转角之间的关系需由悬架几何特性来保证。早期的阿克曼转向机构能够近似实现要求的内外轮转角关系。阿克曼转向机构的设计原则是,如果转向机构左右转向梯形臂的延长线交于后轴中心,则内外轮胎转角之间的关系

就可以近似满足公式中的关系，从而在转向时实现轮胎无侧向滑动。

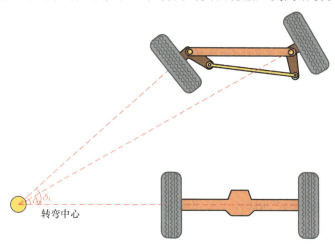

图 3.41　低速大角度转向时所有车轮必须围绕着同一中心转动

现代轻型载货汽车和乘用车通常采用齿轮齿条转向机构，转向拉杆既可能布置在轮心前部也有可能布置在轮心后部，内球铰只能横向移动。外球铰的位置受布置的限制，导致转向臂角度和长度不能任意调节，另外内外球铰在纵向上可能不在齿条轴线上，这些与阿克曼转向机构的不同之处都导致内外轮转角通常偏离阿克曼转向几何要求。为量化偏离阿克曼转向几何要求的程度，引入阿克曼修正比的概念，其定义为：将实际外侧车轮转角表示为从平行转向到理想阿克曼几何转向的百分比。如果内外轮转角关系满足阿克曼转向要求，称为 100% 阿克曼修正比，此时外侧车轮转角为理想转角 $\delta_{\text{OuterIdeal}}$；如果内外转向车轮之间在转向时始终保持平行关系，称为 0% 阿克曼修正比。内轮转角用于定义转弯中心（即假定为正确），而外轮转角用于定义阿克曼修正比（Ackermann Correction）和阿克曼误差。其中，阿克曼修正比定义为

$$\text{Ackermann Correction} = \frac{\delta_{\text{Inner}} - \delta_{\text{Outer}}}{\delta_{\text{Inner}} - \delta_{\text{OuterIdeal}}} \times 100\%$$

阿克曼误差定义为外轮实际转角与理想转角之间的差值，外轮的实际转角大于理想转角定义为正误差。阿克曼误差定义为

$$\delta_{\text{Error}} = \delta_{\text{Outer}} - \delta_{\text{OuterIdeal}}$$

3.5.2　阿克曼校正的讨论

当阿克曼校正不足时，比如平行转向关系，转弯时外侧轮胎转角大于理想值。此时为了绕同一个中心完成低速转向，内外侧转向轮胎的指向和运动方向不同，会产生方向相反的侧偏角，内侧侧偏角向内，而外侧侧偏角向外（图 3.42）。

内侧车轮产生向外的侧向力以及由此产生的转向力矩，而外侧车轮产生向内的侧向力以及由此产生的回正力矩，阿克曼校正不足可能导致低速大角度转向时的自转向效应。自转向效应可以用低速行驶时转向盘扭矩表达（图3.43）。理想阿克曼校正情况下，当转向盘角度逐步增大时，转向盘上的反馈力矩逐步增加。此时松开转向盘，车辆可以自回正。当阿克曼校正不足时（以平行转向为例），随着转向盘角度逐步增大，转向盘上的反馈力矩起初增加，但在大转角时反而突然降低。此时松手，转向盘会被"吸入限位"，即车辆自动转向，转向盘不能自回正。这是因为在车轮大转向角情况下，外轮的后倾拖距随着转向角增加而减小，回正力矩因此减小，内轮的后倾拖矩随着转向角增大而增大，转向力矩因此增加。考虑所有回正因素之后的总回正力矩可能变为负值。增加阿克曼校正比可以减少自转向趋势。高速行驶时，一般不会有很大的车轮转角，由侧向力产生的回正力矩占主导地位，因此通常不会出现自转向。

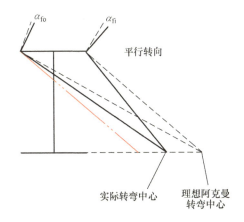

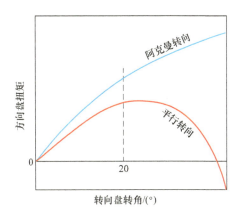

图3.42 低速行驶时阿克曼校正不足（以平行转向为例）引起内侧车轮产生向内的侧偏角而外侧车轮产生向外的侧偏角

图3.43 阿克曼校正不足时（以平行转向为例）大角度转向下转向盘可能会被"吸入限位"，引起自转向

在一般行驶速度下转弯，所有车轮都产生侧偏角，转弯中心从后轴延长线前移，围绕同一圆心转弯必然导致理想的阿克曼转向几何情况下，内胎比外胎侧滑更多，达到最大侧向力的时间更早（图3.44）。因为两侧轮胎不能同时达到最大侧向力，降低了前轴的极限转弯能力。设定为阿克曼校正不足时，可实现更平衡的内外侧轮胎侧偏角，最大化前轴转弯能力，或者提高轮胎开始尖叫的转弯速度。基于这个原因，通常运动车采用较低的阿克曼校正（阿克曼修正比远小于100%）。另外相比于阿克曼校正不足，100%阿克曼修正比对应的转弯直径更大，因此设计中通常不采用100%阿克曼修正比。

当阿克曼校正不足时，在同样内侧车轮转角下外侧车轮转角更大，因此转弯直径变小。或者如果保持原来转弯直径,可以减小内侧车轮最大转向角度,以减小轮胎包络。如果阿克曼修正比大于100%,称为阿克曼转向几何的过校正。此时,外轮转角低于理想的转向角度,内外侧轮胎的侧滑类似于直行时过度负前束,因此会导致轮胎内肩磨损,同时转弯直径增加。这种情况应该避免。

阿克曼修正比是悬架设计的关键指标之一,阿克曼校正的目标值取决于具体车型定位(比如运动车或乘用车),也取决于悬架转向系统布置局限和转向系统受力情况。一般运动车取较低的目标值(如低于50%),以便提升最大侧向加速度;普通乘用车采用较高的值(如60%~90%),以减小低速大角度转向时的轮胎磨损和自转向效应。阿克曼校正适用的范围如图3.45所示。

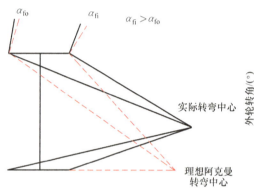

图3.44 在理想阿克曼校正且一般行驶速度条件下,内胎比外胎侧滑更多,降低了前轴的极限转弯能力

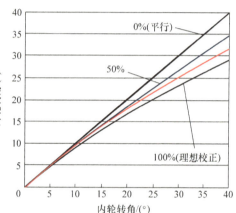

图3.45 合理的阿克曼修正比范围

3.5.3 最小转弯直径

最小转弯直径是最主要的整车指标之一,与以下参数有关:轴距、轮距、主轴长度、轮胎直径、轮胎截面宽度和前轴内外轮转角关系(由转向几何确定)。对于采用前轮转向的车辆,采用短轴距、窄轮距、短主轴长度和窄轮胎截面宽度,以及增加车轮的最大转向角 δ_{fmax},可以有效减小转弯直径。对四轮转向车辆,影响参数还包括由控制算法确定的最大后轮转向角 δ_{rmax},简化的最小转弯直径可以表达为式(3.11)。假定其他参数不变,后轮的反向转向角可有效减小最小转弯直径,如图3.46所示,后轮5°的反向转向角可以将最小转弯直径减小1m。

$$最小转弯直径 = \frac{L}{\delta_{fmax} + \delta_{rmax}} \quad (3.11)$$

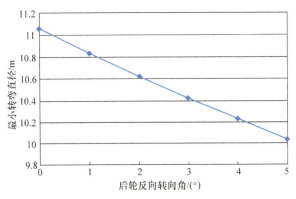

图 3.46　四轮转向车辆最小转弯直径与后轮的反向转向角的关系

根据第 3.5.2 小节的分析,阿克曼转向校正不足可以降低最小转弯直径。假定最大内轮转角不变,由转向机构确定的外侧车轮转角决定了阿克曼转向修正比。同时考虑内外侧轮胎转角用来估计最小转弯直径。图 3.47 所示为阿克曼转向修正比与最小转弯直径的关系。可见,阿克曼转向校正不足确实会带来最小转弯直径的减小,当然太低的阿克曼转向修正比也会带来轮胎过度磨损和可能的自转向。

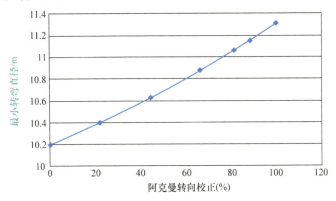

图 3.47　阿克曼转向修正比与最小转弯直径的关系

3.6　悬架弹性运动学特性

悬架弹性运动学特性通常简称为"C(Compliance)特性",描述在侧向力、回正力矩和纵向力(制动、驱动、路面凸起等)作用下由于悬架衬套等弹性变形引起的车轮前束角、外倾角等定位参数的变化。滚动轮胎产生的侧向力可以分解为轮胎接地点处的侧向力和回正力矩,在轮胎侧向力和回正力矩作用下由悬架系统衬套变形引起的轮胎姿态变化和由几何运动学引起的轮胎姿态变化一样,都会影响车辆的动态响应。在悬架弹性运动学特性中需要把这两个输入因素的影响分别讨论和量化,称为"侧向力转向和外倾""回正力矩转向和外倾"。此外,悬架弹性运动学特性还包括轮心纵向力和接地点纵向力前束及纵向柔度的变化等。

3.6.1 侧向力弹性运动学特性

在轮胎侧向力作用下，悬架摆臂衬套变形引起车轮姿态变化。侧向力弹性运动学特性包括车轮中心侧向位移（轮心侧向柔度）、车轮前束角（侧向力转向）和外倾角变化（侧向力外倾）。由于内、外轮在侧向力作用下产生的转动方向相同，侧向力引起的车轮前束变化又称为侧向力转向（图 3.48）。相比于后置式转向系统（转向拉杆在车轮中心前），通常前置转向系统（转向拉杆在车轮中心前）会产生更多转向不足效应。侧向力弹性运动学特性和主销后倾角密切相关。前轴的主销后倾是为了得到需要的不足转向效果，而后轴的转向主销需要前倾以实现减少后轴转向柔度的效果。衬套刚度的调校和硬点设计可以影响侧向力转向。侧向力转向是等效侧偏柔度的主要贡献因素之一，可以影响整车不足转向或过度转向特性，常作为设计变量来满足整车的动力学性能要求，详细讨论见第 5.1 节。

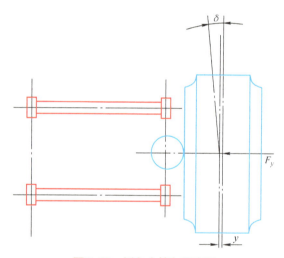

图 3.48　侧向力转向示意图

转弯时，在地面侧向力作用下，悬架衬套变形也会引起外倾角变化，定义为侧向力外倾（图 3.49）。由轮胎特性可知，正外倾对应着向外的外倾推力，减小了同样侧偏角可以产生的侧向力，为了产生同样的侧向力，轮胎必须产生更大的侧偏角。因此，前悬架的正外倾变化导致不足转向趋势，而后悬架的正外倾变化导致过度转向趋势。太大的静态外倾角及外倾角变化同样可能导致轮胎磨损。

侧向力转向和侧向力外倾特性可以通过测量轮胎的侧向力输入下车轮的前束和外倾角变化得到。由轮心侧向柔度和外倾角变化以及轮胎的承载半径可以计算出轮胎接地点中心的侧向柔度。这个侧向柔度有和轮胎松弛长度相似的效果，都会引起轮胎侧向力到车身传递的延迟，详细讨论见第 5.4.1 小节。显然，增加悬架衬套刚度可以减少轮胎接地点的侧向刚度，但同时也可能减少侧向力转向等需要的不足转向因素。

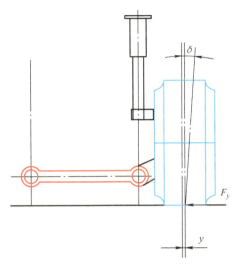

图 3.49　侧向力外倾示意图

3.6.2　回正力矩变形特性

回正力矩变形特性是由施加在轮胎接地面的力矩引起悬架衬套、转向器安装衬套和副车架衬套变形导致的车轮转向和外倾变化。回正力矩变形特性包括 3 项：在轮胎回正力矩作用下车轮中心的侧向位移（回正力矩变形）、车轮转向（回正力矩转向）和外倾角变化（回正力矩外倾）。

在诸多前后轮的回正力矩变形特性中，前轮的回正力矩转向对不足转向特性的影响最为显著（图 3.50）。前轮的回正力矩转向受转向系统的刚度影响很大，包括转向助力特性、转向器齿轮副刚度和安装刚度等。对前轮而言，回正力矩转向特性产生不足转向效应，对后轮而言则为过度转向效应，但通常效果要弱很多。

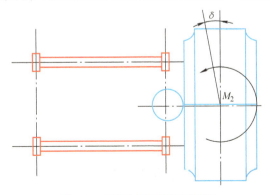

图 3.50　回正力矩转向示意图

3.6.3 纵向力变形特性

当车辆加速时，驱动轴传递来的力矩产生作用于轮心的纵向力，而制动时制动力作用于接地处，在这两种情况下，悬架衬套的变形都会引起独立悬架车轮的转向（图 3.51）。当两侧车轮的纵向力相同，悬架结构对称时，两侧前束角的变化大小相等方向相反。此时由于纵向力变形特性导致的轮胎侧偏角产生的侧向力互相抵消，车辆的运动状态不发生变化。当两侧车轮纵向力不同的时候，两侧轮胎转向角大小变化不同，轮胎侧偏角产生的侧向力不能相互抵消，车辆可能会跑偏。加速时，由不对称的纵向力引起的跑偏不同于通常所说的"加速跑偏"，"加速跑偏"是由不对称的驱动轴角度引起的。

轮心纵向柔度对纵向冲击工况（如减速带或过坎）下对车身的冲击强度和悬架余振的影响很大。除悬架衬套刚度外，副车架衬套柔度对轮心的纵向柔度有直接影响。事实上，合理设计和调校副车架衬套的纵向刚度和阻尼可能是改善车辆过坎平顺性的重要可行方案之一。

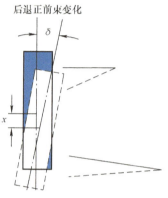

图 3.51 纵向力转向示意图

3.7 悬架几何运动和弹性运动学特性试验

悬架特征参数试验利用复杂的液压伺服或电动控制系统为悬架系统提供特定输入，通过测量悬架和转向系统的运动及载荷，获得悬架的几何运动学及弹性运动学特性参数，即 K&C 参数。悬架 K&C 试验可以验证预生产车型的悬架特性、分析竞品车辆特性、为车辆模型提供数据，并为量化操稳主观评估的结果和分析相关操稳问题提供依据。

3.7.1 常用的试验系统

常见的试验系统分为两种：①车身固定，车轮随液压电机系统运动，以 MTS 试验台为代表，测试结果反映了车身相对车轮姿态的变化情况；②车身随液压电机系统运动，以 ABD 试验台为代表，测试结果反映了车身相对地面和车轮相对车身的变化情况。两种测量结果可以相互转换。在车身侧倾工况下，车轮相对于路面的外倾角变化更有意义。

3.7.2 常见 K&C 试验介绍

以 MTS 试验台为例，共有 6 个常见的 K&C 试验工况。这些试验试图根据行驶中车辆悬架的实际工况，将复杂的悬架特性解耦，分别从不同方面描述悬架的几何运动和弹性运动学特性，包括轮跳试验、侧倾试验、侧向力弹性运动学试验、回正力矩弹性运动学试验、纵向力弹性运动学试验和转向几何试验。这些试验的输入、输出和由此处理出的 K&C 关键指标集中列在表 3.2 中，其中转向主销几何参数的估计可以参考《MTS 的 K&C 试验定义和分析》[3] 和《基于转向试验的车辆主销定位参数完整解算》[4]。

表 3.2　典型的 K&C 试验的输入、输出及处理出的 K&C 指标

试验名称	输入（X 轴）	输出（Y 轴）	K&C 指标	备注
轮跳	轮跳位移	接地点垂向力	轮心垂向刚度 接地点垂向刚度	通常有很强非线性
		车轮转向角	轮跳转向	
		车轮外倾角	轮跳外倾	通常有较强非线性
侧倾	平台倾角	侧倾力矩	侧倾刚度	小角度范围高线性度
		侧倾转向	侧倾转向	
		侧倾外倾	侧倾外倾	小角度范围高线性度
侧向力弹性运动学	接地点侧向力	轮心侧向位移	轮心侧向柔度	较高线性度
		车轮转角	侧向力变形转向	
		车轮外倾	侧向力变形外倾	较高线性度
回正力矩弹性运动学	接地点力矩	车轮转向	回正力矩转向	
		车轮外倾	回正力矩外倾	较高线性度
纵向力弹性运动学	接地点纵向力	垂向力	制动支撑特性	较高线性度
		轮心位移	制动力轮心纵向柔度	较高线性度
		车轮转向角	制动力转向	较高线性度
		主销后倾角	制动力主销后倾角变化	较高线性度
	轮心纵向力	垂向力	驱动支撑特性	较高线性度
		轮心位移	驱动力轮心纵向柔度	较高线性度
		车轮转向角	驱动力转向	较高线性度
		主销后倾角	驱动力主销后倾角变化	较高线性度
转向几何	转向盘转角（端到端）	车轮转向角	全转向行程速比曲线	
	车轮转向角（中心区）	轮心纵向位移	主轴长度	=斜率·180/π
		车轮外倾	后倾角	=斜率·180/π
		车轮滚动转角（spin）	内倾角	=斜率·180/π
		接地面纵向变形	摩擦半径	=斜率·180/π
		轮心侧向位移	主轴纵向偏移距	=斜率·180/π
		接地面侧向位移	后倾拖距	=斜率·180/π

轮跳试验的目的是在不同的悬架高度，确定轮胎在特定垂向力输入下垂向位置、前束角和外倾角的变化。输入为轮胎接地处的同相垂向位移，输出为轮胎接地处的垂向力、前束角、外倾角，以及纵向/侧向/垂向的轮心位移。可以从该测试得出的指标包括悬架刚度、轮胎径向刚度、轮跳转向、轮跳外倾、侧视摆臂角、前视摆臂变化、轮距和轮跳主销后倾变化。典型的试验数据曲线如图 3.52~图 3.54 所示。从轮心位移和轮心垂向力可以计算得出悬架刚度，并进一步计算得出缓冲块在轮心处的当量间隙、缓冲块初始刚度以及估计出缓冲块在大变形时的特性。将轮心的指标和变形量转换成弹簧元件、缓冲块本身的特性曲线，需要轮心位移 z_w 和悬架元件变形 z_s 之间的杠杆比。弹簧的杠杆比定义为

$$R_s = \frac{\mathrm{d}z_s}{\mathrm{d}z_w}$$

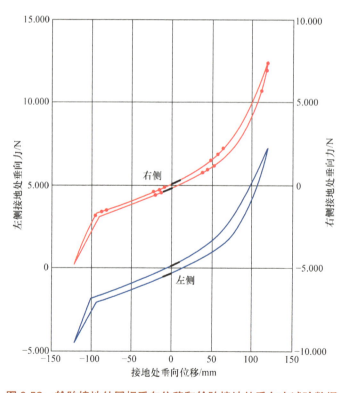

图 3.52　轮胎接地处同相垂向位移和轮胎接地处垂向力试验数据

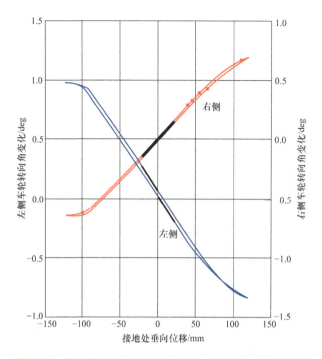

图 3.53　轮胎接地处同相垂向位移和车轮转向角试验数据

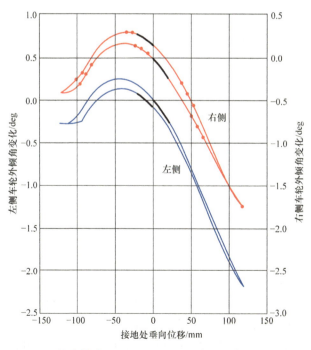

图 3.54　轮胎接地处同相垂向位移和车轮外倾角试验数据

在设计位置，杠杆比是悬架结构形式和硬点位置的函数，也是车轮垂向位置的函数。杠杆比曲线可以方便地用多体力学软件仿真出来。轮心位置的悬架刚度、缓冲块刚度、减振器特性等是弹簧、缓冲块、减振器元件特性乘以杠杆比二次方的关系，而轮心处受力是弹减受力乘以杠杆比的关系。因为杠杆比的非线性特性，这些关系也是非线性关系。提高杠杆比是提高悬架元件效率以及调校有效性的必要条件。如弹簧在轮心的刚度 K_{ws} 和轮心的垂向力 F_{ws} 可表达为：

$$K_{ws} = R_s^2 K_s$$

$$F_{ws} = R_s F_s$$

悬架侧倾试验的输入是轮胎接地处的反向垂向位移，输出是轮胎垂向力、转向角、外倾角、以及轮心的纵向/侧向/垂向位移。在侧倾试验中，轮胎接地平台在垂向移动的同时侧倾，以便保持左右轮胎在同一个平面上，同时轮胎平台也垂向移动以保持车辆的轴荷不变。悬架侧倾试验目的是在预定的悬架高度，确定悬架的侧倾角刚度、侧倾转向和侧倾外倾特性。

侧向力弹性运动学试验的输入是轮胎接地处同向或反向的侧向力，输出是轮胎垂向力、前束角、外倾角变化量和轮心侧向位移。该试验的目的是在预定的悬架高度，确定轮胎的侧向力对车轮横向位移、前束角和外倾角的影响。可以从该试验得出的另一个指标是侧倾中心高度 H_{RC}，由来自施加同相轮胎侧向力 F_{yl} 和 F_{yr} 引起的垂向力的变化，根据绕侧倾中心的力矩平衡计算而来（式 3.12）。相比于由轮跳试验的轮胎印记中心轨迹预测的几何侧倾中心，由侧向力弹性运动学试验中的轮胎垂向力转移 ΔF_z 计算出来的侧向载荷转移侧倾中心的测量一致性更好。

$$H_{RC} = \frac{\Delta F_z T}{F_{yl} + F_{yr}} \qquad (3.12)$$

回正力矩弹性运动学试验的输入为轮胎接地处同向或反向的回正力矩，输出为车轮前束角和外倾角的变化量。该试验的目的是在预定悬架高度，确定轮胎的回正力矩对前束角和外倾角的影响。因为转向助力曲线的非线性，前轮回正力矩和转向角曲线有很强的非线性。因此，需要分为中心区和非中心区两部分。对随车速变化的助力转向系统，回正力矩和转向角的关系与车速有关。典型的试验数据曲线如图 3.55 所示。

纵向力弹性运动学试验分为轮胎接地处加载和车轮中心加载两种。轮胎接地处加载试验的输入为轮胎接地处同向的纵向力，输出为垂向力、车轮中心纵向位移、车轮转向角和主销后倾角的变化量。目的是在预定的悬架高度，确定轮胎的纵向作用力对垂向力、车轮中心纵向位移、车轮转向角和主销后倾角的影响，可处理出的指标包括制动支撑特性、制动力轮心纵向柔度、制动力转向和制动力主销后倾角变化。从式（3.5）可以推导出制动力支撑的表达式为

$$A = \frac{\dfrac{\Delta F_x}{\Delta F_z}}{\tan\rho_{100\%}} \times 100\% \qquad (3.13)$$

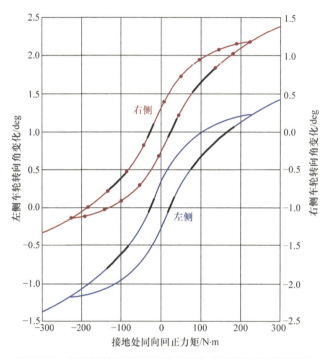

图 3.55 轮胎接地处同向回正力矩和车轮转向角试验数据

车轮中心加载试验的输入是车轮中心处同向的纵向作用力，输出为垂向力、车轮中心纵向位移、车轮转向角和主销后倾角的变化量。目的是在预定悬架高度，确定轮心的纵向作用力对垂向力、车轮中心纵向位移、车轮转向角和主销后倾角的影响。可处理出的指标包括：加速支撑特性（取决于是否是驱动轮，假定悬架是独立悬架）、驱动力轮心纵向柔度、驱动力转向和主销后倾变化。

转向几何试验输入为转向盘转角，输出为车轮转向角、外倾角、以及轮心纵向/侧向/垂向位移。目的是在预定的悬架高度，在转向盘小转角输入时（比如±5°车轮转角），根据输入-输出曲线中心区的斜率确定转向主销几何参数，包括主销内倾角、主销后倾角、摩擦半径、主轴长度和主销后倾偏移距。这些转向主销几何参数的估算公式见表3.2。在转向盘转角达到输入极限时，通过测量内外轮的转角关系，可以计算最小转弯直径以及阿克曼修正比。

3.8 对麦弗逊悬架的特殊考虑

由于麦弗逊悬架结构简单、横向布置占用空间小，在横置发动机的车辆上得以广泛应用。对这类悬架有两个特殊考虑：一是如何补偿作用到滑柱上的侧向力；二是直接连接滑柱的横向稳定杆垂向拉杆对车辆动态性能的影响。

3.8.1 麦弗逊悬架的滑柱侧向力补偿

轮胎垂向力和下球铰到车轮中心的侧向距离产生绕下球铰的力矩。为平衡该力矩，车身在塔座位置必须施加垂直于滑柱的径向力，该径向力会在减振器缸体上部的密封件和活塞上产生径向反作用力，统称为"减振柱侧向负荷"。减振柱侧向负荷会产生与之近似成正比的摩擦力，从而影响小振幅垂向输入下的行驶平顺性和减振柱的耐久性。把螺旋弹簧力的作用线从减振柱轴线向外偏移可以补偿减振滑柱侧向负荷。图 3.56 可用于讨论补偿减振柱侧向负荷所需偏转角度。图中角度 σ 为滑柱与垂直轴的夹角；角度 α 为主销与滑柱的夹角；角度 τ 为弹簧力作用线与主销的夹角；显然主销内倾角为 $(\alpha+\sigma)$；角度 β 为下摆臂与水平轴的夹角。F_Z 为轮胎垂向力；F_S 为弹簧作用力；F_Q 为垂直于滑柱轴线的径向力；F_L 为下摆臂拉力。下球铰到车轮中心平面的距离为 b；减振柱衬套中心点到下球铰的距离为 N；对图 3.37 中作用于车轮和麦弗逊悬架系统的侧向力、垂向力以及绕下球铰的力矩求和可得以下方程：

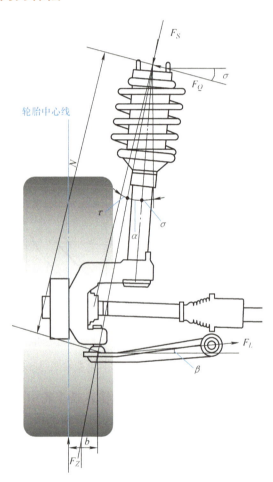

图 3.56 麦弗逊悬架的滑柱侧向力补偿受力分析

$$\sum F_y = 0: \quad F_L\cos\beta - F_S\sin(\tau+\alpha+\sigma) - F_Q\cos\sigma = 0$$

$$\sum F_z = 0: \quad F_Z - F_S\cos(\tau+\alpha+\sigma) + F_L\sin\beta + F_Q\sin\sigma = 0$$

$$\sum M_{lbj} = 0: \quad F_Z b - F_S N\sin\tau - F_Q N\cos\alpha = 0$$

从以上方程式可以求得归一化的塔座径向力的表达式：

$$\frac{F_Q}{F_Z} = \frac{\sin\tau + \dfrac{b}{N}[\sin(\tau+\alpha+\sigma)\tan\beta - \cos(\tau+\alpha+\sigma)]}{[\sin(\tau+\alpha+\sigma)\tan\beta - \cos(\tau+\alpha+\sigma)]\cos\alpha - (\cos\sigma\tan\beta + \sin\sigma)\sin\tau} \quad (3.14)$$

如果弹簧力作用线与滑柱轴线重合，即 $\tau = \alpha = 0$，上式可以简化为式（3.15）。显然，除非下球铰位于车轮中心平面（$b=0$），塔座的径向力 F_Q 必然因为垂向力 F_Z 的作用而存在。

$$\frac{F_Q}{F_Z} = \frac{b}{N} \quad (3.15)$$

如果允许弹簧力作用线从滑柱轴线偏转，则有可能找到最优的偏转角度，从而使得塔座的径向力为零。令式 3.14 的分子为 0，可以求解塔座径向力为零时的弹簧力作用线偏转角度 τ 的表达式（式 3.16）。可见：弹簧力作用线需要从主销轴线偏转的角度 τ 与几何参数比值 $\dfrac{b}{N}$ 直接相关。该比值越大，需要偏转的角度 τ 越大。其他两个设计参数如主销内倾角（$\alpha+\sigma$）和下摆臂的倾角 β 需要满足其他设计要求，通常不能作为可变量考虑。需要说明的是，以上分析只考虑了如何利用弹簧力作用线偏转角补偿塔座侧向力。麦弗逊悬架纵向的径向力同样会产生滑柱内部的摩擦力，因此设计过程中也应予以分析。多体动力学软件是进行这类分析最适用的工具。实现期望的弹簧力作用线偏转角通常包括：将弹簧的几何中心线偏离滑柱中心线，以及合理设计弹簧底座的形状从而使得弹簧的底部压力分布的中心偏离其几何中心位置。一般用弹簧力作用线到滑柱轴线的偏转角度（$\tau+\alpha$）作为设计要求。有专用的设备测量这个角度以确保能够得到充分的侧向力补偿。

$$\tan\tau = \frac{\dfrac{b}{N}[\cos(\alpha+\sigma) - \sin(\alpha+\sigma)\tan\beta]}{1 + \dfrac{b}{N}[\sin(\alpha+\sigma) + \cos(\alpha+\sigma)\tan\beta]} \quad (3.16)$$

一旦塔座的径向力 F_Q 得以降低，则麦弗逊悬架中的摩擦力可以直接减小，因为对减振器活塞杆受力分析可得：缸筒上端和活塞径向反作用力 F_C 和 F_P 都和 F_Q 成正比。

$$F_P = \frac{L}{M} F_Q$$

$$F_C = \left(1 + \frac{L}{M}\right) F_Q$$

图 3.57 显示在其他设计参数不变的情况下，弹簧力作用线偏转角度和归一化

的塔座径向力的关系。当弹簧力作用线和滑柱轴线共线时（即偏转角为零），归一化的塔座径向力为正值。随着偏转角的增加，径向力逐步线性降低为零。而太大的偏转角则会使得塔座径向力的方向变为负值，变为过度补偿。

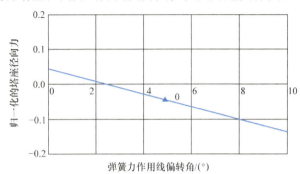

图 3.57　弹簧力作用线偏转角和归一化的塔座径向力的关系

3.8.2　连接滑柱的横向稳定杆吊杆对车辆动态性能的影响

为提高横向稳定杆的效率，通常将麦弗逊悬架横向稳定杆吊杆直接连接到滑柱上。这样可以有效提高给定稳定杆线径能够产生的悬架侧倾角刚度，进而通过在车辆转弯时减小车身侧倾，提高车辆的操纵稳定性和乘员的安全感。需要考虑的另一个因素是：稳定杆吊杆拉力引起的绕主销转动力矩的影响。该力矩会引起额外的车轮转向，从而影响侧倾转向的大小，使得总的前轴转向柔度发生变化。除对稳态操纵稳定性发生影响外，因为车身侧倾运动和车轮转向的耦合关系，可能会对车辆的瞬态响应过程发生影响，如稳态转向盘转向角输入后松手工况的超调量和收敛速度。

车辆转弯时，车身侧倾引起外侧轮胎相对车身上跳，内侧轮胎下行，稳定杆变形引起的恢复力矩使得外侧上跳的吊杆受到沿吊杆方向向下的推力，而内侧吊杆受到向上的拉力。可以把吊杆力分解为平行和垂直于主销轴线的两个分力。平行于主销轴线的分力不会产生任何绕主销转动的力矩。而当主销轴线和吊杆之间的距离不为零，垂直于主销轴线的分力会产生绕主销转动的力矩，拉着滑柱绕主销一起转动。麦弗逊悬架的减振器滑柱直接和转向节相连，因此车轮也会随着一起转动。确定稳定杆吊杆与主销的距离是问题的关键，其符号可根据对不足转向的贡献定义，与回正力矩的效果相似（图 3.58）。对前外侧前车轮，拉杆力向下，定义使得外侧车轮外转的力臂长为正，产生不足转向效应；对内侧前车轮，拉杆力向上，同样定义的正距离产生向内的车轮转动，也为不足转向趋势。

图中 u 是沿主销下点到上点的单位向量；F 是右转时右侧稳定杆吊杆受到的单位力向量，方向向上；R 为从主销上点到吊杆下点的矢量。吊杆力绕主销的等效力臂 d_{kp} 可以根据稳定杆吊杆与主销轴线的空间位置结合相关坐标来求得

（式3.17）。d_{kp}为正时表示方向与u相同，为不足转向趋势。

$$d_{kp} = \frac{u \cdot (R \times F)}{|F|} \quad (3.17)$$

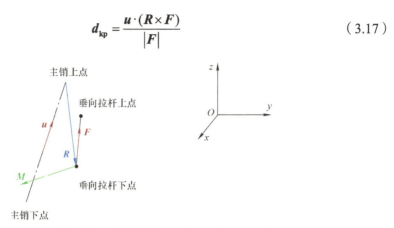

图3.58 直接连接到滑柱的横向稳定杆吊杆受力示意图

在布置上，横向稳定杆吊杆在滑柱上的安装位置与稳定杆的前后安装位置有关。既可能安装在减振器后侧也可能安装在减振器前侧。当稳定杆吊杆布置在滑柱外侧靠后时，d_{kp}为正值，此时反向轮跳时外侧车轮有增加负前束，即不足转向的趋势；而当稳定杆吊杆布置在内侧靠前时，有增加过度转向的趋势。多体动力学K&C和整车操稳模拟可以证明：对定半径转向工况、转向角阶跃工况、转向角脉冲工况和转向正弦扫频工况，横向稳定杆吊杆布置位置对动态性能的影响基本可以用第5章讨论的前轴转向柔度系数的影响来解释。即当前轴转向柔度系数减小时，转向盘角输入响应增益提高，稳定性降低。

因为绕主销的力矩产生的侧倾转向与车身的侧倾运动紧密耦合，其对固定转向盘转角输入后松手工况的影响更为明显。图3.59显示稳定杆吊杆的等效力臂为负、为零和为正时对转向盘回正角度、车身横摆角速度和车身侧倾角的影响。可见，当等效力臂从正值变为负值时，转向盘角度、车身横摆角速度和车身侧倾角恢复的超调量更小，达到稳定状态的时间更快。主要原因是此时吊杆拉力起到阻碍前轮回正的作用，虽然回正的速度有所减慢，但也有效地防止了前轮快速冲过中间位置，产生反向的超调。一旦车身向另一侧侧倾，吊杆拉力的方向反转，同样起到阻碍前轮回正类似阻尼的作用，从而使得超调量更小，达到稳定状态的时间更快。

统计有代表性的对标车等效力臂长度的计算结果见图3.60。图中每个主机厂至少包括3台车的数据，可以观察不同主机厂如何控制这一参数。除雪铁龙和大众外，大部分主机厂都对吊杆等效力臂长度有较严格的控制，而且基本都在-5～15mm之间。宝马、欧宝和丰田更将这一参数控制在-5～5mm之间。唯一的例外是奥迪三台车的等效力臂长度都在25mm附近。因此可以得出结论：考虑布置的约束和对动态性能的影响，尤其是侧倾转向和车身侧倾的耦合，大部分主机厂都

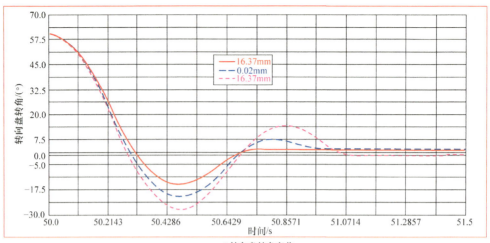

a) 转向盘转角变化

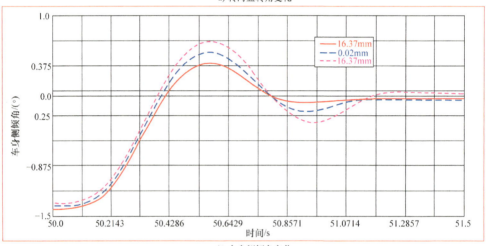

b) 车身侧倾角变化

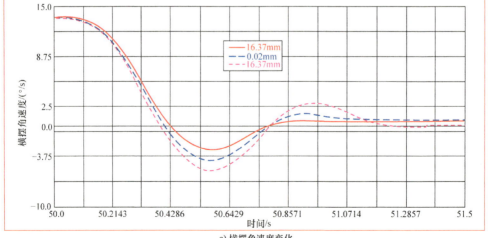

c) 横摆角速度变化

图 3.59　固定转向盘转角输入后松手车辆响应对比

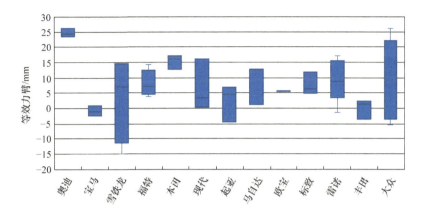

图 3.60 等效力臂长度的统计结果（每个主机厂至少包括 3 台车的数据）

没有过分依赖吊杆等效力臂来满足车辆轴转向柔度和不足转向参数的设计目标。因此推荐等效力臂的长度不宜过大，设计范围应该在 -5～15mm 之间。

3.9　影响车辆动力学的关键悬架几何设计参数与 K&C 参数

悬架的主要作用是保证轮胎相对于车身的姿态，传递轮胎与地面之间产生的力。悬架的前期设计工作主要包括：在满足布置约束的前提下，确定硬点的位置以及衬套的刚度和尺寸需求，衡量悬架设计的好坏则需要看 K&C 参数是否满足由整车性能要求确定的悬架 K&C 目标范围。完整的悬架 K&C 参数表包括很多项，同时满足这些要求可能困难且没有必要。关键的悬架几何和 K&C 参数会影响一项或多项动态性能，影响轮胎磨损。因此确定一个关键 K&C 参数列表，并参考对标数据库保证这些关键参数都在合适的范围内，这样的设计满足了好悬架的必要条件。在此基础上，参考布置空间要求，运用仿真技术，逐步优化出悬架的硬点和柔性件技术要求。

3.9.1　车轮定位角设定指南

车轮定位角包括前束角和外倾角。车辆静止状态下的这两个角度称为"静态车轮定位角"。车轮定位参数及其公差的设置需要考虑以下几个因素：轮胎磨损、油耗、操纵性能和车辆跑偏。静态前束角和外倾角会产生轮胎侧向力，因此与轮胎磨损和油耗有关。空载下静态前束需要精确控制到很小的范围，并保证在转向盘处于中心位置时左右轮对称。太大的外倾角同样会增加轮胎磨损和油耗，左右不对称会引起车辆跑偏，所以，要限制左右不对称度。车轮定位参数的范围主要考虑减少轮胎磨损和改善性能，最佳设定是少许负外倾角（即轮胎上部微微向内）和少许正前束角，且容许一定的设定公差。如果选择正外倾角,则应该选择负前束。一般认为外倾角应该设为 −0.25°~−0.5°,而前束应该设为 0.1°。从动力学角度考虑,少许正前束可以提升中心区转向灵敏度。同时前轮很小的外倾有助于增加不足转向。综合以上因素,空载下静态外倾一般取 −1°~+0.5°,总前束为 0°~+0.2°。表 3.3 中列出了一些量产车的前轮定位参数及其公差范围,可作参考。

表 3.3 一些量产车的前轮定位参数及其公差范围

参数	车型		
	别克昂科雷	吉普切诺基	路虎
总前束	0°±0.2°	0.12°±0.1°	−0.15°±0.05°
外倾角	−0.9°±0.75°	−0.25°±0.5°	−0.3°

3.9.2 影响轮胎磨损的悬架定位参数和 K&C 参数总结

轮胎在正常负载下的侧滑和纵滑都会导致轮胎磨损,轮胎磨损主要与能量耗散和滚动速度有关(温度升高加速磨损)。轮胎和路面之间的相对运动受许多因素的影响,如路面结构和季节因素(温、湿度),但最主要的是驱动和制动力矩,它们的量级很大,特别是剧烈加速和紧急制动时的大纵向滑移率和高速转弯引起的大侧向加速度都会加剧轮胎磨损。此外,用于驱动的轮胎还要承受相当于轮胎滚动阻力的附加圆周转矩,这与连续轻度制动具有相似的效果。除了由于转矩引起的这些周向胎面运动之外,胎面单元还存在复杂的横向和周向运动,这些运动也会导致胎面磨损,特别是导致不规则磨损的发生。最后,车辆上的转弯力会引起胎面侧向运动,转弯时打滑必然会加剧磨损,即使在侧滑不明显的轻微转弯时轮胎也会发生轻微的侧向运动。

轮胎的不规则磨损有多种形式,充气压力越低或负载越高,轮胎越可能出现不规则磨损。随着轮胎变形的增加,几乎所有类型的不规则磨损都会变得更加严重。轮胎的不规则磨损会加剧轮胎噪声和轮胎外形的变化。轮胎本体构造与设计、胎面的材料特性都会影响轮胎磨损。

轮胎的侧偏角和外倾角也会影响轮胎磨损:这两个角度越大,产生的侧向力越大,磨损越严重。车轮定位对不规则磨损有重大影响,前束角或外倾角异常的轮胎几乎肯定会出现某种形式的不规则性磨损。

阿克曼修正率不足导致的内外轮角度和理想角度的偏差,使得即使前束设置为零,也会由于阿克曼误差引发胎肩磨损。轮跳工况定位角的变化率过大(即轮跳转向和轮跳外倾)、较高的侧倾中心引起的轮距宽度变化和轮胎侧向位移过大,都会加剧轮胎磨损。表 3.4 列出了减小轮胎磨损的主要途径。

表 3.4　减小轮胎磨损的主要途径

行驶工况	减小胎磨途径
直行	静态定位角 • 减小总前束（<±0.1°） • 减小外（内）倾角（<±1°）
	独立悬架前视几何设计 • 减小轮跳转向 • 减小轮跳外倾 • 降低侧倾中心高度
大角度低速转弯	阿克曼转向几何 • 避免严重校正不足 • 避免过校正
高速转弯	控制轮胎侧偏角，避免越过侧向力峰值点
急加速和紧急制动工况	减小轮胎滑动 • TCS 标定 • ABS 标定

3.9.3　自回正和自转向因素总结

轮胎接地处的力和力矩（主要包括垂向力、侧向力、纵向力、回正力矩和侧翻力矩等）和五个主要的主销设计参数配合（包括转向臂长度、后倾角、后倾拖距、主销内倾角和摩擦半径）结合，共同产生绕主销的力矩。两侧的净力矩决定了转向盘是自动回正还是在转向输入后继续自转向到锁止位置。

占主导地位的自回正机制取决于工况。原地转向操作时，在转向盘角度输入下，主销内倾角和主轴长抬高了前车身高度，形成重力势能，在重力作用下转向盘有自回正趋势。更大的主销内倾角和更长的主轴使得转向盘更快地返回中心，回正力矩可以近似用下面的公式表示：

$$回正力矩 \propto 轴荷 \times 转向盘角度 \times 主销内倾角 \times 主轴长度$$

主销后倾角和主轴长度产生楔形效应，在转向过程中，前内弹簧和后外弹簧将被加载，而前外弹簧和后内弹簧将被卸载，车身将向外侧倾。储存在弹簧和车身/车架结构中的势能将迫使转向盘回正。当主销内倾角和后倾角都设置为零时，因为没有自回正机制，转向盘将不会返回中心。增加主销内倾角和后倾角均会增加回正力矩。相对而言，主销内倾角比起同样大小的主销后倾角，会产生更快的回正效果，并且残余转向盘角度更小。

在低速大角度转向过程中，由轮胎侧偏角或外倾角产生的侧向力和回正力矩的影响越发显著。尽管主销后倾角和内倾角仍然是有效的自回正机制，但后倾拖距的影响变得更加重要。在较大的车轮转角下，如果阿克曼校正不足，会产生"阿克曼滑移"，导致自转向。"阿克曼滑移"会在内轮产生有利于转向的向外的侧向力，而在外轮产生有利于回正的向内的侧向力，再加上由于外轮后倾拖距的缩短而导致回正力矩减小。最终的总回正力矩可能使车辆具有自转向倾向，此时转向盘会自动转向，直至锁止位置。当转向盘角度较小时，一般不会发生自转向，因为"阿克曼滑移"较小，后倾拖距的变化也不明显。在高速小转向盘转角输入下，侧向力和回正力矩成为主导影响因素，更长的轮胎拖距和后倾拖距产生更大的自回正力矩。此外，由于侧向载荷转移，前外侧轮胎会产生主要的回正力矩。

车辆在车辙路上行驶时，翻倾力矩的影响会造成车辙路漂移。翻倾力矩是侧偏角和外倾角的函数，并没有给定的绕轮心纵轴的方向，它会造成净拉杆力，并在直线行驶时导致车辙路漂移。后倾角越大、翻倾力矩绕主销轴的分量越大、轮胎越宽车辙路漂移问题就越严重。

3.9.4 对性能影响最大的悬架关键几何设计参数与 K&C 参数总结

整车动力学性能与很多悬架设计参数和 K&C 性能指标相关，其中不同 K&C 特性对整车性能的影响程度不同，而且有些参数是相互关联的。需要确定关键的设计参数和 K&C 指标，并在开发初期设立明确的目标要求。在设计过程中按照这些目标进行悬架设计是确保基本性能要求并减少错误发生的必要条件。对具体的悬架形式有不同的最佳设计范围，而不同悬架及转向系统关键参数设计范围的最终确定需要进行对标分析。具体车型的参数和指标需要通过仿真确定是否能够满足车辆动力学的性能指标。

表 3.5 为转向系统关键参数。第一部分主要为转向主销几何设计参数，它们与车辆的基本行驶性能关系非常密切；第二部分为与转向传动比有关的参数，直接影响转向体验；第三部分为转弯半径与阿克曼修正相关参数，与车辆机动性等相关；第四部分为转向拉杆力梯度，定义为在线性范围内产生单位侧向加速度需要的转向拉杆力，与转向回正等转向体验相关。

表 3.5 转向系统关键参数

	转向系统关键参数	对车辆动力学的主要影响
几何设计参数	主销内倾角 /(°)	直线行驶稳定性 低速转向回正 最大侧向加速度
	轮心主销偏置距（干扰力臂、主轴长）/mm	平滑路转向盘抖动 低速转向回正 扭矩转向
	摩擦力矩 /N·m	转弯制动横摆稳定性 不对称摩擦系数制动稳定性 制动跑偏
	主销后倾角（相对于地面）/(°)	转向力矩梯度 直线行驶稳定性
	轮心后倾偏移距 /mm	转向驱动轴窜动

（续）

转向系统关键参数		对车辆动力学的主要影响
几何设计参数	后倾拖距 /mm	回正性能 直线行驶稳定性 抗干扰能力
	侧视转向臂长 /m	转向横拉杆载荷 转向齿条行程
	转向横拉杆俯视角度 /(°)	转向系振动与噪声 平滑路抖动
转向传动比	转向盘 ±20° 内转角平均转向传动比	转向灵敏度 横摆角速度响应
	转向传动比变化 （转向管柱低/中/高位置）(%)	转向响应线性度 转向轴万向节相位设计
	转向传动比对称度-过中心斜率	中心区转向响应对称性
	端到端转向盘总圈数	转向机动性 转向轻便性 转向器齿轮齿条速比设计
转弯半径与 阿克曼修正	阿克曼百分比（末端位置）(%)	轮胎偏磨 最小转弯直径 最大侧向加速度 自转向
	最小转弯半径 /m	转向机动性
转向拉杆力梯度	转向横拉杆力梯度 /(N/g)	转向回正 转向助力特性

表 3.6 为悬架关键设计参数和 K&C 指标，包括在同向轮跳、侧倾工况、同向侧向力、同向回正力矩、驱动（轮心加载）、制动（接地处加载）工况下相关的 K&C 指标以及关键设计参数等。因目前大部分乘用车的前悬架为麦弗逊形式，此处也列出了麦弗逊悬架特有的关键指标，即直接连接到滑柱的横向稳定杆拉杆对主销的力臂和滑柱顶端总径向力。表中的备注给出了每个参数对车辆动力学的影响。

表 3.6 悬架关键设计参数和 K&C 指标

悬架关键设计参数和 K&C 指标		对车辆动力学的主要影响
同向轮跳	轮跳转向 /[(°)/m]	轮胎磨损 行驶平顺性 不同有效载荷下的静态前束角 粗糙路面直线行驶能力
	从设计高度到 ±50mm 轮跳转向线性度 /[(°)/m]	轮跳转向的非线性度量 轮胎磨损 行驶平顺性 不同有效载荷下的静态前束角 粗糙路面直线行驶能力

（续）

悬架关键设计参数和 K&C 指标		对车辆动力学的主要影响
同向轮跳	轮跳外倾 /[(°)/m]	转弯时车轮附着力 胎面磨损（不同有效载荷下的静态外倾角）
	轮距变化 /mm	轮胎磨损 行驶平顺性
	侧视摆臂角 /(°)	车辆俯仰支撑特性 冲击强度和余振
	半载压缩自由行程（限位块接触点）/mm	行驶平顺性 限位块设计
	2G 半载压缩行程 /mm	行驶平顺性
	2G 半载压缩行程刚度 /(N/mm)	
	3.5G 压缩行程 /(N/mm)	悬架峰值载荷 悬架最大有效行程
侧倾工况	侧倾转向（%）	等效侧偏柔度 不足转向度
	侧倾外倾（相对地面）	最大侧向加速度 等效侧偏柔度
同向侧向力	同向侧向力转向 /[(°)/kN]	等效侧偏柔度
	同向侧向力外倾 /[(°)/kN]	等效侧偏柔度 最大侧向加速度
	同向侧向力接地点位移（无轮胎）/(mm/kN)	瞬态响应 转向精准性
	侧倾中心高度 /mm	侧倾梯度 侧向载荷转移 静态侧翻稳定性 粗糙路直线行驶能力
同向回正力矩	同向中心区回正力矩转向 /[(°)/(N·m)]	不足转向 转向灵敏度
	同向中心区外回正力矩转向 /[(°)/(N·m)]	不足转向 转向灵敏度
驱动（轮心加载）	驱动力前束变化 /[(°)/kN]	加速跑偏
	驱动力轮心位移 /(mm/kN)	冲击硬度和余振
制动（接地处加载）	纵向力前束变化 /[(°)/kN]	直行制动稳定性
	纵向力主销后倾角变化 /[(°)/kN]	直行制动稳定性
设计参数	弹簧杠杆比	弹簧预载及刚度
	减振器杠杆比	减振器外径及轮心阻尼特性
麦弗逊悬架	直接连接到滑柱的横向稳定杆拉杆对主销的力臂	瞬态转向性能 转向回正性能及阻尼
	滑柱顶端总径向力 /N	滑柱摩擦力 行驶平顺性

参 考 文 献

[1] SATCHELL T L. The design of trailing twist axles, SAE Technical Paper No. 810420 [C]. Warrendale PA: Society of Automotive Engineers, Inc., 1981.

[2] WU XT, WONG J M, FARHAD M. Fundamental dynamics of steering wheel torsional vibration on smooth roads, SAE Technical Paper No. 2006-01-0564 [C]. Warrendale PA: Society of Automotive Engineers, Inc., 2006.

[3] MTS. K&C Test definition and analysis: revision K012610 [Z].

[4] 郭孔辉,李宁,景立新,等. 基于转向试验的车辆主销定位参数完整解算 [J]. 农业机械学报, 2011, 42 (10): 1-5.

第 4 章
车辆动力学与轮胎动力学性能

轮胎是车辆上唯一与路面接触的部件，是影响车辆动力学性能最重要的部件，所有的车辆系统包括控制系统都通过轮胎对车辆动力学产生影响。车辆动力学的创建直接与最初的轮胎动力学性能研究相关。本章尽可能简要地讨论与车辆动力学性能密切相关的轮胎动力学性能。本章讨论的轮胎动力学和第 3 章中讨论的悬架设计密切相关，构成了车辆动力学的基础。简而言之，悬架的设计是为了保证轮胎更好地发挥其潜力。详细论述车辆动力学的第 5~7 章要用到很多第 3 章和第 4 章中介绍的概念。

4.1　轮胎动力学介绍

作为车辆上最早应用的系统之一，轮胎经历了漫长的发展过程。从木轮、包裹皮革的木轮、箍钢带的木轮开始，直到在 1839 年，Charles Goodyear 发明橡胶硫化过程后，裹实心橡胶的木轮成为新的轮胎形式。硫化是用硫加热橡胶，将黏性生橡胶转变为耐用的柔韧材料的过程，使得橡胶成为理想的轮胎材料。充气轮胎的诞生花了相当长的时间，1847 年，苏格兰工程师 Robert W. Thomson 首次申请充气轮胎专利，1888 年 John Boyd Dunlop 发明了充气轮胎。1894 年 Michelin 兄弟第一个在汽车上使用充气轮胎，可以有效缓和汽车行驶时所受到的冲击，并衰减由此而产生的振动，保证了汽车有良好的行驶平顺性。另外，充气轮胎和路面之间良好的附着性提高了汽车的牵引性、制动性和通过性，因此在汽车上逐步广泛使用。早期的充气轮胎是斜交轮胎，1948 年，钢带式子午线轮胎出现，1955 年，无内胎充气轮胎在美国的量产车上得到应用。

基于硫化橡胶的充气轮胎在相当长的时间内仍然是最主要的轮胎种类。轮胎的构造形式、设计参数、工艺参数及轮辋的设计参数决定了轮胎的特性，而轮胎的使用情况，如载荷、气压、车速、磨损和橡胶老化及路面附着情况都对轮胎的力学特性产生直接影响。现代车辆广为应用的无内胎子午线充气轮胎构造复杂，对制造出均匀、平衡的轮胎提出了挑战。轮胎及与之配合的轮辋共同影响轮胎动力学特性。轮胎的动力学特性通常以垂向载荷、侧偏角、外倾角和纵向滑移率为输入，以轮胎力、力矩和垂向变形为输出，如图 4.1 所示。

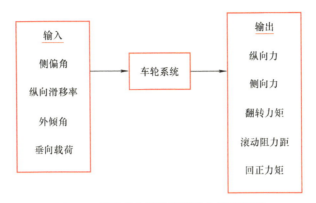

图 4.1 轮胎动力学特性的输入输出关系

轮胎显著影响车辆动力学的所有线性参数和峰值参数，如图 4.2 所示。通过驾驶员的转向、加速和制动操作，轮胎的侧偏角、纵向滑移率、外倾角和垂向载荷随之发生变化，从而引起轮胎侧向力、纵向力、回正力矩、翻转力矩、滚动半径等的变化，进而引起车辆运动状态的变化。轮胎动力学是一切车辆动力学讨论的出发点，与多种路面上的驱动、制动性能、操纵稳定性、平顺性、能耗和路面噪声有直接关系。底盘主动控制系统通过各种运动状态的测量和估计，可以实时改变图 4.1 中的输入量来实现轮胎力和力矩的变化，其根本目的同样是为了让轮胎发挥最大潜力，以便达到最佳的车辆动态性能。即使在智能驾驶时代，车辆的稳定性边界仍然由轮胎动力学决定。

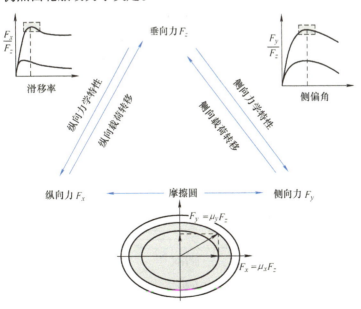

图 4.2 轮胎动力学与车辆动力学的线性参数和峰值参数的关系

4.2 影响操纵性和稳定性的轮胎侧向力和回正力矩

轮胎产生的侧向力使车辆产生侧向和横摆运动,影响车辆的操纵性和稳定性,而与此同时,产生的回正力矩直接影响转向手力,提供接地面反馈信息。轮胎侧向力由承载轮胎在侧偏角和外倾角输入下产生,即总的侧向力是侧偏角侧向力和外倾推力之和,当然并不是简单的线性叠加。

4.2.1 侧偏角输入下的侧向力和回正力矩

轮胎侧偏角是轮胎中心平面到轮胎运动方向之间的夹角。当滚动轮胎的指向与运动方向之间有侧偏角时,轮胎的接地面会产生局部变形,随之产生使局部变形恢复到原来状态、与车轮中心平面方向垂直的力,称为侧偏力。侧偏力可以分解为与车轮运动方向垂直的侧向力(或转向力)和与车轮运动方向相反的转向阻力,如图4.3所示。在驾驶中突然转弯,类似制动的感觉就是由转向阻力引起的。转向阻力与滚动阻力是两个不同的概念,产生的机理不同。滚动阻力是由轮胎变形引起的沿车轮中心线向后的力,与侧偏角没有关系,即使侧偏角为零,滚动阻力依然存在。车辆沿给定圆形路线空档滑行距离远比平直道路空档滑行的距离短得多,主要是因为定圆行驶的转向阻力使得车辆更早停下,虽然滚动阻力的作用大致相同。

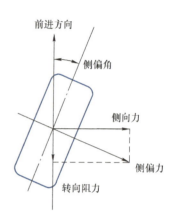

图4.3 侧偏力、侧向力(或转向力)和转向阻力的定义

当侧偏角比较小时,侧偏力 F_y 和侧向力 $F_y\cos\alpha$ 基本相等,一般不做区分,本书统称为侧向力。小侧偏角输入下侧向力产生的机理见图4.4。接触印迹的前端

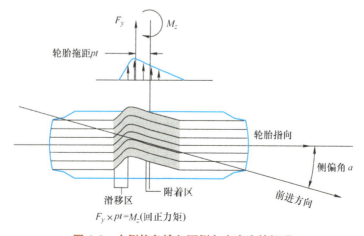

图4.4 小侧偏角输入下侧向力产生的机理

为附着区,从前到后轮胎的变形逐步增大,微单元的侧向力最终达到附着极限;接触印迹的后端为滑移区,微单元产生的侧向力又逐步减少。侧向力是汽车的主要转弯力,是侧偏角和垂向载荷的非线性函数。

小侧偏角输入下,轮胎接地印迹前端变形小于后端,而侧向力分布与接地印迹的变形正相关,因此使得侧向力合力作用在印迹中心后方,进而产生一个欲使轮胎'回正'到运动方向的力矩,称为回正力矩。将轮胎印迹中心到侧向力合力作用点的距离定义为轮胎拖距,则回正力矩为侧向力与轮胎拖距的乘积。

$$侧向力 \times 轮胎拖距 = 回正力矩$$

当侧偏角逐步增加,接地印迹前端变形量逐步增加,使得侧向力合力的中心前移,回正力矩必然降低,甚至变为负值,见图 4.5。测量轮胎动力学性能时,通常将轮胎侧向力分解为轮心正下方处的侧向力和回正力矩,二者都是侧偏角的函数。在轮胎侧向力和回正力矩的分别作用下,悬架衬套变形产生第 3.6 节讨论的弹性运动学特性。

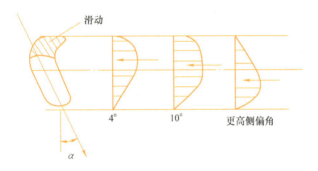

图 4.5　侧偏角增加时前端接地面变形量增加,造成侧向合力中心前移

图 4.6 为侧向力与侧偏角的关系,其中小侧偏角时为线性关系,其斜率称为侧偏刚度,同样载荷下,侧偏刚度越高的轮胎转向能力越强;通常轮胎的直径越大、胎面越宽、扁平率越低,那么其侧偏刚度越高。另外,载荷、气压和轮辋宽度均对侧偏刚度有直接影响。在大侧偏角时侧向力达到饱和点,随后接地面的变形超过极限,突破最大静摩擦系数,侧向力会有所下降,此时轮胎进入侧向滑动状态。轮胎负载越大,侧偏刚度和侧向力极限越高,但相对于垂向载荷归一化后的数值相对降低。

图 4.7 为回正力矩与侧偏角的关系,在小侧偏角时为线性关系,超过某个侧偏角值后回正力矩急剧下降,甚至变为负值,而且达到饱和点的侧偏角要比侧向力峰值点的侧偏角低。这说明轮胎拖距会随侧偏角的变化而急剧变化。同样地,轮胎负载越大,回正力矩的极限也越高。

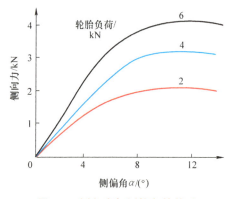

图 4.6 侧向力与侧偏角的关系

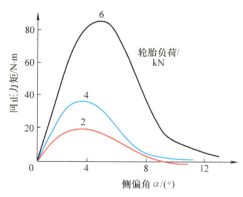

图 4.7 回正力矩随侧偏角的增加达到峰值然后逐步下降

4.2.2 外倾角输入下的侧向力和翻转力矩

轮胎设计状态的外倾角根据轮胎上端相对于车身的角度定义,如果轮胎上端相对于车身向外倾斜,称为正外倾角,反之称为负外倾。而事实上轮胎外倾角产生的侧向力与相对于地面的倾角有关。在轮心可以测量到在接地面产生的与轮胎倾斜方向相同的侧向力,就称为外倾推力。外倾推力产生的原理是:当胎面的某单元滚过接触面时,它固有的运动方向是相对于地面横向移动,此时若强迫使轮胎直行,则需要在轮心施加反方向的侧向力,该力使轮胎胎体变形,相应地,在地面则产生一种称为外倾推力的侧向力与之平衡(图 4.8)。

在小外倾角时,外倾推力与外倾角近似成线性比例关系,线性斜率称为外倾推力刚度,并随着垂向载荷的增加而增加(图 4.9)。轮胎侧倾刚度比侧偏刚度小一个量级,因此侧倾侧向力对汽车非极限转弯运动的贡献远小于侧偏侧向力,这点与自行车和摩托车相反。对于自行车和摩托车,外倾推力是提供偏离直线路径所需的向心力的最大或唯一因素。另外,在外倾角变化后外倾推力几乎瞬间达到其稳态值,因此其侧向松弛长度很短,这点与侧偏角产生的侧向力的建立过程不同。悬架设计的一个重要目的就是保证在转弯时车身侧倾引起外侧轮胎相对于地面向外的倾角不要太大,以保

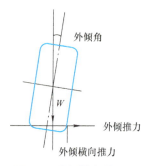

图 4.8 外倾推力的定义

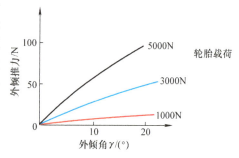

图 4.9 外倾推力与外倾角的关系

证尽可能大的接地面积,提高侧向抓地能力,否则外倾推力会抵消侧偏角侧向力,造成极限转向能力的损失。

可以想象,当外倾角增加时,接地印迹内的垂向力中心相对轮心产生侧向移动,从而引起绕轮心纵向轴的力矩,称为翻转力矩。翻转力矩与车辆的抗侧倾能力直接相关,根本原因是接地印迹中心的垂向力与车辆质心的横向距离发生了变化。另外,有些路面在使用过程中形成车辙,轮胎在这样道路上行驶时也会产生外倾角,由此将产生侧向力以及由轮胎翻转力矩产生的绕转向轴的转向力矩分量。此时,车辆可能不断从车辙驶出再落入,引起车辙漂移(groove wander)现象,宽轮胎更容易发生车辙漂移现象。

4.2.3 轮胎垂向载荷的影响

增加轮胎的垂向载荷会导致轮胎接地印迹变长、面积变大,使得在给定侧偏角下的侧向力和回正力矩增加、给定外倾角下的外倾推力增加,同时滚动阻力也增加。除车辆的加载状态变化外,车辆运行过程中,加速和制动操作会引起纵向载荷转移,转向输入会引起横向载荷转移,因此,很有必要讨论轮胎特性与垂向载荷的函数关系,尤其是对侧偏特性的影响规律。虽然随着轮胎载荷 W 的增加,在给定侧偏角下的轮胎侧向力随之增加,但在相对于轮胎载荷归一化后的轮胎侧向力实际上降低了,归一化后的轮胎侧向力与侧偏角的关系称为侧偏刚度系数 CC_α(式4.1,图4.10)。相比侧偏刚度 C_α,侧偏刚度系数更能体现轮胎安装到车辆上的转弯能力。图4.11显示侧偏刚度系数与轮胎载荷的关系,可见侧偏刚度系数在较小载荷时达到一个峰值,然后随着载荷的增加而迅速降低。因此提高车辆转弯能力的主要手段有三个:

1)使用侧偏刚度系数大的轮胎。
2)降低车重,提升侧偏刚度系数。
3)使用尾翼,提高同样侧偏角输入下的侧偏刚度。

$$CC_\alpha = \frac{C_\alpha}{W} \quad (4.1)$$

在给定侧偏角情况下,轮胎的侧向力与垂向载荷的关系表现出非线性特性,如图4.12所示。假定在横向载荷转移之前,给定侧偏角下两侧轮胎的侧向力均为 $\bar{F}$,横向载荷转移之后,内侧的载荷为 F_{yi},外侧的载荷为 F_{yo},由图4.12可知,转移后的轴平均侧向力小于横向载荷转移之前(式4.2),因此,车辆的横向载荷转移会引起轮胎侧向力损失。为了要达到相同的侧向力,该轴轮胎必须依赖更大的侧偏角,因此前轴的侧向力损失表现为不足转向,而后轴表现为过多转向。一般来说,侧偏角在3°~7°时侧向力对垂向力的变化最敏感,因此也更容易引起侧向力损失。如果轮胎载荷在图4.11曲线的峰值附近更为平坦的部分,则侧向力损失会相应减小,这进一步说明降低轮胎垂向载荷(即车重)对提升转弯能力和车辆侧向稳定性的重要性。

$$\frac{F_{yi}+F_{yo}}{2} \leq \bar{F} \tag{4.2}$$

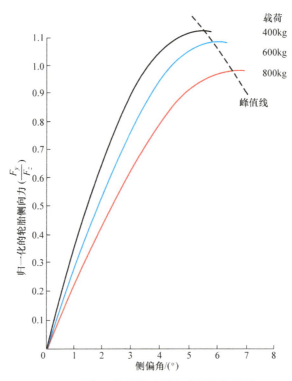

图 4.10 归一化的轮胎侧向力侧偏角特性

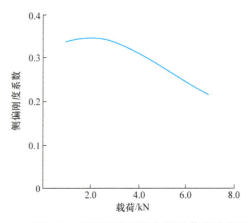

图 4.11 侧偏刚度系数与轮胎载荷的关系

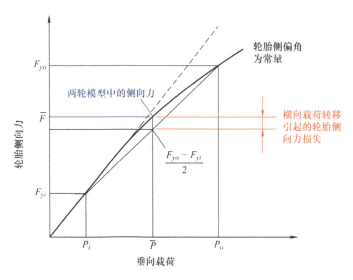

图 4.12　横向载荷转移引起轴侧向力损失

4.3　影响制动和加速性能的轮胎纵向力

轮胎在制动或加速时产生纵向滑移率，进而产生轮胎纵向力。轮胎纵向力直接影响车辆的纵向和俯仰运动，讨论轮胎纵向力也是讨论轮胎综合力（或复合力）的必要前提。对于加速和制动工况，纵向滑移率的定义有所差异，式（4.3）为加速时的滑移率定义，式（4.4）为制动时的滑移率定义，式中符号定义参考图 4.13。

$$SR_a = \frac{R\omega - V}{R\omega} \times 100\% \quad (4.3)$$

$$SR_b = \frac{V - R\omega}{V} \times 100\% \quad (4.4)$$

从上面的定义可以看出，当加速时，轮胎的旋转速度快于轮心的纵向速度，100% 的滑移率意味着车轮原地打滑；当制动时，轮心的纵向速度快于轮胎的旋转速度，100% 的滑移率意味着车轮完全抱死；当滑移率为 0% 时，车轮纯滚动。在加速和制动情况下，轮胎纵向力和纵向滑移率的关系相似，都随着纵向滑移率的增加而达到峰值，然后逐步减小。

相同纵向滑移率下，纵向力随垂向载荷的增加而增加，通常用归一化的纵向力摩擦系数来表达二者的关系。图 4.14 为轮胎制动纵向滑移率与纵向力摩擦系数的关系曲线，由图可知，纵向力峰值通常在滑移率 10%～20% 之间，最大的加速或制动效率在纵向力峰值实现，牵引力控制系统（TCS）和制动防抱死制动系统（ABS）的原理就是通过控制纵向滑移率来使得纵向力始终在峰值附近。加速时前轴的垂向载荷减少，降低了加速潜力，而后轴则增加了加速潜力。对前驱车来说，这是限制其最大加速度的主要原因。与此相反，制动时前轴的载荷增加，提高了制动潜力，而后轴则损失了制动潜力，相应地，前轴的制动系统能力应该更强。

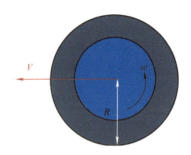

图 4.13 纵向滑移率的定义示意图

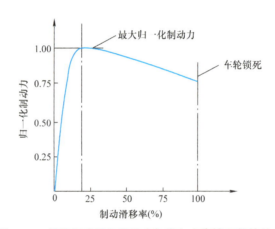

图 4.14 轮胎制动纵向滑移率与纵向力摩擦系数的关系

4.4 转向、加速或减速复合工况下的轮胎力

日常驾驶时，经常需要同时进行转向、加速或制动操作，赛道驾驶更需要将转向和纵向操作的配合发挥到极致，因此了解在复合工况下的轮胎力至为重要。

4.4.1 侧偏角和纵向滑移同时输入时的轮胎动力学特性

当轮胎同时受到侧偏角和纵向滑移输入时，轮胎接地面每个微单元的变形情况显然会和单维度输入时不同，此时的轮胎特性称为轮胎的复合滑移特性。图 4.15 为轮胎复合滑移特性示意图，当纵向滑移率为零时，侧向力随侧偏角的增加而增加,如图中纵轴数值所示。随着纵向滑移率的增加,侧向力迅速下降,纵向力迅速上升并在10%~20%纵向滑移率时达到峰值,然后逐步下降,并在接近100%滑移率时达到一个稳定值。纵向滑移率增加导致的侧向力迅速下降,说明此时轮胎的转弯能力急剧下降,侧向支撑能力迅速减弱。为跟随既定路径,轮胎必须产生更大的侧偏角,在前轴表现为不足转向,在后轴表现为过多转向,对普通用户,后轴过多转向会降低车辆的操纵性和稳定性。ABS的引入可以有效防止轮胎抱死,保持纵向滑移率在合理范围内(一般为10%~20%),此时轮胎仍然可以提供大约70%的侧向能力,有效地保证了制动稳定性。

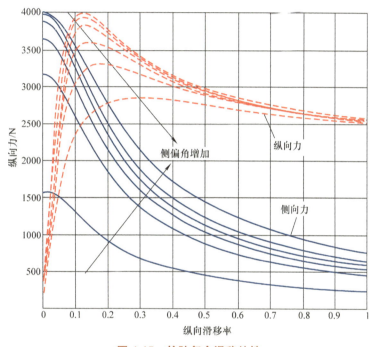

图 4.15 轮胎复合滑移特性

4.4.2 摩擦圆

图4.16为不同侧偏角和不同纵向滑移率输入下侧向力和纵向力之间的关系,图中每一条曲线对应着相同的侧偏角。最外侧是轮胎力的包络线,这条线代表由库仑摩擦定律决定的接地面最大的摩擦力,为轮胎垂向载荷和摩擦系数的乘积,复合力不可能超出该包络线。对同一个侧偏角,当垂向载荷变化时,侧向力和纵向力之间的关系与图4.16相似。如果将轮胎侧向力F_x和纵向力F_y用垂向力归一化,则包络线会近似形成一个圆,称为摩擦圆(图4.17),摩擦圆的定义见式(4.5)。在日常驾驶时,轮胎综合力矢量总是位于摩擦圆之内,轮胎并未达到其极限负荷能力;极限驾驶时,在单一方向,轮胎可以达到最大的侧向力或者纵

向力，如果综合加载，则综合力矢量位于摩擦圆边缘之上，此时轮胎的单向负荷能力必然有所降低。

$$\sqrt{\left(\frac{F_x}{W}\right)^2+\left(\frac{F_y}{W}\right)^2}\leq\mu \quad (4.5)$$

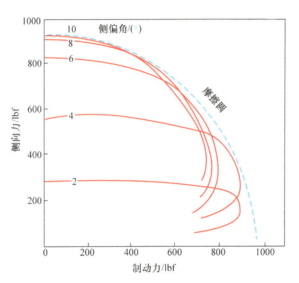

图 4.16 侧偏角和纵向滑移同时输入时的轮胎力特性

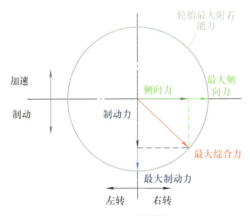

图 4.17 摩擦圆

在赛道驾驶时，熟练应用加速和制动踏板引起纵向载荷转移，以及适时引入转向输入可以利用摩擦圆原理提高赛道成绩。理想情况是轮胎综合力矢量要尽可能沿着摩擦圆边缘移动，避免长时间停留在摩擦圆内，以充分利用轮胎的潜力。松加速踏板和踩下制动踏板有相似的纵向载荷转移的效果，此时前轮垂向载荷的增加提高了轮胎的综合能力，引入转向操作可以更有效地完成入弯运动，同时后轴垂向载荷的损失使得轮胎的综合能力降低，此时转弯需要的侧向力只能靠更大的后轮侧偏角，后轴因此有更多向外的运动，实际上有助于车辆的方向变化。加速时，载荷转移至后轴，此时后轴轮胎的总抓地力提升，如果为前驱车，轮胎必须产生的纵向力减弱了前轮产生侧向力的能力，因此前轮必须通过产生更大的侧偏角来补偿侧向力的损失，车辆表现为更多的不足转向趋势，会提升稳定性；如果为后驱车，则后轮胎必须产生的纵向力减弱了后胎侧向能力，表现为过多转向趋势，此时稳定性降低而转向更为敏捷；更多有关赛道驾驶的基本知识将在第6.5节讨论。

4.5 影响驾控体验的轮胎瞬态特性

前面讨论的侧向力和纵向力以及复合力都是在给定输入下的稳态特性，事实上，因为充气轮胎是一个复杂的柔性结构，对侧偏角、外倾和制动或加速转矩输入，轮胎需要一系列变形才能实现接地印迹上力和力矩的产生和传递。表现为轮胎达到稳态水平的力和力矩需要一定的时间或者滚动距离，这种现象称为轮胎的松弛效应。对应不同的输入（如垂向载荷、侧倾角等），轮胎相关的变形部位不同，使得松弛长度也不同。过度的松弛效应会引起严重的响应滞后，影响达到"得心应手"的操纵响应效果。侧向力松弛效应和操稳转向性能的关系更为密切，会影响转向精准性和敏捷性；制动力矩输入下的纵向力松弛长度会增加制动距离。

4.5.1 阶跃侧偏角输入下轮胎的松弛特性

在单位阶跃转向角输入下，侧向力经历一个逐步建立的过程，称为侧向力松弛效应，通常用松弛长度 L_α 表示。松弛长度定义为单位阶跃侧偏角输入之后，轮胎达到63.2%稳态力所滚动过的距离。轮胎侧向动态力 F_y 可以用一阶微分方程近似表达为

$$F_y = C_\alpha \alpha \left(1 - e^{-\frac{t}{\tau}}\right) \tag{4.6}$$

式中，C_α 是轮胎侧偏刚度；α 是阶跃侧偏角；τ 是时间常数。

因此，松弛长度 L_α 可以表示为

$$L_\alpha = v_x \tau \tag{4.7}$$

式中，v_x 是前进速度。

侧向松弛长度与轮胎设计参数、轮胎气压和垂向载荷有关，增加垂向载荷会延长松弛长度。侧向松弛长度可近似由轮胎侧偏刚度 C_α 与轮胎侧向刚度 K_y 表达[1]，如式（4.8）所示。提高轮胎气压可以增加侧向刚度从而降低松弛长度

$$L_\alpha = C_\alpha / K_y \tag{4.8}$$

整合式（4.6）~式（4.8）可得

$$F_y = C_\alpha \alpha \left(1 - e^{-\frac{K_y v_x}{C_\alpha} t}\right) \approx K_y \alpha v_x t \left(1 - \frac{1}{2}\frac{K_y v_x}{C_\alpha} t + \cdots\right) \tag{4.9}$$

根据式（4.9），对给定的速度 v_x 和侧偏角 α，如果给定时间 t，增加轮胎的侧向刚度 K_y 或增加轮胎侧偏刚度 C_α 可以在给定的时间 t 以内产生更高的侧向力，因为更高的侧向刚度可以产生更大的瞬态侧向力，而更高的轮胎侧偏刚度可以产生更高的稳态侧向力。所谓的"高性能轮胎"应同时具有高侧偏刚度和高侧向刚度（或较短的松弛长度）。任何能够实现更高的侧向刚度和轮胎侧偏刚度的轮胎设计和使用因素，都可以改善瞬态操纵响应。图 4.18 为两个不同轮胎的侧偏角阶跃测试数据，一号轮胎的松弛长度更短，侧向力建立相对更快，因此对应着更短的转向响应滞后；二号轮胎的稳态侧向力更高，因此对应着更高的转弯速度。

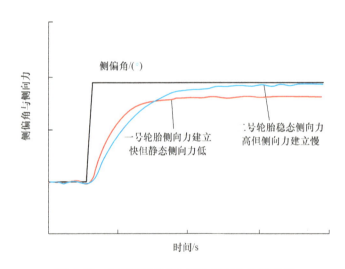

图 4.18 阶跃侧偏角输入下轮胎侧向力的响应

4.5.2 定侧偏角扫频输入下轮胎的频响特性

给定轮胎侧偏角扫频输入时，产生的侧向力和回正力矩会滞后一个相位。轮胎的相位滞后和幅值响应取决于输入频率和轮胎滚动速度。如果将输入频率和轮胎滚动速度之比作为输入，则侧向力及其相位滞后的规律变得非常简单，如图 4.19 所示。由图可知，随着输入频率的增加或者滚动速度的降低，侧向力的幅值会大幅降低，而相位滞后大幅增加。这两个因素直接导致车辆对较高频率转向输入响应的灵敏度下降和滞后增加，操控体验不能做到随心所欲。

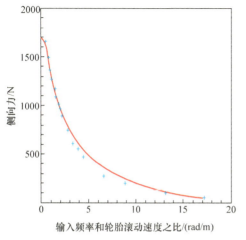
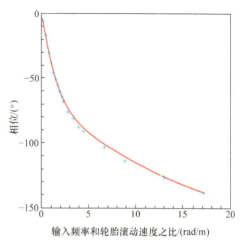

图 4.19　正弦扫频输入下侧向力及其相位滞后与输入频率和轮胎滚动速度之比的关系 [2]

4.6　行驶平顺性与轮胎的动态特性

与轮胎相关的行驶平顺性和振动噪声与路面激励和轮胎的结构设计相关。子午线轮胎里的带束层由钢丝组成，刚度很高，与刚度较低的橡胶胎体结合，成为一个复杂的柔性振动系统。建立用于整车平顺性仿真的轮胎模型需要考虑以下三个方面：①当车辆行驶在高频不平路面上时，轮胎的模态频率会被激励起来，直接影响整车的振动和路噪响应；②在较大路面凸起输入下，轮胎的包络特性直接改变轮胎传递给悬架的输入力；③胎面橡胶对小幅路面输入有一定的过滤作用，其厚度和刚度也直接影响平顺性和路噪。

4.6.1　轮胎的模态

轮胎的振动模态可以通过锤击法敲击固定轮辋的轮胎得到，正如打鼓一样，可以听到多频率的噪声。加速度传感器布置在轮胎表面，用于采集振动信号，经过对振动信号进行处理，可得出轮胎的振动模态及其频率，如图 4.20 所示。频率较低的是轮胎的带束层相对于轮辋的径向、纵向、侧向等一阶刚体模态，在特定的速度范围，由于共振会放大输入力，影响行驶平顺性。频率较高的是轮胎各种扭曲变形的高阶模态，这些模态与路振路噪关系更大。需要注意的是，在轮胎与地面接触并承载的情况下，模态频率会有较大变化，且轮胎的构造设计参数和使用情况（如轮胎气压）均会影响轮胎的共振频率。承载轮胎的模态频率可以通过轮胎的动刚度试验得到，图 4.21 为某全钢子午线轮胎在垂向激励下的垂向刚度与激励频率的关系。由图可知，在大约 70Hz，该轮胎的动刚度大幅升高，然后恢复到原来的增长趋势。

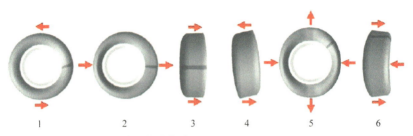

径向模态(模态2和5)：50Hz，80Hz，96Hz
侧向模态(模态3、4、6)：30Hz，37Hz，64Hz
轴向模态(模态1)：41Hz

图 4.20　轮胎的振动模态及其大致频率范围[3]

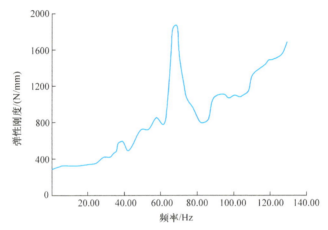

图 4.21　某全钢子午线轮胎在垂向激励下的垂向刚度与激励频率的关系

4.6.2　轮胎的包络特性

当路面波长远大于轮胎的接地印迹时，轮胎可以简化为一个单点接触模型提供垂向刚度。如果路面特征的尺寸与接地印迹相当或更小时，比如限速带上，则必须考虑带束的局部刚度，此时包络特性将发挥重要作用。包络特性是指轮胎低速滚过窄凸块时，轮胎吸收或衰减路面瞬态输入从而减小输入到车身力的能力。包络特性一般以低速轮胎滚动过窄凸块时轮心处的垂向力和纵向力变化来描述，力的变化与轮胎气压基本成正比，其纵向和垂向的冲击力以及滚动半径与凸起的形状（特别是高度）为非线性关系，如图 4.22 所示。随着载荷的增加，垂向力的特征将有很大变化，这与轮胎的变形情况有很大关系。轮胎纵向力输入不容忽视，在很多情况下，它是导致过高冲击强度传递至车身和产生过多冲击余振的主要原因。

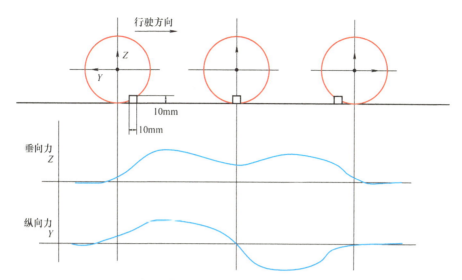

图 4.22　轮胎驶过路面凸起时轮心垂向力和纵向力变化

高速下轮胎滚动过窄凸块时，垂向力和纵向力的变化还与承载轮胎的垂向和纵向模态相关。轮胎的这种共振特性可以通过轮胎过凸块的转鼓试验测得。轮胎高速过凸块试验是将标准规格的凸块固定到转鼓表面，转鼓以较高速度旋转并带动轮胎滚过凸块，此时测量轮心径向和纵向的受力。

在不平路面激励下，轮胎高刚度带束层会将路面的各种较大的凸起、裂缝、坑洼等转化成冲击力，传递给驾乘者，体现为冲击硬度和锐度。轮胎气压越高，带束层的张力越大，刚度也越大，产生的冲击力越高。垂向的冲击力可以通过调校悬架阻尼予以吸收，而纵向的冲击力只能通过悬架硬点设计和衬套特性使轮心有一定的退让性以缓和冲击力，这部分将在第 7 章详细讨论。

4.6.3　胎面橡胶的影响

在路面小幅高频输入下，轮胎的高频模态将被激励起来，通过悬架传递到车身，并与车身及地板的模态耦合，形成路振和车内噪声。增加胎面橡胶的厚度和降低硬度能有效改善轮胎对路面颗粒输入的过滤和包容吸收能力，从而降低路噪，提升行驶平顺性，但可能会引起中心转向响应延迟和转弯能力下降，也会导致胎面橡胶过度磨损。另外，提高轮胎本身的材料阻尼、轮辋刚度和车身及地板的刚度均可以改善路噪。在悬架设计和调校方面，改善路噪的方式主要依赖纵向和垂向尽可能采用低刚度的各向异性衬套，而侧向刚度则应尽可能高，以便维持良好的操稳转向性能，这些将在第 5 章中详细讨论。

4.6.4　轮胎的行驶平顺性模型

当车辆行驶在不平路上时，必须考虑轮胎本身的柔性和动态特性对操纵响应的影响，因此，轮胎行驶平顺性模型需要考虑两个因素，其一是应该复现轮胎的一阶刚体模态，其二是应该复现轮胎的包络特性。当前行业内较广泛应用的轮胎行驶平顺性模型有 SWIFT 模型、FTire 模型和 CDTire 模型，它们分别基于不同的建模机理，应用范围也有所区别。比如 SWIFT 模型考虑低于 60～100Hz 范围内的模态时，将轮胎的带束层简化为一个刚性环，用多个弹簧悬挂于轮辋之上，形成六个自由度的振动系统。弹簧的刚度由带束环的质量或转动惯量和非承载静止轮胎的模态频率计算得到，如用带束环的质量和胎体相对于轮辋的前后模态频率可以得到纵向刚度，用带束环的转动惯量和胎体的平面转动模态频率可以得到转动方向的刚度，在带束环和接地印迹之间加入了额外的弹簧刚度以确保总静态刚度的准确性。图 4.23 所示为纵向轮辋中心和接地印迹之间变形的三个组成成分。

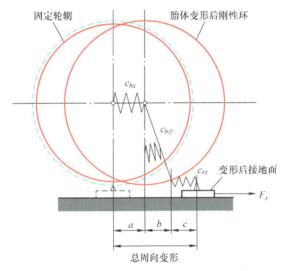

图 4.23　轮胎周长方向上胎体总变形 [4]

为模拟对凸起障碍物包络特性，SWIFT 轮胎模型使用等效路面概念，等效路面需要预先用一组串联的刚性椭圆凸轮滚过实际路面得到，并用有效路面高度和斜率表示。低速时轮胎点接触模型走过等效路面时，能够产生和轮胎滚过真实路面时一样的冲击力和滚动半径，动态响应由刚性环模型提供。FTire 则可以考虑成一个简化的有限元模型，轮胎的带束层沿周向离散成多个质量单元，单元与单元之间被简化为用多个弹簧和阻尼的力学单元连接，构成所谓的柔性环，单元与轮辋之间同样用用多个弹簧和阻尼力学单元连接，最终形成一个多自由度的振动系统。为拟合 SWIFT 和 FTire 轮胎模型参数，需要进行一系列的试验，然后通过刚度试验、模态试验和不同的速度下的动态过凸块试验数据，来辨识模型参数。

4.7 影响能耗的轮胎滚动阻力

滚动阻力系数是轮胎的重要特性指标之一，它与汽车能耗直接相关，同时也影响轮胎自身的寿命。滚动阻力和轮胎的结构参数有关，而轮胎结构参数同时也影响轮胎的动力学性能，二者经常有相互冲突的要求，因此必须详细讨论。

4.7.1 滚动阻力产生的原因

轮胎滚动时侧壁、胎面等会变形，变形所需的能量由于橡胶和帘布层线中的迟滞特性而损失，其中材料迟滞损失约占滚动损失的90%，胎面和地面的相对滑动也引起能量损失，这些能量损失最终体现在能耗性能上。滚动阻力系数通常表达为滚动阻力和轮胎负荷之比，表4.1为不同轮胎在不同道路上的滚阻系数范围。低速下，滚动阻力为影响车辆能耗的主要因素，当车速增加时，空气阻力变为影响车辆能耗的主要因素。对全钢子午线轮胎，胎面的滚动阻力贡献占65%，胎体的贡献占20%，胎圈占另外的15%。改进轮胎结构和橡胶材料特性可以减少滚动损失。

表4.1 不同轮胎在不同道路上的滚阻系数

摩擦副	滚动摩擦系数
铁路钢轨与钢轮	0.001～0.002
木质车道与自行车轮胎	0.001
混凝土车道与自行车轮胎	0.002
沥青车道与自行车轮胎	0.004
粗粝铺装车道与自行车轮胎	0.008
混凝土车道与载货汽车轮胎	0.006～0.01
混凝土、新沥青车道与乘用车轮胎	0.01～0.015
砾石路与乘用车轮胎	0.02
大鹅卵石路与乘用车轮胎	0.03
压实沙地、中等硬度土路与乘用车轮胎	0.04～0.08
松散沙地与乘用车轮胎	0.2～0.4

4.7.2 滚动阻力与动力学性能之间的权衡

虽然低滚动阻力轮胎可满足能耗经济性要求，但它在以下方面的性能显著降低：操纵稳定性（影响侧向力）、制动性能（延长制动距离）、行驶平顺性（低阻尼和高刚度），因此需要在能耗与动力学性能之间进行权衡。以卓越车辆动力学性能闻名的汽车公司通常不会过度强调低滚动阻力来牺牲以上动力学性能。除轮胎滚阻外，实现能耗经济性要求的潜在途径还包括提高发动机效率、降低空气阻力、整车轻量化以及合理的产品组合等。

4.8 影响车辆动力学性能的轮胎不均匀性

轮胎构造的复杂性使得制造出几何上均匀对称、在平整路面上滚动起来各方向没有力和力矩波动的轮胎是极具挑战的任务，也是轮胎企业制造水平的具体体现。轮胎构造、制造工艺和复杂多变的内部组成部分均会引起轮胎在周长和宽度方向的偏差，如几何上不是正圆、可能是锥形、质量不均匀、刚度不均匀等。轮胎的各种不均匀性和使用情况都影响车辆的动态性能，主要表现在以下几个方面：径向和宽度方向的几何不均匀导致垂向、侧向和纵向力的波动、帘布层角度和锥度效应引起轮胎的残余侧向力和回正力矩，以及质量不平衡导致的静态力和动态力波动等。

4.8.1 轮胎质量不均匀产生的不平衡力

由轮胎、轮辋以及悬架其他旋转部件组合起来的质量不平衡导致的轮胎力统称为轮胎不平衡力，又细分为静不平衡力和动不平衡力。其中静不平衡力是指由位于轮胎中心平面的质量不平衡或者非对称的滚动轴引起的轮胎不平衡力，动不平衡力是指由位于轮胎中心平面之外的产生绕水平或者垂直轴向力矩的质量不平衡引起的轮胎不平衡力（图4.24）。轮胎总成不平衡可以通过在轮心测量旋转轮胎产生的力和力矩来量化，测量时轮胎不与地面接触。

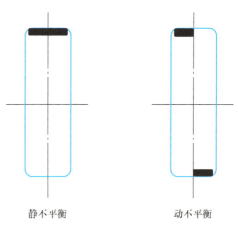

图 4.24 轮胎总成的静不平衡和动不平衡

对转向车轮而言，轮胎不平衡力除产生纵向和垂向的力输入外，还产生绕转向轴的力矩输入，引起转向盘的轴向振动，因此对车辆行驶平顺性显得格外重要。车轮的不平衡质量 m 产生的不平衡力 F 和力矩与车速的平方成正比关系，如式（4.10）所示，因此在高速时急剧升高。

$$F = mr\omega^2 = \frac{mr}{R^2}V^2 \tag{4.10}$$

式中，r 是不平衡质量到轮心的径向距离；R 是轮胎的滚动半径。

在某些特定频率，该动态不平衡力激励悬架和转向系统的模态，引起转向盘轴向抖动，以及地板、座椅其他方向的抖动。因为这类抖动发生在平滑路的特定车速范围，给用户造成较差的驾乘体验，投诉率较高，应该予以充分重视。虽然可以通过加平衡块来补偿动态不平衡，但底盘设计应该尽可能保证对这类输入不敏感。动不平衡引起的平滑路抖动将在第7章讨论。

4.8.2 承载轮胎垂向和纵向力的波动

测量由质量不均匀导致的轮胎不平衡力时轮胎不承载,而测量轮胎力波动是在承载轮胎上进行。在轮胎试验台架上,将轮胎加载到预定载荷后,维持轮胎中心到接地面的距离不变,在侧偏角和外倾角都为零的情况下,使轮胎旋转到一定速度,然后测量轮胎旋转一周在径向、侧向、纵向力的变化。一阶垂向和纵向的轮胎力波动对行驶平顺性的影响最为显著,会通过悬架和转向系统输入到车身,引起地板、座椅和转向盘的抖动,特别是在某些车辆的固有频率附近,如轮跳频率和前轮的走路频率。引起轮胎力波动的原因有很多,比如轮胎刚度的不均匀、几何形状不均匀、轮辋的制造精度和轮胎与轮辋的匹配精度等。另外,径向偏置也会造成垂向力和纵向力波动。垂向力的波动基本上随速度提高缓慢地线性升高,而纵向力会随速度非线性增加。有研究表明纵向力波动与轮胎的径向偏置量成正比,且与速度的平方成正比。图 4.25 为一阶垂向和纵向力波动随速度变化的趋势,一阶垂向力和纵向力波动通常控制在 50~70N 之间。

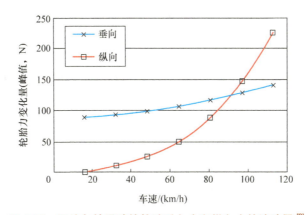

图 4.25 不均匀性导致的轮胎垂向力和纵向力的波动量 [2]

4.8.3 帘布层转向和轮胎锥度

子午线轮胎的帘布层钢丝相对于行驶方向有一定角度,当多层帘布层的钢丝角度不能彼此抵消影响时,轮胎在转动时就会产生侧向力,该力与侧偏角无关,在平路直行时会引起跑偏。相似地,轮胎在制造时的帘布层位置的偏差会让轮胎形成锥度,产生的侧向力同样会在直行时产生跑偏。帘布层转向和锥度产生的侧向力均应控制在 50~70N 之间,帘布层转向和锥度引起的跑偏将在第 6 章讨论。

4.8.4 轮胎气压与磨损程度对动力学性能的影响

轮胎气压和磨损等使用情况对动力学性能有不容忽视的影响。轮胎气压与其负载能力正相关,在保证承载的基础上,轮胎气压可根据动力学性能和能耗经济性要求进行调整。通常提高气压可以改善操纵稳定性和能耗，但会降低行驶平顺性，为了改善操纵稳定性，有些车辆单独提高后轮气压，以便增加侧偏刚度。太低的轮胎气压会增加滚动阻力（比如低于 180kPa），产生更多温升，甚至导致胎面分离，造成安全事故，应该予以避免。轮胎气压的设定需要进行实车验证，对操纵稳定性、行驶平顺性、制动性能和能耗进行平衡取舍，最后还要再次检查轮胎负荷率是否满足要求。理想情况是整车厂应该维持轮胎设定气压基本不变，在此基础上优化轮胎性能，形成轮胎气压的默认值。这主要是因为普通用户通常不会严格遵循特定车型用户手册中的轮胎气压，在使用过程中大多采用前后相同的气压。

轮胎磨损后通常胎面接地率增加，在高附路面上抓地力可能会提升，但会导致排水性降低，形成滑水现象。在路面积水时，磨损轮胎的花纹深度减小，不能及时排水，会从轮胎前端开始形成水膜，将轮胎浮起。车速越快，滑水现象越严重，轮胎越易失去附着力，此时驾驶员可明显感觉到转向盘上没有力矩反馈，无法进行转向控制。除了及时更换磨损轮胎外，降低车速，提高轮胎气压都可以减轻滑水现象，提高轮胎气压可以减小接地面积，提高局部接地压力，从而提高排水性。轮胎磨损后也会降低行驶平顺性，因为轮胎径向刚度增加，此外，产生的路噪会因此变大。

4.9　与车辆动力学性能相关的轮胎客观性能指标总结

轮胎的客观性能指标及技术要求是轮胎开发中最重要的文件之一，是整车厂从整车性能要求出发对轮胎动力学性能提出的要求，也是轮胎设计开发验收的主要依据。一般说来，轮胎的客观力学性能指标和整车动力学性能有比较好的对应关系。本节简要总结本章讨论的轮胎动力学性能指标，并列举其对车辆动力学性能的主要影响，以及相应的改进方向。具体的技术要求或目标值因车型而异。轮胎动力学性能与垂向载荷密切相关，为准确表达轮胎对整车性能的影响，需按车辆的前轴和后轴分别提出轮胎动力学指标。性能指标均是在给定前后轮荷和胎压的前提下设定的，胎压应为热胎压。轮胎的开发涉及除动力学指标以外的更多维度的技术指标，并且与第 8 章中讨论的整车开发流程密切相关。

4.9.1　与操纵稳定性能相关的轮胎性能指标

与操纵性能相关的轮胎动力学指标的定义最为充分，包括侧偏系数、载荷转移灵敏度、载荷灵敏度、回正力矩系数、侧偏角松弛长度等。

侧偏系数表示给定垂向载荷下归一化的侧向力随侧偏角的变化关系，可以理解为在无载荷转移时，给定侧偏角能够产生的侧向加速度。为考察轮胎在整车侧向加速度线性区、非线区及临近极限时轮胎的作用，一般推荐取多个侧偏角量化性能，比如 1°、2°、4° 和 8°。基本上可以利用这些数据复现出图 4.11 表达的内容。当侧偏角为 1° 时，侧偏系数反映的就是轮胎的侧偏刚度系数。

载荷转移灵敏度指标表示在某一侧偏角下前轴或后轴的左右车轮,由于载荷侧向转移导致的侧向力损失。定义该指标需要首先确定前轴或后轴左右载荷转移量,同时选定侧偏角。一般推荐选取侧偏角为1°、2°和4°时的值作为评价指标,分别对应整车不同的侧向加速度区域。当侧偏角为1°时,载荷转移灵敏度指标表示侧偏刚度的损失,它与线性区内的操稳转向性能关系密切。一般承载大的轮胎对载荷转移更为敏感。

在给定侧偏角下,轮荷的变化会引起侧向力的变化。载荷敏感度指标可量化侧向力相对垂向力的变化率,或者其非线性程度。一般取侧偏角为1°时的值作为评价指标,表征车辆在各种载荷条件下线性区操纵性能的连贯性,比如在弯道制动、弯道加速工况中,由于制动或加速导致的前后轴荷发生变化,从而引起轮胎性能变化。一般来说,轮胎负荷相对于轮胎的承载能力越低,线性度越好。

为反映给定垂向载荷下回正力矩随侧偏角的变化关系,设定了当侧偏角为1°时对垂向载荷归一化的回正力矩目标值,并定义为回正力矩系数指标。它部分决定了在线性区内路面通过转向盘传递给驾驶员的回正力矩(即路感),对前轴设定的回正力矩系数目标要求更有意义。

侧偏角输入下轮胎侧向力建立的迟滞现象用侧向松弛长度指标度量,该值越大,轮胎产生侧向力需要滚动过的距离越长,车辆响应滞后越严重。可以用简化的计算公式计算出近似的侧向松弛长度指标[式(4.8)]。

4.9.2 与行驶平顺性能相关的轮胎性能指标

轮胎动力学行驶平顺性能指标包括静态垂向刚度和纵向刚度、低速包络特性和较高速垂向力和纵向力冲击峰值以及衰减率指标。

静态垂向刚度是垂向载荷与轮心垂向位移的比值。垂向刚度低的轮胎在撞击减速带、凸块或凹坑时对冲击和噪声隔绝较好,但同时余振收敛较差。垂向刚度高的轮胎载荷转移时径向变形较小,抑制车身俯仰和侧倾支撑能力更好。另外,垂向刚度高的轮胎一般线性侧偏刚度和侧向刚度也较高,转向响应更敏捷,稳态响应更线性。

静态纵向刚度指标是纵向轮心载荷与纵向轮心位移的比值。轮胎纵向刚度越大,撞击减速带、凸块或凹坑时冲击硬感和噪声也越大,但通常纵向胎体变形收敛也较快。另外,纵向刚度越大的轮胎的制动距离更短,因为纵向松弛距离更短。

轮胎低速(如5km/h)以及较高速度(如30km/h)滚过凸块激励起的轮胎垂向力和纵向力用于定义轮胎的包络特性和行驶平顺性指标,其中较高速度下垂向力的第一峰值与稳态载荷的比值可定义为轮胎垂向行驶平顺性指标,把纵向力第一个波峰和第一个波谷的差值定义为纵向行驶平顺性指标。该两个指标表征轮胎高速滚过不平路面时,车轮受到的垂向和纵向冲击情况。轮胎垂向行驶平顺性指标或者纵向行驶平顺性指标越大,说明车辆受到的相应方向的冲击力越大,冲击感和噪声越大。

轮胎高速滚过凸块时，轮胎垂向力和纵向力表现为类似一阶衰减振动的变化曲线，轮胎垂向力和纵向力衰减越快，传递到车辆的动态力相应收敛也越快，因此余振也越小，表现出更好的行驶平顺性和NVH性能。表征一阶衰减振动曲线的衰减率指标有多种定义，整车厂可根据自身体系选择。

4.9.3 与制动性能相关的轮胎性能指标

峰值制动附着系数是估算制动距离的重要参数，一般来说该系数越高，轮胎的纵向抓地能力越强，制动距离越短。同时，也需要关注峰值制动附着系数对应的滑移率以及峰值附着系数附近的平均附着系数，因为最好的ABS标定也只能在峰值附着系数附近工作。

4.10 总结

轮胎是一个结构复杂且由供应商设计的关键选型件，需要满足多种功能要求，如承载能力、强度耐久、均匀性、电阻、漏气率、磨耗、抗鼓包等，并影响多项整车性能，如整车动力学性能、NVH性能、制动距离、整车能耗等。

本章简要介绍了和整车动力学性能直接相关的轮胎动力学部分，包括轮胎主要力和力矩产生的机理以及和轮荷的关系，综合输入下轮胎的摩擦圆概念、轮胎的瞬态性能介绍及改善途径、轮胎的振动特性与轮胎的行驶平顺性模型等，最后讨论了轮胎的不均匀性对轮胎动力学性能的影响。为了满足整车性能要求，必须对轮胎动力学性能提出要求，这也是轮胎设计开发验收的主要依据。因此，整车厂必须开发出一套可行的轮胎客观指标，以便将轮胎研发工作前置。

轮胎正向开发过程和悬架设计研发相互耦合，必须同时进行。因此我们将在第8章中的车辆动力学开发流程中，详细讨论轮胎动力学性能目标的设定和悬架转向系统目标设定的关系：轮胎动力学性能目标可以用以指导悬架设计，同时详细的悬架设计方案反过来又可以考察最初设定的轮胎性能目标是否需要修正。整车性能仿真和实车轮胎选型都有助于确认提交的样胎是否满足设定要求，是否需要进一步优化。

参 考 文 献

[1] PACEJKA H B.Tyre and vehicle dynamics [M]. 3rd ed.London：Elsevier Ltd，2012.
[2] GENT A N，WALTER J D. The pneumatic tire [M]. Washington DC: National Highway Traffic Safety Administration，2005.
[3] COSIN CONSULTING. FTire-Flexible Ring Tire Model Documentation and User's Guide [Z]. 2004.
[4] TNO AUTOMOTIVE. MF-Tyre/MF-SWIFT 6.1.2 Equation Mannual [Z]. The Netherlands，TNO AUTOMOTIVE，2010.

第 5 章
车辆稳定性及其控制

车辆稳定性及其控制从横摆和侧翻两个自由度研究车辆的稳定性。在汽车工业发展的初期,由于发动机和底盘技术的不断进步,车辆行驶速度不断提高,车辆的行驶稳定性成为关注的焦点,工程师们需要解释为什么某些车辆在高速转弯时会失稳或者失控。Olley 最初建立的两轮模型打下了车辆操纵稳定性的理论基础,而 Bundoff 和 Leffert[1] 用等效侧偏柔度概念重新定义了不足转向系数,把操纵稳定性和悬架设计联系了起来。

车辆的瞬态响应研究由 William F. Milliken(1911—2012)率领康奈尔航空实验室团队在通用汽车公司资助下于 1952—1963 年期间完成,成果以 5 篇文章为代表(The IME Papers,1956 年)。瞬态响应研究从频域和时域关注车辆在转向输入下的响应,频域响应考查增益函数的形状和相位滞后,而时域响应以阶跃输入为代表,考察车辆瞬态响应的时间滞后、峰值超调和线性度。整车侧翻力学最初侧重于静态稳定性的研究,随着高质心乘用车的普及,极限状态下车辆的动态稳定性的研究和控制变得至为迫切。基于制动系统的电子稳定性控制(ESC)系统在极限工况下通过产生轴横摆扭矩可以提高横摆和侧翻两种稳定性能。

本章将从以下几个部分讨论车辆稳定性:稳态侧向力学、稳态侧倾力学、瞬态响应、侧翻力学和与稳定性相关的控制系统。

5.1 整车稳态侧向力学

车辆的稳态响应讨论车辆状态不再变化时的稳定状态,而瞬态响应讨论在外界输入后车辆状态的变化过程。从数学上讲,稳态响应可以用静力学方程推导和表达,而瞬态响应必须用微分方程表达。稳态响应只与车辆的质量分布、悬架运动学和弹性运动学(K&C)特性以及轮胎稳态力学特性有关,而瞬态响应与更多的参数有关,包括车辆的转动惯量、零部件阻尼特性、轮胎松弛长度,甚至与轴等效侧偏柔度的构成成分等物理量都有关联。本节首先分三个层次用线性两轮模型讨论稳态转向几何关系,介绍不足转向系数、等效侧偏柔度和转向灵敏度概念;然后,在合理假设的前提下推导出总等效侧偏柔度每一个分量的贡献,为车辆动力学性能与悬架设计之间架设桥梁,同时也可以用来设定悬架系统级的设计目标。

5.1.1 稳态线性转弯模型的演进

低速稳态转向时，轮胎和地面之间的侧向力以及车身的侧倾运动几乎可以忽略不计，车辆可以简化成图 5.1 所示的低速线性两轮模型。其潜在假设条件是极低速、无车身侧倾、整车重心在地面、没有悬架和转向系统、两侧车轮转角相同，以及轮胎侧偏角可以忽略不计。在此前提下，前轮转角 δ 和轴距 L、转弯半径 R 的关系可以用下式表示：

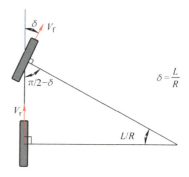

图 5.1 低速稳态转向线性两轮模型

$$\delta = \frac{L}{R} \tag{5.1}$$

高速下转弯需要轮胎产生侧向力，因此轮胎侧偏角的出现将图 5.1 改变成了图 5.2 所示的稳态转向几何关系。这个简化的两轮高速稳态转弯模型增加考虑了轮胎侧偏角的贡献。前轮转向角、轮胎侧偏角与轴距之间应满足的几何关系可以用式（5.2）表示。在小侧偏角度假设下，前后轮胎的侧偏角 α_f 和 α_r 可以通过车辆稳态转弯时所需的侧向力和轮胎侧偏角产生的侧向力的平衡来求得，如式（5.3）和式（5.4）所示。

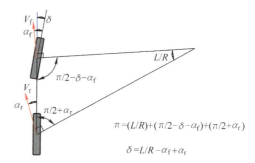

图 5.2 高速稳态转向线性两轮模型

$$\delta = \frac{L}{R} - \alpha_f + \alpha_r \tag{5.2}$$

$$\alpha_f = -\left(\frac{bW}{2C_{\alpha f}L}\right)\left(\frac{a_y}{g}\right) \tag{5.3}$$

$$\alpha_r = -\left(\frac{aW}{2C_{\alpha r}L}\right)\left(\frac{a_y}{g}\right) \tag{5.4}$$

式中，W 为整车重量；$C_{\alpha f}$ 和 $C_{\alpha r}$ 分别为前后轮侧偏刚度；a 和 b 分别为质心到前后轮的距离。

将式（5.3）和式（5.4）代入式（5.2），可以得到

$$\delta = \frac{L}{R} + \left(\frac{bW}{2C_{\alpha f}L} - \frac{aW}{2C_{\alpha r}L}\right)\left(\frac{a_y}{g}\right) = \frac{L}{R} + K\left(\frac{a_y}{g}\right) \tag{5.5}$$

式中，K 为 Olley 定义的不足转向系数：

$$K = \frac{bW}{2C_{\alpha f}L} - \frac{aW}{2C_{\alpha r}L} = \frac{W_f}{2C_{\alpha f}} - \frac{W_r}{2C_{\alpha r}} \quad (5.6)$$

该不足转向系数定义只考虑了轮胎侧偏刚度和轴荷的影响。不足转向系数的物理意义是在稳态转弯工况下，当 K 为正值时，随着车速逐渐增加，驾驶员必须逐步增大转向角度才能继续绕定半径圆行驶，即转向输入产生"不足"的转向输出，此时驾驶员主观感觉车辆是稳定的。反之，当 K 为负值时，随着车速逐渐增加，驾驶员必须逐步减小转向角度才能继续绕定半径圆行驶，即正常转向输入产生"过多"的转向输出，此时驾驶员需要将转向盘向圆外侧调整，主观感觉车辆难以操控。不足转向系数又可用正则化的前后轴侧偏刚度系数 $CC_{\alpha f}$ 和 $CC_{\alpha r}$ 表达，见式（5.7）。

$$CC_{\alpha f} = \frac{2C_{\alpha f}}{W_f} \ ; \quad CC_{\alpha r} = \frac{2C_{\alpha r}}{W_r}$$

$$K = \frac{1}{CC_{\alpha f}} - \frac{1}{CC_{\alpha r}} \quad (5.7)$$

由式（5.7）可知，为了保证 K 为正值，应满足不等式

$$CC_{\alpha f} < CC_{\alpha r} \quad (5.8)$$

如果前后轴使用同样的轮胎，除增加前轴荷比有利于满足式（5.8）外，也可以利用空气动力学施加到车身的垂向力来影响轮胎的侧偏刚度特性，以便得到不足转向特性，比如通过尾翼增加高速行驶时后轴垂向压力，可以有效提高侧偏刚度 $C_{\alpha r}$，从而改善车辆动态性能。

最初简单线性两轮模型假设显然需要进一步发展，以便能反映其他不足转向因素，比如与车身侧倾相关的悬架运动学的贡献、轮胎的侧向力及回正力矩引起的悬架和转向系统柔性变形特性的贡献以及其他轮胎力和力矩的贡献。在低侧向加速度区内，侧向载荷转移引起轮胎特性的非线性变化可以暂时不考虑，但在高侧向加速度下当轮胎进入非线性区后，由此引起的轴转向能力的损失必须予以考虑（见第 4.2.3 小节）。一般说来，对于稳态不足转向度的贡献，悬架系统的侧倾转向和侧倾外倾、侧向力转向和侧向力外倾、回正力矩转向和回正力矩外倾是主要的影响因素，而其他如轮胎牵引力和滚阻力矩引起的变形转向和变形外倾属于次要因素，它们对稳态转向不足贡献不大，但可能对其他动力学现象有较大影响。值得一提的是，在推导两轮模型方程时，通常假定侧向力作用在轮心下方接地点处，实际轮胎侧向力会偏离中心一些，产生回正力矩，该回正力矩除在局部产生悬架回正力矩转向和外倾外，在整车层面也产生回正效应，对不足转向有少许贡献。表 5.1 为除轮胎侧偏特性外的其他引起不足转向的因素。

表 5.1 除轮胎侧偏特性外的其他引起不足转向的因素

来源	车轮转向	车轮外倾
悬架侧倾	侧倾转向（E_ϕ）	侧倾外倾（Γ_ϕ）
轮胎侧向力	侧向力转向（E_y）	侧向力外倾（Γ_y）
轮胎回正力矩	回正力矩转向（E_N）	回正力矩外倾（Γ_N）
整体回正力矩	施加到车身的轮胎回正力矩引起的轮胎侧偏角变化	
轮胎牵引力	牵引力转向	牵引力外倾
轮胎翻倾力矩	翻倾力矩转向	翻倾力矩外倾
轮胎滚阻力矩	滚阻力矩转向	滚阻力矩外倾

综合考虑以上因素，Bundof 和 Leffert 引入了三个新角度，推出了广义的线性两轮模型（图 5.3）。图中 δ_{ref} 是按照转向盘转角和转向系统的纯运动学速比关系换算出来的理想车轮转角，称为前车轮参考转向角；δ_s 是考虑前悬架几何及悬架转向系统柔性变形后前轮转角的变化；假定后车轮是非转向轮，其与车身纵轴的夹角 δ_r 均为后悬架几何及柔性变形特性引起。前后轮胎的侧偏角 α_f 和 α_r 仍然是从车轮的指向到运动方向的夹角。

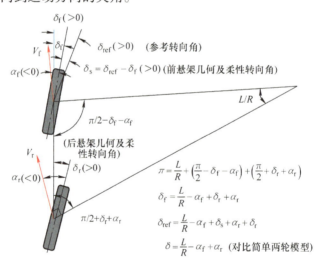

图 5.3 考虑转向和悬架系统 K&C 特性的高速稳态转向线性两轮模型

根据以上定义，稳态转向几何关系可以进一步改写为

$$\delta_{\mathrm{ref}} = \frac{L}{R} - \alpha_f + \delta_s + \alpha_r + \delta_r \quad (5.9)$$

为了和式（5.5）在形式上统一，引入两个新角度 β_f 和 β_r [式（5.10）和式（5.11）]，那么式（5.9）可变为式（5.12）：

$$\beta_f = \delta_s - \alpha_f \quad (5.10)$$

$$\beta_r = -\delta_r - \alpha_r \tag{5.11}$$

$$\delta_{\text{ref}} = \frac{L}{R} + \beta_f - \beta_r = \frac{L}{R} + K\frac{a_y}{g} \tag{5.12}$$

式中，K 为以等效侧偏柔度表达的不足转向系数，其中前轴等效侧偏柔度 D_f 和后轴等效侧偏柔度 D_r 的定义分别见式（5.14）和式（5.15）。

$$K = D_f - D_r \tag{5.13}$$

$$D_f = \frac{\partial \delta_s}{\partial \left(\dfrac{a_y}{g}\right)} - \frac{\partial \alpha_f}{\partial \left(\dfrac{a_y}{g}\right)} \tag{5.14}$$

$$D_r = -\frac{\partial \delta_r}{\partial \left(\dfrac{a_y}{g}\right)} - \frac{\partial \alpha_r}{\partial \left(\dfrac{a_y}{g}\right)} \tag{5.15}$$

式（5.14）和式（5.15）中的第一项为新增加的悬架 K&C 特性，及其他不足转向因素的贡献，第二项仍然为轮胎侧偏刚度的贡献。等效侧偏柔度实质上是产生一定的侧向加速度需要的轴侧偏角。用前后轴等效侧偏柔度定义的不足转向系数将不足转向系数的定义推广到非线性范围，同时也打开了主动转向和后轮转向分析的大门。等效侧偏柔度也把整车的稳定性能与轮胎、悬架和转向系统的特性参数联系了起来，包括了轮胎特性、重量分布以及悬架 K&C 特性影响。等效侧偏柔度定义的最大优势在于不同因素的贡献可以直接叠加，可以在合理假设的前提下推导出每一个分量的表达式，进而计算每一个分量对总等效侧偏柔度的贡献。同时，在设定悬架的设计目标后，又可以分解成构成轴等效侧偏柔度的成分，从而使得悬架的正向开发成为可能。为了达到这一步，首先列出构成前后轴转向的三个组成部分，即侧倾转向、侧向力转向和回正力矩转向：

$$\delta_s = -E_{\phi f}\phi + \frac{E_{Yf}W_{sf}\dfrac{\alpha_y}{g}}{2} - \frac{E_{Nf}N_f}{2}$$

$$\delta_r = -E_{\phi r}\phi + \frac{E_{Yr}W_{sr}\dfrac{\alpha_y}{g}}{2} - \frac{E_{Nr}N_r}{2}$$

式中，ϕ 为车身侧倾角，通过侧倾梯度和侧向加速度联系在一起；N_f 和 N_r 为前后轴的回正力矩，其他参数为相应的线性比例系数。

与之相似，前后悬架外倾也有三个组成部分：

$$\gamma_f = \Gamma_{\phi f}\phi - \frac{\Gamma_{Yf}W_{sf}\frac{\alpha_y}{g}}{2} + \frac{\Gamma_{Nf}N_f}{2}$$

$$\gamma_r = \Gamma_{\phi r}\phi - \frac{\Gamma_{Yr}W_{sr}\frac{\alpha_y}{g}}{2} + \frac{\Gamma_{Nr}N_r}{2}$$

上式中前后轮胎回正力矩分别由轮胎侧偏角 α_f、α_r 和外倾角 γ_f、γ_r 产生,线性区内可以用以下公式计算:

$$N_f = 2N_{\alpha f}\alpha_f + 2N_{\gamma f}\gamma_f$$

$$N_r = 2N_{\alpha r}\alpha_r + 2N_{\gamma r}\gamma_r$$

另外,在稳态工况下,轮胎侧偏角和外倾角产生的侧向力必须与车身向心力和轮胎回正力矩产生的当量侧向力平衡,即

$$W_f\frac{\alpha_y}{g} - \frac{N_f + N_r}{L} = -2C_{\alpha f}\alpha_f + 2C_{\gamma f}\gamma_f$$

$$W_r\frac{\alpha_y}{g} + \frac{N_f + N_r}{L} = -2C_{\alpha r}\alpha_r + 2C_{\gamma r}\gamma_r$$

同时求解上述方程可得 δ_s、δ_r、α_f、α_r 对 $\frac{\alpha_y}{g}$ 导数的表达式,进而分解出不同不足转向系数分量的表达式,表 5.2 为利用推导出的公式计算出的某乘用车线性不足转向成分的分解结果。

表 5.2 某乘用车线性不足转向成分的分解

影响因素	不足转向成分 /(deg/g)	前轴	后轴
轮胎和重量分布	重量分布	3.86	-3.73
	刚体回正力矩	0.10	0.11
悬架运动特性 -K 特性	侧倾外倾	0.17	-0.03
	侧倾转向	0.35	0.02
悬架变形特性 -C 特性	侧向力变形转向	0.31	0.00
	侧向力变形外倾	0.03	-0.06
	回正力矩变形转向	1.29	-0.15
	回正力矩变形外倾	0.01	0.00
	等效侧偏柔度	6.12	-3.84
	不足转向系数 /(deg/g)	2.28	

表 5.2 中数据显示,虽然由前后轮胎带来的不足或过多转向分量的绝对值最大,但前后轴由于轴荷几乎平均分布且前后轮胎特性相同,等效侧偏柔度几乎相

互抵消，因此，提高等效侧偏柔度需要悬架和转向系统的贡献来达到预期的整车不足转向目标。前轴的回正力矩转向贡献最大，主要由转向系统柔性引起，其次是侧倾转向和侧向力转向。对后轴而言，通常利用侧倾转向和侧向力转向来减小等效侧偏柔度。另外，无论前后轴，刚体回正力矩均产生不足转向。

5.1.2 稳态转向灵敏度和横摆角速度增益

在稳态工况下，存在以下关系：

$$\frac{1}{R} = \frac{a_y g}{gV^2} \tag{5.16}$$

$$a_y = Vr \tag{5.17}$$

式中，V 是行驶速度；r 为横摆角速度。将式（5.16）代入式（5.12）可得：

$$\delta_{\text{ref}} = \left(\frac{Lg}{V^2} + K\right)\left(\frac{a_y}{g}\right) \tag{5.18}$$

从式（5.18）可得侧向加速度增益的表达式：

$$\frac{\left(\dfrac{a_y}{g}\right)}{\delta_{\text{ref}}} = \frac{1}{\dfrac{Lg}{V^2} + K} \tag{5.19}$$

将式（5.17）代入式（5.18）可得横摆角速度增益的表达式：

$$\frac{r}{\delta_{\text{ref}}} = \frac{V}{L + \dfrac{KV^2}{g}} \tag{5.20}$$

在稳态转向情况下，侧向加速度增益和横摆角速度增益传递的信息实质上相同，对车辆稳定性的判据也相同。但在非稳态工况时（如日常驾驶），侧向加速度增益能更好地把车的动态特性和驾驶员的主观感觉联系起来，因此是一个更好的指标。如果转向盘转角 θ_h 到车轮转角 δ_{ref} 的速比为 N，由侧向加速度增益可以得到稳态转向灵敏度的定义：

$$\delta_{\text{ref}} = \frac{\theta_h}{N}$$

$$\frac{\dfrac{a_y}{g}}{\theta_h} = \frac{1}{N\left(\dfrac{Lg}{V^2} + K\right)} \tag{5.21}$$

稳态转向灵敏度把给定转向盘角度输入下车辆的侧向加速度响应和转向速比、轴距、不足转向系数和车速联系了起来。可以认为，在此之前的讨论主要关注车辆的稳定性问题，聚焦在车的属性上，而转向灵敏度的定义进入了操纵性的范畴。一般情况下用每100°转向盘输入下侧向加速度的响应作为单位，且不足转向系数 K 用（°）/g 作为单位，稳态转向灵敏度又可以表达为：

$$\frac{\frac{a_y}{g}}{\theta_{\mathrm{h}}} = \frac{100}{N\left(57.3\dfrac{Lg}{V^2} + K\right)}, \quad (g/100°) \tag{5.22}$$

图 5.4 显示了在给定轴距的情况下，稳态转向灵敏度与不足转向系数和车速的关系。稳态转向灵敏度随着车速的提高而上升，区别在于，当车辆为不足转向特性时，转向灵敏度随车速递减上升，其侧向加速度响应更为可控；当车辆为中性转向特性，侧向加速度增益随车速的平方增长；当车辆为过多转向特性，侧向加速度增益随车速急剧增大，主观感觉车辆变得难以控制。当车速满足式（5.23）时，转向灵敏度为无穷大，该车速称为临界车速 V_{crit}，此时没有任何方向稳定性。临界车速越低，说明过多转向量越大，车辆越不稳定。

$$V_{\mathrm{crit}} = \sqrt{\frac{57.3Lg}{-K}} \tag{5.23}$$

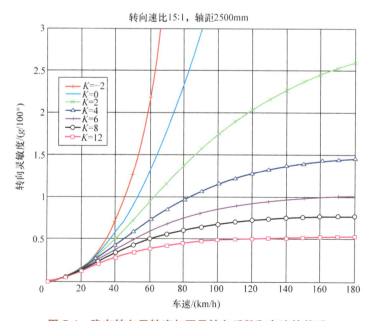

图 5.4　稳态转向灵敏度与不足转向系数和车速的关系

在本书的中心转向部分，还要再次讨论非稳态下的转向灵敏度。如果转向灵敏度过低，车辆的可操纵性就差；但转向响应太过灵敏，则车辆不易操控，给人不稳定的感觉。这就是为什么一般乘用车都需要有一定程度的不足转向倾向。近年来，量产车的稳态不足转向系数持续降低，主要是市场对更灵敏的操纵性有更高要求，同时由于电控稳定性技术的出现，对机械底盘在线性区内的稳定性裕度要求降低，因为一旦进入非线性区，电子控制系统可以及时提供需要的稳定性。

5.1.3 非线性不足转向度和等效侧偏柔度的讨论

在上面的稳态定半径转弯工况下，对具有不足转向特性的车辆，当驾驶员慢慢提高车速以产生逐步增加的侧向加速度时，驾驶员需要逐步增加转向盘转角以便维持车辆绕定圆行驶。理想的最大稳态侧向力学性能在线性区域要保证不足转向系数为正值，在极限情况下前轴的侧向加速度（a_{yfmax}）应当比后轴的最大侧向加速度（a_{yrmax}）低，即前轴力应该先饱和，以便保证不足转向系数仍然为正值，如图5.5所示。驾驶满足图5.5关系的不足转向特性的车辆需要越来越大的转向盘转角增量来产生同样的侧向加速度增量，直到达到最大侧向加速度，如图5.6所示。

在线性范围内的稳态不足转向难以直接察觉，而瞬态不足转向可以直接察觉。在非线性范围内的稳态和瞬态不足转向特性都更容易察觉，主要表现为前轴的响应不足和后轴的过多侧滑。非线性范围的不足转向影响车辆的操纵性和最大侧向加速度。这种非线性的产生有几个主要原因：

1）轮胎自身的非线性侧偏特性，在大侧偏角下轮胎侧向力下降。

2）因为质心高于地面引起侧向载荷转移进而引起轴侧向力损失，沿定圆行驶时，轴侧偏角增大，车身侧倾加剧这种转移。

3）轮胎相对地面的外倾导致的侧向力损失。

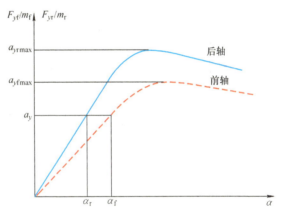

图5.5 在线性和非线性区内理想的稳态侧向加速度关系

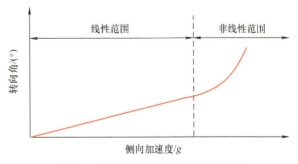

图5.6 转向盘转角与侧向加速度的稳态非线性响应关系

不足转向系数高的车辆维持原来行驶方向的能力强、稳定性好，但按照驾驶员意图转向的能力必然减弱。高侧向加速度转弯时，不足转向度过高的车辆的前轮通常先达到极限，在弯道处不能及时转弯甚至冲出弯道，称为推头现象。因此，为维持敏捷的转弯性能，不足转向度不能太高。另一方面，对乘用车而言，不足转向度又不能太低，否则在极限工况时，在同时转向、松加速踏板甚至制动这样的综合操作下，这类车辆的后轮极容易先达到极限状态，变为过多转向，表现为甩尾，应该极力避免。当图 5.5 中的两条曲线越接近，即减少前后轴最大加速度（a_{yfmax} 和 a_{yrmax}）之间的差异，可以增加极限转弯能力。同时两条曲线越接近，转向不足系数越低，较低的不足转向系数和较高的极限转弯能力可以增加赛道的驾驶乐趣，提升成绩。对普通用户而言，一定的线性以及极限不足转向度是必须要保持的稳定裕度，也是设计乘用车的重要原则之一。

必须指出，虽然不足转向系数的定义对车辆的操纵稳定性理论的发展非常重要，但仍然仅能部分地描述车辆的稳态性能，因为相同的不足转向系数可能有不同的瞬态主观感觉和客观测试结果。因此，必须进一步分解成稳态下前轴和后轴的等效侧偏柔度，以便更好地深入了解基本的车辆动力学性能。实际试验和仿真中通常先处理出后轴等效侧偏柔度，然后用后轴等效侧偏柔度和不足转向度得到前轴等效侧偏柔度。图 5.7 为典型的覆盖了线性和非线性区的轴等效侧偏柔度和不足转向系数的关系，这张图包括了所有悬架系统、转向系统和轮胎总成对轴等效侧偏柔度和不足转向系数的贡献。为了满足一定的线性和极限不足转向特性的要求，前轴的等效侧偏柔度必须始终比后轴的增长得快，同时也可以从这类图中观察车辆左右转向性能的不对称性。

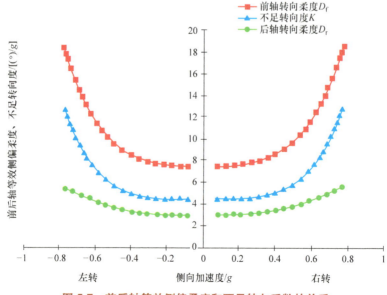

图 5.7 前后轴等效侧偏柔度和不足转向系数的关系

5.2　整车稳态侧倾力学

稳态侧倾力学讨论车辆在稳态转向工况下，车身相对于悬架的侧倾运动及由此引起的横向载荷转移。车身侧倾运动直接与车辆给驾驶员的稳定安全感有关，而横向载荷转移直接影响操纵稳定性。侧倾力学与悬架设计的以下指标有关：侧倾中心高度、轮距、前后相对侧倾角刚度、横向载荷转移及轮胎侧向力对垂向载荷的灵敏度。通过引入侧倾梯度和前轴横向载荷转移比，本节介绍如何通过合理匹配前后侧倾角刚度，来满足侧倾梯度和前轴横向载荷转移比的设计目标。

5.2.1　考虑车身侧倾自由度的四轮车辆模型

在第 5.1 节中，虽然轴等效侧偏柔度概念已经考虑到了车身相对于悬架的侧倾运动会产生不足或过多转向效果，但对于簧上质量中心在地面之上的事实引起的横向载荷转移，以及车身的侧倾运动并未深入讨论，仅仅通过简单相加得到了内外侧轮胎的总转向能力。因此需要引入考虑车身侧倾自由度的四轮车辆模型（图 5.8），以便讨论与横向载荷转移和车身侧倾相关的力学问题。该模型认为整车

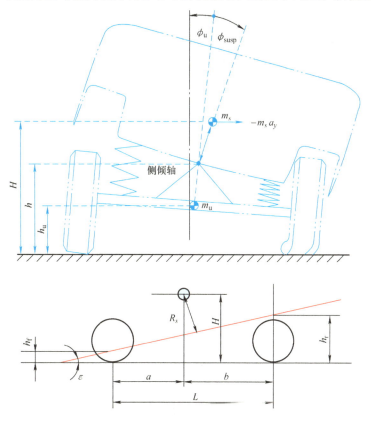

图 5.8　考虑车身侧倾自由度的四轮车辆模型

应分为一个簧上质量和前后轮非簧载质量,簧上和非簧载质量之间的侧向力通过侧倾中心传递。此外,该模型不考虑轮胎和悬架的侧向变形导致的簧上质心侧移。前后悬架的侧倾中心形成侧倾轴,簧上质心高度到侧倾轴的距离构成侧向力的侧倾力臂。该模型用于分析以下三个方面的内容:①稳态侧向力导致的车身相对于水平地面的侧倾角位移,包括悬架侧倾 ϕ_{susp} 和簧下质量的侧倾 ϕ_u;②车身侧倾引起的簧上质心侧移和垂向位移;③总侧倾角刚度在前后轴的分配和横向载荷转移比的关系等。

5.2.2 侧倾梯度

稳态侧倾力学首先定义侧倾梯度,然后推导相应的影响因素。侧倾梯度定义为单位稳态横向加速度引起的车身侧倾角位移,与侧倾力臂、簧上质量和总的侧倾角刚度有关。假设前后轴侧倾中心高度 h_f 和 h_r 相差不大,因此侧倾轴前倾角较小,可从图 5.8 推导出簧上质量的重心高度 H 到侧倾轴之间的距离,即簧上质量侧倾力臂 R_s,参见式(5.24)和式(5.24)。在稳态工况下,施加到簧上质量的侧向力对侧倾轴线的力矩和前后悬架侧倾角刚度 $k_{\phi f}$ 和 $k_{\phi r}$ 之和产生的抗侧倾力矩应该相互平衡,如图 5.9 所示,因此可以推出侧倾角 ϕ 的表达式,如式(5.27)所示,和侧倾梯度表达式,如式(5.28)所示。

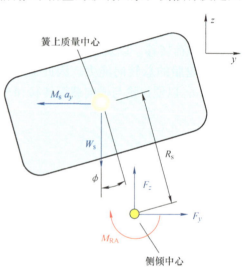

图 5.9 侧倾力矩平衡分析

$$R_s = \left\{ H - \left[h_f + \frac{a}{L}(h_r - h_f) \right] \right\} \cos\varepsilon \approx H - \left[h_f + \frac{a}{L}(h_r - h_f) \right] \quad (5.24)$$

$$M_{RA} = W_s \frac{a_y}{g} R_s \cos\phi + W_s R_s \sin\phi \approx W_s R_s \left(\frac{a_y}{g} + \phi \right) \quad (5.25)$$

$$M_{RA} = (k_{\phi f} + k_{\phi r})\phi \quad (5.26)$$

$$\phi = \frac{W_s R_s a_y}{(k_{\phi f} + k_{\phi r} - W_s R_s)g} \quad (5.27)$$

$$\frac{\partial \phi}{\partial \left(\frac{a_y}{g} \right)} = \frac{W_s R_s}{k_{\phi f} + k_{\phi r} - W_s R_s} \quad (5.28)$$

侧倾梯度是车辆稳定性设计的关键指标之一。降低侧倾梯度减少了驾驶员相对于路面以及周围环境的位置关系变化，且驾驶员身体侧倾也较小，这有助于提升驾驶员的稳定感和操纵信心。由式（5.28）可知，减小簧上质量和侧倾力臂 R_s 可以有效减小侧倾梯度。相对于簧上质量而言，侧倾力臂 R_s 是更为可控的设计参数。由式（5.28）可知，降低簧上质量的质心高度 H 应该是有效降低侧倾力臂的首选方案。虽然提高侧倾轴线的高度同样可以有效地降低侧倾力臂，但提高侧倾轴线的高度需要提高前后侧倾中心的高度，对独立悬架来说，这会引起轮跳时较大的轮距变化，以及转弯时悬架对外侧车身的顶起运动。另外，增加前后悬架的总侧倾角刚度可以直接减小侧倾梯度。

上面的讨论中只给出了总侧倾角刚度和侧倾梯度的反比关系，并不能回答如何匹配前后侧倾角刚度比例的问题。实际调校中可发现，如果前后侧倾角刚度的比例不合适，则主观感觉车身前后的侧倾运动不协调，而且极限时转向响应不如人意。

5.2.3　横向载荷转移

前后轴的横向载荷转移分配比可以用来设定前后侧倾角刚度的比例。前后轴的侧倾力矩 M_f 和 M_r 直接与其侧倾角刚度成正比，利用式（5.27）可得前后轴侧倾力矩的表达式，见式（5.29）和式（5.30）。图 5.10 是以前轴为例的横向载荷转移受力分析图。如果对前端车辆中心线与地面的交点求力矩和，则可得式（5.31）。将式（5.29）代入式（5.31）并进一步推导可求得前轴的横向载荷转移式（5.32）。相似地可以得出后轴的横向载荷转移见式（5.33）。

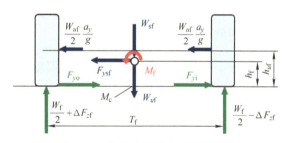

图 5.10　横向载荷转移受力分析图

$$M_f = k_{\phi f}\phi = \frac{k_{\phi f} W_s R_s a_y}{(k_{\phi f} + k_{\phi r} - W_s R_s)g} \quad (5.29)$$

$$M_r = k_{\phi r}\phi = \frac{k_{\phi r} W_s R_s a_y}{(k_{\phi f} + k_{\phi r} - W_s R_s)g} \quad (5.30)$$

$$\sum M_c = M_f + F_{ysf}h_f + \frac{W_{uf}a_y}{g}h_{uf} - \left(\frac{W_{sf}}{2} + \Delta F_{zf}\right)\frac{T_f}{2} + \left(\frac{W_{sf}}{2} - \Delta F_{zf}\right)\frac{T_f}{2} = 0 \quad (5.31)$$

$$\Delta F_{zf} = \frac{1}{T_f}\left[\frac{k_{\phi f} W_s R_s}{k_{\phi f} + k_{\phi r} - W_s R_s} + W_{sf}h_f + W_{uf}h_{uf}\right]\left(\frac{a_y}{g}\right) \quad (5.32)$$

$$\Delta F_{zr} = \frac{1}{T_r}\left[\frac{k_{\phi r}W_sR_s}{k_{\phi f}+k_{\phi r}-W_sR_s}+W_{sr}h_r+W_{ur}h_{ur}\right]\left(\frac{a_y}{g}\right) \quad (5.33)$$

式中，F_{ysf} 为前轴簧上质量产生的侧向力；W_{sf} 和 W_{sr} 为前后轴的簧上重量；W_{uf} 和 W_{ur} 为前后轴的簧下重量；h_{uf} 和 h_{ur} 为前后轴的簧下质心高度；ΔF_{zf} 和 ΔF_{zr} 为前后轴横向载荷转移。

如果考虑到簧下质量通常远远小于簧上质量，并且簧下质心高度一般接近于侧倾中心高度，式（5.32）和式（5.33）又可以简化为

$$\Delta F_{zf} \approx \frac{1}{T_f}\left[\frac{k_{\phi f}W_sR_s}{k_{\phi f}+k_{\phi r}-W_sR_s}+W_f h_f\right]\left(\frac{a_y}{g}\right) = \frac{1}{T_f}[k_{\phi f}\phi+W_f h_f]\left(\frac{a_y}{g}\right) \quad (5.34)$$

$$\Delta F_{zr} \approx \frac{1}{T_r}\left[\frac{k_{\phi r}W_sR_s}{k_{\phi f}+k_{\phi r}-W_sR_s}+W_r h_r\right]\left(\frac{a_y}{g}\right) = \frac{1}{T_r}[k_{\phi r}\phi+W_r h_r]\left(\frac{a_y}{g}\right) \quad (5.35)$$

由式（5.34）和式（5.35）可知，前后轴的横向载荷转移与以下因素有关：①轴侧倾角刚度和侧倾角，而侧倾角由总侧倾角刚度以及簧上质量和侧倾力臂的乘积决定；②轴荷和侧倾中心高的乘积；③轮距。其中前后轮距通常比较接近，并且不能作为调校参数；轴荷通常由整车布置确定；而前后侧倾中心高度受其他性能约束，在此都不能认为是可变量。因此，在侧倾角刚度分配和横向载荷转移比值之间就有了一一对应的关系。

5.2.4 操纵稳定性与侧倾角刚度设计指南

转弯工况下，内侧轮胎载荷转移到外侧轮胎，载荷转移随着横向加速度的增加而增加，从而引起轴侧向力的损失，影响操纵稳定性。图 4.12 从轮胎的侧向力对垂向载荷的非线性特性出发，讨论了横向载荷转移之后的侧向力损失。为了要达到转弯所需要的侧向力，该轴轮胎必须依赖更大的侧偏角，因此前轴的侧向力损失表现为不足转向，而后轴表现为过多转向。本小节从整车性能要求出发，提出横向载荷转移比要求，进而直接确定前后侧倾角刚度比。前后轴侧倾角刚度的比例影响非线性不足转向特性，增加前轴上的侧倾角刚度比例将增加车辆非线性不足转向度，而增加后轴上的侧倾角刚度比例将增加车辆非线性过多转向度。前轴侧倾角刚度和后轴侧倾角刚度的设定依据两个整车性能要求：一是侧倾梯度，二是前轴横向载荷转移比（Tire Lateral Load Transfer Distribution，TLLTD），定义为

$$\text{TLLTD} = \frac{\Delta F_{zf}}{\Delta F_{zf}+\Delta F_{zr}} \times 100\% \quad (5.36)$$

前后轴侧倾角刚度与侧倾梯度、前轴横向载荷转移比的关系如图 5.11 所示。

维持给定的侧倾梯度需要总侧倾角刚度不变,欲达到前轴横向载荷转移比要求则需要维持前后轴侧倾角刚度的比例不变,进而根据这些要求即可确定前后轴侧倾角刚度。

强调运动感的车型会设定较低的侧倾梯度目标,这就需要增加横向稳定杆刚度或增加弹簧刚度。而定位偏舒适的车型通常可以设定相对较宽松的侧倾梯度目标,这样就不必使用高刚度的横向稳定杆,悬架可以因此更好地衰减路面输入。前轴横向载荷转移比的目标设定与整车的质量分布以及驱动形式有关,指导原则是保证前后轴在大侧向加速度时侧向能力的损失大致匹配,既要避免出现非线性过多转向,又要避免不足转向度过大。一般来说,前驱车辆因为固

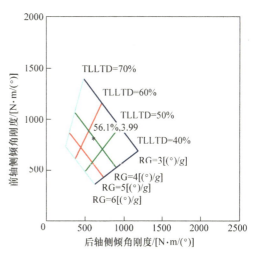

图 5.11 前后轴侧倾角刚度与侧倾梯度和前轴横向载荷转移比的关系

有的增加非线性不足转向的趋势,前轴横向载荷转移比的目标设定可以与前轴荷占比相近,而后驱车辆因为固有的增加非线性过多转向的趋势,前轴横向载荷转移比相对于前轴荷占比应该略有增加,从而有效保证车辆有合乎预期的非线性稳定性。

侧倾角刚度的主要来源为悬架弹簧,与弹簧的运动比有关;次要来源为横向稳定杆和较大悬架侧倾位移时的限位块。增加悬架弹簧刚度可能会劣化不平路上的隔振性能,而增加横向稳定杆刚度将使得独立悬架的左右轮运动变得更为关联,同样会影响行驶平顺性。限位块的合理使用有可能在悬架小变形时仍然保持较好的行驶平顺性,同时在大位移时能提供较高的侧倾角刚度,从而解耦操稳和行驶平顺性的调校方式,以同时满足两种性能要求。悬架弹簧刚度的设计原则将在第 7 章讨论。一旦悬架弹簧刚度和侧倾角刚度确定后,横向稳定杆需要提供的侧倾角刚度就可以确定,最后其直径可以根据几何走向确定。

5.3 转向输入下线性二自由度模型的瞬态响应

车辆的瞬态响应讨论车辆从一个稳定状态到另一个稳定状态的变化过程。实际驾车时更多感觉到的是车辆在时域对各种输入的瞬态响应而非车辆的稳定状态。车辆瞬态行为可能由许多不同的输入所引起,包括驾驶员转向输入、阵风、动力总成转矩变化或制动输入、底盘控制系统作动等。本节将集中介绍转向输入下整车的瞬态响应,描述车辆的瞬态响应必须用微分方程,用于研究除车辆的质量分布、悬架几何和柔度特性,以及轮胎的稳态特性之外的物理量影响,如车辆的转

动惯量、零部件阻尼特性、轮胎松弛长度、轴等效侧偏柔度的构成成分等。本节讨论与瞬态特性相关的性能试验和指标，以及如何通过整车和底盘的设计参数优化这些性能指标，以得到合乎预期的瞬态响应。

在转向输入下稳定性表现良好的车辆，在其他随机输入下同样会具有良好的瞬态响应。在转向输入后优良的瞬态响应特性包括不易觉察的响应滞后，以及尽可能线性的响应增益，对优良瞬态响应的主观描述包括得心应手和随心所欲的驾控体验。专业驾驶员使用诸如转向精准度、敏捷性、稳定性，以及侧倾和横摆振荡衰减之类的术语来描述瞬态行为。在瞬态过程中，驾驶员首先希望前轴的侧向响应速度快，后轴应"植入地面"，即感知到的车辆横摆运动应绕后轴产生，或者要求后轴以最小的侧偏角快速产生转弯力。比起前轴的等效侧偏柔度，后轴的等效侧偏柔度更容易感知，表现为车辆的过多转向倾向。缓慢的车身侧倾运动应跟随前轴的横向运动，而不是发生在之前。所有通道中的响应都不应有过大的超调，否则会被认为缺乏精准性和稳定性，响应需要一气呵成而没有两段感。

5.3.1 线性二自由度动态模型

车辆的瞬态响应研究首先从线性两轮模型开始（图 5.12），模型中的输入为前轮转角，不考虑转向和悬架系统的作用，车辆只在平行于地面的平面内做侧向和横摆运动，轮胎侧偏特性处于线性范围，车辆的侧向加速度小于 $0.4g$。车辆的前进速度假定不变，忽略由于侧向载荷转移引起的轮胎特性变化，忽略轮胎回正力矩的贡献，忽略空气动力学和轮胎驱动力的作用。两轮模型的微分方程以质心侧偏角 β 和横摆角速度 r 为变量，这样侧向加速度 a_y 可以表达为横摆角速度和侧偏角速度对时间导数的组合，具体见式（5.37），其中 u 为质心运动速度。

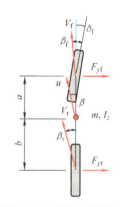

图 5.12 线性车辆瞬态响应两轮模型

$$a_y = u(r + \dot{\beta}) \tag{5.37}$$

侧向和横摆方向自由度的微分方程为：

$$\begin{cases} mu(r + \dot{\beta}) = F_{yf} + F_{yr} & (5.38) \\ I_z \dot{r} = aF_{yf} - bF_{yr} & (5.39) \end{cases}$$

轮胎侧向力和侧偏角的方程见式（5.40）~式（5.43）。

$$\begin{cases} F_{yf} = -C_{\alpha f}\alpha_f & (5.40) \\ F_{yr} = -C_{\alpha r}\alpha_r & (5.41) \end{cases}$$

$$\begin{cases} \alpha_f = \beta + a\dfrac{r}{u} - \delta_f & (5.42) \\ \alpha_r = \beta - b\dfrac{r}{u} & (5.43) \end{cases}$$

将式（5.40）~式（5.43）代入式（5.38）和式（5.39），可得微分方程形式的表达 [式（5.44）和式（5.45）]，式（5.46）和式（5.47）为对它们做拉普拉斯变换后的形式。

$$\begin{cases} mu\dot\beta + (C_{\alpha f} + C_{\alpha r})\beta + \left(mu + \dfrac{aC_{\alpha f} - bC_{\alpha r}}{u}\right)r = C_{\alpha f}\delta_f & (5.44) \\ I_z\dot r + (aC_{\alpha f} - bC_{\alpha r})\beta + \left(\dfrac{a^2 C_{\alpha f} + b^2 C_{\alpha r}}{u}\right)r = aC_{\alpha f}\delta_f & (5.45) \end{cases}$$

$$\begin{cases} (mus + C_{\alpha f} + C_{\alpha r})\beta + \left(mu + \dfrac{aC_{\alpha f} - bC_{\alpha r}}{u}\right)r = C_{\alpha f}\delta_f & (5.46) \\ (aC_{\alpha f} - bC_{\alpha r})\beta + \left(I_z s + \dfrac{a^2 C_{\alpha f} + b^2 C_{\alpha r}}{u}\right)r = aC_{\alpha f}\delta_f & (5.47) \end{cases}$$

由式（5.46）可得：

$$\beta = \dfrac{C_{\alpha f}\delta - \left(mu + \dfrac{aC_{\alpha f} - bC_{\alpha r}}{u}\right)r}{(mus + C_{\alpha f} + C_{\alpha r})} \quad (5.48)$$

将式（5.48）代入式（5.47）并整理，可以推出横摆角速度对前轮转向角输入的传递函数：

$$\dfrac{r}{\delta_f} = \dfrac{aC_{\alpha f}mus + C_{\alpha f}C_{\alpha r}(a+b)}{I_{zz}mus^2 + [(a^2 C_{\alpha f} + b^2 C_{\alpha r})m + I_{zz}(C_{\alpha f} + C_{\alpha r})]s + \dfrac{C_{\alpha f}C_{\alpha r}(a+b)^2 + u^2 m(bC_{\alpha r} - aC_{\alpha f})}{u}} \quad (5.49)$$

将式（5.49）代入式（5.48），可以得到侧偏角对转向角输入的传递函数 $\dfrac{\beta}{\delta_f}$。基于以上两个传递函数，可通过式（5.50）得到侧向加速度的传递函数。

$$a_y = u(r + \beta s) \quad (5.50)$$

利用轴侧偏刚度和等效侧偏柔度的关系，见式（5.51）和式（5.52），可以把上述传递函数都表达成等效侧偏柔度 D_f 和 D_r 的关系，这样不足转向系数和等效侧偏柔度将在表达式中独立出现，同时也可以和稳态增益取得形式上的一致。另外，横摆惯量可以表达成正则化的无量纲值，即横摆指数 YDI，见式（5.53）。对给定的整车质量，把车身质量向质心处集中可以降低横摆指数。

$$C_{\alpha f} = \frac{mb}{(a+b)D_f} \quad (5.51)$$

$$C_{\alpha r} = \frac{ma}{(a+b)D_r} \quad (5.52)$$

$$\text{YDI} = \frac{I_{zz}}{abm} \quad (5.53)$$

以等效侧偏柔度表达的横摆角速度、质心侧偏角和侧向加速度对转向角输入的传递函数的一般表达式可以写为式（5.54）。

$$\frac{X}{\delta_f} = \frac{B_2 s^2 + B_1 s + B_0}{s^2 + 2\omega_0 \zeta s + \omega_0^2} \quad (5.54)$$

式中，B_0、B_1、B_2 为传递函数的分子系数，列于表 5.3。

表 5.3 横摆角速度、质心侧偏角和侧向加速度对转向角输入的传递函数的分子系数

	B_2	B_1	B_0
$\dfrac{r}{\delta_f}$	0	$\dfrac{1}{\text{YDI}(a+b)D_f}$	$\dfrac{1}{\text{YDI}(a+b)D_f D_r u}$
$\dfrac{\beta}{\delta_f}$	0	$\dfrac{b}{(a+b)D_f u}$	$\dfrac{b - D_r u^2}{\text{YDI}(a+b)D_f D_r u^2}$
$\dfrac{a_y}{\delta_f}$	$\dfrac{b}{(a+b)D_f}$	$\dfrac{b}{\text{YDI}(a+b)D_f D_r u}$	$\dfrac{1}{\text{YDI}(a+b)D_f D_r}$

式（5.54）中无阻尼自然频率 ω_0 和阻尼比 ζ 描述系统的特征，其中自然频率 ω_0 表达为式（5.55）。$2\omega_0\zeta$ 的表达式（5.56）结合式（5.55）可以得出阻尼比的表达式（5.57）。自然频率的提高意味着响应速度的加快，而阻尼比的提高意味着稳定性的提高。自然频率和阻尼比都不仅与不足转向系数（$D_f - D_r$）有关，也和它的分量 D_f 和 D_r 有关。在不足转向系数相同的情况下，同时降低 D_f 和 D_r 以及降低横摆指数 YDI 有助于提高固有频率和阻尼比，而提高车速 u 会使得自然频率和阻尼比同时降低。由传递函数的分子系数 B_0、B_1、B_2 可知，D_f 和 D_r 经常单独出现，说明它们对动态性能有独立于不足转向系数的影响。下面将从频域和时域两个方面详细讨论前后轴的等效侧偏柔度 D_f 和 D_r，以及动态横摆指数的影响。

$$\omega_0 = \frac{1}{u}\sqrt{\frac{1 + \dfrac{u^2}{L}(D_f - D_r)}{D_f D_r \text{YDI}}} \quad (5.55)$$

$$2\omega_0\zeta = \frac{(bD_f + aD_r) + \text{YDI}(aD_f + bD_r)}{\text{YDI}(a+b)D_f D_r u} \tag{5.56}$$

$$\zeta = \frac{\dfrac{1}{D_f}(a + \text{YDI}b) + \dfrac{1}{D_r}(b + \text{YDI}a)}{2(a+b)\sqrt{\dfrac{1 + \dfrac{u^2}{L}(D_f - D_r)}{D_f \cdot D_r}\text{YDI}}} \tag{5.57}$$

当频率为零时,式(5.54)代表稳态增益 $\left(\dfrac{B_0}{\omega_?^2}\right)$,横摆角速度、质心侧偏角和侧向加速度稳态增益分别列于式(5.58)~式(5.60)。

$$\frac{r}{\delta_f}(s=0) = \frac{u}{(a+b) + u^2(D_f - D_r)} \tag{5.58}$$

$$\frac{\beta}{\delta_f}(s=0) = \frac{b - D_r u^2}{(a+b) + u^2(D_f - D_r)} \tag{5.59}$$

$$\frac{a_y}{\delta_f}(s=0) = \frac{u^2}{(a+b) + u^2(D_f - D_r)} \tag{5.60}$$

$$u = \sqrt{\frac{b}{D_r}} \tag{5.61}$$

虽然推导方式不同,但稳态横摆角速度增益和稳态侧向加速度增益[见式(5.58)和式(5.60)]与在5.1中讨论的同类表达式实质上相同,见式(5.20)和式(5.19)。由式(5.58)和式(5.60)可知,它们随车速的变化仅仅取决于轴距和不足转向系数,而与具体等效侧偏柔度 D_f 和 D_r 取值无关。通过降低不足转向系数可以提升稳态增益,即响应灵敏度,但有可能造成高速行驶时稳定感变差。质心侧偏角的稳态增益式(5.59)表明,当车速满足式(5.61)时,无论此时对应的转向盘转角有多大,车辆质心处的侧偏角总为零,质心速度方向与车身坐标系 X 轴相同,该车速定义为切线速度。实践证明,切线速度越高的车,驾控体验越好,而提高切线速度的关键是需要降低后轮等效侧偏柔度 D_r。

5.3.2 线性二自由度模型频响特性分析

转向输入下车辆的三个传递函数通过式(5.50)关联了起来,其中车辆的横摆角速度和侧向加速度的增益和相频特性与主观操控的关系更为直接。一般来说,主观感觉操控好的车辆,其幅频和相频特性的特征表现在以下5个方面:

1）频率为零时的增益（即稳态增益）越高，对应着响应更快的主观感觉。

2）横摆角速度增益共振频率越高的车辆转向响应的"直接感"越好。

3）阻尼比越高稳定性越好，可以从横摆角速度增益共振峰值与稳态增益之比看出。

4）不同频率下的相位滞后越小，车辆响应越得心应手，可以用中心区转向横摆角速度增益较低的转向频率0.2Hz和在横摆角速度峰值附近较高的频率1Hz处的相位滞后代表。

5）横摆角速度和侧向加速度相位差值越小的车辆主观操控感更好，此时身体感觉到的侧向加速度和眼睛观察到的车辆相对于环境的方位变化率（横摆响应）更为统一，主观感觉更自然。

5.3.2.1 前后轴等效侧偏柔度对频响特性的影响

图5.13为不足转向系数相同时其分量D_f和D_r对横摆角速度和侧向加速度增益及其相位特征的影响。横摆角速度增益有一个明显的共振峰，而侧向加速度的增益有一个低响应区。当D_f和D_r同时减小时，横摆角速度增益的固有频率提高而峰值降低，较高频率处的增益提高，即幅频特性更"平"；侧向加速度增益的低响应区幅值提高，尤其在1Hz以下改善明显。图5.14为前后轴等效侧偏柔度D_f和D_r对横摆角速度相位和侧向加速度相位的差值，可见两个传递函数的相位差总体减小，尤其在1Hz以下。当D_f和D_r同时减小时，二者的相位差在更广的范围内更接近于零。

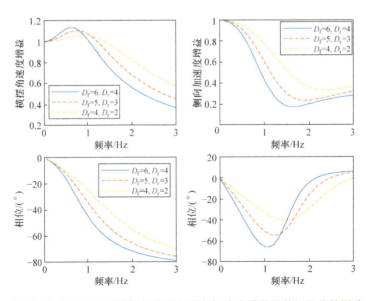

图5.13 D_f和D_r对横摆角速度和侧向加速度增益及其相位差的影响

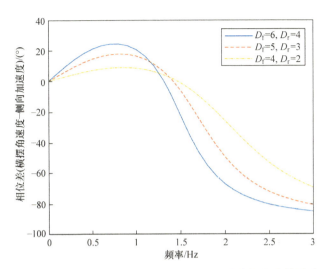

图 5.14 D_f 和 D_r 对横摆角速度和侧向加速度相位差的影响

由以上对频响特性的分析可知，同时降低 D_f 和 D_r，可直接使横摆加速度增益的共振频率更高，共振峰更平，同时侧向加速度增益的低响应区的幅值更高，侧向加速度和横摆角速度的相对于转向输入的相位滞后更短，使得车辆在更大频率范围内有快速、无滞后、合乎预期的响应；另外，同时降低 D_f 和 D_r，使得两者之间的相频特性更为接近，即相位差的差值更小，车辆的响应让驾驶员主观感觉更加得心应手、协调自然。

5.3.2.2 横摆指数对频响特性的影响

图 5.15 为横摆指数对横摆角速度和侧向加速度增益及其相位特征的影响。降低横摆指数将使得横摆角速度增益的固有频率提高，增益在全频率范围内提高；侧向加速度增益也在较广的频率范围内提高，包括低响应区的幅值；横摆角速度传递函数的相位差在全频率范围内总体减小，侧向加速度传递函数在驾驶员常用的频率范围内（<1.5Hz）也相应提高。图 5.16 为横摆指数对横摆角速度相位和侧向加速度相位差值的影响，虽然在横摆加速度增益的峰值频率附近略有增加，在更广的频率范围内其差值更接近于 0，而且其影响随转向频率的升高而加大。

总体说来，降低横摆指数有助于提升车辆操控性能，有些运动型车辆采用中置发动机主要是因为这个原因。对电动汽车，电池重量占据整车重量相当大的比例，电池布置时也要充分考虑这个因素。实际设计中有许多其他布置因素要考虑，横摆惯量通常不能作为设计变量，因此在维持一定不足转向系数以保持稳定性的前提下，改善车辆动态性能主要通过尽可能降低前后轴的等效侧偏柔度来实现。

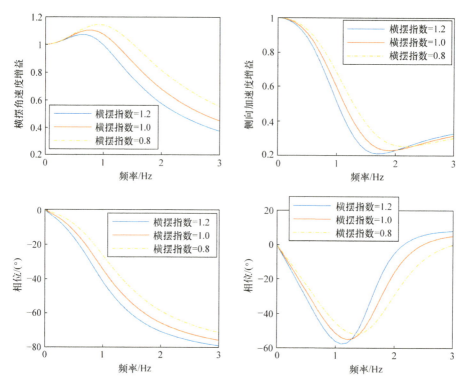

图 5.15 横摆指数对横摆角速度和侧向加速度增益及其相位特征的影响

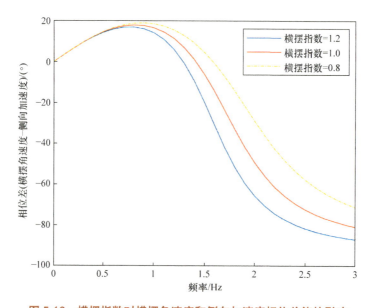

图 5.16 横摆指数对横摆角速度和侧向加速度相位差值的影响

5.3.3 线性二自由度模型在阶跃输入下的瞬态响应

扫频输入响应对研究车辆的动态特性很有帮助,但并不是一个日常驾驶时可能的操作,而阶跃输入是一个驾驶车辆时有可能出现的实际工况,比如高速下的紧急避让操作。因此,讨论车辆在阶跃输入下的瞬态响应有更为重要的实际意义。本小节仍然集中讨论在不足转向系数确定的情况下,其不同成分 D_f 和 D_r 的组合,及横摆指数对横摆角速度、质心侧偏角和侧向加速度瞬态响应的影响。

5.3.3.1 阶跃输入下瞬态响应表达式推导

假定前轮转角阶跃输入的幅值为 δ_0,则数学表达式可写为

$$\begin{cases} t<0, \delta_f = 0 \\ t \geq 0, \delta_f = \delta_0 \\ t>0, \dot{\delta}_f = \ddot{\delta}_f = 0 \end{cases}$$

当 $t>0$ 时,横摆角速度的微分方程表达式可简化为

$$\ddot{r} + 2\omega_0 \zeta \dot{r} + \omega_0^2 r = B_0 \delta_0 \tag{5.62}$$

式(5.62)的通解等于它的一个特解与对应的齐次微分方程的通解之和,见式(5.63)。其特解为稳态横摆角速度 $\left(\dfrac{B_0}{\omega_0^2}\delta_0\right)$,对应的齐次微分方程通解形式需要满足的条件是阻尼比 $\zeta<1$,对于一般的乘用车该假定成立

$$r = \frac{B_0}{\omega_0^2}\delta_0 + e^{-\zeta\omega_0 t}[A_1\cos(\omega t) + A_2\sin(\omega t)] \tag{5.63}$$

对式(5.63)求导

$$\dot{r} = e^{-\zeta\omega_0 t}\left\{A_1[(-\zeta\omega_0 t)\cos(\omega t) - \omega\sin(\omega t)] + A_2[(-\zeta\omega_0)\sin(\omega t) + \omega\cos(\omega t)]\right\} \tag{5.64}$$

将运动初始条件($t=0$ 时,$r=0$;$\dot{\beta}=0$;$\beta=0$;$\delta=\delta_0$)应用到式(5.63)、式(5.64)和式(5.45)可得:

$$A_1 = -\frac{B_0}{\omega_0^2}\delta_0 \tag{5.65}$$

$$A_2 = \frac{\dfrac{B_1}{B_0}\omega_0^2 - \zeta\omega_0}{\omega} \frac{B_0}{\omega_0^2}\delta_0 \tag{5.66}$$

将式(5.65)和式(5.66)代入式(5.63),可得归一化的转向阶跃输入横摆角速度瞬态响应表达式:

$$\frac{r}{\frac{B_0}{\omega_0^2}\delta_0} = 1 - e^{-\zeta\omega_0 t}\left[\cos(\omega t) + \frac{\frac{B_1}{B_0}\omega_0^2 - \zeta\omega_0}{\omega}\sin(\omega t)\right] \quad (5.67)$$

转向阶跃输入下质心侧偏角的瞬态响应表达式推导步骤，与侧向加速度的瞬态响应表达式的推导步骤相似。同时，考虑到侧向加速度包括了横摆角速度和质心侧偏角的瞬态信息，与驾驶员的主观感觉关系更为密切，因此，本节只给出侧向加速度瞬态响应表达式的推导过程。首先求得其通解及其导数的表达式，其次得到在 $t=0$ 时的表达式：

$$a_y = \frac{B_0}{\omega_0^2}\delta_0 + D_1 \quad (5.68)$$

$$\dot{a}_y = D_1(-\zeta\omega_0) + D_2\omega \quad (5.69)$$

利用 a_y 和 $\dot{a}_y$ 在 $t=0$ 时的另一种表达式

$$a_y = u(r+\dot{\beta}) \text{ 和 } \dot{a}_y = u(\dot{r}+\ddot{\beta})$$

以及通过式（5.44）和式（5.45）得出的 $\dot{\beta}$ 和 $\ddot{\beta}$ 的表达式，推导出

$$a_y = \frac{C_{\alpha f}}{m}\delta_0 \quad (5.70)$$

$$\dot{a}_y = -\left[\frac{(C_{\alpha f}+C_{\alpha r})C_{\alpha f}}{m^2 u} + \frac{(aC_{\alpha f}-bC_{\alpha r})aC_{\alpha f}}{muI_{zz}}\right]\delta_0 \quad (5.71)$$

令式（5.68）和式（5.70）相等，以及式（5.69）和式（5.71）相等，可得出

$$D_1 = \left(\frac{C_{\alpha f}}{m} - \frac{B_0}{\omega_0^2}\right)\delta_0$$

$$D_2 = \frac{\left(\frac{C_{\alpha f}}{m} - \frac{B_0}{\omega_0^2}\right)\zeta\omega_0 - \left[\frac{(C_{\alpha f}+C_{\alpha r})C_{\alpha f}}{m^2 u} + \frac{(aC_{\alpha f}-bC_{\alpha r})aC_{\alpha f}}{muI_{zz}}\right]}{\omega}\delta_0$$

由此得出归一化的转向阶跃输入侧向加速度瞬态响应表达式

$$\frac{a_y}{\frac{B_0}{\omega_0^2}\delta_0} = 1 + e^{-\zeta\omega_0 t}\left[\frac{D_1}{\frac{B_0}{\omega_0^2}\delta_0}\cos(\omega t) + \frac{D_2}{\frac{B_0}{\omega_0^2}\delta_0}\sin(\omega t)\right] \quad (5.72)$$

下面将推导侧向加速度第一次达到稳态值的响应时间和第一个峰值的超调量。

超调量定义为峰值与稳态值之差与稳态值的比值。为此,将式(5.72)表达为

$$\frac{a_y}{\frac{B_0}{\omega_0^2}\delta_0} = 1 + \frac{C}{\frac{B_0}{\omega_0^2}\delta_0} e^{-\zeta\omega_0 t} \sin(\omega t + \phi) \quad (5.73)$$

式中,

$$C = \sqrt{D_1^2 + D_2^2} \ ; \quad \phi = \arctan\left(\frac{D_1}{D_2}\right)$$

第一次达到侧向加速度稳态值时 $(\omega t + \phi) = 0$,由此可以求得响应时间 τ_1。显然,提高自然频率可以缩短响应时间

$$\tau_1 = -\frac{\phi}{\omega_0 \sqrt{1-\zeta^2}} \quad (5.74)$$

在达到峰值时,式(5.73)的导数应该为 0,由此可以求出达到峰值的时间 τ_p 表达式

$$\tau_p = \tau_1 + \frac{\arctan\left(\frac{\sqrt{1-\zeta^2}}{\zeta}\right)}{\omega_0 \sqrt{1-\zeta^2}} \quad (5.75)$$

将式(5.75)代入式(5.73)可求得侧向加速度超调量表达式(5.76)。该式比较复杂,需要借助分析手段展示影响超调量的因素。

$$侧向加速度超调量 = \frac{C}{\frac{B_0}{\omega_0^2}\delta_0} e^{-\zeta\omega_0 t_p} \sin\left(\omega_0 \sqrt{1-\zeta^2}\, t_p + \phi\right) \quad (5.76)$$

5.3.3.2 阶跃输入下前后轴等效侧偏柔度对瞬态响应的影响

图 5.17 显示了横摆角速度、质心侧偏角和侧向加速度的阶跃瞬态响应,在不同的不足转向分量组合 D_f 和 D_r 下的结果。总的趋势是,横摆角速度单调上升,达到峰值后趋于稳定值;质心侧偏角在最初阶段首先产生与稳态方向相反的响应,然后方向反转达到峰值;侧向加速度曲线从某个特定值开始,然后在上升段对应于质心侧偏角反转方向处产生一个停顿,再继续上升至峰值并趋于稳态值。在保持不足转向系数不变的前提下同时减小 D_f 和 D_r,使得所有三个响应首次达到稳态值得时间缩短,横摆角速度的峰值降低,侧向加速度的初始响应速度提高。侧向加速度的初始响应由式(5.70)确定,这直接解释了为什么前轴侧偏刚度 C_{af} 越高或等效侧偏柔度 D_f 越低,初始响应越快。实际转向操作中,阶跃输入需要一定的

时间完成,所以侧向加速度曲线从 0 点开始,但停顿阶段仍然存在,过长的停顿会引起主观感觉的"两段感",减小"两段感"是改善操稳性能的一个方面。

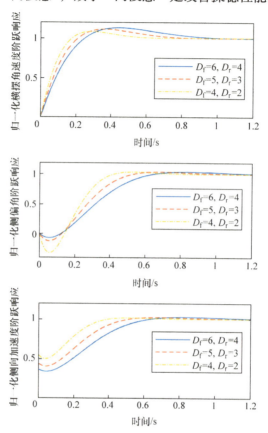

图 5.17　D_f 和 D_r 对横摆角速度、质心侧偏角和侧向加速度瞬态响应的影响

　　侧向加速度响应时间和不足转向系数及其两个分量的关系可以用图 5.18 表示。对于相同的不足转向系数,同步减小前后轴等效侧偏柔度可以使得响应时间几乎线性减小。其次,增加不足转向系数也可以降低响应时间,但是如果不足转向系数的增加是由后轴等效侧偏柔度的降低引起的,则响应时间降低的速率要远大于由前轴等效侧偏柔度的增加引起的响应时间降低的速率(即在图中对应给定后轴等效侧偏柔度时在垂直方向下移)。换言之,后轴等效侧偏柔度的降低对缩短响应时间起主要作用。系统固有频率的增加通常对应着响应时间的减小,图 5.19 显示固有频率几乎完全由后轴等效侧偏柔度 D_r 决定,与不足转向系数或者前轴等效侧偏柔度 D_f 关系较小,这就很好解释了为什么后轴等效侧偏柔度的降低,对缩短响应时间至关重要。阻尼比对超调量的影响更为明显和直接,如图 5.20 所示,增加阻尼比可以有效降低侧向加速度超调量。而想要增加阻尼比,则需要降低不足转向系数,以及前后轴等效侧偏柔度,见式(5.57)。

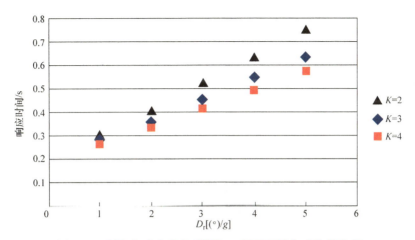

图 5.18　侧向加速度响应时间和 D_r 及不足转向系数的关系

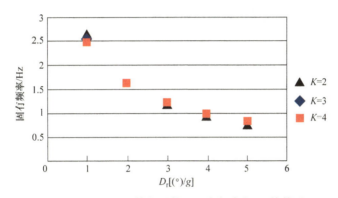

图 5.19　不同不足转向系数下固有频率和 D_r 的关系

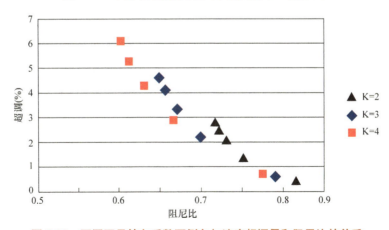

图 5.20　不同不足转向系数下侧向加速度超调量和阻尼比的关系

相对于超调量，响应时间对操控感的影响更大。当响应时间超出某个值之后，车辆的响应似乎从来不能达到预期，驾驶员倾向于加大转向输入，结果得到的响应又超出预期,又需要进一步的修正,因此车辆会产生转向修正输入导致的振荡。响应快而略有超调量的车辆比起没有超调量但响应慢的车辆更容易操控。如果车辆的响应时间为0,理论上车辆就不会有瞬态,直接从一个稳态变到另一个稳态,这样的车辆可以称为随心所欲、得心应手,再加上描述增益的合乎预期和描述转向手力和踏板力的恰如其分,最终达到人车合一的理想境界。

转向增益和响应时间有时候难以分辨,甚至主观上相互混淆。比如,有时候工程师为改善中心区响应会使用较小的转向速比,经常表达为响应更快了。事实上,对一定的转向角输入,得到的稳态增益确实更大了,或者对于给定的转向盘输入,在相同的时间滞后,感知到的响应时间确实增加了,但如果以第一次达到稳态响应的时间衡量,其响应时间几乎不变。

5.3.3.3 阶跃输入下横摆指数对瞬态响应的影响

相似地,利用线性模型可以展示阶跃输入下横摆指数对瞬态响应的影响。降低横摆指数使得所有三个响应首次达到稳态值的时间缩短,但横摆角速度的峰值有所增加,侧向加速度的初始响应保持不变,如图5.21所示。在横摆角速度的响

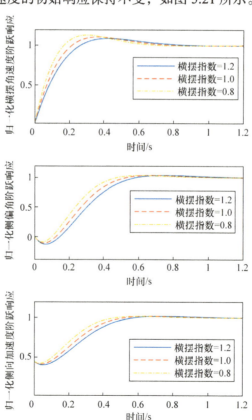

图5.21 横摆指数分量对横摆角速度、质心侧偏角和侧向加速度瞬态响应的影响

应图上，不足转向分量和横摆指数变化引起响应时间相似的变化，但侧向加速度响应时间的变化范围有很大的区别（对比图 5.17）。横摆指数的最初影响是从对后轴的侧偏角影响开始的，即后轴的侧偏角差异引起质心侧偏角的不同，从而引起侧向加速度响应时间的不同。后轴的侧偏角 β_r 和质心侧偏角 β 的关系为：

$$\beta = \beta_r - \frac{rb}{u} \tag{5.77}$$

施加到车身前端的侧向力会引起初始的前端侧向加速度和横摆运动，而车身后端的初始侧向运动方向取决于横摆指数 YDI：

1）当 YDI < 1 时，施加于车身前端的侧向力会使后端向外侧移动，通过悬架杆件将后轮推向外侧产生轮胎侧偏角，这将产生与前轴侧向力方向相同横向力。由于前后侧向力的共同作用，使得车辆侧向移动，这与仅前轴产生侧向力的情况相比，车身侧向加速度的建立速度更快。

2）当 YDI > 1 时，施加于前端的侧向力会使后端向内侧移动，因此后悬架和轮胎会在与前轴侧向力相反的方向上产生初始侧向力。后悬架的初始侧向力会引起车身进一步横摆，然后后轴的侧偏角会改变方向，随之侧向力改变方向，前后侧向力共同产生侧向加速度，将车辆推入弯道。后轴侧向力方向的变化会导致侧向加速度的建立延迟，并带来后轴"飘浮"的感觉。

3）当 YDI = 1 时，后轴不会因为前轴的侧向移动而产生初始横向移动，因此不会产生任何初始侧向力。后轴不产生初始外移听起来很理想，因为后桥似乎是"植入地面"的，但是，由于后桥开始时不产生任何侧向力，因此并未充分利用其侧向能力，车身侧向加速度响应时间将增加。

所谓后桥"植入地面"的主观感觉，实际上是在产生所需的侧向力时，侧向力的建立要足够快，避免后轴的侧偏角过大，尤其要保证车身侧向运动不能超调。多体模型的仿真结果也进一步证实，减小车身的横摆惯量可以有效地改善瞬态响应。从架构上讲，这意味着车辆的质量要尽可能集中在轮距的中间位置，车辆的前悬和后悬都要缩短。横摆惯性矩仅对瞬态响应有影响，不会改变车辆的最终达到的稳定状态，这与后面要讨论的轮胎等效松弛效应和阻尼调校相似。

5.3.4 小结

本节利用线性两轮模型阐述了前后轴等效侧偏柔度及横摆指数如何影响车辆瞬态响应，主要结论包括：

1）不足转向系数不足以描述和解释车辆瞬态稳定性，必须同时考虑构成不足转向系数的前后轴等效侧偏柔度的影响。

2）后轴等效侧偏柔度对瞬态性能的影响更为明显，通过降低后轴等效侧偏柔度来提高不足转向系数对降低响应时间和减小超调量可以起到事半功倍的效果。

3）减小车辆的横摆指数可以有效缩短转向响应时间。

5.4 转向输入下非线性多体模型的瞬态响应

简化两轮模型不包括车身侧倾自由度,不能用于分析除等效侧偏柔度和横摆指数之外多种悬架设计和调校因素的影响。转向输入后实际车辆的瞬态响应是一系列包括车身侧倾在内、环环相扣的动态过程:①转向盘力矩输入首先需要克服上游转向系统的摩擦力和惯性力后产生转向盘角度输入,转向扭杆弹簧变形,并根据助力特性产生转向助力,手力和助力的合力克服下游转向系统摩擦力和轮胎惯性力,齿条开始横向移动;②前轴产生转向角,亦即前轮胎的侧偏角,轮胎由于松弛特性产生滞后的侧向力并通过副车架传递到车身,前车身于是产生侧倾角位移和侧向加速度并开始侧向位移,车身绕质心开始横摆运动;③车身的横摆运动在后轴产生初始侧向速度及侧偏角,后胎的松弛特性产生滞后的侧向力,然后后轴产生侧向加速度开始侧向位移,车身开始产生更多侧倾运动。由此可见,从转向扭矩输入到稳态响应,多个环节都会产生响应滞后,从而影响瞬态性能,这些环节包括转向系统摩擦力和惯性、轮胎的松弛效应、车身质量和横摆转动惯量。因此在讨论轴等效侧偏柔度和横摆指数的基础上,本节使用非线性多体模型讨论其他影响车辆瞬态响应的因素。

5.4.1 悬架设计参数对车辆瞬态响应的影响

车辆的初始响应与轮胎接地处产生的力如何传递到车身或副车架(以下统称为车身)有关。轮胎接地处的侧向力通过悬架连杆、弹性元件和减振器作用在车身的前部。这些力产生初始的前端侧向、横摆和侧倾运动。理论上可以证明,悬架连杆对车身的侧向作用力施加在侧倾中心[2]。直接传递到车身的轮胎侧向力比由悬架侧向力转向和侧倾转向产生的侧向力产生更快的侧向响应。

侧向力转向在轮胎侧向力引起悬架衬套变形后产生,而侧倾转向随着悬架相对于车身的侧倾而产生,它们相对于通过侧倾中心直接传递到车身的轮胎侧向力都有一定的滞后。瞬态响应过程中的任何延迟都可能导致车辆的稳态建立时间更长、峰值响应更高,而且车身侧倾运动的任何超调都将直接导致转向车轮转向角超调。悬架需要产生转向不足的效果,才能满足车辆总体稳态不足转向的要求,而侧向力转向和侧倾转向又是后轴的等效侧偏柔度的主要组成成分,是影响瞬态响应的主要因素。文献 [3、4] 证明了降低后轴等效侧偏柔度的最好方法是开发和制造具有高侧偏刚度和侧向刚度的轮胎,以避免依赖较大的侧倾转向和侧向力转向。

在给定轮胎特性的前提下,悬架设计中通常必须使用一定的侧倾转向和侧向力转向才能达到稳态不足转向要求,尤其是后轴载荷较大的车辆。研究侧倾转向和侧向力转向对动态响应的影响有利于指导悬架设计。图 5.22 显示在保持轮胎特性不变的前提下,通过调整侧倾转向和侧向力转向的比例,以维持后轴等效侧偏柔度不变的同时(即侧向力的增加直接对应着侧倾转向的减小),侧向加速度响应时间的变化规律。由图可知，侧向力转向与侧向加速度响应时间存在负的线性关系，即侧向力转向占总等效侧偏柔度的比例越大，对良好的动态响应更为有利。因此，在悬架拓扑允许或者可行的情况下，尽可能增加侧向力转向的比例，更有助于改善车辆的瞬态响应。当然对独立悬架而言，侧向力转向也应在合理的范围内，以免引起其他性能问题。

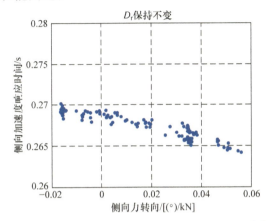

图 5.22　阶跃转向输入下维持 D_r 不变侧向力转向系数与侧向加速度响应时间的关系
（即当悬架侧向力转向系数增加时，侧倾转向系数随之减小）

其他可能对车辆瞬态响应产生影响的因素包括：

1）车身可能产生少许与转向主销后倾角有关的几何侧倾运动。

2）在大角度转向输入下前轮侧偏力产生向后的转向阻力分量，引起类似制动的效果，车身因此产生点头运动，过多的点头运动与车身侧倾耦合也许会产生侧倾运动发生过早的印象，使人感觉到车辆在转向之前就开始"侧倾"。

3）减振器的不对称特性产生下沉效应，典型的低压缩和高回弹的阻尼特性在车身侧倾运动发生时，虽然两侧减振器的初始运动速度大致相同，但作用到车身向上的压缩力比向下的拉伸力比小很多，因此引起施加到车身的向下的净力，该净力会造成初始的车头下沉。

4）在大角度转向情况下，由于侧向力转移的原因，外侧接地处的垂向力和侧向力大于内侧接地处，产生作用于车身向上的垂向力，较高的侧倾中心高度或较小的轮轨宽度会增加此顶起力，会顶起车身前端。

当车身侧倾运动发生后，悬架弹性元件（如衬套、限位缓冲块和弹簧）的刚度不对称，压缩侧的弹性元件产生向上的力大于回弹侧损失的向上的力，也会引起顶升效应。上述顶升机制（即悬架几何、不对称的弹性元件特性和减振器特性）共同作用引起初始的车身起伏、俯仰和侧倾运动，从而影响驾驶员对车辆的主观感觉。车身初始运动的方向取决于前后悬架的整体效果。在时间顺序上，与悬架几何相关的侧向力传递最为直接，与侧倾角速度相关的减振器净合力次之，而与侧倾角度相关的悬架弹性元件净合力最后发生,而且仅发生在较大侧倾角的工况中。

当驾驶员的转向输入克服转向系统的柔度、上游转向系统的转动惯量和摩擦力后,转向助力系统接收到力矩传感器的信号开始产生助力,然后前轮产生转向运动和轮胎的侧偏角,由于充气轮胎的柔性结构特性,在滚动过程中达到稳态水平的力和力矩需要一定的时间或滚动距离,侧向力的建立会有滞后,这被称为松弛效应。实际上传递到车身上的侧向力的滞后,除轮胎本身的松弛效应外,还包括悬架的侧向和外倾刚度在轮胎接地处的柔度,以及簧下质量和外倾转动惯量产生的当量效果,这些柔度和惯量越大,当量松弛长度越长。

考虑悬架柔度和惯量后,可以用图5.23所示模型来分析等效松弛效应。其中 k_{up} 和 k_{low} 分别为上下球铰处相对于车身的侧向刚度,c_{up} 和 c_{low} 分别为对应的侧向阻尼,k_y 和 c_y 分别为胎体的侧向刚度及其阻尼,c_{slip} 为胎面侧偏引起的阻尼 $\left(c_{slip}=\dfrac{C_\alpha}{v_x}\right)$,簧下分为胎体质量 m_1 和其他部分 m_2。轮胎翻转转动惯量为 I_{xx_u}。

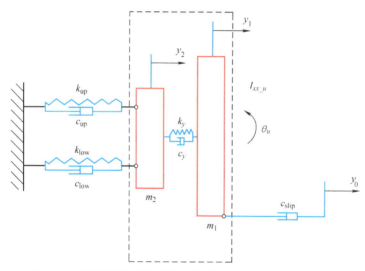

图5.23 用于分析等效松弛效应的轮胎和悬架侧向动力学模型

图5.24为阶跃侧偏角下悬架等效松弛对轮胎侧向力的影响分析,由图可知,悬架等效松弛使轮胎侧向力的产生进一步滞后,等效松弛长度从轮胎本身的590mm增加了132mm。提高悬架的外倾刚度或减小由于外倾力矩引起的外倾,是影响悬架在轮胎接地处总侧向刚度的最重要因素。提高外倾刚度的有效方法是增加轴节上下连接点之间的跨度,以及衬套的侧向刚度。对后轮胎而言,缩短等效松弛长度对于抑制响应超调并减少非线性两段感非常重要。理想的悬架设计应在轮胎接地处具有较小的侧向柔度,以便使高刚度轮胎更好地发挥其潜力。

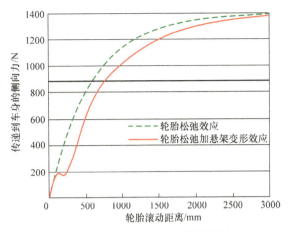

图 5.24 阶跃侧偏角输入下的轮胎侧向力

5.4.2 悬架减振器调校对车辆瞬态响应的影响

减振器调校会影响许多性能领域,下面重点讨论如何通过减振器调校来控制和延迟侧倾瞬态响应,而不是如何在行驶平顺性能和操控性能之间取得最佳平衡。瞬态横向载荷转移的概念是理解瞬态动力学的关键,因为它将侧向、横摆与侧倾运动耦合在一起。瞬态横向载荷转移的来源见表 5.4:

1)前后侧倾刚度 $K_{\phi f}$ 和 $K_{\phi r}$ 以及车身侧倾角 ϕ。
2)前后侧倾阻尼 $C_{\phi f}$ 和 $C_{\phi r}$ 以及车身侧倾角速度 $\dot{\phi}$。
3)簧上质量 M_{sf} 和 M_{sr} 以及侧倾中心高度 h_f 和 h_r。
4)簧下质量 M_{uf} 和 M_{ur} 以及簧下质量重心高度 h_{uf} 和 h_{ur}。

表 5.4 中公式的推导见第 5.2 节。

表 5.4 瞬态横向载荷转移的来源

横向载荷传递的来源	瞬态横向载荷转移表达式	
	前轴	后轴
侧倾刚度 K_ϕ	$\dfrac{K_{\phi f}\phi}{T_f}$	$\dfrac{K_{\phi r}\phi}{T_r}$
侧倾阻尼 C_ϕ	$\dfrac{C_{\phi f}\dot{\phi}}{T_f}$	$\dfrac{C_{\phi r}\dot{\phi}}{T_r}$
侧倾中心高度 h	$\dfrac{M_{sf}h_f a_y}{T_f}$	$\dfrac{M_{sr}h_r a_y}{T_r}$
簧下质量 M_u	$\dfrac{M_{uf}h_{uf}a_y}{T_f}$	$\dfrac{M_{ur}h_{ur}a_y}{T_r}$

总侧倾刚度和前后侧倾刚度分布主要根据侧倾增益和前轴横向载荷转移比确定。对于被动悬架系统，车辆侧倾刚度由悬架弹簧和稳定杆系统组成。较高的整体侧倾刚度可直接控制稳态侧倾增益，偏前轴的侧倾刚度分布将产生更高的前轴横向载荷转移并导致非线性转向不足，而偏后轴的侧倾刚度分布则导致非线性过度转向。因此，增加前稳定杆的刚度时，增加的不足转向系数可以减少超调并缩短侧向加速度的建立时间，但是同时增加的横向载荷转移会引起前桥的侧向能力降低（图4.12），限制车辆的极限转弯能力，即最大稳态侧向加速度（图5.25）。

侧倾刚度对车身侧倾的影响与侧倾角有关，而侧倾阻尼的影响与侧倾角速度有关，发生得更早，并且只影响瞬态过程，其影响不必在大转向输入下就能感觉

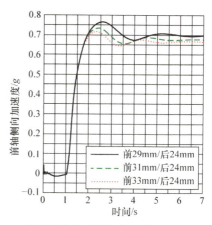

图5.25　稳定杆直径对侧向加速度瞬态响应的影响（阶跃输入）

到。因为减振器的抗侧倾力矩比侧倾刚度的抗侧倾力矩产生得更快，车身的初始侧倾运动可以有效地得以延迟并防止过度的瞬时车身侧倾超调。这也有助于提供最初的俯仰和侧倾"支撑"，这样可以满足"侧倾运动应发生在前轴侧向运动之后，而不是在之前"的要求。另外，增大的总体侧倾阻尼通常会减小车辆侧倾响应超调，有助于增加驾驶员对车辆的操控信心。与之前讨论的侧倾刚度调校相比，侧倾阻尼调校仅影响瞬态行为，因此，这种调校方法不影响稳态性能指标（如转向不足系数和侧倾增益）。显然，如果减振器的相对运动速度总是很低，比如车辆侧倾很小，这种调校策略的有效性会降低。

为了说明减振器低速端阻尼调校对瞬态响应的影响，分别设计了偏前（前"硬"后"软"）、偏后（前"软"后"硬"）和平衡（前"软"后"软"）三种调校方案，其中"软"模式的阻尼系数大约是"硬"模式的1/4～1/3。图5.26比较了在较大阶跃转向输入下三种调校方案的前轴侧向加速度响应，在稳态响应保持不变的同时，偏前调校可显著减少响应超调和稳态响应的建立时间，因此，驾驶员会对操控车辆感到更有信心。偏前的阻尼调校也可以防止所谓的"两段感"，这种"两段感"是由于前轴侧向力产生和后轴侧向力产生之间的时间延迟过长。图5.27显示了半正弦脉冲输入后的前后轴侧偏角响应，一般地，转向输入后（从1.0 s开始），前轴参考侧偏角立即出现，而后轴侧偏角略有延迟，后轴侧偏角的建立又导致前轴参考侧滑角的第二个峰值。

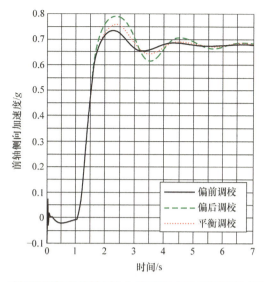

图 5.26 减振器调校对前轴侧向加速度瞬态响应的影响（阶跃输入）

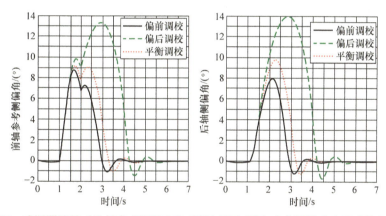

图 5.27 减振器调校对前轴参考侧偏角和后轴侧偏角瞬态响应的影响（脉冲转向输入）

5.4.3 小结

本节利用非线性多体动力学模型，从悬架设计及调校等多方面阐述了影响车辆瞬态响应的因素和深层原因。本节讨论了轮胎侧向力和悬架顶起力产生和传递到车身的机制，以及这些力如何引起车身的初始侧倾、侧向、横摆、俯仰和垂向运动，正确使用所有这些机制和调校方法有助于获得最好的性能。本节的主要结论包括：

1）在轴等效侧偏柔度固定的前提下，增加侧向力转向可以得到更好的瞬态响应。

2）悬架在轮胎接地处的侧向柔度和簧下质量及外倾惯量可以产生等效松弛

长度，该侧向柔度（主要为悬架外倾柔度）的减小可以缩短有效松弛长度并改善瞬态响应。结构设计上可以从提高衬套侧向刚度、轮辋刚度及轮毂轴承刚度的角度出发加以改进。

3）悬架调校尤其是减振器调校对车辆的瞬态响应有显著影响，偏前的侧倾阻尼调校可以增加前轴瞬态横向载荷转移，从而获得更高的前轴瞬态不足转向效应，同时后轴瞬态等效侧偏柔度增加较少，从而实现更好的瞬态性能，包括最初的俯仰和侧倾支撑。

5.5　整车侧翻力学

随着高质心 SUV 的流行，提升车辆抗侧翻能力变得尤为重要。根据整车和悬架的关键设计参数，有效预测车辆抗侧翻能力是在车辆概念设计阶段必须要做的工作。前面讨论的车辆的侧倾力学主要关注车身相对于地面侧倾时的侧倾增益和横向载荷转移，不考虑车轮离开地面的情况。侧翻则为车轮离地后车辆围绕其纵向轴线旋转至少 90°，并导致车身与地面接触的情况。单车侧翻的原因主要有四种：

1）平坦的路面上转向输入，比如双移线或紧急规避转向时，车辆的侧向加速度可能超过一定限度，此时太高的轮胎侧向抓地能力增加了侧翻的可能性；

2）车辆侧向打滑时与路肩或其他障碍物撞击，或陷入松软地面；

3）车辆驶下倾斜沟渠时；

4）两车碰撞事故。

根据美国高速公路交通安全管理局（NHTSA）的数据，高质心的 SUV 在发生碰撞后发生翻车的概率远远大于其他类别的车，其次为同样高质心的皮卡[5]，如图 5.28 所示。而在致命车祸数量中，侧翻排名第二，仅次于正面撞击[6]，如图 5.29 所示。因此，必须研究侧翻的机理，并找出降低侧翻概率的关键整车设计要素。

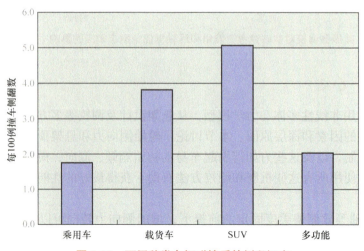

图 5.28　不同种类车辆碰撞后的侧翻概率

第 5 章 车辆稳定性及其控制

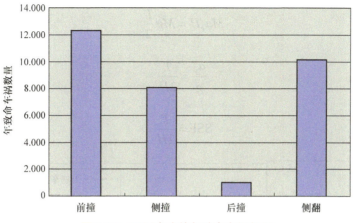

图 5.29　不同方式的年致命车祸数量

5.5.1　静态侧翻稳定性概念及试验

静态稳定系数是最早提出且现在仍在使用的衡量静态侧翻稳定性的指标。静态稳定系数的推导和定义可以借助图 5.30 所示模型来展示。假设道路平坦且悬架为刚性，可以推导出内侧轮胎离地时对外侧轮胎接地点的力矩，见式（5.78），以及对应的侧向加速度表达式见式（5.79）。当侧向加速度小于 $\left(\dfrac{T}{2H}\right)$，则满足车辆侧翻稳定条件。显然该值越高，车辆的抗侧翻稳定性越好，因此 NHTSA 将其定义为静态稳定系数（SSF），见式（5.80）。静态稳定系数仅与车辆几何参数有关，增大轮距 T，或降低重心 H 都可以提升侧翻稳定性。另外，数据显示静态稳定系数与单车侧翻概率有关（图 5.31），因此，NHTSA 将此作为侧翻星级标准定义的重要因素，静态稳定系数越高，星级越高。

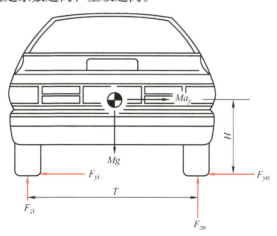

图 5.30　整车静态侧翻受力分析

$$Ma_yH = Mg\frac{T}{2} \quad (5.78)$$

$$\frac{a_y}{g} = \frac{T}{2H} \quad (5.79)$$

$$SSF = \frac{T}{2H} \quad (5.80)$$

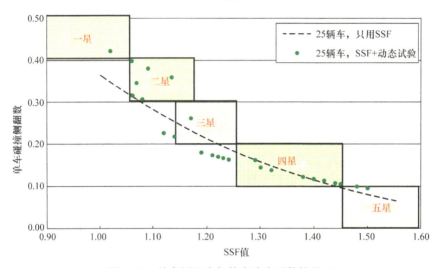

图 5.31 单车侧翻率与静态稳定系数的关系

静态稳定系数的优点在于它的表达式非常简单，但局限在于它忽略了车身侧倾运动和相应的质心侧向位移，忽略了外侧悬架的侧向变形，以及在横向载荷转移后的垂向变形，忽略了轮胎的垂向和侧向变形等。外侧轮胎胎体的侧向变形和外倾运动、悬架的侧向变形，以及车身的侧倾运动导致的质心侧向位移，都会减小整车质心到外侧轮胎接地中心的距离（即相当于减小了 $\frac{T}{2}$），进而降低静态稳定系数。而另一方面，外侧悬架和轮胎的垂向变形以及车身侧倾运动，会降低质心位置，因此有助于维持较高的静态稳定系数。因此，需要综合考虑上述因素，定义更精确的指标和试验仿真方法。

目前量化整车静态侧翻稳定性的试验有三种：

1）静态倾斜试验法[7]（图 5.32）：将试验车辆放置于试验台，逐步增大台面的倾斜角度，直到高侧轮胎与台面之间的垂向力降为零。这种方法最为简单，但弊端在于悬架和轮胎的受力情况与平坦路面上稳态转弯的情况不同。

2）离心力试验法[8]（图 5.33）：试验车辆的外侧轮胎用低凸块固定到大圆转盘上，逐步提高转盘转速，直到内侧轮胎离地，以此确定包括轮胎和悬架在内的车辆稳态侧翻稳定性。由此得到的内侧轮胎离地时对应的侧向加速度应该大于车辆依靠自身动力能够达到的最大侧向加速度。这种试验方法的优点是整车的受力和悬架和轮胎变形情况和稳态转弯车辆很相似,但试验台制造成本高,应用不普及。

图 5.32　倾斜试验台架

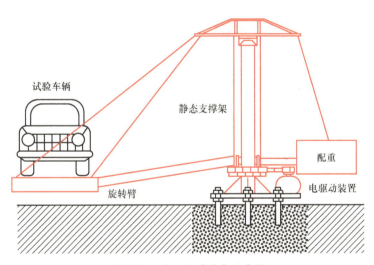

图 5.33　离心力试验台示意图

3）侧向拉力试验法[9]（图 5.34）：试验车辆的内侧轮胎外缘用低凸块挡住防止侧滑,用拉力带在整车质心处施加侧向拉力,逐步增加拉力,直到外侧轮胎离地。试验中整车的质心高度会发生变化,要保证侧向拉力始终作用到质心处。整车的受力和悬架及轮胎变形情况和稳态转弯车辆也很相似,并且试验台相对成本低。

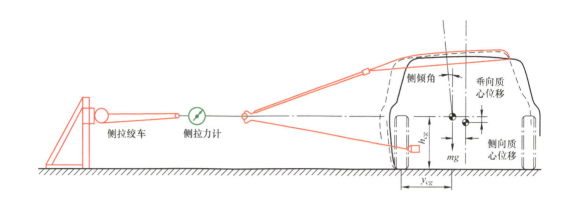

图 5.34　侧向拉力试验台示意图

5.5.2　稳态侧翻稳定性裕量

侧向拉力试验法施加作用于整车重心的侧向力,直到外侧两轮离地。侧向拉力的大小显然与车重相关,因此定义了一个新的侧翻稳定性指标,称为侧向拉力比,即侧向拉力和车身总重量之比见式(5.81)。

$$侧向拉力比 = \frac{外侧双轮胎离地时的侧向拉力}{车身总重量} \quad (5.81)$$

比起静态稳定系数,侧向拉力比考虑了车身侧倾和质心侧移、悬架的垂向和侧向变形以及轮胎的垂向和侧向变形,因此能更好地量化车辆的抗侧翻能力。试验数据表明侧向拉力比与静态稳定系数、侧倾梯度、悬架形式以及轮胎有关。静态稳定系数越高,侧倾梯度越小,较小的轮胎外倾角(相对地面)以及较大的轮胎侧向刚度,都可以提高侧向拉力比。

侧向拉力比考察稳态转弯车辆内轮开始离开地面时的侧向加速度,因此侧向拉力比越高,侧翻稳定性越好。另一方面,最大侧向加速度是量化极限转弯能力的整车指标,其值越高表示车辆的转弯能力越强。但如果车辆的最大稳态侧向加速度太高,作用于簧上质心的侧向离心力太大,车辆有可能两轮离地。因此,即使侧向拉力比足够高,车辆仍然有稳态侧翻风险。最大侧向加速度与轮胎极限抓地能力、横向载荷转移、侧倾梯度等因素有关。增加静态稳定系数 SSF 既可以提高侧向拉力比,也会提高最大稳态侧向加速度(因为横向载荷转移降低)。综上,为达到侧向稳定性的设计要求,需综合考虑侧向拉力比和最大侧向加速度指标。

车辆的稳定裕度定义为侧向拉力比与车辆的最大稳态侧向加速度之间的差值,见式(5.82)。增加侧向拉力比或降低最大稳态侧向加速度都可以提高稳定裕度。侧翻稳定裕度应该针对特定车辆预设限值，对高质心车辆，合理定义侧翻稳定裕度非常重要，对短轴距车辆更应该适当提高稳定裕度，因为短轴距车辆的侧翻风险更高。

$$侧翻稳定裕度 = 侧拉力比 - 最大稳态侧向加速度 \qquad (5.82)$$

显然，车辆使用工况千变万化，仅用稳态侧翻稳定性不足以全面描述车辆的侧翻稳定性。针对高质心的车辆，NHTSA 开发出了动态抗侧翻评估试验来量化抗侧翻性能，通常称为带侧倾反馈的鱼钩（Fishhook）试验。它用来衡量装备有电子稳定性控制系统车辆的动态性能，该部分将在第 5.6.6 小节讨论。鱼钩试验的问题在于重复性差，试验误差大，费用高和耗时长（需要多套轮胎），因此在车辆早期设计阶段，用上面介绍的静态侧翻试验方法进行仿真仍然有其必要性。

5.6　车辆稳定性的主动控制

车辆稳定性包括横摆稳定性和侧翻稳定性，一旦整车的架构参数确定后，传统机械底盘只能在一定范围内改善这两个方面的稳定性，因此有其局限性，而机械底盘的局限即是主动底盘控制系统的机会。汽车上最早的电控系统是 ABS，通过实时控制制动力矩，使得轮胎始终工作在高附着系数范围内，在纵向上充分发挥轮胎制动潜力，缩短制动距离，并且提升了制动可控性。基于相似原理，业界又开发出了防止加速打滑的 TCS，其通过实时控制驱动转矩和施加制动力矩，使得轮胎始终工作在高附着系数范围内，在纵向上充分发挥轮胎加速潜力，提升加速性能。

从整车稳定性角度，单独控制每个轮胎的制动力或驱动力达到最大可能不是最优选择，因为车轮纵向力产生绕车辆质心的力矩，从而可能发生横摆运动。为改善制动稳定性，基于制动系统产生轴力矩的技术 ESC 因此诞生。受 ESC 产生轴力矩的原理启发，其他产生轴力矩的技术如电控有限滑动差速器（eLSD）、扭矩矢量技术（Torque Vectoring）、独立四驱系统、主动前轮转向（AFS）和主动后轮转向（ARS）相继问世。

虽然方向稳定性控制是 ESC 的首要功能，但也可以通过 ESC 来减少侧向力，进而提升车辆的侧翻稳定性。ESC 可以"估计"由侧向附着力引起翻车的可能性，然后通过启动其他车辆子系统产生纵向力来减少这种可能性。另一种可以有效改善侧翻稳定性的主动控制技术是主动侧倾控制，它本质上可以认为是一种主动稳定杆系统，通过单独或同时改变前后轴侧倾刚度，来精确控制动态轮胎负载，从而改进行驶平顺性、操纵性和稳定性。根据对车辆运动自由度的影响将量产车上应用的底盘控制系统列于表 5.5，以下各节将简要介绍这些控制系统的原理和功能。

表 5.5 底盘控制系统及其对车辆运动自由度的影响

车辆动力学主动控制系统	受控车身自由度				
	纵向	横向	横摆	侧倾与侧翻	垂向
制动防抱死系统（ABS）	√				
牵引力控制系统（TCS）	√				
电子稳定控制系统（ESC）		√	√	√	
自适应巡航控制（ACC）	√				
电子限滑差速锁（eLSD）		√	√		
扭矩矢量（Torque Vectoring）		√	√		
主动前轮转向（AFS）		√	√		
后轮、四轮转向（RWS/4WS）		√	√		
线控转向（Steer by Wire）		√	√		
车道保持控制（LKC）		√			
主动侧倾控制（ARC）		√	√	√	√
半主动侧倾控制（SARC）		√	√	√	√
主动悬架（Active Suspensions）				√	√
半主动悬架（Semi-Active Suspensions）				√	√

5.6.1 基于制动系统的电子稳定性控制系统（ESC）

基于制动系统的电子稳定性控制系统（ESC）包括防抱死制动系统（ABS）和牵引力控制系统（TCS）。ESC 的基本原理是利用车辆上的 ABS 制动系统，在左右车轮之间施加差速制动以产生横摆力矩，在包括制动、加速和转向的规避操作中，充分利用轮胎力来优化车辆方向控制。当车辆未到达驾驶员预期的路径时，使用单独的制动器或减小驱动转矩以实现并维持驾驶员的预定路径。下面将从制动性能要求出发，介绍 ESC 更为详细的工作原理。

5.6.1.1 制动稳定性、可操纵性和制动效能

轮胎在制动时产生纵向滑移率，从而产生纵向力，纵向力随着纵向滑移率的增加而达到峰值，然后减小，最大的制动效率在纵向力峰值实现（图 4.14）。制动时轮胎垂向力随减速度而变化，前轴垂向力增加使前轮"制动不足"，后轴垂向力减小使后轮"过度制动"导致制动力饱和且不稳定。轮胎实际产生的力受到制动系统以及垂向载荷分配及转移的限制，欲实现 100% 的基础制动效率，且不导致任何一个轴过早饱和，系统设计应该允许前后轴的制动力与垂向载荷增加的速率相同。

衡量车辆制动性能的关键指标有三个：

1）制动稳定性：指制动时车辆能够抵抗横摆运动或横摆运动不超过驾驶员控制的能力，具体说来就是防止过度转向和将车辆保持在驾驶员的期望路径上的能力。

2）制动可操纵性：指制动时能够产生横摆运动或横摆运动满足驾驶员意图的能力。制动可操纵性可防止转向不足，保证车辆能够转弯，将车辆保持在驾驶员期望的路径上。

3）制动效能：定义为车辆减速度符合驾驶员的意图或能够在尽可能短的距离内停车的能力。在非极限弯道制动工况，轮胎可以提供所需要的纵向力和侧向力，不存在制动稳定性和制动可操纵性问题；在极限弯道制动工况，制动稳定性和制动可操纵性之间需要谨慎平衡，因为都与车辆行驶安全相关。

制动控制系统必须优先考虑制动稳定性，以防止不可控的过度横摆运动，这可通过最大限度地减小后轴纵向力，以保证后轴侧向力最大化来实现。显然，无后轴制动力的车辆具备最佳的制动稳定性。其次，必须保证必要的可操纵性，以便可以通过转向操作避免碰撞，制动可操纵性可通过制动时前轴纵向力最小化使得前轴具有最大的横向潜力，显然最佳可操纵性的车辆是无前轴制动力的车辆。最后，任何余下的轮胎力可用于使得制动距离最短，此时要求所有四个轮胎同时工作在它们的纵向力峰值，使得所有四个车轮都达到最佳制动效能，当然此时轮胎的侧向能力降到最低。因为后轴制动力的饱和会导致车辆不稳定，制动时应首先保证前轮制动力饱和且发生在后轮饱和之前，此时前轮胎将无法产生任何侧向力，车辆丧失转向能力，可能会偏离预期路径。由于侧向力转移，外侧轮胎实际上产生更高的制动力，这将导致更多的方向偏差。

5.6.1.2　基于制动系统的电子稳定性控制系统工作原理

ESC 是从防抱死制动系统（ABS）发展出来的稳定性控制技术。ABS 使用专用 ECU 单独控制每个车轮，确保制动轮胎工作在最佳的附着力范围。ABS 实时检测任何车轮初始抱死的可能性，并降低制动压力以防止其抱死，当车轮转速恢复时重新施加压力以最大化减速度。在整车级别首先需要进行模式判断，根据具体工况决定轮胎产生侧向力或纵向力的优先权，用于保证侧向稳定性和可操纵性以及制动效能，典型的轮胎力平衡策略列于表 5.6。

表 5.6　典型的 ABS 轮胎力优先策略

制动工况	轮胎力首要优先权
直线匀质高系数路面	纵向力
冰上直线	兼顾
转向制动	侧向力
左右不同附着系数	兼顾

牵引力控制系统的功能是在车辆加速期间动态平衡轮胎力，以达到期望的车辆响应。牵引力控制操作类似于 ABS，但方向相反。通过实时监控和控制车轮速度，检测车轮是否打滑，并减小驱动转矩或施加制动压力以防止打滑。当车轮不再打滑时，增加驱动转矩和释放制动压力，以便最大化车辆纵向加速度，同时考

虑可操纵性（对前驱车）和稳定性（对后驱车）。通常，尽可能应用驱动转矩控制而减小制动应用。当路面摩擦系数不同时，在低摩擦系数一侧应用制动器，在高摩擦系数一侧保持高转矩，以达到最高加速度。TCS 通常与主动式四驱系统和 eLSD 控制相结合，以优化整体车辆响应，保证加速时达到最高加速度。在上面两种控制的基础上，电子稳定性控制系统的基本原理是充分利用 ABS 和 TCS，甚至 AWD 和 eLSD 控制，产生影响车辆方向所需的力矩，以优化车辆所需的方向响应。

ESC 系统首先通过制动踏板、加速踏板和转向盘转角输入确定驾驶员预期路径，通过车辆模型预测所需的车辆横摆、侧偏角及侧偏角速度目标值，通过惯性传感器测量并处理传感器信息获得车辆实际响应；然后，根据车辆响应目标和实际响应之间的误差，来确定所需横摆扭矩，进而计算出各轮所需的制动压力；最后，通过车辆制动系统施加相应的力矩来校正车辆轨迹。例如如果车辆出现瞬态过度转向，则外侧前轮可以实施制动干预；如果车辆出现瞬态不足转向，则内后轮可以实施制动干预，如图 5.35 所示。一般需要采集纵向速度、侧向速度、横摆角速度和四轮旋转速度信号，并使用 7 自由度车辆模型从稳态操稳模型获得所需的横摆角速度和侧偏角。车辆稳定性控制系统可实现的横摆角速度和侧偏角上限与路面附着系数有关。其顶层控制器可以是任何控制算法，用于确定车辆所需的横摆力矩，其底层控制用于确定每个车轮应有的制动压力。基于制动系统的 ESC 的控制逻辑参见图 5.36[10]。

最早的 ESC 系统是由梅赛德斯 - 奔驰和博世共同开发的 ESP 系统（1995 年），随后不同厂家基于相似的原理开发出了各自的系统，如通用汽车公司的 Stabili-Trak 和 VSES（Vehicle Stability Enhancement System），宝马汽车公司的 DSC，丰田汽车公司的 VSC（Vehicle Stability Control），日产的 VDC（Vehicle Dynamics Control）等。

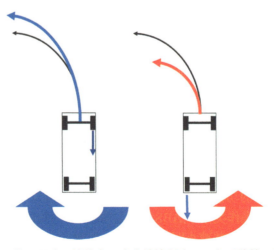

图 5.35　基于制动系统的电子稳定性控制（ESC）系统的工作原理

第 5 章 车辆稳定性及其控制

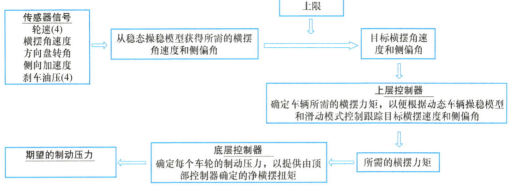

图 5.36 基于制动系统的电子稳定性控制（ESC）系统的控制逻辑

5.6.2 基于差速器和四驱技术的稳定性控制

如果在车辆加速阶段使用基于制动系统的稳定性控制系统，则车辆的加速性能会受到影响，因此在全驱（AWD）技术上进一步开发出了能独立控制驱动转矩的技术，来保持牵引力并提高操稳性能。因为传递到某车桥的总转矩不变，只是在左右两侧重新分配，因此总牵引力不降低。重新分配并且恰当控制的驱动转矩可以产生横摆力矩，能够有效提升横摆稳定性（图 5.37）。

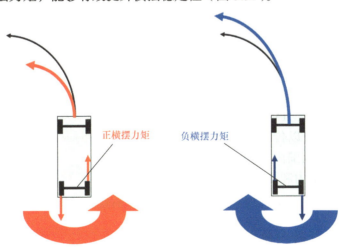

图 5.37 基于差速器和全轮驱动技术的稳定性控制逻辑

基于差速器和全轮驱动技术的主动转矩分配系统，利用主动差速器和全轮驱动技术独立控制分配给每个车轮的驱动转矩，从而提供牵引力和横摆力矩的主动控制。目前，市场上的差速器种类较多，包括开式差速器（Open Differential）、锁止差速器（Locked Differential）、限滑差速器（LSD）、电控限滑差速器（eLSD）、扭矩矢量差速器（Torque Vectoring Differential）等。

其中，eLSD 的控制原理是在开式差速器上增加离合器，从而将左右车轴通过电控连接起来，实现从开放式差速器到锁定式联轴器的渐变。该系统监控各车轮传感器的输入，在监测到打滑的情况下，将额外的转矩传递给能产生更大牵引力的车轮。除可以提供最大的驱动力外，将 eLSD 集成到横摆稳定控制系统中，eLSD 将车轴锁定在一起后可以将转矩传递到慢速车轮，迫使内侧车轮加速，外侧强制减速，从而产生整车稳定力矩，可以进一步提高稳定性。相比基于制动力的稳定性控制系统，eLSD 的性能优势在于通过转矩重新分配避免了总牵引力的降低，特别适用于高功率重量比的车辆。在操纵性能方面，与被动 LSD 相比，eLSD 可以实现驱动转矩的连续可调，即瞬态不足转向可调，可以增加横摆阻尼，减少 ESC 干预，从而可实现牵引力与稳定性在不同条件下的权衡。

图 5.38 显示出开放式差速器、锁止式差速器、限滑差速器（LSD）和电控限滑差速器（eLSD）在传递转矩方面的差异。开放式差速器受低附侧轮胎附着力的限制，左右两侧车轮的转矩完全相同。锁止式差速器可以将大部分转矩传递到高附侧轮胎，仅受最大附着极限的限制。限滑差速器（LSD）的高附侧的转矩，受确定的转矩偏差比（TBR）的影响，可以用式（5.83）计算。相比而言，eLSD 转矩偏差比（TBR）可控，因此高低附侧的转矩关系可以在图 5.38 所示的范围内变化。转矩矢量差速器（TVD）可以在加速时在左右轮之间产生转矩差，从而产生一个受控的力矩。与 eLSD 仅能将扭矩传递到慢速车轮相比，TVD 既可以将转矩传递到慢速车轮，又可以传递到快速车轮，并且可以在任意转矩范围内工作，因此为动力学控制提供了更大潜力和灵活性。

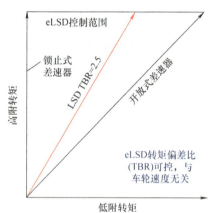

图 5.38 开放式差速器、锁止式差速器、限滑差速器（LSD）和电控限滑差速器（eLSD）在高低附路面上驱动转矩的关系对比

$$高附侧转矩 = 低附侧转矩 \times 转矩偏差比 (TBR) \tag{5.83}$$

5.6.3 基于转向系统的稳定性控制

与前面几种利用纵向力产生轴力矩的技术不同（如 ESC、eLSD、TVD 等），主动转向（AFS）和主动后轮转向（ARS）或四轮转向（4WS）可以通过修正驾驶员的转向角输入，利用侧向力的变化产生横摆力矩来改变车辆的动态性能。

主动前轮转向（AFS）的主要原理是通过将执行器转向角叠加到驾驶员输入的转向角来减少驾驶员的工作量或改善性能。AFS 控制算法包括四个方面：

1）运动学方面，可以改变转向系统的转向速比，低速时减少驾驶员所需转向角输入，提高舒适性，高速时降低车辆转向灵敏度，提高稳定性，还可以通过转向超前控制来控制转向响应相位滞后。

2）转向扭矩助力特性既可以作为车辆速度的函数，也可以作为齿轮齿条速度的函数，进一步提高行驶稳定性和转向品质感。

3）通过转向输入修正功能，改善车辆横摆角速度响应，过多转向时产生反向转向输入以减小横摆力矩和横摆角速度，以改善其稳定性。

4）抗干扰能力，既能保持一定的路感，又可以降低从路面传来的干扰。

主动后轮转向系统（ARS）的主要原理是在低速或驻车操作时，后轮产生与前轮相位相反的转向角，此时后轮转向力减小，车辆横摆角速度响应增加而侧向加速度响应减小，可有效降低最小转弯半径；高速行驶时后轮产生与前轮相同相位的转向角，此时后轮转向力增加，侧向加速度增加，而车辆侧偏角和横摆加速度减少，从而提高行驶稳定性（图 5.39）。主动四轮转向系统的性能特征可以用图 5.40 所示的稳态特性和图 5.41 所示的频响特性来展示[12]。相对于两轮转向系统，主动四轮转向系统低速行驶的横摆角速度增益可以大幅提升，提高驾驶灵便性，高速行驶时的横摆角速度增益可以显著降低，增加行驶稳定性。从频响特性看，其横摆角速度增益可以在一个更宽的频率范围内维持较为稳定的增益，相位滞后可以大为降低。与之相似，侧向加速度的相位滞后也因此可以大为降低，最终达到得心应手、随心所欲的驾驶体验。从原理上讲，高速时同向的后轮转向相当于自适应的后轴等效侧偏柔度控制。

a) 低速驻车　　　　　　b) 高速行驶

图 5.39　主动四轮转向系统（4WAS）在低速或驻车操作时后轮产生与前轮相位相反的转向角；高速行驶时后轮产生与前轮相同相位的转向角

总而言之，AFS 可提高转向舒适性和便利性，提升转向系统对驾驶员转向输入的动态响应速度以及改善车辆稳定性，ARS 以不同的方式提升转向舒适性和增强操稳性能，它们的组合使用可显著提高车辆的驾驶灵便性和行驶稳定性。各种高级转向系统对稳定性和操纵性都有显著影响，本书将在第 6.1 节中进一步讨论它们对操纵性的影响。

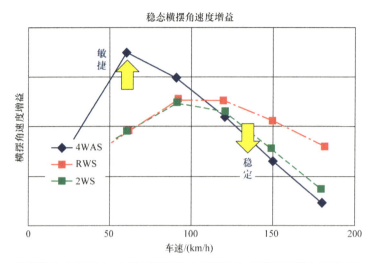

图 5.40 前轮转向（2WS）、主动后轮转向（ARS）和主动四轮转向系统（4WAS）的稳态横摆角速度增益特性

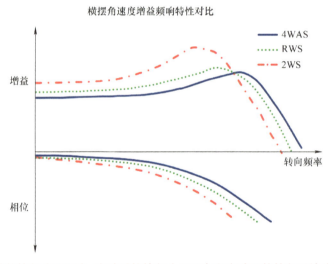

图 5.41 前轮转向（2WS）、主动后轮转向（ARS）和主动四轮转向系统（4WAS）的横摆角速度增益频响特性

5.6.4 主动侧倾稳定性控制

悬架总的侧倾刚度及其前后分配设定对整车动态性能的各方面都有重要影响，侧倾控制会产生不同的调校风格。被动悬架系统显然不能同时满足所有的功能要求，而主动稳定杆系统通过单独或同时改变前后轴侧倾刚度达到主动侧倾控制的目的（表 5.7）。主动稳定杆系统的每个稳定杆上都有一个活动元件，可以一起或独立地增加，减少或抵消稳定杆产生的侧倾力矩。主动稳定杆系统的典型应

用工况包括以下三个方面：①在直线行驶期间"断开"稳定杆，改善隔振和由路面输入引起的车身侧倾响应；②在转弯时通过动态提高悬架的侧倾刚度及其分布，改变轮胎垂向载荷，减少车身侧倾，提供更稳定的操控平衡，进而改善线性范围内的操稳性能；③在极限驾驶情况下，侧倾刚度的增加可以减小质心的横向转移，增加高质心车辆的抗侧翻能力。

表 5.7 主动稳定杆控制对车辆动力学性能的改进潜力

性能要求	前轴侧倾刚度		前轴侧倾刚度	
	低	高	低	高
低速操控敏捷性	√			√
高速稳定性		√	√	
车身侧倾控制		√		√
抗侧翻		√		√
舒适性	√		√	
越野通过性	√		√	

为降低成本和减少布置和集成问题，也可以采用半主动侧倾控制，其核心是一个高刚度的被动稳定杆，通过连接或断开稳定杆拉杆实现调节刚度的效果。半主动侧倾控制可以实现主动控制的部分功能，与被动横向稳定杆相比有一定的性能优势，如舒适性和操稳性的改进、减少车身侧倾、减轻单轮冲击强度、提升越野能力、增加抗侧翻阻力等。

主动或半主动侧倾控制可以分为单轴单通道（只有前轴或后轴可控制）、双轴单通道（前后轴都可控制但共用一个控制单元）、双轴双通道（前后轴独立控制）等几种形式，具体见表 5.8。不同种类的主动、半主动侧倾控制可以通过侧倾刚度的调节影响侧倾增益，并通过动态侧倾刚度分布、前后侧倾刚度调校的相位差影响瞬态不足转向，增强动态性能。侧倾控制可与其他稳定性控制系统共同调校以改善整车动态性能。

表 5.8 可能的侧倾控制应用组合

序号	前轴	后轴	特 性
1	主动	主动	双轴双通道，侧倾控制，侧倾刚度分配控制，舒适性改进
2	主动-连接	主动-连接	双轴单通道
3	主动	半主动	双轴双通道，侧倾刚度分配控制，舒适性改进
4	半主动	主动	双轴双通道，侧倾刚度分配控制，舒适性改进
5	主动	被动	单轴单通道，侧倾刚度分配控制
6	被动	主动	单轴单通道，侧倾刚度分配控制
7	半主动	半主动	侧倾改进，舒适性改进
8	半主动	被动	舒适性改进较少
9	被动	半主动	舒适性改进较少
10	被动	被动	低成本

5.6.5 评估 ESC 系统对横摆稳定性和可操控性影响的试验方法

针对装备有 ESC 系统的车辆，业界特别开发出了两种试验方法，一种是美国联邦机动车辆安全标准（FMVSS 126）中定义的正弦停顿试验（Sine with Dwell，SwD）[13]，用于判断在转向输入下车辆的横摆稳定性和可操纵性；另一种是美国国家公路交通安全管理局制订的鱼钩试验（Fishhook Test，NHTSA-2001-9663）[14]，用于判断在规定转向输入下车辆的侧翻稳定性，并作为新车侧翻评级的一部分输入。

5.6.5.1 评估 ESC 系统对横摆稳定性和可操控性影响的试验方法

正弦停顿试验（SwD）中的转向角输入，首先要求确定车辆稳态侧向加速度 $0.3g$ 时转向盘的角度 A，然后在车速 50mile/h（80km/h）时从 $1.5A$ 开始，逐步以 $0.5A$ 的增量增加转向盘角度到 $6.5A$ 或最大 $270°$，转向盘角速率保持为 0.7Hz（图 5.42）。稳定性的判据为正弦停顿试验中，转向输入结束后在特定时刻（1s 和 1.75s）车辆的横摆角速度（$\dot{\psi}_{T_0+1}$ 和 $\dot{\psi}_{T_0+1.75}$）和峰值横摆角速度 $\dot{\psi}_{\text{Peak}}$ 的比值，必须满足下列条件：

$$\frac{\dot{\psi}_{T_0+1}}{\dot{\psi}_{\text{Peak}}} < 0.35$$

$$\frac{\dot{\psi}_{T_0+1.75}}{\dot{\psi}_{\text{Peak}}} < 0.20$$

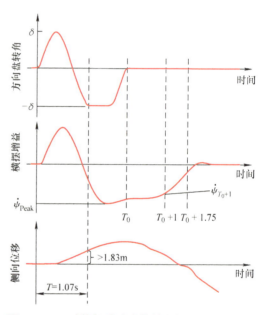

图 5.42 正弦停顿试验中的转向输入和输出波形以及车辆的横摆加速度和侧向位移的读取时间点

可操纵性的判据用侧向位移来衡量，要求从转向盘转向输入开始时刻，至转向停滞开始输入时刻（1.07s）的车辆质心侧向位移 A_{ycg} 应大于或等于 1.83m。

$$\iint A_{\text{ycg}} \mathrm{d}t \, \mathrm{d}t > 1.83\text{m}$$

5.6.5.2 评估 ESC 系统对动态侧翻稳定性影响的试验方法

除了 ESC 的首要功能方向控制外，ESC 也可以用于提升高质心满载车辆、窄轮距并配备侧向高性能轮胎车辆的侧翻稳定性。防侧翻控制算法持续监控车辆状态，当有可能发生翻车时，ESC 将开启它除方向控制外的翻车避免功能（ROA），主要使用制动子系统来控制轮胎侧向力，并与特定车轮滑移控制判据组合以最小化车辆横摆、侧倾角速度和侧向加速度，以防止侧翻的发生。也可以与其他车辆子系统配合，如 AFS、ARS、ARC 或主动减振器（MR）来帮助缓解翻车的可能性。衡量 ESC 整体效果的关键是何时进行方向控制与防侧翻控制的切换，并在合适的时刻切换回来。目前有两种侧翻检测方法，一种是使用现有的 ESC 传感器和车辆模型，另一种是利用侧倾角速度传感器提供额外的决策信息。

鱼钩试验是美国新车评估计划（NCAP）侧翻评级系统的动态部分，该系统根据翻车的可能性（结合稳态高附着翻车和路肩翻车）对车辆进行排名。标准的鱼钩试验车速为 35~50mile/h（56~80km/h），载荷条件为驾驶员（78kg）、测试仪器和 3 个 78kg 的后座乘客，所有车辆测试都采用同样的载荷条件。与正弦停顿试验类似，需要通过预试验确定在给定车速下产生 0.3g 侧向加速度的转向盘角度 A，并在正式试验中以 720°/s 的转向盘角速度产生 6.5A 的最大转向角，T_1 为达到峰值侧倾角所需的等待时间，以侧倾角速度首次达到 $B = ±1.5°/s$ 为判据，然后以同样的角速度和幅值进行反向转向操作，并待时 3s（T_2），如图 5.43 所示。

试验将使得初始输入下车身和侧倾刚度积蓄的最大能量在反向输入时有充分时间释放，大大增加了内侧车轮离地的可能性。车辆的质心轨迹与鱼钩的形状相似，故称为鱼钩试验。车辆在上述操作下不发生双轮离地的最高速度作为动态稳定性的判断指标，显然最高速度越高车辆的侧翻稳定性越好。NHTSA 确定了用于计算侧翻稳定性能等级的算法和格式，该算法与事故统计相关，其星级评级将使用纯粹基于车辆几何参数的静态稳定系数和动态鱼钩试验的综合结果，因此可以比较全面地量化车辆的侧翻稳定性。

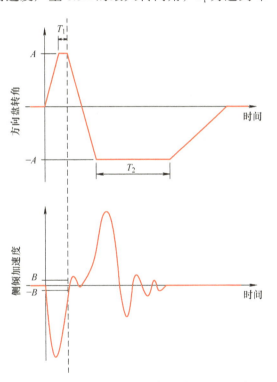

图 5.43　鱼钩试验中转向盘转角输入和反向转向时刻的判断依据

5.6.6　底盘电控系统的集成控制

以 ABS 的量产搭载为起点的底盘电控系统在过去几十年里得到充分发展，但基本上都是独立发展、平行控制，导致系统复杂，性能难以最优化，并且造成不必要而昂贵的硬件重复，这使得底盘电控系统的集成控制变得极为迫切。集成控制可以统一控制算法、减少控制冲突,达到稳定性、舒适性和操稳性之间的平衡,有效提高多目标性能。通过避免不必要的组件减少控制系统成本,实现传感器之间的信息共享并统一状态估计算法,可以降低控制系统的复杂性。集成控制允许模块化和分布式设计过程,实现"即插即用"的可扩展性和开放性,通过综合诊断和状态监测,提高系统可靠性,更为重要的是可以大幅提升系统标定的效率,降低标定成本。

集成控制的核心是共用传感器信息和统一状态估计算法。通过最小化所需传感器的数量并允许使用较低分辨率的传感器来节省成本,并为车辆控制系统提供可靠和一致的输入,通过估计未直接测量的信号(例如侧偏角,轮胎-路面摩擦系数和道路倾斜角度等),补偿传感器的不准确性和噪声,并执行传感器故障检测。典型的集成控制概念可以用图5.44示意,该例子中的底盘控制系统包括ESC、四轮驱动(4WD)和后轮转向(ARS)[15]。应用测量到的驾驶员输入和传感器信息以及状态估计结果,在上层控制器中计算所需的驱动力、横摆力矩和侧倾力矩并根据具体情况合理分配,底层控制器产生所需的驱动转矩、制动压力和转向力矩等来实现驾驶员意图。集成控制相当于车辆动力学性能有了一个统一的大脑,在几个方向上协同控制各执行器,在给定轮胎附着极限的前提下,达到最佳的综合性能。全天候、全路况高级别智能汽车驾驶技术的落地,离不开车辆动力学的协同控制。

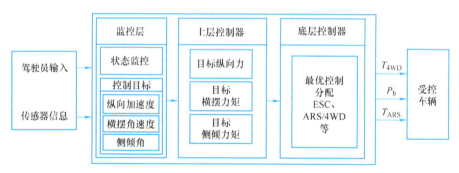

图 5.44 底盘集成控制逻辑示意图

5.7 总结

车辆的操纵稳定性和客户的驾乘体验密切相关,其中可操纵性是在转向输入下车辆改变运动方向的能力,而稳定性是在侧风、路面不平、制动车辆保持原来运动方向的能力。车辆的稳定性既包括稳态稳定性也包括瞬态稳定性,既包括横摆稳定性也包括侧翻稳定性。在低附路面上不受控的侧向滑移或原地打转是横摆不稳定状态的典型表现。本章首先使用线性二自由度模型从频响特性和阶跃输入下的瞬态响应两个方面分析关键的影响因素,得到明确的结论:同时降低前后轴等效侧偏柔度可以有效改善性能指标,如频响增益的线性度、相位滞后、响应时间和超调;降低横摆惯量也有相似效果。然后使用非线性多体模型,分析了更多设计要素对性能的影响。提升操稳性能首先依赖高侧偏刚度和高侧向刚度的轮胎,其次尽可能使用更多的侧向力转向,然后才是侧倾转向。在阶跃和脉冲工况下,偏前的减振器调校有助于提升操稳性能,这可以作为主动减振器调校的参考之一。

在高附路面极限驾驶工况下,车辆可能会发生侧翻失稳。稳态侧翻失稳容易发生于高质心、窄轮距、高侧偏刚度和低侧倾刚度的车辆。有多种方法可以量化车辆的静态稳定性,其中静态稳定系数和侧翻稳定性裕度是常用的两个指标。动态侧翻失稳通常与转向输入方式强相关,一般伴随着大幅度的车身侧倾运动以及轮胎垂向力和侧向力剧烈的变化。基于制动系统的电控稳定性系统也可以利用轮胎摩擦圆特性改善侧翻稳定性,目前已经开发出两种试验来评判其有效性,一为正弦停顿试验,用于判断在转向输入下车辆的横摆稳定性和可操纵性;二为鱼钩试验,用于判断在规定转向输入下车辆的侧翻稳定性。

量产车上已经成功应用了多种主动控制技术来改善横摆和侧倾性能。除了基于制动系统的ESC系统外,还有几种不同的产生轴力矩的技术来改变车辆的不足/过多转向趋势和横摆稳定性。另外,主动/半主动侧倾控制技术可以在有效控制车身侧倾和改善路面隔振方面取得更好的平衡。在极限驾驶情况下,该技术可以提升高质心车辆的抗侧翻能力。

参 考 文 献

[1] BUNDORF R T, LEFFERT R L. The corning compliance concept for description of vehicle directional control properties, SAE Technical Paper No. 760713 [C]. Warrendale PA USA: Society of Automotive Engineers, Inc., 1976.

[2] DIXON J C. The roll-center concept in vehicle handling dynamics, Proceedings Institute of Mechanical Engineers [C]. 1987, 201(D1).

[3] Wu X T, FARHAD M, WONG J M. Investigating and improving vehicle transient handling performance, SAE Technical Paper No. 2011-01-0987 [C]. Warrendale PA USA: Society of Automotive Engineers, Inc., 2011.

[4] Wu X T, FARHAD M, WONG J M. Design and tune chassis characteristics to achieve desirable vehicle transient handling performance [J]. International Journal of Vehicle Performance, 2012, 1(1): 1-23.

[5] NATIONAL HIGHWAY TRAFFIC SAFETY ADMINISTRATION. National Automotive Sampling System General Estimates System [R]. 1999.

[6] NATIONAL HIGHWAY TRAFFIC SAFETY ADMINISTRATION. Fatality Analysis Reporting [R], 1999.

[7] CARTER J W, LUEPKE P, HENRY K C, et al. Rollover dynamics: an exploration of the

fundamentals, SAE Technical Paper No. 2008-01-0172 [C]. Warrendale PA USA: Society of Automotive Engineers, Inc., 2008.

[8] NATIONAL HIGHWAY TRAFFIC SAFETY ADMINISTRATION. Consumer Information Regulations; Rollover Resistance, Docket No. NHTSA-2001-9663 [S]. 2001.

[9] ALLEN R W, SZOSTAK H T, ROSENTHAL T J, et al. Characteristics influencing ground vehicle lateral/directional stability, SAE Technical Paper No. 910234 [C]. Warrendale PA USA: Society of Automotive Engineers, Inc., 1991.

[10] RAJAMANI R. Vehicle Dynamics and Controls [M]. 2nd.New York: Springer, 2012.

[11] 余卓平, 熊璐, 陈辛波, 等. 分布式电驱汽车及其动力学控制 [M]. 上海: 同济大学出版社, 2021.

[12] KATAYAMA T, YASUNO Y, OIDA T, et al. Development of 4 wheel active steer, SAE Technical Paper No. 2008-01-0495 [C]. Warrendale PA USA: Society of Automotive Engineers, Inc., 2008.

[13] NATIONAL HIGHWAY TRAFFIC SAFETY ADMINISTRATION. Electrical stability control systems compliance testing: NHTSA FMVSS No. 126 [S]. 2008.

[14] NATIONAL HIGHWAY TRAFFIC SAFETY ADMINISTRATION. The Fishhook Maneuver Test Procedure: Docket NHTSA-2006-26555 [S]. 2013.

[15] HEO H, JOA E, YI K, et al. Integrated Chassis Control for Enhancement of High Speed Cornering Performance, SAE TECHNICAL PAPER No. 2015-01-1568 [C]. WARRENDALE PA USA: SOCIETY OF AUTOMOTIVE ENGINEERS, INC., 2015.

第 6 章
车辆操纵性和转向系统的开发

操纵性是指车辆可以被操纵来改变行驶方向或路径的能力，主要描述转向盘角输入和车辆横摆、侧向响应的关系。以转向盘角度输入的响应为主要考察对象时，操纵性关注车辆本身的属性。即使对于无人驾驶车辆也仍然必须合理设计操纵性，并且需要在操纵性和稳定性之间达成适当的平衡。在此基础上，增加转向盘对路面情况的手力反馈，就构成了广义的操纵性，也称为转向性能。转向性能强调关注驾驶员的感觉，包括许多细微的手感差异，比如响应死区和中心位置感等。转向性能与转向系统的构造和特性强相关，同时也与影响操纵性的其他系统密切相关。只有在优秀的底盘机械性能基础上，用转向性能的主观和客观指标直接指导转向系统的设计和精心调校才可能实现优异的转向性能。本章逐一介绍转向系统的功能和种类、什么是良好的操纵性、转向性能的客观指标及相互之间的关系、转向系统关键参数的设计与助力调校、转向干扰等，最后简要介绍极限操稳性和赛车动力学。

6.1 转向系统的功能和种类

转向系统的基本功能是通过操纵转向盘，将转向盘的转动运动传递到车轮，从而改变车辆行驶方向。同时，转向系统也可以把轮胎与地面之间的接触信息传递回转向盘，产生路感反馈。这些反馈包括道路状况（如不平度），也包括轮胎和路面附着力以及是否接近极限。过去一百多年里，工程师们发明了多种转向系统，不断改进和完善转向系统的功能和性能。转向系统的发展体现在四个方面：①能够近似实现阿克曼转向几何的转向机构，这可能是汽车底盘技术的第一个专利（1818 年申请）；②转向管柱和转向中间轴等上游转向系统；③转向机类型，分为循环球转向机（大多数早期车辆和现代中重型载货汽车）和齿轮齿条转向机（大部分现代乘用车和部分轻型载货汽车）；④转向助力类型，分为机械转向（即手力转向）、液压助力转向（HPS，克莱斯勒，1951 年）、电液助力转向（EHPS，福特，1965 年）、电动助力转向（EPS，铃木，1988 年）、线控转向（SBW，英菲尼迪，2013 年）。

有意思的是，早在 1903 年，美国的哥伦比亚汽车公司就在 5t 载货汽车上用过电助力转向系统。转向系统的设计和助力特性等功能的调校与操纵性能主观感觉密切相关,是良好操纵性能的必要条件,但不是充分条件。影响操纵性能的因素不限于转向系统,轮胎、悬架和车身等系统都对操纵性能有直接影响。

转向系统正在成为复杂车辆控制系统(如主动安全系统和驾驶员辅助系统)的一部分,和车辆的安全性关系密切。本节首先介绍转向系统的基本功能、构成要素、种类,然后重点介绍转向助力系统,特别是电动助力(EPS)转向系统及其控制算法,最后简要介绍四轮转向、主动转向及线控转向技术。

6.1.1 转向系统的构成要素及工作原理

转向系统可分为上游转向系统和下游转向系统。图 6.1 所示为典型的齿轮齿条式无助力机械转向系统,其中,上游转向系统包括转向盘、转向管柱总成,每段管柱通过万向节连接。转向盘位于驾驶员的正前方,碰撞时需要其骨架能产生变形以及万向节发生角位移,从而吸收冲击能量,保护驾驶员。为改善急速转向的操作感,转向盘的转动惯量要低,当然这也更容易引起打手和其他高频转向干扰。转向助力的广泛采用使得转向盘的直径减小,同时手握处直径可适当增加,并采用柔软的包裹材料以改善操作感。转向管柱用于支撑转向盘,转向管柱本体通过支架安装在车身上。传递转向盘运动的转向轴从中穿过,由轴承支撑。现代乘用车一般有调节转向盘倾角或前后位置的机构,以适应不同身高的驾驶员,既有手动调节也有电动调节。传递转向盘转向运动的转向轴一般用万向节通过转向中间轴连接到转向器输入轴,万向节的输入和输出轴角度以及中间轴两端十字节叉的相位角决定了转向速比的波动量。上游转向系统的设计需要综合考虑转向盘的调节位置以及十字轴万向节的相位角,使得转向速比的波动量达到最小,并且优先考虑减小转向盘处于中间位置时的波动量。

图 6.1 齿轮齿条式无助力机械转向系统 [1]

下游转向系统包括转向机构、助力系统和转向横拉杆。广义的下游转向系统也应该包括转向主销几何和转向梯形等，不过这部分通常在悬架设计部分讨论。转向机构分为齿轮齿条式和循环球式。早期车辆多使用循环球式转向器，部分原因是速比更大可以提供更大的助力。但循环球式转向机构复杂，转向控制不够精确。因为成本、重量、布置和性能等多方面的原因，现在乘用车基本都使用齿轮齿条式转向机构。这种转向器刚性高、结构紧凑、成本低、重量轻、安装方便、操作感好，很适合乘用车。转向盘转动通过转向管柱和万向节改变角度，最后传给转向器输入轴。转向器将转向盘的转动变化为齿条的直线运动，借助横拉杆推动或拉动转向节，使前轮转向。这种转向机构容易将反作用力传至转向盘，对路面状态反馈灵敏，但也更容易产生转向盘打手等问题。齿轮齿条转向机相对于轮心的位置会影响侧向力不足转向程度。

助力系统按转向助力原理可分为液压助力（HPS）和电动助力（EPS）两大类，其中液压助力还可以采用电动泵液压助力（EHPS）技术。无论采用何种助力形式，都有一个作为力矩传感器的转向扭杆弹簧。转动转向盘后，转向手力首先引起作为力矩传感器的转向扭杆弹簧变形，该变形信号传递到助力系统产生转向助力，转向手力和转向助力共同推动齿条移动，并通过转向横拉杆引起转向节绕主销转动，车轮的转角产生轮胎侧偏角，进而产生侧向力和回正力矩，并通过转向拉杆反向传递到转向器、转向管柱，并在转向盘形成力矩反馈，驾驶员因此有了转向手感。

液压助力系统的核心部件为转阀机构，扭杆弹簧的上端与转阀芯用销子固定为一体，扭杆弹簧的下端与转阀体和转向小齿轮固定为一体，转向力矩的输入使得扭杆弹簧发生扭转，同时转阀芯和转阀体发生相对转动，由此让转阀改变油路使高压转向油液流入活塞的一侧，左右液压缸产生压力差，低压油液从活塞的另一侧流出，推动齿条向转向方向移动。液压泵直接由发动机带动，因此一直在泵油过程中，不断消耗能量（图 6.2）。

图 6.2　液压助力转向系统[1]

相比于传统的液压助力系统，电动液压助力系统使用电动机驱动液压泵，能耗更低（节省高达75%），更容易布置和安装，能实现随速可变助力，并通过省去V带提高了可靠性，当然这类系统和液压助力有相同的失效模式（图6.3）。

相对于液压助力系统，电动助力EPS在成本、重量、布置和性能等方面有更多的优势，如今已经成为主流乘用车采用的助力转向技术。与HPS相比，EPS的能耗降低80%，且更容易实现模块化设计，布置安装简化，尺寸紧凑，重量轻，动态响应更快，并且可以修正某些转向错误状态。当然，EPS也有来自电动机转子的额外系统惯性以及电动机和电动机齿轮副的额外摩擦，系统阻尼较低，造成早期的EPS在多方面的转向性能（中心感、响应性、回正性等）都不及HPS。但在

图6.3 电动液压助力转向系统[1]

空间布置（取消了液压泵、油罐和管路系统）、节能（仅在需要助力时工作）、轻量化、成本和模块化等方面的巨大优势，使得EPS很快得以推广应用。随后各种电控策略和补偿机制（如摩擦力补偿、惯性感补偿、主动回正等功能）不断完善，使得EPS性能达到了液压助力的水平甚至更好。助力性能的逐步提高使得齿轮齿条式电动助力转向系统在越来越多大轴荷的车辆上应用。下面将集中介绍不同类型的电动助力转向系统。

6.1.2 EPS系统的种类和控制算法

依据助力电动机作用位置的不同，EPS系统又可分为管柱助力式（Column EPS）、齿轮助力式（Pinion EPS）、双齿轮助力式（Double Pinion EPS），以及齿条助力式（Rack EPS，滚珠丝杠或传动带驱动）等（图6.4）。选择EPS类型的原则有两个：一是助力能力；二是转向性能。一般说来，助力越靠近车轮，两方面的表现越好，当然成本和重量也越高。管柱助力式的成本和轻量化优势明显，设计紧凑，但因为助力通过转向管柱传递，系统刚性较低，转向感觉差，并且因电动机更靠近驾驶舱，电动机噪声更明显。齿轮助力式的系统一体化好，惯性感和摩擦感降低，但相比成本的增加，优势不明显，应用较少；从双齿轮助力式到齿条助力式，布置自由度增大，助力能力加大，惯性感和摩擦感进一步降低，但成本进一步增加。表6.1为不同的EPS助力形式的助力能力及适用车型。

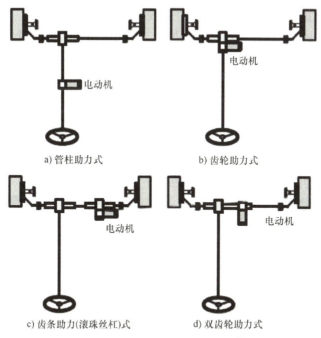

图 6.4 不同的 EPS 助力形式[2]

表 6.1 不同的 EPS 助力形式的助力能力及适用车型

车型	转向齿条力 /N	管柱助力式	齿轮助力式	双齿轮助力式	齿条助力式
载货汽车、厢式货车	15000				
	14000				
	13000				
豪华型	12000				
	11000				
大型	10500				
	10000				
	9500				
中型	9000				
	8500				
	8000				
小型	7500				
紧凑型	7000				
微型	6500				

EPS 的控制算法大致可分为以下四类：

1）EPS 基本助力功能。助力特性是一系列从转向输入力矩到电动机助力转矩随车速变化的曲线，以实现低速轻便、高速沉稳的需求。助力特性随车速的变化规律最终以最优的转向刚度随车速的变化规律为依据进行调校。

2) 对 EPS 固有不足进行修正的功能。与液压助力转向系统相比,虽然 EPS 的优势很多,但也有其固有不足,包括来自电机转子的额外系统惯性、由于电动机和电动机传动副引起的额外摩擦和低系统阻尼。因此,除了助力特性外,EPS 系统的控制算法首先要对这些固有不足进行修正。例如电机转动惯量补偿、摩擦补偿、阻尼控制和主动回正等。这些基本功能保证了 EPS 能够正常工作,达到或者超过 HPS 的性能。

3) 错误状态修正功能。这些功能试图减弱各种内外部激励下可能降低驾驶体验甚至干扰转向意图的力和振动,包括平滑路转向盘抖动、不平路面转向盘抖动和打手、制动脉动、转向跑偏修正、驱动力矩转向补偿、末端撞击等。

4) 属于自动驾驶辅助功能的一些高级转向功能。这些功能可以提升整车稳定性,实现泊车辅助或半自动泊车,行驶方向修正或车道保持。

电动机的转动惯量虽小,但转化为绕转向轴的等效惯量却很大。高电动机惯量会降低中心转向感,如造成转矩波动和响应延迟,导致回正力矩低时转向盘回位速度降低,而回正力矩高时又出现超调且稳定时间增加。补偿电动机转动惯量的控制电流 I_J 与电机转动角加速度 $\dfrac{d\omega_M}{dt}$ 成正比,见式(6.1)。应用惯性补偿可以缩短转向力矩相对转向角度在 1~3Hz 区域的相位滞后,增强响应能力(图 6.5)。

$$I_J = K_J \frac{d\omega_M}{dt} \tag{6.1}$$

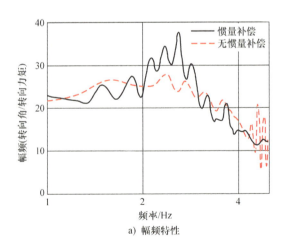

a) 幅频特性

图 6.5 惯性补偿缩短 1~3Hz 区域的相位滞后并提高增益(增益 = 转向盘转角/转向力矩)[3]

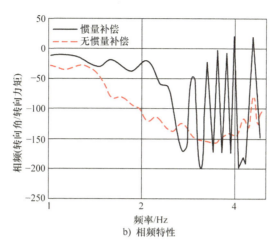

b) 相频特性

图 6.5 惯性补偿缩短 1~3Hz 区域的相位滞后并提高增益
（增益 = 转向盘转角 / 转向力矩）（续）

EPS 电动机的摩擦力矩包括电动机内部（如电刷和轴承的机械损失以及磁损）和电动机传动副。电动机摩擦力矩的增加导致中心转向感觉不顺畅，转向盘回位缓慢以及最终回位残余角度增加。摩擦力补偿控制电流 I_F 与电动机转动角速度 ω_M 的方向有关，见式（6.2）。

$$I_F = K_F \text{sign}(\omega_M) \tag{6.2}$$

传统的液压助力转向系统会通过液压助力转向的油腔、阀门、管路中的黏性阻力以及转向液的惯性产生一定的阻尼效应。EPS 系统本身的阻尼不足，但可以通过对助力电动机的控制来产生主动阻尼效果，以使得转向盘以理想的方式回到中心位置，避免在高速下出现超调振荡，同时在转向时提高品质感。主动阻尼的补偿控制电流 I_C 与电动机转动角速度有关，见式（6.3）。

$$I_C = K_C \omega_M \tag{6.3}$$

主动回正算法使得在高摩擦力矩情况下，转向盘能以良好的阻尼方式准确回到中心位置，避免出现振荡。式（6.4）为一种主动回正控制电流 I_R 的 PID 控制算法。式中，K_1 和 K_2 是"回正控制"对应的增益，转向盘角度 θ_h 越大回正力矩越大。K_3 是"主动阻尼"增益，产生随转向盘角速度增加的主动阻尼。图 6.6 所示为主动回正控制的控制效果，开始时回正控制 K_1 和 K_2 项占主导地位，然后阻尼输入 K_3 项占主导地位。转向盘以更快的速度回到中位且无明显超调。通过不同比例的主动阻尼和回正控制参数标定可以实现不同的回正特性。

$$I_R = K_1\theta_h + K_2\int\theta_h dt + K_3\dot{\theta}_h \tag{6.4}$$

EPS有很多不同的抗转向干扰控制算法，此处只介绍其中一种。理想的转向系统应该能将轮胎回正力矩反映的道路信息（频率可达5Hz）反馈给驾驶员，但又不希望传递来自道路或车轮不平衡的干扰（频率高于13Hz）。在指定频率范围内应用高通滤波器的主动阻尼控制算法可以实现图6.7所示的绕转向轴力矩到转向盘力矩的传递函数。可见：在需要降低转向干扰的频率范围内，通过抗转向干扰算法，转向盘力矩可以得到切实降低。

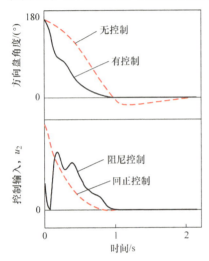

图6.6 转向盘主动回正控制[3]

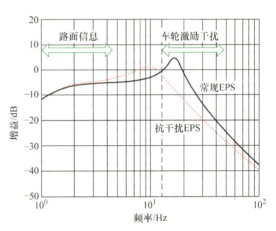

图6.7 抗转向干扰算法对力矩增益的影响
（增益＝转向盘力矩/绕转向轴的力矩）[3]

6.1.3 转向速比和可变速比

齿轮机构的基本结构是小齿轮螺旋状齿形与齿条的直齿相啮合。特殊的螺旋状齿面有助于改善直线行驶时小转角修正方向的操作感。另外，被称为压块的调节机构以适当的压力将齿条挤压在小齿轮上。如果压力不够，产生的游隙使得转向不够精准，而压力太大，产生的摩擦力增加转弯操作力，且运动不够平顺。为使齿条左右平滑运动，在齿条壳体两端采用低滑阻支撑衬套。小齿轮旋转带动齿条左右移动，二者的速比定义为线角比，即齿轮每转动一周齿条移动的距离，单位为mm/r。其他参数相同时，如果线角比越低，转向操作力越小，转向盘总圈数越多，此时低速泊车时操纵差，且在高速行驶时转向灵敏度低。为满足驻车机动性要求，一般要求转向盘端到端总圈数不大于3。如果线角比高，泊车时操纵简便，但操作力沉重，需要更多助力，且高速行驶时转向灵敏度可能过高。为适应不同要求，发明了变速比转向齿条。在齿轮啮合的过程中，节线或齿轮的有效半径决定了力和运动的传递关系，不同的齿条齿形配合同样的齿轮齿形可以形成不同的节线位置从而产生变速比。因此，在设计制造齿轮时通过改变齿条的齿形可以使得节线按某种设计规律平稳变化，从而实现变速比传动（图6.8）。

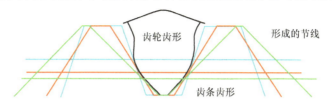

图6.8　变速比转向齿条的齿形以及变速比示意图

6.1.4　四轮转向系统的影响

当只有前轮转向时，后轮一般也会在车身侧倾或者侧向力作用下有一定的转向运动，以便达到预期的动力学要求，但这属于被动转向。四轮转向则能够主动控制后轮的转向角（一般不超过5°），既可以实现与前轮的同向转向，也可以实现反向转向，从而在提高性能和功能方面增加了一个维度。在低速大角度转弯时，后轮与前轮转角反向，线性增加。即使后轮转角范围相对于前轮很小，也可以大大减小转弯半径，提高操纵灵活性。式（6.5）为基于简化四轮模型给出的转弯半径估算公式，可见：在增加前轮转向角度 δ_f 之外，提高后轮转向角度比 $\dfrac{\delta_\mathrm{r}}{\delta_\mathrm{f}}$ 可以有效降低转弯半径。

$$\text{转弯半径} = \frac{L}{\delta_\mathrm{f}\left(1+\dfrac{\delta_\mathrm{r}}{\delta_\mathrm{f}}\right)} \qquad (6.5)$$

普通前轮转向车辆从转向盘转向输入开始，到后轮产生侧偏角，最后产生后轮侧向力，中间必然经过车身发生较大横摆运动的阶段。时间的滞后使得响应变慢，稳定性变差。四轮转向的同向转向则在转向盘转动的同时发生，前后轮产生侧向力的时间几乎相同，产生侧向响应的时间加快，车身质心侧偏角减小，易于跟踪目标行驶曲线，提高了高速行驶时的操纵性。由于车身不会发生较大的横摆运动，同时横摆阻尼增加，减小了超调，提高了高速行驶的稳定性。

四轮转向的实现方式有很多：早期有将前后转向机构连接起来，并且根据转向盘转向角实现同向和反向切换的机械结构；在此基础上，有通过车速传感器控制转向的机电控制系统。但从根本上来说，仍然有连接前后转向机构的中间转向轴；最新的四轮转向取消了前后轮之间的机械连接，后轮为独立的电动转向机，转角由电子控制单元（ECU）控制。电子控制单元根据转向盘的转角、角速度和车速，计算出后轮的目标转向角，将目标转向角与实际转向角之差作为控制信号，向电动机发出信号使后轮转向。

后轮和前轮的转向角以及方向关系根据速度确定。在低速时,后轮根据转向盘转角反向转向,减小转弯半径,提高机动性;中速时可减少后轮转向甚至不转向,取得和两轮转向相似的性能,减小不自然感;高速时后轮与前轮同向转向,减小车身横摆,提高操纵性和稳定性。另外,也可以根据转向盘角速度,调节同向转向的前后转向角度比,提高车身侧倾和横摆稳定性。当后轮转向系统发生故障时,后轮缓慢恢复至直线行驶状态,车辆变为前轮转向模式,保证基本的安全性。图 6.9 所示为典型的根据车速和转向角速度确定的后轮转向角变化特性:当车速明显低于 30km/h 时,前后轮反向转向,但比例逐步缩小;当车速在 30km/h 附近时,后轮转角不变,车辆以前轮转向方式行驶;当车速高于 30km/h 时,前后轮同向转向,且车速越高,后轮相对于前轮的转角越大。后轮转角也可以根据转向角速度调节,当转向角速度增加时,后轮转向角减小,以提高转向灵敏度。

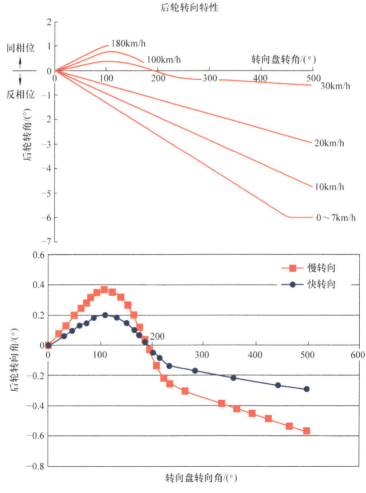

图 6.9 典型的根据车速和转向角速度变化的后轮转向角变化特性

6.1.5　主动转向系统

主动前轮转向系统由宝马汽车公司于 2003 年首先使用。在转向盘和转向轴之间通过由电动机控制的行星齿轮系统连接,从而实现上下游之间的任意速比变化。输入到转向机的角度 δ_V 为转向盘转向角输入 δ_S 和行星齿轮机构控制角度 δ_M 的叠加,如图 6.10 和式(6.6)所示。

$$\delta_V = \delta_S + \delta_M \tag{6.6}$$

该主动转向系统可以通过主动速比变化功能在低速下提高低速操纵便利性,减少驾驶员的工作量,提高转向舒适性,而在高速下既可以对驾驶员输入快速响应,增强车辆动态转向响应,也可以通过等效速比的调节,保持高速车辆稳定性。转向稳定性控制可以在 20ms 内起作用(电液制动系统产生横摆稳定力矩需要 200~250ms),因此可以在不稳定工况更早发挥作用,此时转向盘输入角度维持不变,直流电动机控制行星齿轮机构产生额外转向输入,自动将前轮转角控制到最优值。这套机构和控制算法还可以提供主动安全功能,提供泊车辅助和车道保持辅

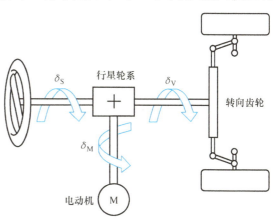

图 6.10　宝马主动转向系统示意图

助,甚至具备自动转向功能。当主动转向系统失效时,行星齿轮机构锁死,产生的转向角度为零,驾驶员的转向输入直接产生转向管柱角度输入,系统与常规转向系统表现相同。

6.1.6　线控转向

以上所介绍的各种转向系统都采用转向盘和车轮之间的机械连接。通过这样的机械连接,转向盘的转向角输入可以传递并转换为车轮的转角运动,而车轮与地面之间的回正力矩可以反馈回转向盘,给驾驶员以转向路感。线控转向系统则取消了这样的直接连接,通过转向控制器将转向盘子系统和转向执行子系统连接起来,给转向系布置带来了极大方便,同时提供了更多优化车辆操纵性和稳定性的可能,也给自动驾驶打下了基础(图 6.11)。

尽管没有机械连接,线控转向系统仍然必须保障和其他形式的转向系统有相同的功能安全等级和性能水平,即车轮的转角必须与转向盘转角同步,没有明显的偏差和滞后,以控制车辆的行进方向。除此之外,线控转向系统可以提供更多附加功能,如:根据车速、转向角速度和齿条力调节的可变转向手感;根据车速、

转向盘角度和其他变量调节的可变速比和根据车速可调的转向盘回正功能。如果采取左右独立控制的车轮转角执行器,线控转向系统还可以实现阿克曼校正的主动控制。上述转向功能实质上是一系列闭环控制问题,线控转向系统主要解决的就是这样一个控制系统的稳定性和转向性能要求。

转向盘子系统包括测量转向盘力矩和角度的传感器,执行子系统包括测量下游转向力和车轮转角位置的传感器。转向盘角度信号经控制器处理后作为车轮转角的参考信号,和采集到的车轮转角信号一起用于控制转向执行子系统,实现期望的车轮转角。控制系统的目标是实现迅速而有适当阻尼的车轮转角响应。下游转向力信号通过控制器处理后,估算轮胎回正

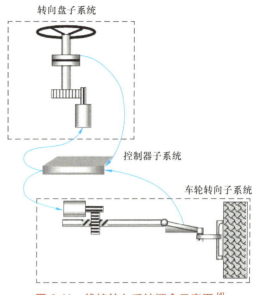

图 6.11 线控转向系统概念示意图[4]

力矩和需要补偿的反馈力矩,作为转向盘力矩的参考信号,和转向盘力矩传感器信号一起用于控制转向盘子系统,提供给驾驶员手力反馈。主动回正功能使用车轮转角和回正力矩信号,且回正的速度和车速有关。当转向盘回到中心时,车轮也完成回正。变速比控制以车速和转向盘转角信号为输入信号,车轮参考角为输出信号。执行子系统跟踪车轮参考角,根据设定的速比关系实现变速比控制。除了车轮转角和反馈力矩控制,以及上面提到的变速比、主动回正等转向功能外,控制器还可以实现很多其他控制算法,比如:可以利用转向盘转角、车速、侧向加速度以及横摆角速度信号优化车辆稳定性能。

虽然线控转向系统有改善操纵稳定性、提高舒适性、节能环保、提高被动安全性和有利于轻量化等优点,但是由于其没有机械连接,因此防止线控转向系统的失效,包括系统部件的物理和逻辑缺陷,变得尤为关键。故障的检测和预防需要依靠冗余硬件备份和软件容错算法。硬件冗余通过对线控转向系统中的电动机、传感器、ECU、电源、通信网络等易发生故障的硬件部分进行备份设计,备份装置可以实现和原装置一样的功能,既可以与原装置同时工作,也可以处于待命状态。软件容错算法在不增加设备的情况下,对故障后其余正常工作的转向系统装置进行控制,当部分装置发生故障时,通过实时数据采样,定位故障类型与位置,并整合其余正常工作的装置,相互协同工作,从而达到正常工作状态。未来的线控系统将同时拥有以上硬件备份和软件容错算法,以实现安全冗余。

6.1.7 小结

改变车辆的行驶方向和提供路面反馈是转向系统的主要功能。转向助力特性和转向速比是转向系统最主要的设计参数。转向助力形式包括液压助力、电液助力和电动助力等。本节主要讨论了不同形式的电动助力以及为补偿其固有不足，修正错误状态而开发的不同控制算法。最后，简要介绍了四轮转向、主动转向及线控转向的基本原理及期望达成的目的。线控转向是未来实现全自动驾驶的必经之路，硬件冗余和软件容错是保证线控转向安全和可靠性的关键技术。

6.2 具有良好操纵性能车辆的特点

操纵性能优良的车辆能够严格按照驾驶员意图改变行驶路线，转向手力既不太重也不过轻，转向响应既不太快也不过慢，有良好的线性度和不易察觉的响应滞后，泊车操作舒适便捷，给人一种得心应手、人车合一的感觉，能够带给用户驾驶乐趣。要达到这样的高要求，必须按照用户场景细分出不同的需求，聚焦关注的不同区域，分析其影响机理，采用合适的量化指标，通过设计和调校最终达成所期望的优良性能。

6.2.1 操纵性与转向性能覆盖的用户场景

任何正常驾驶或紧急操作，需要通过转向盘维持车辆的运动方向，或者改变车辆的侧向位置或运动方向，都是操纵性能覆盖的场景。驾驶操作可以分为日常行驶和极限行驶两种主要场景：日常行驶场景包括居民小区、停车场、城市路面、乡村公路、高速路常规驾驶等；极限行驶场景包括高速路紧急避障、低附路面和赛道驾驶等。二者主要区别在于：日常行驶的侧向加速度较低，转向输入角速度较小，车速在高速路限速之内；而极限行驶的侧向加速度可以很高直到轮胎附着极限，转向输入角速度较高，车速可以达到车辆的物理极限。虽然在低附路面上的侧向加速度不高，但车辆很容易达到附着极限，应该归为极限行驶一类，此时车辆的横摆稳定性是主要的考虑因素。根据侧向加速度和车速范围，车辆的动态操控性能可分为以下几个区域，如表 6.2 所示。在泊车和低速行驶场景，车辆的几何运动学特性比动态性能更为关键，主要评估车辆的低速操纵性和机动性。常用指标包括：转向盘总圈数、最小转弯半径和转向手力等。较少的转向盘端到端总圈数和较小的最小转弯半径提高了泊车场景的机动灵活性。恰当的转向手力提升了舒适性。车辆的高速操纵性既包括车辆对转向盘角输入的响应，又包括与转向盘力矩相关的力矩梯度、转向刚度等指标。

6.2.2 直线行驶的可控性

直线行驶的操纵性与转向盘中心区转向特性有关，转向盘的角度变化通常小

表 6.2　根据侧向加速度和车速的范围划分的车辆操控动态性能的不同区域

行驶速度	侧向加速度				
	0g~0.1g	0.1g~0.2g	0.2g~0.4g	直到轮胎极限	
50km/h 至极限车速	直线行驶	变道	弯道	紧急避让	极限驾驶
20~50km/h	居民小区			—	
< 20km/h	泊车	—	—		

于 10°，一般用转向无响应区（或响应死区）大小和中间位置感来描述，即转向盘从中间位置左右小角度（如 1°之内）转向后，车辆是否有可感知的横摆响应，手力是否有可感知的增加。无响应区小和中位感清晰的车辆响应迅速，手力反馈明显，有更好的直线稳定性，加上不易觉察的响应滞后以及良好的响应线性度，共同构成良好的转向精准性，如果转向盘的响应死区太大（大于 3°）、中位感不清晰、车辆响应有延迟，就需要驾驶员集中精力驾驶，经常修正转向盘角度，容易引起疲劳。响应死区和中位感彼此联系又不尽相同：响应死区描述转向角输入与车辆响应（如横摆加速度）的关系，而中位感描述转向角输入与转向手力的关系（即转向刚度）。响应死区与轮胎和悬架特性、转向系统柔性、助力特性等有关，主观感觉转向系统有游隙。

中位感考察转向盘在偏离中心后是否有自动恢复到该位置的趋势和能力，是否有摩擦感。有清晰中位感的车辆往左右两侧打转向盘都能马上感知手力上升，松开转向盘能马上回正且无超调。如果系统中的机械摩擦太大，如悬架球铰摩擦力太大、齿条压块力太大、转向轴万向节自身摩擦力大等，转向盘转动时会感到转向沉重但中心感不明确，难于自动回正或者回正过慢。此时需要驾驶员手动回正，造成疲劳。转向盘中间位置感差可能的原因还包括悬架和轮胎回正力矩不够，助力水平太高造成手力反馈过低，最后反映为转向系统的中心刚度低和非线性。

可以用图 6.12 解释转向响应死区和中位感的关系。最初的转向盘小角度输入首先需要克服转向系统的柔性，引起转向扭杆的变形，从而产生转向助力。克服下游系统的摩擦力后移动齿条并引起车轮产生侧偏角，最终在轮胎侧偏力的作用下车辆产生最初的横摆响应。只有当这个响应超过人体感知阈值（通常为 0.02g 侧向加速度）或者观察到车辆姿态的变化时，驾驶员才会认为车辆有了转向响应，到此为止的转向角输入定义转向响应死区。在此之后，进一步的转向角输入通常对应比较线性的转向响应增长，直到进入轮胎的非线性区。与之相关，手力反馈只能发生在轮胎产生侧偏力和回正力矩之后。在此之前，手力基本上用于克服转向系统的摩擦力，因此不随着转角的增加而增加，这个角度定义为手力无反馈区。当转向盘转角的增加引起轮胎力的产生以及绕主销的回正力矩进一步增加，转向手力随之增加。手力无反馈区比转向响应死区略小，因为即使手力由于轮胎力的产生而开始增加，车辆实际的响应可能仍然低于感知阈值。手力增加的比值受转向助力系统调校的影响，较低的助力水平对应着较高的手力反馈梯度。中位感和转向刚度的高低有关，显然较小的手力无反馈区和较高的转向刚度对应着更好的中位感。第 6.3.4 和 6.3.5 小节的讨论显示，较高的中心区最小转向灵敏度和转向手力梯度对应着高转向刚度和较强的中位感，也对应着较好的回正性能。

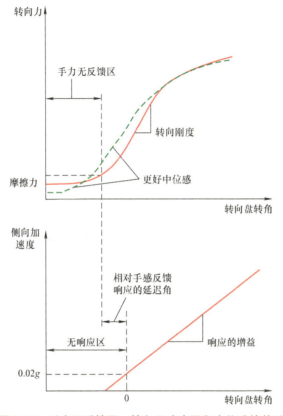

图 6.12　手力无反馈区、转向无响应区和中位感的关系

6.2.3　变道行驶的可控性

变道时需要车辆有很好的可控性，即能够按照驾驶员意图以可预测的响应完成变道。变道操作时车辆需要有明显的侧向位移，转向盘角度输入较大，但转向角速度通常较低。随着转向盘转角慢慢加大，表现优秀的车辆有迅速且可预测的侧向和横摆响应。图 6.13 为两种不同操纵性能车辆快速变道时的轨迹示意图。可控性好的 A 车响应迅速且没有超调，能够按照转向输入精准进入预期的车道，可控性差的 B 车有响应延迟并可能伴随非线性响应。如果高速变道响应滞后太长，则在转向输入后车辆开始没有反应，为达到期望的横摆和侧向响应，驾驶员倾向于加大转向角输入，经一定时间延迟后车辆终于产生响应，但突然发生的横摆和侧向运动可能超出预期，又需要反向矫正，如此反复导致车辆难于操控，甚至产生安全隐患。图 6.14 所示为主观感觉差异较为明显的两台车在快速变道时，转向盘角输入和质心侧偏角试验数据的比较，操纵性能更为优秀的 A 车仅需要较小的

转向盘转角输入，较小的反向矫正以及可以更快回到中位直行状态，与之对应，A 车质心侧偏角的幅值也更小，超调更低，能够更快收敛恢复到直行状态。不易察觉的响应滞后和响应的线性度直接和转向刚性感相关，此时驾驶员和路面有直接的连接感。响应滞后除了与转向系统柔度直接相关外，还与车辆的前后轴等效侧偏柔度、横摆转动惯量和轴距等有关。当系统柔性感较大或有明显响应延迟时，转向盘角输入和车辆响应输出之间为非线性递增关系，这样的车辆难以控制。

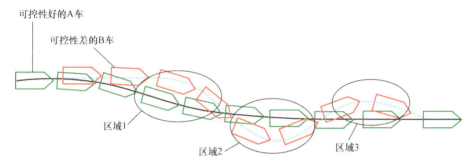

图 6.13 可控性优秀的车辆和可控性差的车辆在响应延迟（区域 1）、响应精准性（区域 2）和超调方面（区域 3）的比较

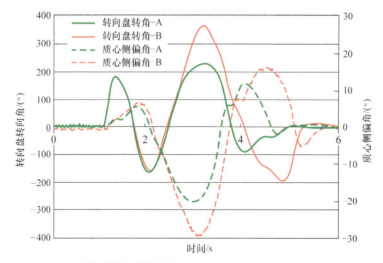

图 6.14 完成快速单变道操作优秀车辆（A）和对标车（B）侧偏角和转向角输入的比较（80km/h）

6.2.4 弯道行驶的可控性

与变道驾驶相比，弯道行驶时需要更大的转向盘角输入，当车速增加时，在同样的弯道对应着更高的侧向加速度，需要更大的转向盘角输入和更大的转向手力。因此，弯道行驶可控性主要评估转向手力的大小，转向手力与车辆响应是否匹配等。

弯道可控性优秀车辆的转向手力恰如其分，手力与车辆响应（如侧向加速度）有较好的递增关系，主观感觉转向盘与地面之间有很直接的联系，转向力矩反馈与车辆响应匹配合乎预期。在轻微加速或制动操作下不需要太多转向盘修正就能够维持原有的轨迹，出弯时转向盘有较强回正能力，能快速回到中心且无超调，驾驶员对车辆状态有把握，操控信心提升。

可控性较差的车辆可能有以下一项或多项表现：对转向输入响应不灵敏或非线性，有明显的响应滞后，需要频繁和较大幅度的转向盘校正才能维持弯道行驶，车身侧倾较大而且发生很快，横摆和侧倾有较大超调，后轴有明显的甩尾感，整个车辆显得迟钝、笨重和不安全。转向盘手力太重或者太轻，与转向响应不协调。响应过快的车辆敏捷但稳定性差，响应过慢的车辆虽稳定但迟钝，都不可取。

6.2.5　高速紧急避障的可控性

与常规变道操作相比，高速紧急避障的最大特点除车速快、转向盘角度大外，还需要驾驶员急打转向盘以求车辆能快速连续变道。典型的双移线操作需要在一定的距离内完成多次操作，不只需要车辆的转向响应足够快，轮胎也要有很高的极限抓地能力。当转向角速度（即转向频率）提高后，车辆的响应会产生更多滞后，时域中响应的线性度也明显下降。减小响应延迟和提高响应线性度是提升车辆高速紧急避障能力的首要目标。转向频率提升后响应的下降和响应延迟的增加可以更清晰地用频域增益和相位图描述（图 5.13）。从稳态增益开始，横摆增益维持一定的线性度直到达到一个峰值，然后迅速下降。相位延迟随频率的增加而逐步增加，在增益峰值附近相位延迟急剧增大。此时车辆对正弦输入的响应虽然比较灵敏，但有较大响应滞后，感觉响应不够直接。以高于峰值频率的高频小角度转动转向盘，车辆基本不改变行进方向。有些车辆在这样的操作下，有明显的侧倾响应，不应该认为是操纵性好的标志，因为侧倾不是转向角输入下期望的输出。增益峰值频率高和相位滞后短的车辆，在更广的频率范围内增益的线性度好，不易进入低响应区，更易于横摆控制。

6.3　转向性能客观指标定义

正如在本章简介部分所述，转向性能是广义的操纵性，除描述转向盘角输入和车辆横摆及侧向加速度响应的关系外，还增加了对路面情况的转向盘手力反馈，更多关注驾驶员的感觉。转向性能与转向系统的构造和调校特性强相关。虽然主观评估仍然是开发和验收必不可少的环节，为了有效地在开发初期充分利用 CAE（计算机辅助工程）技术指导设计，必须定义恰当的客观指标以量化操纵性能。转向性能从关注中心区的转向灵敏度和手力反馈开始，逐步拓展到转向灵敏度的线性度和高加速度下的手力反馈。转向性能是一个闭环的输入 - 响应 - 感知的过程。转向性能关注在一定转向输入下，转向盘转角、转向盘力矩（即手力）、侧向加速度这三个物理量相互之间的关系。采用车身侧向加速度而不是横摆角速度作为转向性能的响应输出，是因为车身侧向加速度能反映更多的车辆响应信息（参见第5.3节）。大部分转向性能指标都可以用转向盘中心区转向试验获取的数据处理得到。

6.3.1 转向盘中心区操纵性试验

转向盘中心区转向试验用于量化驾驶员在高速驾驶时通过主动操纵转向盘改变车辆行驶方向时的操纵性能，而非受侧向风或道路输入干扰后所做的转向盘被动调整。此时侧向加速度幅值较小，转向盘主要在中心区附近转动，因此称为"中心区操纵性能"。维持高速直行或实施变道时，车辆侧向加速度一般在 0.2g 以下，转向频率一般在 0.1~0.3Hz 之间。因此，标准转向盘中心区操纵性的试验车速为 100km/h，转向盘正弦角输入频率为 0.2Hz，转向盘转角的幅值以产生 0.2g 车辆侧向加速度为标准值[5]，一般需要三条车道来完成该试验。因为转向灵敏度的不同，同样达到 0.2g 所需要的转向盘转角也不同。当然也可以在其他车速测试，转向盘转角也可以加大以产生更大的侧向加速度。不过此时可能需要在更开阔的试验广场上才能完成试验。以下介绍的转向性能指标定义适用于所有加速度幅值和速度范围。

6.3.2 转向灵敏度及其线性度

转向灵敏度描述转向盘输入角度下车辆侧向加速度响应，见式（6.7）

$$SS = \frac{da_y}{d\theta_h} \tag{6.7}$$

式中，θ_h 为转向盘转角。

过快或者过慢的响应都会给驾驶员带来不愉悦的转向感。除第5章讨论的前后轴等效侧偏柔度、轴距和整车横摆转动惯量外，转向系统的扭转刚度、速比等都会影响转向灵敏度。特别是对应转向扭杆零变形的区域，此时转向系统的刚度最小，转向灵敏度也最小。当车辆直线行驶，驾驶员缓慢转动转向盘时，转向响应可用图6.12表示。因为转向和悬架系统中的游隙、柔性、转向器响应时间滞后、摩擦力、轮胎松弛长度等因素，车辆动态响应有一个滞后，而且即使车辆最初产生了响应，驾驶员仍然有一个最低感知阈值，表现为图6.12中所示的无响应区，又称为响应死区。显然过大的响应死区不会产生得心应手的感觉，同时对应着变差的转向响应线性度。

图6.15显示以常用的转向盘中心区正弦信号作为转向输入时，0.1g 处转向灵敏度（SS_1）和最小转向灵敏度（SS_{min}）的定义。因为侧向加速度响应的滞后，最

小转向灵敏度出现的位置在纵轴偏左而不是在纵轴上,该点对应转向扭杆零变形点。此时转向助力为零,转向系统的刚度最小。因为最小转向灵敏度 SS_{min} 的存在,转向响应表现为较强的非线性,转向精准性低。式(6.8)为转向灵敏度比 SS_{ratio} 的定义,显然该值越接近于1,转向灵敏度线性度越好。图 6.12 中的响应死区和图 6.15 所示的最小转向灵敏度存在对应关系。

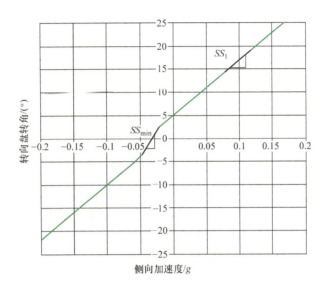

图 6.15 最小转向灵敏度和转向灵敏度线性度的定义

$$SS_{ratio} = \frac{SS_{min}}{SS_1} \tag{6.8}$$

6.3.3 转向力矩梯度及其线性度

不同于转向角输入对应的响应死区,转向力矩和转向响应之间的关系更为直接:如果车辆行驶方向发生变化,转向盘必然有手力反馈。当车辆直线行驶,缓慢进行转向盘转角输入时,需要首先克服转向系统的惯性力和摩擦力,才能产生可感知的侧向加速度(通常认为是 0.02g)。转角继续增加,侧向加速度持续增大,此时希望转向盘力矩 T_h 也持续增加,以便能够感知车辆状态的变化。显然线性的力矩反馈最能够反映车辆侧向加速度的变化,因为轮胎回正反馈可以更直接感知,但在高侧向加速度工况下,保舵手力可能太高,会导致转向舒适性下降,因此,希望转向力矩上升斜率递减(图 6.16)。

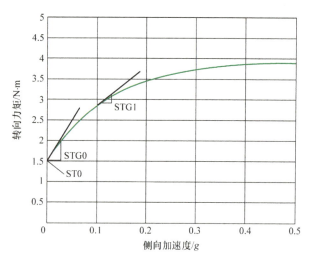

图 6.16　转向力矩梯度及其线性度定义

式（6.9）为转向力矩梯度的定义，描述在给定侧向加速度下，转向盘扭矩反馈和侧向加速度之间的递增比例关系，在 0g 侧向加速度下的转向力矩梯度称为 STG0，而在 0.1g 侧向加速度下的转向力矩梯度称为 STG1。

$$\mathrm{STG0} = \left.\frac{\mathrm{d}T_\mathrm{h}}{\mathrm{d}a_y}\right|_{a_y=0} \tag{6.9}$$

式（6.10）为转向力矩梯度线性度 $\mathrm{STG_{ratio}}$ 的定义，描述转向盘力矩反馈和侧向加速度曲线的线性度。

$$\mathrm{STG_{ratio}} = \frac{\mathrm{STG1}}{\mathrm{STG0}} \tag{6.10}$$

为了提高转向力矩梯度线性度，首先需要降低转向系统的摩擦力（即降低在 0g 侧向加速度下的转向力矩 ST0），其次需要限制初始转向力矩梯度 STG0，以便为转向力矩较为线性地增长提供余地（图 6.17），因为高侧向加速度下转向盘力矩不能太高。图 6.17 中曲线 a 对应的 0g 下的转向力矩 ST0 太高（即转向系统摩擦力太高），不利于手力曲线较为线性地增长（$\mathrm{STG_{ratio}} = 0.25$）；曲线 b 对应的 0.1g 下的转向力矩梯度 STG1 太高（即 0.1g 区助力太低），同样不利于手力曲线较为线性地增长（$\mathrm{STG_{ratio}} = 0.29$）；虽然曲线 c 能够达到很好的线性度（$\mathrm{STG_{ratio}} = 0.63$），高侧向加速度下的转向力矩可能太高；曲线 d 有较好的线性度（$\mathrm{STG_{ratio}} = 0.52$），而高侧向加速度下的转向力矩并不太高。总体来看，曲线 c 和曲线 d 可能会提供较好的手力反馈和主观感觉，其中曲线 c 更适合运动型车辆，而曲线 d 更适合舒适型车辆。

最大泊车转向力矩以及转向力矩梯度的线性度直接决定了助力曲线的设计。

当使用液压助力时，唯一的助力曲线只与系统压力有关，而与车速无关，这样最大原地转向手力与高速路转向手力对应着同样的助力曲线，有可能为了降低泊车时转向盘手力而必须限制高速转弯时（即高侧向加速度）的转向盘力矩，造成高速驾驶手力反馈线性度不够；另一方面，为提高高速转弯时（即高侧向加速度）转向盘力矩的线性度而设计的助力曲线可能会引起泊车时手力太高，导致驾驶舒适性降低。但是对电动助力系统，这种约束不再存在，因为在不同车速对应多条助力曲线，低速驻车手力和高速转向手力对应着不同的转向力矩曲线（图6.18）。如何设计这组曲线的线性度以及曲线随速度的变化规律将在第6.4节讨论。

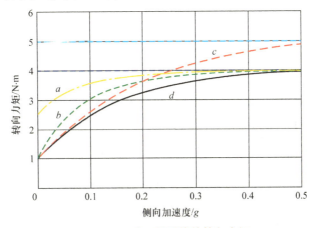

图 6.17　四种不同风格的转向力矩

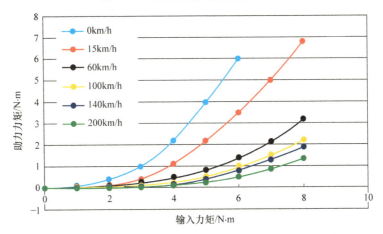

图 6.18　EPS 提供随速度变化的多条助力曲线以同时实现较低的最大泊车转向手力和合理的高速路转向力矩的线性度

6.3.4　转向刚度与中位感

转向手力死区是指在转向盘中心处微微转动转向盘（大约1°之内），可能感觉不到转向力矩的增加，该角度范围就是转向手力死区（图6.12）。转向手力死区越大，转向盘中位感越差。当转向角进一步增加时，车辆产生侧向加速度响应，力矩反馈引起转向手力逐步增加，此时已超出转向力矩死区范围。转向力矩和转向盘转角的关系定义了转向刚度，类似非线性扭转弹簧的轴向刚度：

$$\text{转向刚度} = \frac{\mathrm{d}T_\mathrm{h}}{\mathrm{d}\theta_\mathrm{h}} \quad (6.11)$$

转向刚度与转向路感密切相关，较高且较为线性的转向刚度和更好的转向路感相关，转向刚度过低会影响驾驶体验。显然在手力死区的转向刚度就很低，转向盘对路面的力反馈不明显。转向刚度其实包括转向灵敏度和转向力矩梯度两部分的贡献，如式（6.12）所示。

$$\text{转向刚度} = \frac{\mathrm{d}T_\mathrm{h}}{\mathrm{d}\theta_\mathrm{h}} = \frac{\mathrm{d}T_\mathrm{h}}{\mathrm{d}a_y} \cdot \frac{\mathrm{d}a_y}{\mathrm{d}\theta_\mathrm{h}} = \text{STG} \cdot \text{SS} \approx \text{STG0} \cdot \text{SS}_{\min} \quad (6.12)$$

虽然数学上既可以通过提高转向力矩梯度也可以通过提高转向灵敏度来提高转向刚度，但提高转向灵敏度，尤其最小转向灵敏度是更好的选择，因为提高最小转向灵敏度还可以有效改善车辆的响应性。有些车辆上用高 STG0 来增加 $0g$ 时的转向刚度以掩盖系统的柔度，即较低的 $SS_{\min}$。太高的转向力矩梯度可能造成过高的转向力矩以及放大某些转向干扰，从而造成长途驾驶疲劳和转向干扰导致的较高的维修费用。

总结起来，改善转向路感的正确策略是，增加最小转向灵敏度 $SS_{\min}$，将转向力矩梯度 STG0 限制在合理范围内。过高的 STG 会导致驾驶员疲劳和较高的维修成本，而太低的 STG0 导致转向刚度太低，转向中心感差。对标结果发现，许多以良好中心转向感觉著称的车辆不一定有高 STG0 值，但它们确实有较高的 $SS_{\min}$。

6.3.5　转向盘回正特性

转向盘回正特性考察转向达到稳定状态后撒手，转向盘返回中心的速度和程度，是停止在中心还是越过中心并来回摆动。考察指标为转向盘回正过中心的时长、超调、振荡时间以及回正连续性（图 6.19）。转向盘撒手后，转向力矩立即变为零，转向扭杆开始复原，助力减小，齿条在回正力矩作用下开始回正，转向盘开始向中心转动，车辆侧向加速度开始减小。

车辆回正性能要求转向横拉杆力梯度必须为正值，即车辆的侧向加速度必须由齿条侧向力产生。虽然转向横拉杆力梯度越大，车辆回正性和稳定性越好，但太高的转向横拉杆力梯度也需要更大的转向系统助力，从而增加成本和重量。通过转向主销几何设计和合理选择轮胎侧偏回正力矩以及轮胎直径等参数，可以将转向横拉杆力梯度约束在合理范围内（见第 3.2.3 小节）。对液压助力转向系统，通过多体动力学仿真发现，转向盘回正过中心的时长（回正速度）和转向刚度有关，即转向刚度越大，回正越快。仿真模型中转向主销几何设计和轮胎参数相同，即传递到转向横拉杆的回正力不变,只是采用了 15 种不同的助力特性,得到不同的转向刚度。图 6.20 所示为整车多体动力学仿真的结果,显示提高转向刚度可以缩短转向盘回正过中心的时间,但可能导致更高的转向盘角度超调(图 6.21)和振荡,增加转向系统的阻尼可以有效抑制超调和振荡。电动助力转向系统通常有主动回正功能,通过调校回正助力大小和回正阻尼,以获得恰如其分的回正速度并减小超调和振荡。

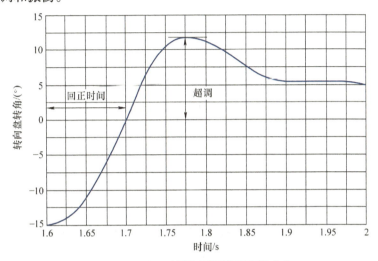

图 6.19 回正时间和超调性能指标定义

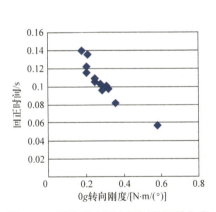

图 6.20 提高转向刚度可以缩短转向盘回正过中心的时间

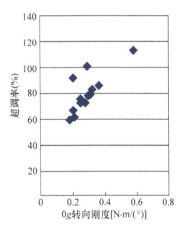

图 6.21 提高转向刚度会导致更多的转向盘角度超调

6.3.6 小结

转向盘中心区操纵性试验使得客观量化高速工况下维持车道或变道工况的转向性能成为可能。通过定义转向灵敏度及其线性度,转向力矩梯度及其线性度可以全面描述转向盘角度、转向盘力矩和侧向加速度之间的关系。中心响应死区和最小转向灵敏度关系密切，而中位感和中心转向刚度有关。转向刚度与良好的转向感和回正性能关系密切，但提高转向刚度应主要通过提高转向灵敏度，特别是最小转向灵敏度，而非靠提高转向力矩梯度来实现。

6.4　转向系统关键设计参数与转向助力调校原理

为实现以客户体验为中心的优秀转向性能，需要从整车性能出发，确定转向系统关键参数，然后通过转向助力特性的调校达成预定的主、客观目标。转向性能目标的正向设定应该从转向刚度随车速变化的规律开始，根据确定的车辆转向灵敏度推导出需要的转向力矩梯度，最后设定需要的助力曲线。转向系统的关键设计参数包括：转向系统的总速比、助力特性、转向管柱总成的扭转刚度、转向器扭杆刚度、转向器壳体安装衬套刚度等。本节从原理上解释这些关键参数对转向性能的影响。

6.4.1　简化的前轮转向系统模型

为了更好理解并调校第 6.1 节中定义的转向指标，需要建立能够解释转向系统工作原理的转向系统简化模型。图 6.22 和图 6.23 分别为齿轮齿条式电动助力转向系统（R-EPS）和管柱电动助力转向系统（C-EPS）的示意图，模型假定转向横拉杆与齿条俯视夹角为零。二者最大的区别在于管柱式助力系统的转向助力经过管柱和转向中间轴，而齿条式助力系统的转向助力直接施加在齿条上。表 6.3 列出了两种转向助力形式的转向力矩梯度和转向灵敏度的表达式，除在第 5 章中讨论的基础转向灵敏度 SS_{base} 外，该表中的公式也包括了转向系统柔性和转向助力特性的影响。表中 K_I 为转向管柱总成刚度，K_t 为扭杆弹簧刚度，K_{up} 为上游转向系统总刚度，如式（6.13）所示；TRLG 为转向拉杆力梯度；R_p 为转向齿轮半径；

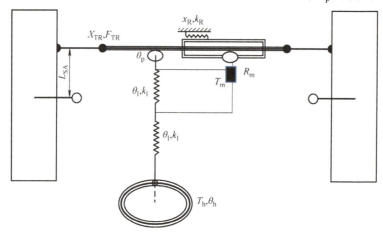

图 6.22　齿条助力式电动转向系统示意图

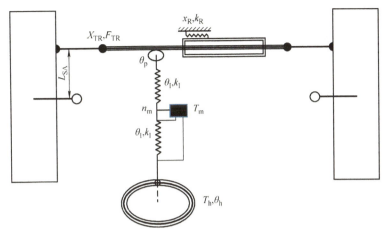

图 6.23 管柱助力式电动转向系统示意图

R_m 为齿条助力电机当量齿轮半径;K_r 为转向器壳体安装衬套总侧向刚度;T_m 为助力电机转矩,因此 $\dfrac{dT_m}{dT_h}$ 表达了助力特性;N_m 为管柱助力电机速比。

$$K_{up} = \frac{K_I K_t}{K_I + K_t} \quad (6.13)$$

表 6.3 两种转向助力形式的转向力矩梯度和转向灵敏度表达式

系统类型	转向力矩梯度 $STG = \dfrac{dT_h}{da_y}$	转向灵敏度 $SS = \dfrac{da_y}{d\theta_h}$
R-EPS	$\dfrac{TRLG}{\dfrac{1}{R_p} + \dfrac{1}{R_m} \cdot \dfrac{dT_m}{dT_h}}$	$\dfrac{1}{\dfrac{1}{SS_{base}} + \dfrac{STG}{K_{up}} + \dfrac{TRLG}{R_p K_r}}$
C-EPS	$\dfrac{TRLG}{\dfrac{1}{R_p} + \dfrac{N_m}{R_p} \cdot \dfrac{dT_m}{dT_h}}$	$\dfrac{1}{\dfrac{1}{SS_{base}} + \dfrac{STG}{K_{up}} + \dfrac{TRLG}{R_p K_r} + \dfrac{TRLG R_p - STG}{K_I}}$

6.4.2 基础转向灵敏度与中心转向速比的选定

在第 5 章中推导基础转向灵敏度 SS_{base} 时,直接用路面车轮转角乘以一个常系数总转向速比转换到转向盘转角,忽略了转向管柱总成的柔性和转向速比的波动,见式(5.22),而这两个都是转向系统的设计要素。基础转向灵敏度与总转向速比成反比关系,降低转向速比可以提高车辆在低速的可操纵性,但因为稳态转向灵敏度随着车速的提高而上升,转向速比太低的车辆可能会在高速下转向响应太过灵敏而给人不稳定的感觉。当转向盘中心区转向不灵敏或死区太大时，往往试图通过降低总转向速比予以改善，这同样会带来高速时中心区之外响应太过灵敏的问题。设计初期需要根据车辆的定位，按照转向灵敏度的要求进行速比选择，一般车辆的总转向速比在 12～18 之间，运动型车辆倾向于采用较小的速比以实现较大的转向灵敏度。实车调校阶段根据实际车辆的转向响应灵敏度，以及和侧倾运动的匹配等做最后的决定。转向盘中心区转向灵敏度或最小转向灵敏度与转向系统的柔度高度相关，会在后面重点讨论。

6.4.3 端到端转向速比的设计原理

当只考虑转向器输入轴到路面车轮转角的速比时，转向速比可近似表达为侧视图有效转向臂长 L_{SA} 与转向小齿轮节圆半径 R_p 的比值见式（6.14）。

$$N = \frac{L_{SA}}{R_p} \tag{6.14}$$

随着车轮转角的增大，有效转向臂长逐步缩短，所以总转向速比逐步降低。转向管柱和转向中间轴的夹角以及十字轴万向节会引起总转向速比的波动甚至相位偏差，波动的频率是转向盘转动频率的两倍。理想的转向管柱总成的设计应该尽可能减小总转向速比的波动，同时避免出现速比不对称问题，即零转向角位置应该位于速比的波峰或波谷而不是其他位置（图 6.24）。当然也可以充分利用速比的波动改进车辆性能，比如对于中心转向响应稍慢的车辆，可以通过万向节叉的相位设计将波谷设在中间位置。如果转向盘上下位置可调，应保证在中间调节位置时的波动幅值和不对称最小。变速比转向器的出现为改进车辆操纵性提供了进一步的可能性，变速比转向器的线角比随齿条位移而变化，此时中心区的速比仍

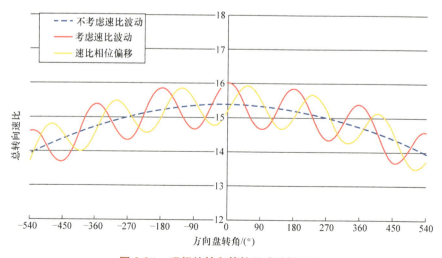

图 6.24 理想的转向管柱总成特性设计

然根据中心区转向响应的要求设计，中心区外变小的速比可以有效减少转向盘总圈数，当然此时助力电机必须能够提供更大的助力。可变速比的幅度和范围（转向盘转角范围）可以根据转向盘总圈数目标设计（图6.25）。

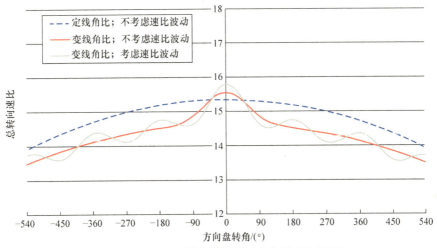

图6.25 变速比转向器的速比变化幅度和范围

因为转向系统的柔性和作用于转向主销的回正力矩，实际车轮转角比由几何关系计算出的要小，转向系统的柔性越大降低越多，这是不足转向的重要来源之一。试验时为了尽可能准确得到几何（设计）转向速比，通常会将前轮放置于空气轴承之上，以减小转动转向盘时转向系统的受力引起的变形。

6.4.4 齿条行程

当车辆的主要架构参数和悬架的几何设计参数确定后，轮胎最大转向角以及由转向几何确定的内外轮胎转角关系（与阿克曼百分比有关）就成为决定最小转弯直径的两个关键参数。在给定转向臂长的前提下，车轮可以达到的最大转向角几乎完全由齿条行程决定，增加齿条行程可以有效减小转弯直径，因此需要合理设计齿条行程。由于主销的内倾角和后倾角产生的回正效应以及系统的柔性，路面车轮的转角可能比通过纯粹运动学关系预测的稍低。另外，齿条限位行程有可能和设计值略有不同，也会造成转弯直径预测的误差。图6.26为某中型乘用车的转弯直径与齿条行程的关系，可见每1mm的齿条行程误差或当量的车轮转角误差会造成大约0.16m的转弯直径误差。

6.4.5 转向助力特性调校

由表6.2可知，无论是齿条还是管柱助力形式，当由轮胎和悬架设计参数决定的转向横拉杆力梯度（TRLG）确定后，转向力矩梯度 $\left(\dfrac{\mathrm{d}T_\mathrm{m}}{\mathrm{d}a_y}\right)$ 曲线完全由转

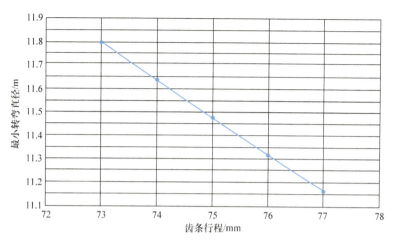

图 6.26 某中型乘用车的转弯直径与齿条行程的关系

向助力曲线及其相应的放大系数确定，且为反比关系。更为线性的助力曲线对应着更为线性的转向力矩曲线，提高助力水平可以降低转向力矩梯度。从转向手力线性度要求出发，期望中心区附近力矩梯度不要太高，在较大范围内保持较为线性的递增关系，同时又要保证大侧向加速度下的转向手力不能太高。这样的转向特性随着侧向加速度的增加有更好的力矩反馈，但又不至于在维持高速弯道行驶时转向盘太过沉重。图 6.27 为几种典型的转向助力特性曲线，图 6.28 为对应的转向力矩梯度曲线。在两个图中，对应助力曲线 1 的中心区力矩梯度较大，为降低大侧向加速度下的转向手力，力矩曲线的线性度较差（力矩梯度比为 0.33），不能提供很好的路面反馈；助力曲线 3 可以维持较好的线性递增关系（力矩梯度比为 0.7），但高速弯道行驶时转向盘太过沉重；助力曲线 2 可达到较好的平衡（扭矩梯度比为 0.59）。过高的转向盘力矩梯度 STG 会导致驾驶员疲劳和维修成本，而

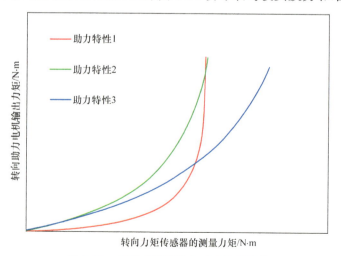

图 6.27 几种典型的转向助力特性曲线

太低的 STG 将导致较差的中心感，因为转向刚度太低。通常情况下，随着车速的提高，希望转向手力相应增加，以提高车辆的稳定感和操纵信心。随速助力曲线的设定需要考虑转向刚度随车速变化的要求，将在下面讨论。

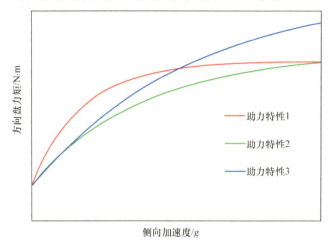

图 6.28　对应图 6.27 的转向力矩梯度曲线

6.4.6　最小转向灵敏度与转向系统的刚度

从表 6.2 列出的转向灵敏度的表达式可知：转向灵敏度可以考虑成一系列串联元素的组合，其中 R-EPS 包括三个因素：SS_{base}、$\dfrac{K_{up}}{STG}$、$\dfrac{R_p K_r}{TRLG}$，而 C-EPS 还包括第四个因素 $\dfrac{K_I}{TRLG \cdot R_p - STG}$。由于转向系统柔性的引入，相对于基础转向灵敏度而言，转向灵敏度会降低，转向系统柔性越大，降低越多。C-EPS 的转向助力通过转向中间轴传递到齿条，因此将导致更大的柔性变形，出现了第四项因素，这也是 C-EPS 相比于 R-EPS 在中心区响应差的主要原因。所以，转向中间轴的刚度 K_I 对中心区转向灵敏度的格外关键，对 C-EPS 尤其重要。

最小转向灵敏度发生在转向扭杆变形为零，即转向助力为零的时刻，此时转向管柱总成处于小角度变形状态（小于 0.1°），刚度通常远小于其线性刚度（图 6.29），而因为转向助力为零时力矩梯度达到最大值，即（$TRLG \cdot R_p$），转向响应完全由转向盘角输入和力矩输入产生，因此转向灵敏度达到最小值。图 6.30 为刚性无助力和柔性有助力转向系统转向盘转角和侧向加速度的关系对比，图 6.31 为相应的转向灵敏度曲线。可见，因为转向系统的柔性变形，转向灵敏度的线性度明显下降。由于相位滞后，图 6.31 中最小转向灵敏度出现在侧向加速度为负值处而非零加速度处，此时助力为零。图 6.32 为对应不同中间轴中心区刚度和转向器壳体安装衬套刚度下的最小转向灵敏度，可见随着二者的增加，最小转向灵敏度有根本性的增加。因此增加中间轴线性区刚度固然重要，但增加其中心区刚度更为重要。当转向器壳体采用刚性连接时，实际上移除了转向灵敏度第三项因素的负面影响，因此转向灵敏度也会提高，正如图 6.32 的趋势所示。提高最小转向灵敏度不仅可以改善中心区响应，而且可改善转向响应的线性度，是精准而且可预测的转向性能的必要条件。通过降低系统柔性来提升最小转向灵敏度比单纯依赖转向速比提升转向灵敏度可以得到更好的性能平衡，否则高速时转向灵敏度可能太高，造成高速稳定性的下降。

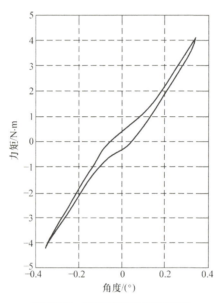

图 6.29　转向管柱总成的刚度

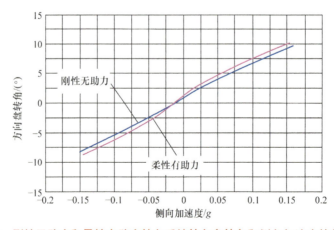

图 6.30　刚性无助力和柔性有助力转向系统转向盘转角和侧向加速度的关系对比

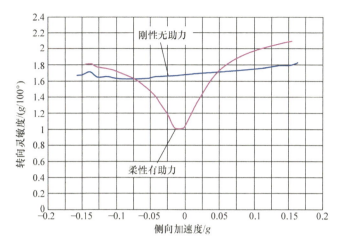

图 6.31　刚性无助力和柔性有助力转向系统的转向灵敏度曲线对比（对应图 6.30）

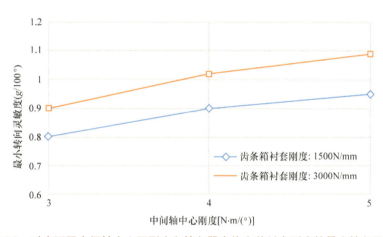

图 6.32　对应不同中间轴中心区刚度和转向器壳体安装衬套刚度的最小转向灵敏度

6.4.7　手力可调转向系统随速变化的调校

现在几乎所有车辆都安装了手力随速度可调的转向系统，大致可分两类：第一类是不同速度下直接改变手力，包括应用磁流变技术的麦格纳转向（Magna steer）和液压电子转向（Servotronic）；第二类通过改变转向助力实现，如现在广泛应用的电动助力转向系统 EPS 等。通过在不同速度下测量多台手力可调转向系统的车辆，发现无论车辆特性和转向系统的结构如何，转向刚度相对于车速的增长斜率似乎都保持在一定范围内。这一现象的根本原因在于转向刚度和转向路感关系密切。当车速提高时，需要提高转向盘上的转向刚度以提升转向路感和稳定性。因此，相对于车速的转向刚度斜率可用作调校手力随速可调转向系统的一项重要指标，由此可以推导出转向助力调校的规则以满足转向刚度随速度的增长关系。

线性区内的转向灵敏度与速度的关系几乎是确定的，基本不随转向助力调校而变化，因此转向刚度随车速的变化斜率几乎完全由转向助力随速度的变化关系确定。图 6.33 ~ 图 6.35 所示为某两台代表性车辆的三个指标随速度的变化关系图。在 100km/h 时，合理的转向刚度随车速变化的斜率在 0.30 ~ 0.35[N·m/(°)]/（100km/h）之间。

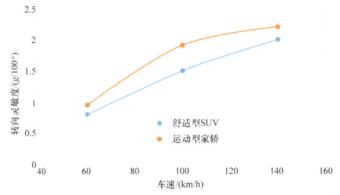

图 6.33 某舒适型和某运动型车辆的转向灵敏度随车速变化的趋势

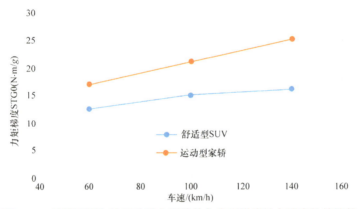

图 6.34 某舒适型和某运动型车辆的转向力矩梯度随车速变化的趋势

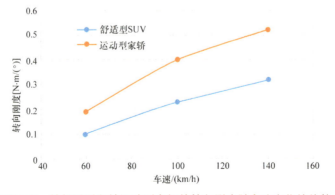

图 6.35 某舒适型和某运动型车辆的转向刚度随车速变化的趋势

从转向刚度随车速的变化关系推导出的转向力矩梯度随车速的变化关系可以导出转向助力随车速的变化关系，由此完成一组完整的转向助力曲线的设计。其中驻车助力曲线由原地转向手力要求确定。随着车速增加，助力曲线逐步下移，力矩梯度因此上升，与转向灵敏度相结合，达成了期望的转向刚度随车速的变化趋势。许多车辆提供至少两种转向模式以满足不同用户的需求，其调校原理相同，都是通过转向助力的变化达到不同转向感，图 6.35 所示的两条转向刚度曲线是舒适型和运动型调校的典型例子。

6.4.8　小结

转向性能包括很多方面，比如响应增益、精准度、可预测性、力矩反馈、瞬态响应滞后等。优秀的轮胎性能、悬架设计及系统结构是转向性能的坚实基础，同时只有和悬架系统良好协调的转向系统才可能产生令人愉悦的转向性能。在此基础上，限制高速下的转向灵敏度，并通过增加转向系统的中心区刚度提高最小转向灵敏度，可以缩窄转向死区并提高转向灵敏度线性度。转向力矩梯度应该限制在合理范围内，并通过助力曲线的标定达到随侧向加速度良好的线性关系，以及转向刚度随车速合理的增长斜率。转向系统中的摩擦力主要由硬件决定。较小的摩擦力有助于改善转向精准性和线性感。与之相反，转向系统中适当的阻尼有助于增加转向品质感。因此，在 EPS 控制策略中有转向阻尼算法和调校参数。

6.5　转向干扰

任何与驾驶员预期不符、非自然的感觉，都会增加操纵车辆的难度，引起驾驶疲劳，导致这些感觉产生的因素都可以称为"转向干扰"。例如由轮胎和悬架系统设计制造产生的左右不对称，路面激励力或动力系统转矩都会通过转向系统传递到转向盘上，对操纵车辆造成干扰。转向干扰大致可分为"与操纵稳定性相关"和"与行驶平顺性相关"两类。与车辆操纵性有关的转向干扰主要和直线行驶跑偏有关，又可分为均速、加速和制动三种场景。另外有些车辆有自转向倾向，主要和阿克曼百分比有关。根据美国市场的维修费用数据，匀速行驶直行跑偏和加速转矩转向各占与四轮定位相关维修费用的 35%，另外少量与制动跑偏有关，其他基本与底盘设计无关。大多数与车辆操纵性有关的转向干扰都可以通过改进机械设计来改善或消除，有些也可以通过电控转向系统标定来改善。与行驶平顺性相关的转向干扰包括不平路面的转向盘打手和平滑路转向盘抖动，其中平滑路抖动将在第 7 章中详细讨论。

6.5.1　直行跑偏

直行跑偏是在车辆直行且没有驾驶员操作或明显的外界输入（路面或侧风）的时候，车辆向某一方向偏移，同时转向盘上能感觉到跑偏力。驾驶员为保持车辆的直线行驶，经常修正转向盘，特别是长途驾驶时会造成疲劳。衡量直行跑偏的指标可以是保持车辆直行转向盘上所需施加的手力，或者是行驶给定距离后车辆的侧向偏移量。

从根源上分析，直行跑偏的原因有四种：①轮胎力学性能不对称（例如残余回正力矩或轮胎锥度过大）；②悬架和转向系统的不对称（如主销后倾角不对称、车轮外倾角不对称、转向助力不对称等）；③车辆轮荷不对称；④道路倾斜坡度。以上四个因素都会产生绕主销的转向力矩，因此在齿条产生净力。另外，对 EPS，个别零件单品超差也可能产生直行跑偏，例如扭矩传感器退磁不彻底导致的力矩漂移。轮胎性能问题已在第 4.8 节中讨论。当主销后倾角不对称时，轮胎垂向力产生的净齿条力会使得车辆往后倾角小的一侧跑偏。轮胎外倾角不对称时，由于外倾推力作用，车辆会向正外倾大的方向偏移。在设计上，增加转向主销上下球铰的垂向距离可以最大程度地减少制造精度引起的主销后倾角和车轮外倾角的差异。当垂向轮胎负荷不对称时，非零的后倾角同样会产生绕主销的不对称力矩。当路面有倾斜坡度时，车辆倾向于向坡度下方运动，引起直行跑偏。为使得车辆沿直线行驶，必须在转向盘上施加向坡度上方转向的力矩，以便轮胎产生向坡度上方的侧向力来平衡重力产生的分量。

除路面倾斜坡度外，以上直行跑偏的根源大多与轮胎和车辆的制造精度有关，因此应尽可能减小轮胎锥度、最小化主销后倾角和车轮外倾角的差异。但因为这些根源不能完全避免，只能从设计和调校出发，降低其直行跑偏灵敏度。首先，减小主轴长度可以降低轮荷不对称、主销后倾角不对称和路面倾斜坡度的影响，主轴更长的车辆容易出现直行跑偏，因为主销上的力矩成正比增加。增加主销内倾角会降低所有跑偏因素在主销上的转向力矩分量，可以因此降低灵敏度，但显然这不应该成为控制跑偏的主要方法。增加侧视图转向力臂的长度可以降低同样转向力矩情况下的净齿条侧向力。因此可以降低齿条侧向位移（即车轮转角）和转向盘力矩。降低车辆重心高度并增加轮距有助于减小路面倾斜坡度的影响，但显然这也不能作为主要的预防措施。

对给定的齿条净侧向力 F_R，为维持直线行驶需要调整转向盘转角，而且希望转向盘力矩要低，此时车辆的侧向加速度为零，转向盘手力 T_h 和转向助力共同抵抗齿条净侧向力 F_R。可以用图 6.22 和图 6.23 所示简化模型推导出两种转向系统在该工况下转向盘力矩梯度 $\dfrac{T_h}{F_r}$ 和齿条位移 x_R 对齿条净侧向力 F_R 柔度的表达式（表 6.4），式中 n 为 C-EPS 助力增益 $\left(n=\dfrac{T_m}{T_h}\right)$；$K_t$ 为转向扭杆的刚度：

从转向盘力矩梯度的表达式可以看出：在保证其他转向性能要求的前提下，降低力矩梯度（STG）（即提高转向助力水平）可以有效降低手力灵敏度，这有效提高了长途驾驶的舒适性，降低了直行跑偏的维修成本。维修成本统计数据可以很好地支持这个结果。这和第 6.3 节中介绍的应该把转向力矩梯度 STG 限制在一定范围内,应该通过提高最小转向灵敏度来提高与转向感密切相关的转向刚度的要求一致。在转向盘角输入为零时,反向驱动的齿条柔度实际上与给定跑偏力下车轮转向角成正比。两种助力形式的转向系统的表达式都表明:增加转向系统部件刚度(转向器壳体安装衬套刚度 K_r、转向扭杆刚度 K_t 和转向中间轴刚度 K_I)都有助于减小齿条位移,从而减小跑偏量。降低转向力矩梯度 STG 或增加助力水平可以减小反向驱动齿条柔度。因为 C-EPS 的电机助力需要通过转向中间轴作用到齿条上,转向中间轴直接承受跑偏力,因此转向中间轴的柔性变形造成反向驱动齿条柔度增大,以前轮转向角衡量的跑偏量比齿条助力系统更大。

表 6.4 跑偏齿条力作用下转向盘力矩梯度和反向驱动齿条柔度表达式

	转向盘力矩梯度	反向驱动齿条柔度
R-EPS	$\dfrac{T_h}{F_R} = \dfrac{\text{STG}}{\text{TRLG}}$	$\dfrac{x_R}{F_R} = \dfrac{1}{k_r} + R_p \left(\dfrac{1}{K_I} + \dfrac{1}{K_t} \right) \dfrac{\text{STG}}{\text{TRLG}}$
C-EPS	$\dfrac{T_h}{F_R} = \dfrac{\text{STG}}{\text{TRLG}}$	$\dfrac{x_R}{F_R} = \dfrac{1}{k_r} + R_p \left(\dfrac{n+1}{K_I} + \dfrac{1}{K_t} \right) \dfrac{\text{STG}}{\text{TRLG}}$

6.5.2 转矩转向(加速跑偏)

加速跑偏表现为当驾驶员在直线大功率加速时,在转向盘上感觉到有转动力矩试图将车辆拉向某个方向。如果此时松开转向盘,车辆将向该方向跑偏。这种现象出现在前驱或四驱车上(在前驱车上表现更为明显),随着动力系统功率和加速踏板位移的增加而变得严重。加速跑偏可以用转向盘力矩或车辆侧向跑偏量来衡量。转矩转向的根本原因是驱动轴和车轮主轴的前视图夹角引起驱动力矩在转向主销上的力矩分量。前视图角度通常会导致转向力矩(图 6.36),这是转矩转向中的主要因素。假定传动轴采

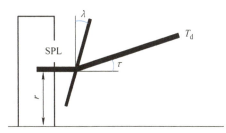

图 6.36 驱动轴和车轮主轴的前视图夹角引起驱动力矩在转向主销上的力矩分量

用等速万向节,驱动力矩 T_d 产生的绕主销的转向力矩 M_{SA} 可以用下式表达:

$$M_{SA} = T_d \left[\frac{\text{SPL}}{r} + \tan\left(\frac{\tau}{2}\right) \right] \cos\lambda$$

式中,SPL 为主轴长度;r 为轮胎滚动半径;τ 为驱动半轴和主轴的夹角,λ 为主销内倾角。

显然,当驱动半轴和主轴的夹角 τ 增加时,绕主销的转向力矩随之增加。当

主轴长度 SPL 增加，绕主销的转向力矩同样增加。在理想情况下，如果左右半轴与主轴的夹角相同，驱动转矩相同，绕主销的转动力矩通过转向拉杆和齿条相互抵消，不会对转向盘产生净转矩。

实车上有多个原因会造成驱动半轴和主轴的夹角左右不对称，以及驱动转矩不对称，从而引起相应转向力矩不对称，主要包括：①左右半轴从设计和布置上，夹角左右不对称，或动力系统相对于水平方向有初始静态侧倾角；②动力总成随输出转矩变化的动态侧倾（如纵置发动机后驱传动轴转矩导致的动力总成动态侧倾）；③因为半轴长度不同，车辆加速导致的相同前悬架回弹行程引起的夹角不对称；④动力系统输出转矩不对称。

动力总成的安装可能引起发动机相对于车身偏离其设计状态，影响半轴和主轴的角度。在动力系统的重力负载下，悬置件应该保证安装变形后发动机在其设计位置，安装的预载应该在早期设计阶段给出。当动力系统安装在副车架上时，也要确保副车架衬套在承载状态下保持在设计位置，即在负载曲线中要处于工作点位置。降低动力总成悬置件刚度确实可以实现更好的 NVH 性能，但更大的变形增加了出现转矩转向的可能性。如果不对称轮荷或者左右弹簧预压长度不对称造成初始车身侧倾，半轴与主轴的角度也会不对称。

除多种原因导致驱动轴夹角不对称外，动力系统输出转矩通常也是不对称的，从而引起转矩转向。左右轮胎的动态滚动半径通常略有差异，驱动桥差速器中的摩擦会导致驱动桥转矩分配偏差，较慢旋转的车轮转矩会增加，而较快的车轮转矩将降低。各种报告中的测量结果表明，左右的转矩偏差在总转矩的 10%~19% 的范围内，在没有特定测量数据时可以假定转矩偏差在 14% 左右。另外，驱动半轴和转向主销在俯视图的角度会产生外倾力矩，由于主销后倾角的原因，外倾力矩的一个组成部分也会产生绕转向主销的力矩，但这是次要因素。即使静态和动态驱动轴夹角对称、驱动力矩对称，不对称的转向主销几何（外倾角、主销后倾角和内倾角）也会引起净转向力矩不为零。

维持高速行驶需要一定的转矩输出，也可能出现转矩转向。这一种情况容易和直线行驶跑偏混淆。确认跑偏性质的方式是，首先挂档评估，然后空档评估。如果转向盘力矩或跑偏量有差别，则证明存在高速行驶转矩转向。试验中用挂档下的总跑偏力矩减去空档跑偏力矩就可以得到高速行驶转矩转向量。另外，当车辆转弯时，车身侧倾必然导致内外驱动轴夹角变化，转矩转向效果必然会对车辆的不足转向特性产生影响。

转矩转向和牵引力转向不同。转矩转向时地面有足够的附着力，但左右侧的绕主销转向力矩不对称；而牵引力转向是由不对称的轮胎牵引力引起的，原因可能包括左右轮荷不同或者路面附着系数不同。两种情况下，限制主轴长度都可以减小跑偏量，这也是第 3.1.3 小节中高性能麦弗逊悬架研制的主要目的（图 3.9）。所谓高性能是指车辆有大驱动转矩，如果主轴长度太长，势必增加转矩转向的可能性。有些 EPS 试图通过控制算法抑制转矩转向。

6.5.3 制动跑偏

直线制动时，车辆也会产生跑偏，表现与加速跑偏相似，但某些原因是制动工况特有的。首先由于左右路面摩擦系数或轮荷的不同，左右制动力不平衡，引起左右主销的转向力矩差别，从而导致跑偏。该现象在前轮装小尺寸备胎时更为明显，此时不仅左右轮荷不同，而且与制动力相关的摩擦半径也不同。设计状态下适当的负摩擦半径可以部分校正制动跑偏。制动工况特有的跑偏机制包括制动力前束不对称、制动力主销后倾角不对称和摩擦半径不对称等。在制动力作用下，悬架的衬套变形，一般引起制动力负前束。衬套柔性特性不一致引起左右负前束不对称，从而引起跑偏。制动时，衬套的变形引起主销后倾角变小，更重要的是，因为载荷转移，前悬架受压缩，车身整体俯冲，主销后倾角相对地面会进一步变小，甚至变为负值。因为悬架衬套不一致或固有的几何不对称，车辆将向较小后倾角的一侧跑偏。制动时如果主销后倾角变为负值，则车辆失去大部分方向稳定性，应该避免。摩擦半径是制动力作用于主销的力臂，摩擦半径的静态和动态不对称是产生制动跑偏的第三个特有原因。同样地，制动转向或制动跑偏可以用转向盘力矩或车辆侧向跑偏量来衡量。

6.5.4 自转向

自转向发生于低速大角度转弯时，表现为转向盘好像被"吸入"极限位置。当试图将转向盘回正时，需要施加一定的手力，越过一个手力台阶，然后转向盘才能够恢复自回正能力。自转向的根本原因是阿克曼修正百分比不足，造成阿克曼百分比不足的原因一般是硬点设计时布置方面的约束。在运动型车上，也会主动设计较低的阿克曼百分比，以便更好地利用内外两侧轮胎的潜力，得到更高的极限侧向加速度（参见第 3.5 节）。

6.5.5 车辙路漂移

车辆在车辙路上行驶时，轮胎翻倾力矩的影响会造成车辙路漂移。轮胎翻倾力矩是侧偏角和外倾角的函数，并没有确定的绕轮心纵轴的方向，它会造成净拉杆力，并在直线行驶时导致车辙路漂移。后倾角越大，翻倾力矩绕主销轴的分量越大，轮胎越宽，车辙路漂移更严重。

6.5.6 转向盘"打手"

在湿滑或颠簸路面上行驶，或车辆经过单侧路坑或单侧路面凸起时，车轮的滚动半径不断变化，转速不恒定，轮胎接地处的纵向力不恒定，会导致车轮摆振，从而产生齿条位移，将路面输入传递到转向盘，产生"打手"现象。减小主销偏置距可以减小传递到齿条上的净冲击力。对于非常宽的轮胎,由于外倾角的轻微变化、路面不规则、轮胎不均匀性(锥度)或其他不对称效应,轮胎力通常不在车轮中心平面。无论前视图几何形状如何,这些不对称都会导致打手现象的产生。虽然提高转向系统的刚度对转向精准度有利,但会令打手现象更明显。增加助力大小可以有效抑制转向盘打手,但助力水平主要应该由转向性能决定。较为先进的电动助力转向系统通常有防转向盘打手的控制策略。可以用转向盘转动方向加速度来衡量转向盘打手的力度。

6.5.7 小结

对驾驶员转向操作造成干扰大部分发生在直线行驶工况,也最容易感知。其中又可以分为均速行驶、加速行驶和制动三种场景。本节讨论了引起不同类型转向干扰的机械设计根因,提出了改善或消除的方法,有些也可以通过电控转向系统标定来改善。在失修路面等导致大幅车轮反向输入情况下可能引起转向盘打手,尤其是早期的液压助力转向系统,在 EPS 转向系统上较少出现。

6.6 极限操稳性和赛车动力学

车辆的极限操稳性能主要由轮胎的极限能力和整车架构参数决定,其次由悬架和转向系统的 K&C 特性等因素确定。悬架和转向系统的主要设计目的就是要充分发挥轮胎的潜力。抓地力小的轮胎和高质心车辆不可能有优良的极限操稳性能,而赛道成绩除了车辆自身的优良性能外,更和驾驶员的驾驶技能高度相关。高超的驾驶技能需要不断练习转向、制动和加速操作的相互配合,来充分利用轮胎能够提供的纵向和侧向力来改变车辆的运动状态,从而达到理想的成绩。本节简单介绍这方面的知识,以增进对赛车动力学的理解。

6.6.1 典型的极限操稳工况及 G-G 图

典型的极限操稳场景包括高附、低附路面上的规避操作(单移线、双移线)、高速入匝道和赛道驾驶等。高低附的主要区别在于轮胎的抓地力和纵向及侧向加速度引起的轮胎垂向载荷转移量的不同。低附路上轮胎的抓地力大为降低,车辆能够产生的各向加速度比较小,因此在转向、加速或制动操作下轮胎垂向载荷转移量较小,引起的轴等效侧偏柔度特性变化不大,车辆的动态特性较为稳定。此时因为轴等效侧偏柔度特性相对于高附路大为提高,车辆的横摆稳定性降低,对操纵车辆提出了更高要求。高附路上车辆能够产生的各向加速度可以大于 $1g$,因此在转向、加速或制动操作下轮胎垂向载荷转移量可以很大,同时轮胎纵向载荷会引起其侧向能力的降低和轴等效侧偏柔度特性很大的变化,车辆的动态特性因此会有很大的变化。

赛道驾驶中，可以通过正确操纵车辆，利用车辆动态特性的变化来取得好成绩。对应轮胎摩擦圆的概念（第4.4节），整车有一个G-G图，以表达车辆极限潜力的利用效率。在给定车道上，当车身加速度矢量端点大部分时间都处于G-G图外边界上时，车辆的通过时间必然是最短的。可以从绕8字练习的各个阶段，清楚地看到车辆加速度矢量的变化情况（图6.37）：①全力减速阶段，此时减速度达到最大，以便为进入弯道做准备，在G-G图上表现为点1；②从制动到转向的转折期，制动踏板逐步松开，转向盘转角逐步加大，G-G图上加速度矢量沿右侧圆弧从点1上移到点3；③车辆进入稳态转向时期，车辆应该在圆弧线上以尽可能高的速度行驶，此时最高车速受车辆的最大侧向加速度限制，在G-G图上表现为点3；④转向到加速的转折期，转向盘逐步回正，加速踏板逐步踩到底，G-G图上加速度矢量从点3到点5移动；⑤全力加速阶段：如果假定车辆的最大加速度可以维持，则该阶段对应G-G图上的点5；⑥左转前的为全力制动期，在G-G图上和点6重合。

让加速度矢量端沿G-G图的边界移动是取得最快成绩的必要条件，关键在于制动时要全力制动，在转折阶段要平稳，稳态转弯车速应能对应最大的侧向加速度，制动阶段减速的目标是让车辆的速度降到弯道允许的最快速度。另外一个必要条件是精确控制转折期的纵向和侧向载荷转移，以便能够在入弯时产生一定过多转向趋势以加快产生横摆，而在出弯时产生一定的不足转向趋势，以便提高出弯稳定性。G-G图上表明，即使全力加速，向前的加速度仍然是图中所示车辆各方向加速度中的最小值，所以不可避免地要求更长的加速距离。图6.37中加速阶段（第5阶段）比制动阶段（第1或第6阶段）更长就是这个原因。这也是在一般弯道驾驶时路径选择的主要依据。

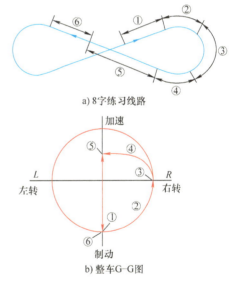

图6.37 绕8字练习的各个阶段车辆加速度矢量在G-G图上的变化情况

6.6.2 路径选择

通过一个弯道的最短行驶时间是在圆弧线上以尽可能高的稳定速度行驶。使用用路面上的转弯半径最大化似乎是唯一正确的选择，宽进宽出可以实现最大的转弯半径（图6.38）。但是通过单个弯道的时间本身不是我们想要优化的。汽车的加速能力相比制动和转弯能力而言是较差的，所以应该给加速阶段更长的距离。

更快到达直道的最简单方法是稍晚进入弯道，更快地转弯，更早地进入长直线加速阶段（图 6.39）。这样的另一个好处是行驶距离更短。赛车的根本目的是更短的全程时间，而不是更高的弯道速度。实践证明对于一辆大功率汽车，一个由晚入弯道产生半径更小的行驶路线，及随后相对较长直道对成绩最有利，因为可以充分发挥长直道的加速作用；而对于低功率汽车，圆弧线路效果最佳，因为可以提高最高弯道速度。同时，弯道越宽，最快的线路越接近圆弧。在各种复杂场景下，路径的选择都可以基于以上原理确定[6]（图 6.40）。

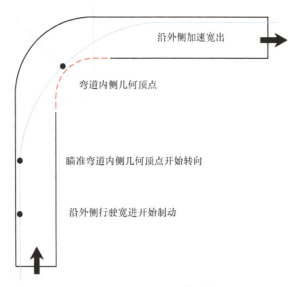

图 6.38　宽进宽出以实现最大转弯半径的路径

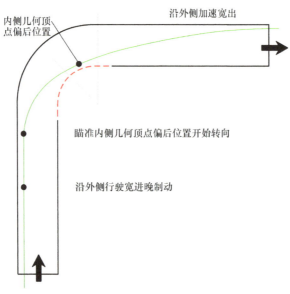

图 6.39　宽进晚制动晚转向的路径

6.6.3 赛道操纵实施

为了沿选定的路径行驶，驾驶员几乎随时都在进行加速、收油、制动或转向操作，以便能够产生纵向滑移率和轮胎侧偏角，从而产生轮胎纵向力和侧向力，以及随时变化的车轮垂向载荷转移。当车辆绕定圆行驶，驾驶员收加速踏板或轻微制动时产生的纵向载荷转移使得前轴的垂向力增加，从而令车辆的转弯能力加强；与之对应地，后轴的垂向力减小，转弯能力变弱，后轴必须通过产生更高的侧偏角来产生需要的侧向力，因此车辆增加了过多转向趋势。加速时，载荷转移至后轴，此时后轴的总抓地力提升。如果为前驱车，轮胎必须产生的纵向力减弱了前轮产生侧向力的能力，因此前轮必须通过产生更大的侧偏角来补偿侧向力的损失，车辆表现为更多的不足转向趋势；如果为后驱车，则后轮胎必须产生的纵向力减弱了后胎侧向能力，表现为过多转向趋势。后轴获得更多转矩的四驱车表现与后驱车相似。

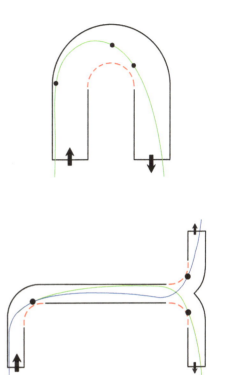

图 6.40 其他复杂场景下路径的选择

一旦选定路径，典型的弯道操作过程可以用图 6.41 表示。在直道行驶时，车辆一直处于全力加速状态（阶段 0）。在进入弯道之前，必须全力制动令车辆速度降至能安全通过弯道的最高车速（阶段 1）。如果采用左脚制动可以缩短从加速到制动的过渡时间，略微重叠的加速和制动踏板应用可以有效缩短滞后时间。在任何直道结束时，轮胎表面都比直道开始时要冷得多，因此抓地力降低。只有当制动足够用力时，制动产生的能量输入才能迅速将轮胎加热回其最佳工作状态，从而获得更高的侧向抓地力。

在制动及转弯过渡阶段（阶段 2），纵向和侧向载荷转移同时发生。此时前轴的转向能力变强，后轴的转向能力降低，可能发生轻微甩尾，二者都有助于车辆完成转弯操作。平稳的过渡期有助于提高成绩。在弯道的中间（阶段 3），需要维持转向盘转向的输入，同时在确保稳态转弯的前提下，逐步加速出弯，稳态转弯的最大侧向加速度受轮胎侧向力极限影响。在从转弯到加速的过渡期（阶段 4），加速产生的纵向载荷转移有助于后轮产生更大的抓地力，在维持弯道运行的同时，逐步提高车速，为将要进入的直道高速行驶打下基础。在全力加速期（阶段 5），载荷向后轴转移，此时车辆产生不足转向趋势，稳定性增加。制动时产生的后轮过多转向也称为"脚转向",是极限操控时必须要用到的驾驶技巧,需要不断练习使用转向、制动和加速操作,来充分利用轮胎的纵向力和侧向力来改变车辆的运动状态,从而达到最佳成绩。

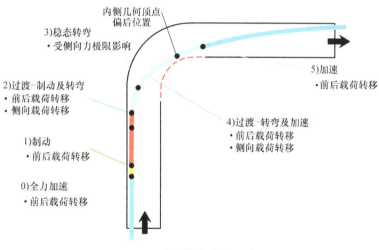

图 6.41 典型的弯道操作过程

轮胎在赛事中发挥至为重要的作用。在较小的侧偏角下产生最大抓地力的轮胎由于转向而产生的转向阻力较小,所以速度更快。这是子午线轮胎通常比斜交轮胎明显的优势之一。低高宽比的轮胎有可能更快,因为转弯阻力更小。在较小的侧偏角下出现峰值抓地力的主要缺点是峰值出现在狭窄的范围内,更难以控制轮胎侧滑。侧滑和抓地力之间在最大抓地力附近是非线性关系的,并且存在驾驶员无法控制的多种影响。纵向滑动、轮胎载荷转移和轮胎温度是快速且持续变化的几个影响因素。为了在当前的条件下产生最大的抓地力,驾驶员必须感知要使用的适当滑移量。

一旦轮胎的侧偏角超出峰值侧向力范围,轮胎的侧向力反而减小,轮胎需要从侧滑中恢复,此时需要反打转向盘以减小侧偏角。性能好的轮胎抓地力不会随着侧偏角的减小而快速变化,侧滑和抓地力曲线比较平滑,如图 6.42 所示。大多数轮胎在侧滑恢复过程中侧向力会先降低,然后产生非常明显的抓地力峰值,使得恢复过程难以控制。因此获胜的最佳方法是稍微驾驶在极限之下,比如 90% 的时间内提供平稳的控制输入,大约 10% 的时间试图重新获得对汽车的控制。这样的好处是轮胎能力在比赛中不会衰退太多,车手能够更好地利用车辆性能,更重要的是这样的操作降低了大脑的负荷,驾驶员可以有更多时间考虑比赛策略并准确执行。

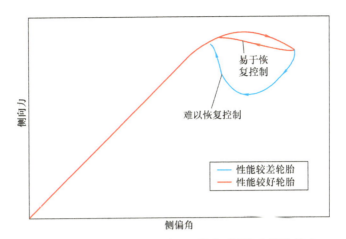

图 6.42 抓地力好的轮胎从侧滑恢复时侧向力损失较小

6.7 总结

作为车辆动力学重要组成部分的操纵性与所谓"遂心如意、人车合一"的驾乘体验强相关。操纵性既描述车辆在转向盘角输入下改变行驶方向或者路径的能力,也包括增加转向盘对地面情况的手力反馈。操纵性和稳定性关系密切,针对车型定位二者需要达成恰当的平衡。优秀的转向性能包括线性而适中的响应增益,不易察觉的响应滞后,以及恰如其分的转向力矩。优秀的转向性能和转向系统形式和特性强相关,更需要优秀的底盘机械性能作为基础。

转向性能指标由转向盘中心区转向试验的转向盘转角、转向力矩和侧向加速度三者之间的关系确定。用转向灵敏度及其线性度描述转向盘角输入和侧向加速度响应之间的关系;用力矩梯度及其线性度描述力矩反馈和侧向加速度响应之间的关系;转向刚度可以将二者联系起来。

整车转向指标目标值的定义是正向开发转向系统关键参数和助力调校的基础。应用简单转向系统模型,讨论转向速比的设计原理,齿条行程的确定原则,转向助力特性调校依据,转向系统刚度的影响等。为达成良好的转向性能,转向刚度随侧向加速度和车速都应该有合理的增长斜率。

只有充分避免转向干扰,配合反复优化的转向性能才能给用户提供优良的驾乘体验。转向干扰通常由底盘的不对称引起。除了尽力消除转向干扰的机械因素外,利用转向助力系统抵消或减少转向干扰很有必要,这要求将力矩梯度限制在合理范围内。

路径选择和充分利用轮胎潜力是实现极限操纵性能的关键。路径选择的关键是快速完成转弯,从而为接下来的加速阶段提供尽可能长的距离。车辆所有极限动态行为都可以通过控制包括垂向载荷的纵向和侧向转移在内的轮胎力实现。赛道驾驶操作的指导原则是尽可能保持加速度矢量端点在 G-G 图上。同时控制转向盘、加速踏板、制动踏板和变速杆来有效影响车辆的载荷转移、瞬态不足或过多转向性能，以提高赛道成绩。车辆在动态过程中在转弯、制动或加速的平稳过渡是赛车运动关键所在。

参 考 文 献

[1] HARTER W, PFEIFFER W, DOMINKE P, et al. Future electrical steering systems：Realizations with safety requirements，SAE Technical Paper No. 2000-01-0822 [C]. Warrendale PA：Society of Automotive Engineers, Inc., 2000.

[2] ILES-KLUMPNERD, RISTICEVIC M, HARTKORN H W, et al. Electric actuation technologies for automotive steering systems，SAE Technical Paper No. 2005-01-1275 [C]. Warrendale PA：Society of Automotive Engineers, Inc., 2005.

[3] KIM J H, SONG J B. Control logic for an electric power steering system using assist motor [J]. Mechatronics, 2002（12）：447-459.

[4] KAUFMANN T, MILLSAP S, MURRAY B, et al. Development experience with steer-by-wire，SAE Technical Paper No. 2001-01-2479 [C]. Warrendale PA：Society of Automotive Engineers, Inc., 2001.

[5] INTERNATIONAL ORGANIZATION FOR STANDARDS. Road vehicles – test method for the quantification of on-center handling – part 1 weave test：ISO 13674-1（S）. 2003.

[6] RACING LINE. The best driving guide on the web [EB/OL]. （2020-10-14）[2022-5-17] https：//drivingfast.net/racing-line/.

第 7 章 行驶平顺性与相关车辆系统

研究结果表明，乘坐舒适性对用户体验至关重要。而且随着时间的推移，用户对乘坐舒适性的要求越来越高。另外，每个客户对乘坐舒适性的偏好和容忍度不同，因此其定义复杂而又主观。研发出最优性能平衡的车辆是整车企业之间竞争的重要因素。本章将集中讨论乘坐舒适性的一个分支：行驶平顺性。首先介绍行驶平顺性概况，讨论与行驶平顺性相关的激励源及其激发出的车辆系统的响应，并通过简单有效的模型讨论行驶平顺性的一些专题，如对垂向输入的响应、对路面凸起的响应、平滑路上的抖动、车身的侧向抖动、动力总成悬置对行驶平顺性的影响和人 - 椅系统对行驶平顺性的影响等。对这类问题，都将从用户关注的角度给出改善性能的思路。

7.1 行驶平顺性涉及的范围与评价方法

用户眼中的车辆乘坐舒适性涉及面较广，超出了行驶平顺性的范畴。广义的乘坐舒适性包括乘员的触觉、视觉和听觉输入的主观感知。车辆系统的振动源（包括道路和车辆，例如：不平路、轮胎不平衡、动力传动系统扰动等）通过座垫、座椅靠背、转向盘和地板等人 - 车接触面传递到乘员的振动，以及驾驶员视野内可见的部件（如仪表板、发动机舱盖、无线电天线、后视镜等）的振动都有可能被认为与乘坐舒适性有关；在所有车速下都可能引起乘坐舒适性抱怨，甚至零速 - 怠速抖动也可能成为乘客眼中乘坐舒适性的一部分；声音输入（经由结构传播或空气传播）、静态座椅舒适性甚至部分转向性能也可能被抱怨为乘坐舒适性问题。因此，有必要明确定义行驶平顺性的范围，以便开展针对性研究以解决实际问题。

7.1.1 行驶平顺性的范围

SAE J670[1]将簧上质量的振动分为以下五个方面：
1）刚体运动：簧上质量的低频振动（由路面输入引起，频率最高 5Hz）。
2）中频抖动：簧上质量的中频振动（由簧下质量、动力总成悬置、车轮不平衡力以及某些车身的一阶振动引起，频率通常为 5～30Hz）。
3）冲击硬度：由瞬时不平路面输入引起的簧上质量突然的短期强迫运动（频

率10~20Hz）。

4）振动粗糙度：簧上质量的较高频率振动（频率30~100Hz）。

5）轰鸣振动：干扰输入引起的高强度声振动（与车身和车架结构响应有关，频率大于25Hz）。

行驶平顺性的评价和调校主要集中在低频和中频，不包括异响、冲击噪声等属于NVH的部分。书中也会用到"平顺性"这个简称。参照文献[1]的定义，本书讨论仅限于运动中的车辆在道路激励或车辆内部激励下引起的，从人-车接触面传递到乘员的振动输入。

7.1.2 行驶平顺性的主观评价

行驶平顺性的总体感觉是所有乘员在车辆接触面（座垫、座椅靠背、转向盘和地板）感受到的振动。与规范化的操稳性能和转向性能的客观测试和量化指标不同，整车厂在行驶平顺性开发方面主要依赖于主观评价。主要原因是整车行驶平顺性包含个别独特且经常冲突的性能，厂商的不同品牌形象和对产品的不同市场定位使得调校目标侧重不同，而各整车厂使用的调校路面不同也使得标准化难以推广。

通过过去一百年的研究，人体对振动的响应和人对振动的感知敏感度研究已经取得了长足的进步。振动引起的不舒适感与振动频率、方向、持续时间和接触面位置有关，大部分研究成果都总结在文献[2]。对于乘用车相关的坐姿下人体对垂向和纵向方向振动的研究结果表明，尽管每项研究都有不同的关注点和评价方法，但不同研究者都获得了大致相似的等舒适曲线，引用最为广泛的材料是ISO 2631[3]。该标准显示人体对4~8Hz的垂向振动输入最为敏感，相同振动幅值下忍耐度最低，主要原因是在此频率范围内人体腹腔和胸腔内一系列内脏器官会产生共振；而在纵向，人体对1~2Hz的振动输入最为敏感，主要原因是在此频率范围内上躯干的共振。

上述在单频率正弦输入下获得的等舒适曲线通常用于对宽频车辆振动信号加权，加权曲线与上述等舒适曲线成反比。在同一个人-车接触面（如坐垫）上得到的不同方向的加权均方根值以某种比例加到一起，得到某位置的振动总量。而所有人-车接触面又需要近一步以某种比例叠加到一起，最终得到表征整车行驶平顺性的客观测量值。

上述过程虽然看起来很完善，提供了量化行驶平顺性的具体思路，但是在进行行驶平顺性评价时，工程师们经常难以在主观感觉和客观测量值之间得到很好的相关性。这充分说明了行驶平顺性评价的复杂性和行驶平顺性涉及性能的多样性，似乎难以直接用一个统一的指标来量化一个复杂性能领域的结果。即使能够做到，也只能总体对比不同车辆的行驶平顺性优劣，对具体的产品研发可能仍然无法提供针对性的解决方案。因此有必要进一步根据关注的具体性能，开发有针对性的客观指标，这些客观指标必须和主观感觉高度相关。以上过程表述见图 7.1。

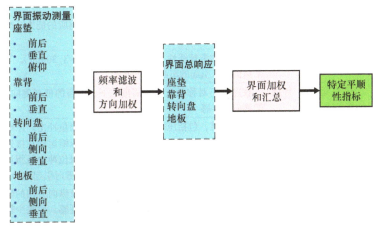

图 7.1 不同的平顺性指标需要考虑不同的界面信号、频率、方向和接触面加权

7.1.3 行驶平顺性的客观量化

在现阶段的产品研发过程中，行驶平顺性主要依赖于主观评价。虽然在人体对振动的响应和人对振动的感知敏感度方面的研究工作已经取得了很多成果，但工程师们仍然难以直接用一个统一的指标来量化主观感觉，因此，量化平顺性能是必经之路。制定与专家主观感觉相关的客观指标可以有以下益处：①达到可重复且准确地衡量和评价车辆行驶平顺性能的方法；②可从评价过程中消除主观性；③可用于客观评价对标车的平顺性能，为新车平台定义整车行驶平顺性目标，生成技术要求；④支持详细分析性能特性（如有问题的振动方向和频率）以找出改进方向；⑤缩短开发周期，在车辆零部件试制之前即可通过计算机仿真，运用模拟方法对悬架设计参数优化、调校，预测车辆振动性能，进而对车辆的结构、零部件性能和成本进行权衡研究。同时，日益完善的数据采集系统和后处理方法都提高了客观测试作为工具的接受程度。

在车辆行驶中，乘员感受到身体各个部位的振动，这些感觉被大脑整合，形成平顺性主观评价结果。行驶平顺性指标旨在模拟这种感知和整合过程，客观度量特定方面的车辆行驶平顺性，需要有针对性且与主观感觉高度相关。整车行驶平顺性主观评价的各个方面都需要定义各自的客观指标以量化平顺性的不同方面，最终的行驶平顺性指数需要根据上述不同方面的行驶平顺性客观指标以某种加权和的形式计算得出。根据激励源的不同，行驶平顺性客观指标可以划分为以下四大项，如表 7.1 所示。这些整车层级的客观指标试图描述行驶平顺性的某个/些方面，优化这些客观指标的过程也是提出设计或调校问题解决方案的过程。

表 7.1 整车层级的平顺性指标

路面和内部激励	指标名称	现象描述
起伏路	车身运动控制	悬架在固有频率范围内控制车身垂向响应的能力，控制欠佳的车辆会产生垂向漂浮感
	运动平滑度	在悬架的常规线性工作行程内（通常小于 30mm），车辆衰减由不平路面输入引起的车身振动的能力
	摆头运动（高质心车）	在左右不对称长波长路面输入下，车身的低频侧向和侧倾运动，即侧向漂浮感
	限位冲击	即触底感，包括压缩限位冲击和回弹限位冲击。压缩限位冲击是指当簧下质量相对于车身上行时，悬架压缩运动在接近行程终点位置时被限块中止引起的冲击；而回弹限位冲击是当簧下质量相对于车身下行时，悬架在接近行程终点位置时引起的冲击
单个路面凸起（如限速带）	冲击强度	在限速带类路面输入下，悬架在垂向及纵向方向的硬感。较大的悬架弹簧刚度和阻尼系数会增加垂向的硬感，而缺少轮心柔度和轮心几何退让特性会增加纵向的硬感
	冲击余振	通过路面凸起后，车身垂向及纵向的持续响应
不平路面	隔振	悬架对各种广谱不平路面输入的衰减能力（0.25~80Hz），包括宽频范围内由多个接触面传递到人体的总加速度值
	SUV 车身抖动	由于 SUV 车身结构的特殊性，多种不平路面输入可能引发 50Hz 以下持续的抖动。该指标用多个人-车接触面总加速度在宽频范围内度量，以量化多个车辆系统及某些车身模态对车身抖动响应的影响
	动力系统抖动	动力总成悬置和簧下质量的共振对行驶平顺性的影响，突出动力系统在不平路面引发的车身整体持续抖动和晃动（8~20Hz）
	转向盘轴向抖动	反向不平路面激发的反向轮跳模态，通过耦合车轮的转向模态，引发转向盘的轴向抖动（8~20Hz）
车轮动不平衡	平滑路抖动	在平滑路面上行驶的车辆由轮胎和车轮组件不平衡动态力、车轮质心偏心或轮胎构造不均匀引起的座垫、座椅靠背、转向盘和地板的抖动（5~30Hz）

与车身刚体运动有关的低频大幅起伏路上的行驶平顺性指标可以划分为 4 个，即车身运动控制、运动平滑度、摆头运动（高质心车）和限位冲击。车身运动控制描述车辆在悬架固有频率范围附近（0.75~2Hz）控制车身垂向响应的能力，可理解为垂向漂浮感，包括初始运动的控制及路面输入后的阻尼响应。车身运动控制主要和悬架偏频及其阻尼比有关，也和前后悬架的偏频平衡以及压缩和拉伸行程的平衡有关。运动平滑度是在悬架的常规线性工作行程内（通常小于 30mm），车辆衰减由不平路面输入引起的车身振动的能力，与悬架偏频的衰减区有关（2~5Hz）。当悬架系统摩擦力较大或阻尼力较大时，不平路面的输入未得到有效隔振就传给乘员。提升运动平滑度意味着最大限度地减少对簧上质量的运动干扰。对被动悬架而言，车身运动控制和运动平滑度是两个相互制约的指标。限位冲击与触底感相关，指在悬架压缩或回弹行程过大时，簧下质量相对于车身运动撞击限位的冲击感。悬架压缩运动引起的冲击与缓冲限位块特性，轮胎以及悬架调校有

关，而回弹限位冲击与回弹缓冲限位块特性以及悬架调校有关。限位冲击与悬架偏频、路面特征及车速有关。摆头运动是在左右不对称长波长路面输入下，车身的低频侧向和侧倾运动，即侧向漂浮感，与侧倾频率有关，主要出现于高质心、高坐姿车辆，主要控制因素为侧倾刚度和侧倾阻尼。

  车辆通过人为设置的限速带或自然路面凸起输入时，轮胎会传递纵向和垂向的激励，簧上质量因此产生加速度响应。响应的频率通常为 10~20Hz，包括垂向和纵向的综合响应，因此定义冲击强度和冲击余振来度量两种不同的主观感觉。改善这两个指标不仅改进了单个路面凸起输入下的车辆响应，也有助于改进一般粗糙路面输入下的车辆响应。冲击强度与垂向和纵向的综合响应有关。一般而言，较大的悬架弹簧刚度和阻尼系数会增加垂向的硬感，而缺少轮心柔度和轮心几何退让特性会增加纵向的硬感。由路面凸起输入引起的前后轴振动响应需要分别评价，两个轴的抗冲击强度最好大致相当。冲击余振是指通过路面凸起后，车身垂向及纵向的持续响应。通常并不容易分辨冲击余振的方向。较小的悬架阻尼系数会增加垂向的冲击余振；增加轮心柔度通常会增加纵向的冲击余振，而增大轮心阻尼通常会抑制冲击余振。动力总成悬置件特性对垂向的冲击余振控制也有较大影响。同样地，前后轴的冲击余振需要分别评价，而且不应该有可感知的冲击余振。

  不平路面上的行驶平顺性包括隔振、SUV 车身抖动、动力系统抖动（Powertrain Shake）和转向盘轴向抖动等。从字面上讲，隔振只与悬架对各种广谱粗糙路面输入衰减能力（0.25~80Hz）有关，实际上该指标包括宽频范围内由多个接触面传递到人体的总加速度值，因此是个包括所有影响因素的综合指标。不平路面隔振第一次试图采用 ISO 2631 评价平顺性能的思路，综合评价在不同的路面和车速输入下，全部四个人-车接触面在不同方向加速度信号对行驶平顺性的影响。由于 SUV 车身结构的特殊性，相比于总体车身刚度较大的厢式轿车，SUV 的振动有不同的特征。SUV 车身抖动指标用多个人-车接触面总加速度在宽频范围内度量，评价 50Hz 以下由多种不平路面输入引发的车身持续抖动，以试图量化悬架和转向系统、座椅系统的安装连接方式、动力总成悬置和某些车身模态对车身抖动响应的影响。

  为了突出动力系统由不平路面引发的车身整体持续抖动和晃动（8~20Hz），强调动力总成悬置和簧下质量的共振对行驶平顺性的影响，定义了动力系统抖动指标，其关注的频率范围与动力总成悬置和簧下质量的轮跳频率范围有关。

  由不平路面输入引起的转向盘轴向抖动或打手是转向干扰的重要方面，通常用转向盘轴向抖动来评价这项性能，轮胎、悬架和转向系统的设计以及控制调校参数都可能影响转向盘的轴向抖动模态。

  比起不平路面上的受激振动，平滑路面上的各种抖动通常更容易被人感知且更令人不适。平滑路面抖动描述车辆在某个特定的车速范围内，发生在座垫、座椅靠背、转向盘和地板这四个人-车接触面上的振动。振动响应的方向既可能是垂向也可能是纵向，转向盘上的振动方向既可能是轴向的，也可能是径向的。

没有车辆能够在所有方面都达到最佳性能，正如车辆的不同性能（如操纵稳定性和行驶平顺性）之间需要权衡一样，在行驶平顺性的不同组成部分之间也需要权衡。常见的权衡包括运动控制与运动平滑度，以及冲击强度与冲击余振。在不改变配置的情况下，通常一个方面的改善会引起另一个方面的恶化。行驶平顺性客观化的益处之一是能够量化两个性能方面的相互冲突并展示到一张图上，以便根据车型的市场或风格定位做出取舍。图 7.2 显示了某细分市场运动控制与运动平滑度的关系[4]，由图可知，改善运动控制会以牺牲运动平滑度为代价，反之亦然。改变悬架关键部件的配置，或者应用主动悬架可以有效地改善这两个性能方面的平衡关系。

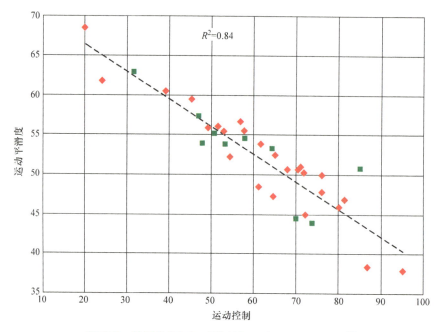

图 7.2　某细分市场运动控制与运动平滑度的关系[4]

7.2　路面激励与内部激励

影响行驶平顺性的因素包括外部和内部因素。外部因素主要与路面激励有关，包括车辆垂向和俯仰方向、纵向和与某些路面特征相关的侧向输入。车辆内部因素又分为内部激励源（全部与旋转部件有关，包括车轮总成、动力总成和传动系统）、车辆布置（如簧上质量、轴荷分配）、轮胎特性、悬架转向系统和动力总成悬置的设计调校参数（如弹簧刚度、阻尼曲线、衬套参数、副车架悬置件特性等）。引起车辆侧倾和侧向响应的许多因素与悬架的设计调校参数有关（如侧倾中心高度、轮跳特性等），在下面的章节里将分别介绍这些影响因素。

7.2.1 路面激励 - 车辆垂向和俯仰方向的输入

车辆对路面激励的响应与车速相关，不平路面可以激励起车身垂向、俯仰、纵向、侧倾和侧向响应。车辆行驶时被不平路面激励引致的振动响应是发明悬架和充气轮胎的初始驱动力。垂向激励是最重要也是最先得到关注的激励。事实上，最初的1/4车辆模型和2自由度俯仰模型都是针对路面垂向输入的。但是，路面通过车轮施加在车辆前后方向和侧向的激励对日渐提升的用户驾乘体验要求也至关重要，必须给予足够重视。

现实世界里的不平整路面按种类与特征可分为混凝土路面、沥青路面、砂石路面和比利时搓板路等；按输入幅值可分为幅值较大的不平路面（包括路面接缝、段差、龟裂、凸起、毁损、坑洼、限速带等）和某些幅值较小的连续稳态粗糙路。对于输入幅值较大的不平路面，通常悬架动行程较大，因而车速必须较低，以避免将太强的振动传到乘员，这类路面是行驶平顺性研究和悬架调校常用的路面；与之对应，输入幅值较小的不平路面通常悬架动行程较小，从而可以用较高的车速通过，这类路面有可能激起车身、座椅骨架和转向盘30~40Hz的系统模态和70~85Hz的转向盘面模态，通常是NVH性能研究与评价常用的路面。

与描述时域信号的周期 $T(s)$ 和频率 $f(Hz)$ 相似，路面轮廓也可以用波长 $\lambda(m)$ 和空间频率 $f_{sp}(1/m)$ 来描述，f_{sp} 和路面波长 λ 二者之间可以通过车速联系起来。可见，对于某指定波长路面，路面对车辆的激励频率与车速成正比。

$$f_{sp} = \frac{V}{\lambda}$$

针对不同路面不平整度，在国际标准中把道路轮廓细分为8类，从A到H分别代表8级不平整度，比如A类道路为非常平滑的路面，E和F类为维护不良的道路，而G和H用于高度不规整的路面，这些路面都用空间域的功率谱密度描述[5]。

另一个度量路面平整度的指标是国际平整度指数（IRI），该指数不仅可以描述路面状况，而且与车辆总的使用费用、行驶平顺性、动态轮荷有关。一个标准化参数的1/4车辆模型用于计算在给定路面上的悬架动行程，而累计悬架动行程除以所行距离定义为国际平整度指数。因此国际平整度指数的单位是 m/km 或 in/mi[6]。图7.3 所示为不同级别道路的国际平整度指数（IRI）范围。随着国际平整度指数的增加，车速不得不随之降低，这样的路面也是行驶平顺性研究需要的路面。

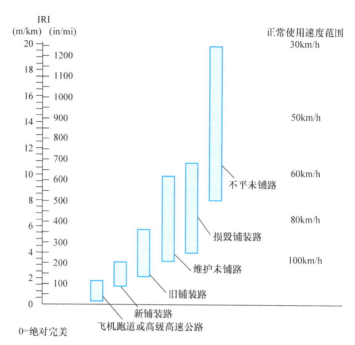

图 7.3　不同级别道路的国际平整度指数（IRI）范围

7.2.2　路面激励 - 车辆纵向和侧向输入

除了对车辆产生垂向激励外，道路表面的各种限速带、台阶、段差、凸起、坑洼等单个特征还会通过轮胎产生纵向激励。即使行驶在连续均匀的粗糙路面上，车辆上采集到的轮心载荷谱也显示出不容忽视的纵向力分量。这样的激振力会引起车身、动力总成和簧下质量的振动，从而影响行驶平顺性并引起高频振动噪声。改善纵向路面输入下车辆的振动响应是底盘设计调校的关键环节，也是设定轮心退让柔度和阻尼目标的依据。悬架摆臂液压衬套和副车架液压衬套的应用通常也与此有关。

通常侧倾中心高度在地面之上，路面的垂向输入会引起车轮在接地点的侧向移动，这样的侧向移动会产生当量的轮胎侧偏角。而路面的反向垂向输入会引起车身与路面之间的相对侧倾角变化，进而引起侧倾转向变化。这两部分与悬架几何有关的量都会通过轮胎侧偏特性产生的侧向力输入到车辆系统。侧倾中心越高或侧倾转向梯度越大，产生的侧向力越大。同时车身与路面之间的相对侧倾角变化也会引起轮胎外倾角的变化，从而引起侧向力输入。

从行驶平顺性的角度出发，应该将轮跳转向梯度和侧倾中心高度控制在一定范围内。对给定的悬架设计，侧向能力越强的轮胎，路面输入对行驶平顺性的影响越大。这些是除了侧倾刚度和侧倾阻尼之外，对车身侧倾和侧向响应产生影响的额外因素。另外，路面的垂向输入产生的前后轴侧向力存在与车速相关的时间滞后，因此车辆的侧倾和侧向响应与车速有关。需要说明的是，除在车身的侧倾共振频率附近外，乘员在车内感觉到的某些高频振动也与上述原因有关。

7.2.3 路面数据采集

路面数据采集可用于多种用途，比如评估路面质量（评估新铺设路面的质量或评估旧路面粗糙度）、重建或复制现有的路面（如需要在全球不同地区复制相同特征的路面）、试验室平顺性调校（如4立柱试验台输入）、车辆性能仿真（频域中的振动噪声、时域中多刚体动力学或控制系统的验证与调校）等。

7.2.3.1 二维路面数据测量和数据处理技术

20世纪60年代，通用汽车公司利用惯性测量技术原理研发了2维的路面数据测量和数据处理技术（图7.4）。该技术用加速度计测量加速度并通过双重积分来测量与惯性参考系的距离（a），激光传感器测量从地面到加速度计的距离（b），二者之差为路面的高度信息（$z = a - b$）。车速和距离用速度传感器测量，激光传感器拾取路面上一个小点（直径约为2mm）的高度，可以准确测量路面的细微变化，比如小裂纹和伸缩缝的深度。

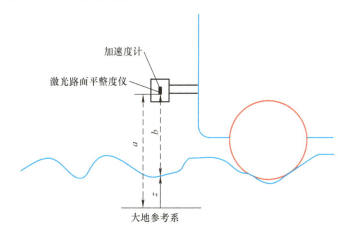

图7.4 二维路面数据测量技术示意图

该技术的局限较多，主要体现在几个方面：存在积分漂移和积累误差；无法拾取低频特征，因而不能得到非常长的波长的轮廓（山丘、路面弧度等）；由于在车身俯仰或侧倾时无法测量出真实的垂向加速度，因此在曲线行驶（存在较大的侧向加速度）和大俯仰情况下有局限性；路面上的石子、橡胶碎片或树叶可能被误认为路面形状；由于轮距不同，采集到的路面信息可能会有变化，即使在轮胎宽度范围内也可能存在显著差异；最重要的是二维测量只能提供单一纵向截面信息，而不能提供轮胎印迹宽度内所有路面横向信息（图7.5）。

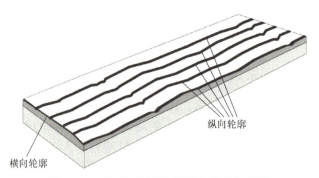

图 7.5　二维路面的纵向和横向轮廓示意图

数据采集时车速和采样频率必须遵从奈奎斯特采样定理，以防止频率折叠。如果研究 2m 波长，则采样间隔必须为 1m 或更短，即需要将采样间隔设置为不大于正弦波波长的 1/2。低通抗频率折叠滤波器可用来过滤掉不感兴趣的短波长高频成分，此时需要低通滤波频率大于感兴趣的最高频率，并提高采样频率以确保奈奎斯特频率高于低通滤波频率。避免出现真实路面中不存在的频率成分，这是减少分析误差来源的要素之一。

路面数据处理是信号的数学处理和转换过程。通过路面数据处理可以消除测量噪声来改进测量质量，并从信号里抽取有用信息。路面数据处理基本手段包括高通滤波滤除大波长成分，消除由测量系统引起的系统飘移或积分累计误差，低通滤波滤除短波长成分以平滑高频成分和提高动态模拟速度，同时也需要非线性滤波来消除由于碎片、石头、树叶等导致的尖峰。

7.2.3.2　三维路面数据测量和数据处理技术

三维路面数据测量和数据处理技术的出现主要为克服二维路面测量的局限，从而能够提供轮胎印迹覆盖的所有路面信息。2008 年以来，戴姆勒股份公司与模拟技术公司 VIRES GmbH 合作开发和改进了 OpenCRG 数据格式，并免费推广。

路面数据的采集依靠装载于数据采集车上的一组传感器，包括摄像头、激光雷达、GPS 接收器、数字激光轮廓仪和侧面投影激光器等。当采集车以极低的速度行驶过相应路面，所有路面和环境信息都会被记录下来（图 7.6）。路面的高度误差可以精确到 1mm 内，采集到的原始数据形成点云。数据会被处理成 OpenCRG 格式，该格式有以下优点：格式简单、节约存储空间、运算高效、适用于模拟运算。在使用之前，OpenCRG 路面数据不需要进一步预处理。独特的 CRG 格式消除了不兼容的路面格式之间的转换需求，并保证了模拟应用的一致和可靠性。OpenCRG 格式数据可用于行驶平顺性、车辆操稳性和耐久性负载预测分析，也可作可视化处理和进一步的路面数据分析，比如转化成二维数据处理国际平整度指数等。图 7.7 为经处理后的三维路面数据的图像表现形式。

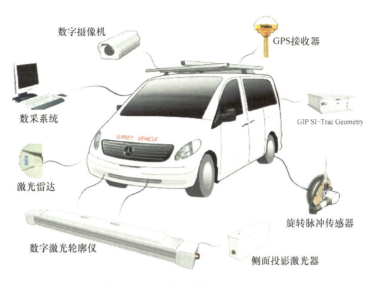

图 7.6 三维路面数据测量系统

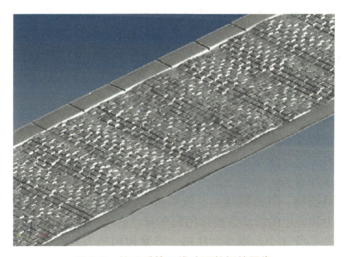

图 7.7 处理后的三维路面数据的图像

7.2.4 车辆内部激励

车辆内部激励源全部与旋转部件有关，包括车轮总成、动力总成和传动系统。其中一个共同原因是旋转件的动不平衡。当旋转部件的旋转轴没能与任何一个惯性主轴重合时，旋转部件将产生动不平衡。动不平衡的存在使得旋转体对其支撑件产生附加力，这些力将产生加速度响应并被人体感知。动不平衡力的一阶频率与旋转速度相同，其幅值与转速的平方成正比，其中车轮动不平衡力频率与车速有关，而动力总成和传动系动不平衡力与发动机转速及相应的传动比有关。

7.2.4.1 车轮总成

车轮总成包括轮胎、轮辋、轮毂轴承、制动盘等旋转部件。除总成的质量动不平衡外,轮胎的外形几何不均匀(如平点、偏心、椭圆形、三角形、方形等)和径向刚度不均匀也会产生轮胎三向力的变化。一阶激振力的频率 f 与车速 V 的关系为:

$$f = \frac{V}{2\pi R_L}$$

对典型的轮胎承载半径 R_L(350~370mm)而言,100km/h 通常对应的一阶激振力频率为 12Hz 左右,而这正是典型的轮跳频率。轮胎平点和偏心会产生一阶不均匀力,而椭圆形、三角形和方形则分别产生二阶、三阶和四阶的轮胎三向力的变化。径向刚度不均匀产生的力的变化可以通过固定半径的轮胎滚动试验获取,同样可以观察到与轮胎转速及其倍数有关的动态力。

以上三种轮胎不均匀力都可能导致平滑路上转向盘扭转振动及转向盘抖动(即纵向、侧向和垂向)。另外,抖动也可以在车内的地板和座椅上被感知到,其机理比较复杂,将在第 7.8 节讨论。车速与轮胎激振频率的关系表明,高阶的轮胎不均匀力可能不会影响通常意义上的行驶平顺性能,但可能影响高频的振动噪声性能。

7.2.4.2 动力总成

燃油车上的发动机是其主要或全部的动力来源,主轴旋转的动不平衡、活塞往复运动的惯性力以及曲轴上的转矩波动很可能成为激振源。曲轴转矩的波动与内燃机的工作原理有关,每个气缸产生的力实际上是一个一个的脉冲,因此曲轴上的转矩必然有波动,气缸数越少、波动越大。另外,曲轴本体也可能有扭转振动。如果这些力和力矩的波动直接作用到车身,必然引起车身的振动响应。

为了减少这些扰动力和噪声的传递,通常使用动力总成悬置来隔开车身和动力总成。较小的刚度有助于隔振,但车身和动力总成会产生较大的相对位移。因此,动力总成变成了一个由车身和副车架支撑的有不可忽略质量的 6 自由度振动系统,该系统对行驶平顺性和振动噪声的影响必须予以考虑。动力总成悬置的两个主要考虑因素是模态解耦和模态频率的合理分布。

7.2.4.3 传动系统

动力传动系统产生的激励主要有两个方面,其一与传动轴本身的制造与装配有关,比如几何不对称、装配偏心、传动轴不直以及传动轴刚度太小;其二与输入轴、输出轴之间的夹角有关。当十字万向节用于传递转矩,而输入轴、输出轴之间有夹角时,输出轴的转速 ω_o 与输入轴转速 ω_i 不相等,其关系与两轴的夹角

θ 和输入轴与十字节的相位 β 有关,两轴的夹角越大,转速比值的波动越大[7]。

$$\frac{\omega_o}{\omega_i} = \frac{\cos\theta}{1-(\sin\beta\sin\theta)^2}$$

输出轴转速的波动是输入轴转速的二阶量。输出转速的变化必然引起输出轴的不断加速和减速转动,从而引起转矩的波动。该波动会在变速器支撑点、传动轴中间支撑点或四驱的后轴等处产生激振力。即使采用等速万向节,输入轴和输出轴之间的夹角也会在传递转矩时产生额外的平衡力矩,以达到力矩矢量的平衡。对前驱转向轮,该平衡力矩可能部分作用于转向轴引起前轮转向(见第 6.4.2 小节)。当车的左右传动轴夹角不对称时,有可能引起加速转向。由于驱动转矩本身的波动(与发动机曲轴转矩波动有关),此平衡力矩本身也在不断波动,传递到轮心的转矩波动可能导致轮胎地面驱动力的波动,从而引起车辆纵向和轮胎本体的振动。

7.3 粗糙路面输入下垂向线性刚体模型及用途

车辆系统具有复杂动态特性,许多设计参数都会对其产生影响。虽然应用经过充分验证的多体动力学模型可以高效地解算给定输入下车辆的响应,但是不太容易解释某些基础机理。而一系列简单的集中质量模型则可以解释某特定动力学现象,甚至帮助解决问题。简化模型的原则有两条:极简和有效。极简是指为理解某特定动力学现象,所建的模型只包括足够的细节,其余全部简化;有效是指该模型具有指导意义,能够得到可被验证的结论。

最初的行驶平顺性模型无一例外都只考虑垂向路面输入下车辆系统的响应,而且都简化为线性模型,常见的有七自由度刚体模型、二自由度 1/4 车辆垂向模型、单自由度 1/4 车辆垂向模型和二自由度俯仰模型,这些模型都能用来分析某些动力学机理。七自由度刚体模型用于分析粗糙路面垂向输入下车身的垂向、俯仰和侧倾运动响应,以及簧下质量的垂向运动响应和悬架及轮胎的变形。虽然该模型看上去和车辆系统在形式上很相似,实际上仍然忽略了很多因素,包括轮胎包络以及由此产生的纵向的输入、悬架的 K&C 特性以及由此产生的侧向输入、悬架系统的非线性(刚度、阻尼、摩擦力)、动力总成系统悬置、人 - 椅系统、转向系统和车身 / 副车架的柔度、轮胎除垂向刚度外的其他特性等。本书主要讨论二自由度 1/4 车辆垂向模型和二自由度俯仰模型,并由此得出有指导意义的结论。

7.3.1 路面激励下的 1/4 车辆刚体模型

二自由度 1/4 车辆垂向刚体模型(图 7.8)的用途之一是分析粗糙路面垂向输入下簧上及簧下质量的垂向运动响应,以及悬架和轮胎的变形。该模型忽略了车身的俯仰和侧倾运动,认为车辆每一个角的动态响应与其他部分无关,可用于分析与悬架偏频和轮跳频率有关的动态特性，是描述簧上质量加速度（即车身隔振）、悬架动行程、轮胎动载（影响转向和操纵性能）的最佳和最简单的模型。从该模型可以推导出表7.2中的传递函数。

表7.2 二自由度1/4车辆垂向刚体模型的传递函数

输入	输出	传递函数
路面垂向位移	簧上质量位移	$H_Z = \dfrac{z_s}{z_r} = \dfrac{c_s s + k_s}{\Delta}$①
	簧上质量加速度	$H_A = \dfrac{\ddot{z}_s}{z_r} = \dfrac{c_s s^3 + k_s s^2}{\Delta}$
	簧下质量位移	$H_{ZU} = \dfrac{z_{us}}{z_r} = \dfrac{m_s s^2 + c_s s + k_s}{\Delta}$
	悬架动行程	$H_{SD} = \dfrac{z_s - z_{us}}{z_r} = -\dfrac{m_s s^2}{\Delta}$
	轮胎动载	$H_{TF} = \dfrac{F}{z_r} = \dfrac{k_t(z_{us} - z_r)}{\Delta} = \dfrac{m_s m_{us} s^4 + (m_s + m_{us})c_s s^3 + (m_s + m_{us})k_s s^2}{\Delta}$

① $\Delta = \dfrac{m_s m_{us}}{k_t} s^4 + \dfrac{(m_s + m_{us})c_s}{k_t} s^3 + \left((m_s + m_{us})\dfrac{k_s}{k_t} + m_s\right) s^2 + c_s s + k_s$
$s = j\omega$

其中：m_s 为簧上质量，包括悬架支撑的总角质量；m_{us} 为簧下质量，包括所有其他部件的总角质量；k_s 为线性悬架刚度，c_s 为线性阻尼系数；k_t 为轮胎径向线性刚度；z_s 为簧上质量位移；z_{us} 为簧下质量位移；z_r 为路面垂向位移。

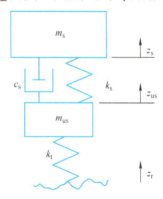

图7.8 二自由度1/4车辆垂向刚体模型

在两种特殊情况下，上述二自由度1/4车辆垂向刚体模型可以进一步简化为两个单自由度1/4车辆垂向刚体模型，可以用来预测悬架偏频和轮跳频率，结果相当准确。第一种简化如图7.9所示。该模型忽略了簧下质量，并且将轮胎刚度 k_t 和悬架刚度 k_s 合成了一个总弹簧刚度 k_r。路面输入到簧上质量位移的传递函数

变为

$$\frac{z_s}{z_r} = \frac{c_s s + k_r}{m_s s^2 + c_s s + k_r},$$

式中 $k_r = \dfrac{K_s K_t}{K_s + K_t}$

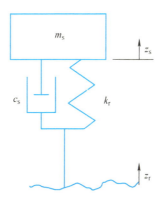

图7.9 用于预测悬架偏频的简化 1/4 车辆垂向刚体模型

该模型与二自由度模型簧上质量位移的传递函数曲线对比如图 7.10 所示。显然，在悬架偏频附近，该单自由度 1/4 车辆垂向刚体模型可以足够精确地预测悬架偏频。

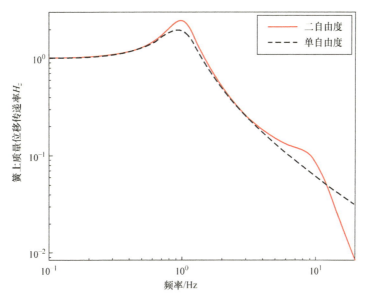

图7.10 用于预测悬架偏频的简化 1/4 车辆模型与二自由度模型簧上质量位移的传递函数曲线对比

第二种 1/4 单自由度车辆垂向刚体模型简化如图 7.11 所示。该模型假定在轮跳频率附近，簧上质量的刚体运动响应相对较小，因此可以假定为静止不动。路面输入到簧下质量位移的传递函数变为

$$\frac{z_{us}}{z_r} = \frac{k_t}{m_{us}s^2 + c_s s + (k_t + k_s)}$$

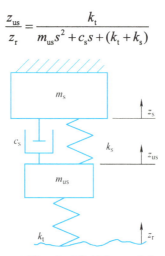

图 7.11　用于预测轮跳频率的简化 1/4 车辆垂向刚体模型

该模型与二自由度模型簧下质量位移的传递函数曲线对比如图 7.12 所示。在轮跳频率附近，簧下质量位移传递函数的对比显然可以说明该简化模型可以相当准确地预测出轮跳频率。

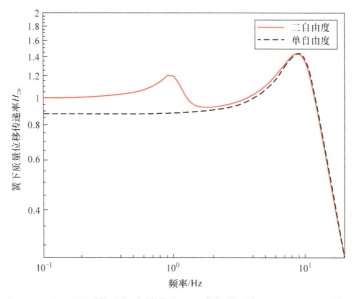

图 7.12　用于预测轮跳频率的简化 1/4 车辆模型与二自由度模型簧下质量位移的传递函数曲线对比

从上述两个简化了的单自由度模型可以得到如下 1/4 车辆垂向刚体模型的近似特征参数：

悬架偏频：$f_n = \dfrac{1}{2\pi}\sqrt{\dfrac{k_r}{M_s}}$

阻尼比：$\zeta = \dfrac{c_s}{2\sqrt{k_r M_s}}$

轮跳频率：$f_{hop} = \dfrac{1}{2\pi}\sqrt{\dfrac{k_s + k_t}{m_{us}}}$

轮跳阻尼比：$\zeta_{hop} = \dfrac{c_s}{2\sqrt{(k_t + k_s)m_{us}}}$

整车开发时，在满足架构和功能的要求下，簧上和簧下质量通常由轻量化和成本的综合目标考虑确定，并不是悬架设计和调校工程师可以调校的参数。能够调校的参数实际只有通过悬架刚度改变的悬架偏频和通过减振器阻尼改变的阻尼比。在某种程度上，轮胎刚度也可以考虑为影响行驶平顺性能的调校参数，但同时还需要考虑因为刚度改变导致的轮胎设计参数对操纵稳定性、转向性能和制动性能的影响。

7.3.2 传递函数图

除了悬架偏频、阻尼比和轮跳频率三个动态特征参数外，与悬架有关的其他关键的动力学特征可以用各种传递函数来描述。在众多的二自由度 1/4 车辆垂向刚体模型传递函数中，最为重要的有三个，即路面输入到簧上质量位移（或加速度）的传递函数，路面输入到悬架动行程的传递函数和路面输入到轮胎动载（或轮胎变形）的传递函数。控制簧上质量的运动可直接改善行驶平顺性；控制悬架动行程可有效保证悬架在其有效线性范围内工作，从而避免限位冲击；而控制轮胎动载和轮胎在不平路面上的抓地能力相关，直接影响操纵稳定性。下面分析在其他参数不变的情况下悬架偏频（通过改变悬架刚度）、阻尼比（通过改变悬架阻尼）、轮跳频率（通过改变轮胎刚度）以及簧下质量对传递函数的影响。

图 7.13 展示了改变悬架偏频对传递函数的影响。降低偏频（即降低悬架刚度）可以有效地衰减簧上质量的运动响应，特别是在人体最为敏感的 4 ~ 8Hz 区域内（图 7.13a）；另一方面，提高偏频（增加悬架刚度）可以在轮跳频率附近有效地减小轮胎动载（图 7.13c），从而改善抓地力，因此悬架刚度是一个影响动力学性能的关键调校参数。

图 7.14 是改变阻尼比对传递函数的影响。增加阻尼比（即增加悬架阻尼）可以有效地减小悬架偏频附近簧上质量的运动响应（图 7.14a）、悬架动行程

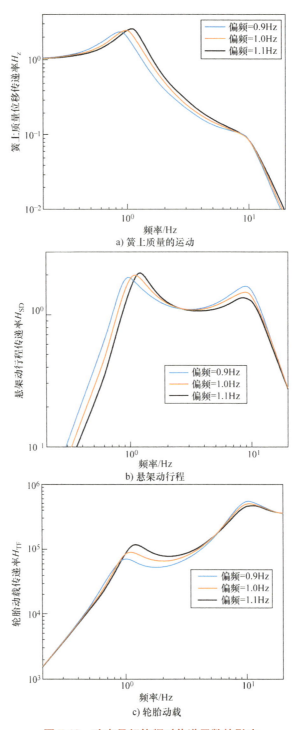

图 7.13 改变悬架偏频对传递函数的影响

(图7.14b)以及轮跳频率附近的轮胎动载(图7.14c),从而改善抓地力。但在人体最为敏感的4~8Hz区域内,簧上质量的运动响应会相应增加(图7.14a)。因此悬架阻尼是另一个影响动力学性能的关键调校参数。

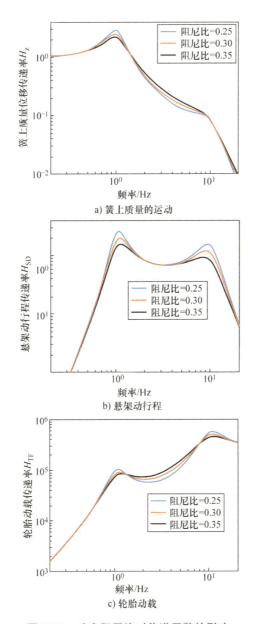

a) 簧上质量的运动

b) 悬架动行程

c) 轮胎动载

图7.14 改变阻尼比对传递函数的影响

图7.15为改变轮胎刚度对传递函数的影响,图中的刚度比是轮胎刚度与悬架刚度之比。轮胎刚度主要影响轮跳频率附近的响应(本例中约10Hz),降低轮胎

刚度可以改善轮跳频率附近以及更高频率范围簧上质量的运动响应（图 7.15a），同时有效地减小轮胎动载（图 7.15c），改善抓地力。对实体轮胎而言，降低轮胎刚度只能通过改变轮胎设计和轮胎气压实现，这两种方法通常都会影响轮胎的其他动力学性能。

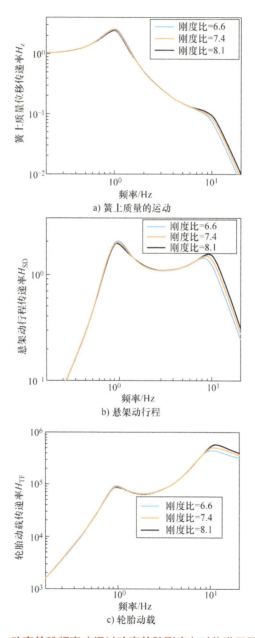

图 7.15 改变轮跳频率（通过改变轮胎刚度）对传递函数的影响

同样地，簧下质量也主要影响轮跳频率附近的响应，图 7.16 所示显示改变簧下质量（即簧下质量与簧上质量之比）对传递函数的影响。降低簧下质量可以减小轮跳频率以下相当宽范围内的轮胎动载，从而改善抓地力（图 7.16c），而对簧上质量运动响应的影响相对而言比较小。在实际整车开发中，簧下质量通常由轻量化和成本权衡决定，轻量化和平顺性的要求一致。

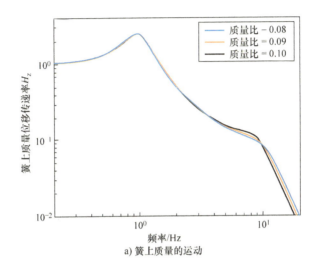

a) 簧上质量的运动

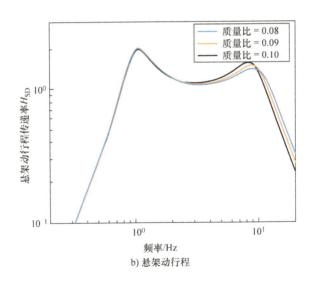

b) 悬架动行程

图 7.16 改变簧下质量（即簧下质量与簧上质量之比）对传递函数的影响

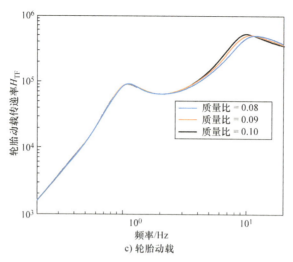

c) 轮胎动载

图 7.16 改变簧下质量（即簧下质量与簧上质量之比）对传递函数的影响（续）

7.3.3 考虑路面输入的 4 个关键性能指标

以上所示四个传递函数图可以趋势性地描述车辆系统在单位路面输入下的动态响应特征，但是单从传递函数图难以全面量化行驶平顺性能，因为实际行驶中车辆经过的路面情况和车速千差万别，路面输入存在不同频率信息，悬架的最优调校和这些路面输入特征密切相关。从频域来看，响应基本上可以分为悬架偏频附近的低频成分、轮跳频率附近的中频成分以及高于轮跳频率的高频成分。因为四个对垂向动力学最有意义的性能分别是低频车身运动控制和悬架动行程控制、中频粗糙路隔振和轮胎动载，因此表 7.3 定义了四个关键性能指标，其中与悬架偏频模态有关的两个指标用白色加速度谱激励，而与轮跳模态有关的两个指标用白色速度谱激励。在时域中，这两种输入分别对应于斜坡输入和阶跃输入。

表 7.3 四个垂向动力学的关键性能指标定义

低频（白色加速度谱或斜坡输入）	中频（白色速度谱或阶跃输入）
簧上质量位移（即车身运动控制）： $\sqrt{\dfrac{1}{T}\int z_s^2 \mathrm{d}t} = \sqrt{\dfrac{1}{T}\int \left(\left\|\dfrac{z_s}{z_r}\right\| z_r\right)^2 \mathrm{d}t}$	簧上质量加速度（即隔振）： $\sqrt{\dfrac{1}{T}\int \ddot{z}_s^2 \mathrm{d}t} = \sqrt{\dfrac{1}{T}\int \left(\left\|\dfrac{\ddot{z}_s}{z_r}\right\| z_r\right)^2 \mathrm{d}t}$
悬架动行程： $\sqrt{\dfrac{1}{T}\int (z_s - z_{us})^2 \mathrm{d}t} = \sqrt{\dfrac{1}{T}\int \left(\left\|\dfrac{z_s - z_{us}}{z_r}\right\| z_r\right)^2 \mathrm{d}t}$	轮胎动载： $\dfrac{1}{(M_s + M_{us})g}\sqrt{\dfrac{1}{T}\int F^2 \mathrm{d}t} =$ $\dfrac{1}{(M_s + M_{us})g}\sqrt{\dfrac{1}{T}\int \left(\left\|\dfrac{F}{z_r}\right\| z_r\right)^2 \mathrm{d}t}$

7.3.4 关键参数的影响分析及性能优化

多个模型参数以复杂的方式在所有频率范围内同时影响以上四个性能指标。下面着重分析 3 个主要参数，即悬架刚度（或偏频）、悬架阻尼（或阻尼比）以及轮胎刚度（或轮跳频率）变化的影响。为了可视化这些性能指标之间的关系，同时考察最佳的参数调校范围，使用了 3 个行驶平顺性权衡图（图 7.17～图 7.19）。

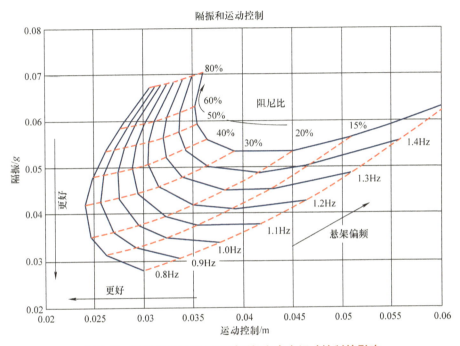

图 7.17　悬架偏频和阻尼比对隔振和车身运动控制的影响

图 7.17 所示为悬架偏频和阻尼比对隔振和车身运动控制的影响。对于给定的悬架偏频范围，最佳阻尼比一般在 15%～30% 之间；在这个给定的阻尼比范围内，降低悬架刚度可有效同时改进隔振和运动控制。图 7.18 所示为轮跳频率和阻尼比对隔振与轮胎动载的影响。一般说来，降低轮跳频率（或轮胎刚度）可有效同时改进隔振和轮胎动载；而对给定的轮跳频率范围，同时达到两个最佳性能的最优的阻尼比在 20%～40% 之间。图 7.19 所示为悬架偏频和阻尼比对隔振与悬架动行程的影响。与前两张图相比，这张图的不同之处在于图中的一组曲线在达到最佳的综合性能后折返，这意味着最佳调校组合位于此折返曲线上。在该折返曲线上，如果想降低悬架动行程，则隔振性能必然变差（反之亦然）。在达到此折返线之前，提高悬架偏频和阻尼比可以减小悬架动行程，但隔振性能通常会变差。能达到的最佳综合性能取决于悬架偏频和阻尼比的组合。一般来说，给定车辆的悬架动行程受空间布置限制，在此约束下达到最佳的隔振性能是调校工程师努力的方向。

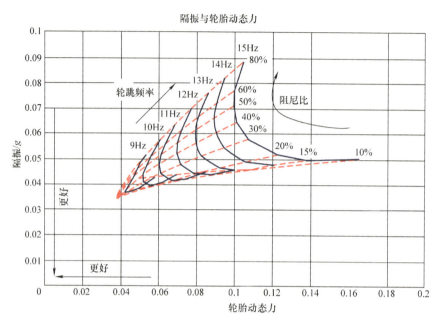

图 7.18 轮跳频率和阻尼比对隔振与轮胎动载的影响

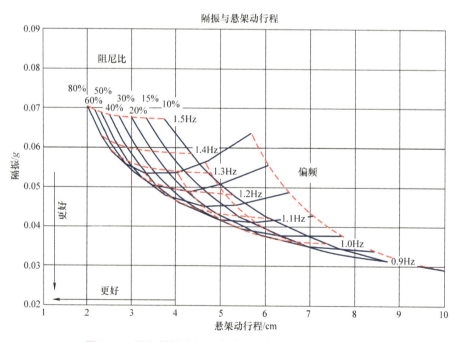

图 7.19 悬架偏频和阻尼比对隔振与悬架动行程的影响

行驶平顺性能涉及各种性能之间在各种路面上的权衡。悬架刚度通常首先由承载要求、悬架动行程限制等确定。阻尼比对各性能指标的影响最为复杂，提高阻尼比可有效减小悬架动行程，但导致隔振响应变差。最优的性能组合需要通过反复调校减振器来达到，因此减振器是调校悬架行驶平顺性能的最主要部件。行驶平顺性调校可以接近但不会好过某个综合性能极限。综上，较低的轮胎刚度有助于隔振和轮胎动态抓地力，而同时达到隔振和运动控制的最优阻尼比只能在20%~40%之间寻找。最优的悬架偏频取决于预设的性能偏好，较低的偏频有助于隔振，而较高的偏频有助于控制悬架动行程。

对给定的车辆基本设计参数，改变最优的极限曲线的形状只能通过主动减振器或非线性悬架刚度实现。

7.3.5 考虑减振器衬套柔度的 1/4 车辆模型

在上述的 1/4 车辆模型里，线性阻尼力直接作用于簧上和簧下质量之间，增加阻尼系数 c_s 只会增加轮跳阻尼比，而不改变轮跳频率，因此搜寻系统需要的最优阻尼比以达到性能平衡的任务相对简单。而在实际车辆上，为了隔绝噪声和高频振动，减振器一般通过橡胶衬套连接在簧上和簧下质量之间。在减振器调校实例中发现，在某些情况下仅靠增加阻尼力难以达到期望的调校效果，特别是在轮跳频率附近，而此时提高减振器衬套刚度可以有效地增加减振器效能。本小节试图提供理论解释，提出最优的减振器衬套刚度设计指南。考虑减振器衬套刚度 k_c 的 1/4 车辆模型如图 7.20 所示。

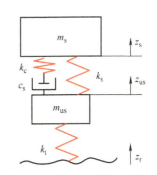

图 7.20 考虑减振器衬套刚度的 1/4 车辆模型

串联的阻尼 c_s 和刚度 k_c 元件可以简化为等效的损失刚度 k_{loss} 和弹性刚度 k_{elas}（图 7.21），并构成图 7.21 所示当量模型。等效损失刚度 k_{loss} 和等效弹性刚度 k_{elas} 可以分别表达为

$$k_{loss} = \frac{\omega c_s}{1+\left(\frac{\omega c_s}{k_c}\right)^2} \tag{7.1}$$

$$k_{elas} = \frac{k_c}{1+\left(\frac{k_c}{\omega c_s}\right)^2} \tag{7.2}$$

减振器衬套的有限刚度限制了等效损失刚度,其峰值损失刚度出现在衬套刚度及其串联减振器阻抗相等的位置($k_c = \omega c_s$)(图 7.23)。在该峰值点,等效损失刚度为衬套刚度的一半($k_{loss} = k_c/2$)。在峰值以下,增加阻尼系数会增加等效阻尼;而在峰值以上,增加阻尼系数反而会降低等效阻尼,此时即使悬架表现为欠阻尼,通过调校减振器也不能增加有效阻尼系数。阻尼系数与损失刚度不再是单调的递增关系,只有当衬套刚度增加时,峰值损失刚度才可以提高。当衬套刚度为无穷大时,最大损失刚度 k_{loss_max} 只与阻尼系数有关,模型蜕化为普通二自由度 1/4 车辆模型。

图 7.21 串联阻尼和刚度到并联阻尼和刚度的转换

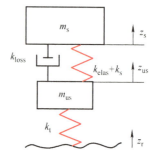

图 7.22 转换为并联损失刚度和弹性刚度的等效 1/4 车辆模型

引入减振器衬套后,等效弹性刚度 k_{elas} 随阻尼系数增加而单调增加。当峰值损失刚度出现时,等效弹性刚度也为衬套刚度的一半($k_{elas} = k_c/2$)(图 7.24)。当阻尼系数变为无穷大,即减振器被摩擦力锁死时,等效弹性刚度等于衬套刚度($k_{elas} = k_c$),此时产生轮跳频率的弹性刚度由($k_s + k_t$)变为($k_s + k_t + k_c$),所以轮跳频率会大为增加。

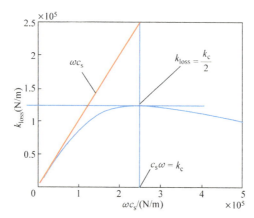

图 7.23 减振器带有限刚度衬套时等效损失刚度与阻尼系数的关系

根据图 7.22 所示等效模型,参考第 7.3.1 小节的定义,引入减振器衬套时的轮跳频率和轮跳阻尼比可以表达为式(7.3)和式(7.4),其中式(7.4)把阻尼角 δ 和轮跳阻尼比 ζ_{hop} 联系了起来。

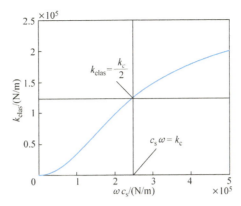

图7.24 减振器带有限刚度衬套时等效弹性刚度与阻尼系数的关系

$$\omega_{\text{hop}} = \sqrt{\frac{k_t + k_s + k_{\text{elas}}}{m_{\text{us}}}} \tag{7.3}$$

$$\zeta_{\text{hop}} = \frac{\dfrac{k_{\text{loss}}}{\omega_{\text{hop}}}}{2\sqrt{(k_t + k_s + k_{\text{elas}})m_{\text{us}}}} = \frac{1}{2} \cdot \frac{k_{\text{loss}}}{k_t + k_s + k_{\text{elas}}} = \frac{\tan\delta}{2} \tag{7.4}$$

当减振器衬套刚度变为无穷大时,式(7.4)蜕化为熟悉的普通二自由度1/4车辆模型的轮跳阻尼比形式,但轮跳阻尼比和阻尼角的关系仍然相同。

$$\zeta_{\text{hop}} = \frac{c_s}{2\sqrt{(k_t + k_s)m_{\text{us}}}} = \frac{\tan\delta}{2} \tag{7.5}$$

理论上,当阻尼系数为零(即没有减振器)或无穷大(即减振器锁死)时,损失刚度或阻尼角都为零;而在这两个极限情况之间,应该存在一个最大的阻尼角。可以证明,动刚度轨迹随阻尼系数的变化沿一个半圆移动,圆的半径为 $\dfrac{k_c}{2}$,圆心为 $\left(k_s + k_t + \dfrac{k_c}{2},\ 0\right)$,见式(7.6)(图7.25)。

$$\left[(k_s + k_t + k_{\text{elas}}) - \left(k_s + k_t + \frac{k_c}{2}\right)\right]^2 + k_{\text{loss}}^2 = \left(\frac{k_c}{2}\right)^2 \tag{7.6}$$

可以利用图7.25计算出轮跳频率通过减振器调校能达到的最大阻尼角。从图7.25上可以直观地看出,最大阻尼角出现在动刚度矢量与半圆相切的位置。在达到该最大阻尼角之前,增加阻尼系数会增大阻尼角;而在超过该最大阻尼角之后,增加阻尼系数会减小阻尼角。同时可以观察到,引进减振器衬套刚度 k_c,会降低所能达到的最大阻尼角,即能达到的阻尼角一定比未引入减振器衬套时对应的阻

尼角要小。最大阻尼角的表达式为

$$\tan\delta_{\max} = \frac{1}{2}\sqrt{\frac{k_c^2}{(k_s+k_t)(k_s+k_t+k_c)}} \quad (7.7)$$

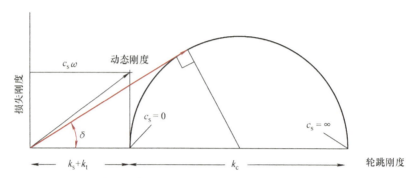

图 7.25 减振器带有限刚度衬套时轮跳刚度与损失刚度的关系

引入刚度比定义：$r = \dfrac{k_c}{k_s + k_t}$

因此最大阻尼角又可以表达为：$\tan\delta_{\max} = \dfrac{1}{2}\dfrac{r}{\sqrt{r+1}}$

相应地，最大阻尼比可以表达为：$\zeta_{\max} = \dfrac{\tan\delta_{\max}}{2} = \dfrac{1}{4}\dfrac{r}{\sqrt{r+1}}$

由上面两个式子可见，可实现的最大阻尼角或最大阻尼比都和刚度比直接相关。图 7.26 所示显示了最大阻尼比 $\tau_{\max}$ 与刚度比之间的关系，可见最大阻尼比随着最大刚度比而增加，但增加的比例递减。减振器调校的根本目的是试图找到悬架系统需要的最佳阻尼比（通常在 0.20~0.4 之间）。当刚度比太小，无论如何调校减振器阀系都不可能实现需要的阻尼比。为满足阻尼比的最优范围，刚度比必须满足一定的最低要求，理想的情况是刚度比对应的最大阻尼比相较车辆系统需要的最优的阻尼比略高，这样确定最优阻尼系数的调校活动就可以在图 7.25 中动刚度矢量与半圆相切点的左侧段圆弧进行。舒适性悬架需要的最佳阻尼比比较低（例如 0.3 左右），因此较低的刚度比（例如 $r = 2$）即可满足要求；而对需要较高阻尼比（例如 0.4 左右）的运动型悬架，对应的衬套刚度要相应高一些（比如 $r = 3$），以上要求可以表达为：

$$r = \frac{k_c}{k_s + k_t} \geq 2 \sim 3, \text{ 或 } k_c > (2 \sim 3)(k_s + k_t) \quad (7.8)$$

由式（7.8）可知，减振器衬套刚度的设计目标只是悬架和轮胎刚度的函数，而不必考虑底盘系统中其他众多因素。上述关系式可以直接作为减振器衬套的设计指南，当然刚度比的选择不是越高越好。和底盘中其他橡胶衬套一样，减振器衬套的主要作用是减小通过减振器传递的高频噪声和振动，优化这方面的性能通常需要比较低的衬套刚度。因此减振器衬套刚度的设计和调校与减振器调校相互耦合，要综合对这些性能进行取舍。

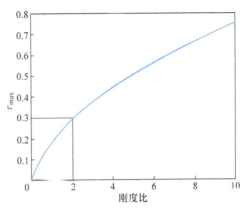

图7.26 可实现的最大阻尼比与刚度比的关系

在二自由度模型的诸多传递函数中，减振器衬套刚度主要影响簧上质量加速度传递函数和轮胎动载传递函数。图7.27和图7.28分别显示在同样阻尼系数但不同刚度比情况下的簧上质量加速度传递函数和轮胎动载传递函数。从图7.27可以看出，刚度比对簧上质量加速度传递函数的影响主要在轮跳频率附近及更高频率范围内，当刚度比降低时，传递函数幅值整体增加及轮跳频率单调增加。而且当刚度比从2降到1时，传递函数幅值呈现递增式恶化，这个机理可以解释在实车调校时，当刚度比低于2时，为什么难以通过提高调校阻尼系数来达到预期的中高频隔振性能。

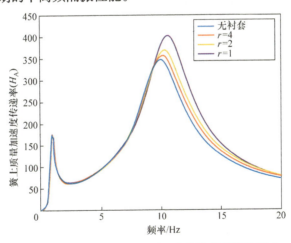

图7.27 刚度比对簧上质量加速度传递函数的影响

从图7.28可以看出，刚度比对轮胎动载传递函数的影响体现在更广的频率范围，尤其在轮跳频率附近及更高频率范围内，当刚度比降低时，传递函数幅值整体增加及轮跳频率的单调增加。而且当刚度比从2降到1时，传递函数幅值呈现递增式恶化。因此在实车调校时，当刚度比低于2，难以通过调校减振器来达到预期的轮胎动载控制。总而言之，图7.27和图7.28直观地展示了减振器衬套和减振器的串联系统引起等效刚度的增加和等效阻尼的降低，从而引起轮跳频率以及簧上质量加速度和轮胎动载传递函数幅值的单调增加。

7.3.6 小结

讨论不平路面激励下的垂向行驶平顺性，通常用1/4车辆刚体线性模型。该模型一般用于分析各关键参数对簧上质量加速度、悬架动行程和轮胎动载传递函数的影响。本节通过定义四个垂向动力学的关键性能指标，探讨了不同性能指标之间的关系，以及达成最优性能平衡的悬架和轮胎参数的范围。首次建立理论模型，分析减振器衬套刚度对有效阻尼比的影响，并通过理论推导，给出了减振器衬套刚度的设计指南。

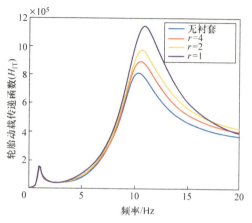

图 7.28 刚度比对轮胎动载传递函数的影响

7.4 减振器设计与调校原理

悬架的减振器阻尼特性与车辆所有的动力学性能相关。在此之前的讨论中，阻尼系数假定为常量，实际减振器是一个复杂且特性高度可调的非线性子系统，正是它的高可调特性使得车辆动力学性能之间的优化和平衡成为可能。减振器阀系调校是机械底盘调校的核心之一，通常进行多轮，需要多套方案，耗时最长。本节从整车性能出发，明确理想的减振器特性，介绍减振器结构，尤其对阀系特性进行了详细介绍。

7.4.1 整车动态性能对减振器特性的要求

现代车辆用弹簧悬架来减少从车轮传递到车身及其乘员的载荷，弹簧存储并释放从路面传递给车辆的能量，如果不加以控制，该能量将导致严重的车身和车轮运动。减振器将车辆的动能和弹簧的势能转换成热能并将其耗散到大气和底盘其他部件。减振器性能影响车身的起伏、俯仰和侧倾运动以及车轮运动，还对加速后蹲和制动点头有显著影响。

减振器调校对底盘基础性能影响很大，没有经过认真调校减振器的悬架通常不会有优良的操稳性能和行驶平顺性能。相反，即使悬架设计一般，经过良好调校减振器的车辆仍可能具有不错的性能。单独实现良好的行驶平顺性能或操稳性能较为容易，但若要同时满足两者，则对调校减振器阻尼特性提出了挑战。为了兼顾不同工况下的性能要求，首先要明确不同工况下轮心相对速度范围，然后确定相应的理想减振器阻尼特性。典型的操稳性能和平顺性能对应的轮心相对速度峰值应小于 1.5m/s，路坑工况可能达到 5m/s（图 7.29）。轮心相对速度是轮心振动频率 f 和轮心位移幅值 A 的函数：

$$V = A2\pi f$$

当悬架动行程幅值加大或轮心振动频率提高时，轮心相对速度都会增加。

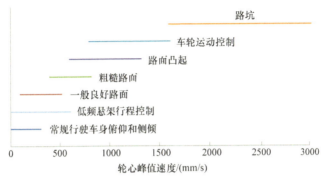

图 7.29　不同路面对应的轮心峰值速度

与常规行驶操稳相关的动态侧倾和俯仰控制需要减振器的低速段产生大阻尼，而大部分行驶平顺性工况的轮心相对速度处于中低速范围，通常需要较小的阻尼力以隔振，同时又需要适当的阻尼力控制车轮振动。经历路坑冲击时悬架动行程速度很高，需要大阻尼力以控制行程末端冲击力（表 7.4）。因此理想的轮心阻尼特性可以表达为轮心峰值速度的函数，如图 7.30 所示。通常减振器的阻尼特性表达为阻尼力作为轮心峰值速度的函数，因此理想的阻尼特性也可以表达为图 7.31 所示的形状，可见有两个明显的拐点。

表 7.4　不同工况下轮心峰值速度与轮心阻尼力需求

工况	轮心位移幅值	轮心频率	轮心峰值速度	轮心阻尼力要求
常规行驶车身侧倾/俯仰	小/中	低	小	大
低频悬架动行程控制	中/大	低	小/中	大
一般良好路面	小/中	低/中	小/中	适中（阻尼比 25%~40%）
粗糙路面输入	中/大	广谱	中	适中（阻尼比 25%~40%）
路面凸起	各种	单个事件	中	适中（阻尼比 25%~40%）
车轮控制	中/大	中	中/大	适中（阻尼比 25%~40%）
路坑	中/大	单个事件	大	高

在保证操稳性能和行驶平顺性能的轮心速度范围内（<1.5m/s），有递减特性的轮心阻尼力可提供足够的低速阻尼力，实现低速车身俯仰、侧倾支撑，同时较小的中速阻尼力也可以实现良好隔振。通过调校低速曲线的斜率和第一转折速度点，可以实现低速时对车身俯仰和侧倾的支撑，过高的转折阻尼力和转折速度会

以隔振性能恶化为代价；拐点速度以上中速部分的曲线斜率可以进一步调校以实现良好的隔振性能；第二拐点以上的高速部分（>1.5m/s）的曲线形状与路坑工况下的最大悬架载荷有关。当悬架运行到行程终点附近，应该避免急剧或突然的载荷和响应变化。为此，必须在车轮过中心位置，即减振器速度最快时提供大阻尼力，以便尽可能早地吸收冲击能量，降低悬架限位末端的冲击载荷峰值，所以减振器的高速段阻尼力必须增大。

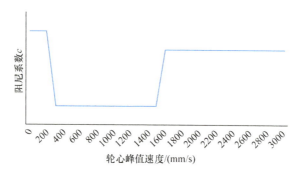

图 7.30　理想的阻尼系数与轮心峰值速度

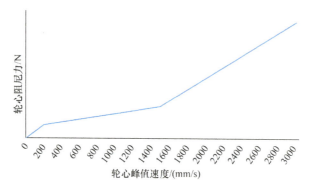

图 7.31　理想的轮心阻尼力与轮心峰值速度

减振器对操稳性能的影响体现在车辆常规行驶的动态侧倾控制、敏捷性、稳定性、车身运动控制和轮胎垂向载荷控制。所谓常规行驶指侧向加速度低于 $0.3g$、速度低于 130km/h 的工况。动态侧倾控制是转向输入下瞬态侧倾角响应，良好的动态侧倾控制能够提高驾驶员对车辆稳定性的信心；敏捷性是响应滞后和响应增益的总和，反映车辆对转向输入响应的直接程度；稳定性是车辆在侧风和快速瞬态转向输入下，后轴的横向支撑能力。改变车辆瞬态性能主要通过在前后轴的减振器之间分配动态横向载荷转移实现：前轴较大的侧倾阻尼会增加瞬态车辆稳定性，而后轴较大的侧倾阻尼将增加瞬态车辆敏捷性。流畅的车身运动控制，包括流畅而自然的车身起伏、俯仰和侧倾运动,可保证驾驶员对车辆的信心,而突兀的车身运动会对操稳主观感觉造成负面影响。轮胎动载是粗糙路面输入引起轮胎垂向的载荷变化,过高的动载降低了轮胎的纵向力和侧向力,将影响车辆的制动性、加速性、操纵性和稳定性,最终降低驾驶员的信心。

减振器对行驶平顺性能的影响体现在对车身起伏、侧倾和俯仰运动和轮跳运动的控制,包括车身运动平稳性、车身运动控制、行程限位冲击、粗糙路面隔振、冲击强度以及抖动等维度。车身运动平稳性与前面提到的流畅的车身运动控制相似,但强调平顺性。优良的平顺性要求在 3~5Hz 范围内尽可能小的车身起伏运动,较小的车身俯仰和侧倾运动以及悬架运动变向时不急促且不突兀。车身运动控制是车辆在悬架固有频率附近控制车身垂向响应的能力,包括初始运动的控制及路面输入后的阻尼响应,频率在 1~2Hz 之间。运动平稳性和车身运动控制存在负相关的关系。达到车身运动控制和运动平稳性的平衡是最优先的性能考虑。粗糙路面隔振和冲击硬感与连续的小幅度高频路面特征相关联,通常在 25~50Hz,这也是大部分车身结构模态受阻尼调校和摩擦力影响的频率范围,此时需要小阻尼力以提高隔振能力。

达到预期的性能需要一定的总阻尼,实现要求的总阻尼还需要考虑压缩和拉伸阻尼之间的分配关系。为达到"对称"的悬架压缩和拉伸主观感觉,通常会将拉伸阻尼调校为明显大于压缩阻尼;另一方面,对称的阻尼特性会引起不对称的感觉。必须同时评价车身起伏、俯仰、动态侧倾和瞬态操稳性能,避免主观感觉上压缩或拉伸任一方占主导地位,通过减少主导侧的阻尼力或增加弱侧的阻尼力,可以达到更为优良的综合性能。有调校实例证明,在先前性能平衡的车辆上安装了径向强度更大的轮胎或更大刚度的悬架弹簧,乘员会立即感觉到向上的"撞击",而且抗冲击性能和隔振都会变差,此时减少压缩或增加回弹阻尼力将重新平衡车辆,达到原有平衡的行驶平顺性能。

7.4.2 筒式减振器的工作原理

现代汽车几乎都使用筒式减振器,分为单筒和双筒两种(图 7.32)。圆筒中充满油液,带有活塞的活塞杆在圆筒中带动活塞上下运动。活塞上有常通孔和缝隙构成的常通面积,以及流通面积可调的节流孔,活塞运动引起黏性油液从一个腔体流动到另一个腔体。活塞上有限的流通面积产生两侧腔体的压力差,从而引起阻碍活塞杆运动的阻力。活塞速度越快、流通面积越小或油液黏度越大,阻力越大。如果只有固定的常通面积,当减振器工作速度加快时,阻尼力就会过大,影响地面冲击输入的吸收。因此,在节流孔的出口处设置由一系列圆形阀片构成的阀系,当达到一定压力时,阀系阀片发生翘曲变形,扩大了油液流过的面积。活塞速度越高,开度越大,阻尼力的增量因此降低。如果采用双向作用阀系,则在拉伸和压缩时都可产生可变阀系开度。

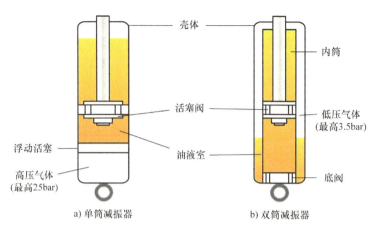

图 7.32 单筒减振器与双筒减振器结构对比

压缩运动时,减振器的活塞杆进入减振器筒,必然占用原来几乎不可压缩的油液所占用的体积,所以需要在筒内封入有一定压力的气体,以吸收活塞杆产生的能量。为防止气体进入油液,引起阻尼力的不稳定,结构比较简单的单筒式减振器一般采用浮动活塞分离油气。与单筒式减振器不同,双筒式减振器有活塞阀系、底阀以及两层油室。双筒式减振器作压缩运动时,油液从活塞下侧的油室向上侧的油室流动,这时油液通过活塞的压缩阀系流回上腔;但是进入油室的活塞杆需要占用一定的油室体积,迫使内筒相同体积的油液经过底阀从下部流向外筒。减振器被拉伸时,油液从活塞上侧的油室向下侧油室流动,这时活塞的压缩阀系关闭,油液流过拉伸阀系产生阻力,相当于活塞杆拉出筒外体积的油液通过底阀体的补偿阀从外筒流入。外筒中的空气通过压缩和膨胀以应对活塞杆产生的体积变化。

圆形阀片阀系是应用最为广泛的阀系结构,主要因为成本低廉。阀片既是弹簧也是密封件,多阀片组合可实现阻尼特性较大的调节范围。阀片预紧力可通过调节主阀片安装面偏移量(即阀体上的高阶差)调节,与阀系初始打开压力有关。阀片组合的有效刚度决定阀系有效面积与压力的关系,最终决定阀系特性。阀系特性描述了压差和流量的关系,分为三个阶段,即节流阀打开之前、节流阀打开之后但未达到最大开度以及节流阀完全打开之后,每个阶段都可以用相应的公式来描述压差和流量的关系(图 7.33)。

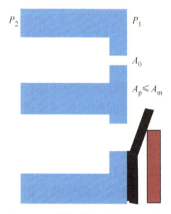

图 7.33 简化的活塞阀系示意图

图 7.33 中,A_0 为常通孔面积,A_p 为节流孔有效面积,A_m 为节流孔最大开度面积,压差 $\Delta P = P_2 - P_1$。低压差时,节流孔阀片关闭,流体只经过常通孔 A_0,在达到

阀片开始打开时的压差 $\Delta P_{\text{start\_open}}$ 之前，压差与流量的关系为：

$$Q = C_d A_0 \sqrt{\frac{2\Delta P}{\rho}}; \Delta P \leq \Delta P_{\text{start\_open}} \quad (7.9)$$

式中，C_d 为流量系数；ρ 为流体密度。

随压力增加，节流阀片逐步打开，节流孔有效面积 A_p 逐步增加，它和压差 ΔP 的关系可以是任何非线性递增关系，需要的压力-流量曲线形状是随压力变化的流通面积的函数：

$$Q = C_d(A_0 + A_p(\Delta P))\sqrt{\frac{2\Delta P}{\rho}}; \quad \Delta P_{\text{start\_open}} < \Delta P < \Delta P_{\text{fully\_open}} \quad (7.10)$$

超过某个压力阈值后，节流阀片全开，节流阀最大开度面积达到最大（A_m）。节流孔最大开度面积与阀片限位有关。

$$Q = C_d(A_0 + A_m)\sqrt{\frac{2\Delta P}{\rho}}; \quad \Delta P \geq \Delta P_{\text{fully\_open}} \quad (7.11)$$

当阀片组刚度为线性时，流通面积和压差是线性关系，对应的压差-流量关系如图 7.34 所示。可见，随着阀片的打开，在压差-流量图上出现了两个拐点。两条虚线分别对应常通孔面积和阀门节流孔最大开度面积两种情况，而节流阀系的刚度特性将两条曲线连接到了一起。

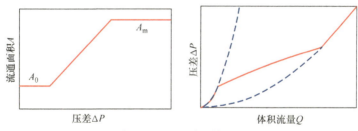

图 7.34 流通面积、压差和体积流量的关系

假定减振器工作过程中无气穴产生、液体不可压缩、筒壁不变形、无乳化现象、不考虑阀系动力响应与流体质量影响，则两种筒式减振器可以简化为统一的模型（图 7.35），阻尼特性可以用峰值力-速度曲线描述。在压缩行程中伸入减振器的活塞杆体积等于通过底阀的流体体积，结合阀特性，可以推导出阻尼力-速度特性。阻尼力 F_d 与速度 $\dot{Z}$ 的关系取决于活塞和活塞杆直径 A_P 及 A_R、活塞阀和底阀有效开度面积 A_{pv} 及 A_{bv}、以及活塞阀和底阀流量系数 C_{dpv} 及 C_{dbv}。

$$F_d = A_P P_2 - (A_P - A_R) P_3 = \left[A_P \left(\frac{A_P - A_R}{C_{dpv} A_{pv}} \right)^2 + A_R \left(\frac{A_R}{C_{dbv} A_{bv}} \right)^2 \right] \frac{\rho}{2} \dot{Z}^2 + A_P \left[\frac{P_{V0} \cdot V_0^\gamma}{(V_0 - A_R \cdot Z)^\gamma} - P_a \right]$$

$$(7.12)$$

式中，与速度平方成正比的第 1 项为阻尼力，第 2 项为气体压力产生的弹性力。

实际情况与前述假设不同，减振器的很多非正常工况与气穴的产生、筒壁变形引起的有效可压缩性和阀系颤振有关。气穴的产生与高速运动的瞬时低压有关，气穴的坍塌会产生极大的瞬态压力，产生严重的冲击和噪音。保证气室有足够的充气压力，并且协调底阀和活塞阀的调校可以防止气穴的产生。减振器的剧烈运动可能产生高压，虽然阻尼油的可压缩性低，但减振器筒壁的变形增加了有效的可压缩性，同时渗入液体的少量气体也大大增加了可压缩性。可压缩性与瞬态响应，特别是活塞运动变向的瞬间响应有关。阀系颤振，即覆盖孔口的阀片的振动基本上是一个简单的机械振动问题，因此与阀系动态响应有关。上述很多非正常工况可以从位移、速度、加速度和力的实时试验数据观察到。在正弦输入下，峰值力 - 速度曲线只是部分地描述了减振器的阻尼特性，实时的力 - 变形曲线可以揭示更多信息。在减振器的实时

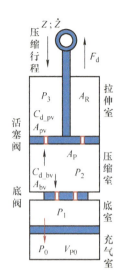

图 7.35 两种筒式减振器可以简化为统一的模型

力 - 变形数据中，可能发现瞬态情况下阀系颤振和过冲。为防止非正常工况的发生，必须有足够高的充气压力和足够大的减振器外径，以防止产生气穴和压差过大。另外，减振器油液的黏度不应该随工作温度升高而变化，并且油液在剧烈搅动下也不轻易产生气泡。

7.4.3　整车前期设计中的减振器

作为悬架系统的主要部件之一，在车辆概念设计阶段必须考虑与减振器有关的参数。这些参数包括：减振器杠杆比（或运动比）R_d、减振器衬套刚度和减振器尺寸。在讨论阻尼力的影响时，需假定阻尼力作用在轮心，而实际上减振器通常安装在悬架的其他位置，因此必须定义杠杆比并分析其影响。杠杆比是减振器位移 Z_d 和轮心位移 Z_w 的非线性函数，位移杠杆比或速度杠杆比的定义等价。杠杆比的表达式为：

$$R_d = \frac{dZ_d}{dZ_w} = \frac{\dfrac{dZ_d}{dt}}{\dfrac{dZ_w}{dt}} = \frac{dV_d}{dV_w} = R_v \quad (7.13)$$

因为杠杆比和阻尼特性都是非线性的，所以将减振器力 - 速度关系直接转换为轮心阻尼力 - 速度关系较为复杂。如果假定减振器的力 - 速度曲线可以用多项式表达，则用轮心速度 V_w 表达的阻尼力为：

$$F_d = a_0 + a_1 V_d + a_2 V_d^2 + \cdots + a_n V_d^n$$
$$= a_0 + a_1 R_d V_w + a_2 (R_d V_w)^2 + \cdots + a_n (R_d V_w)^n \quad (7.14)$$

精确的非线性杠杆比可以通过多刚体模拟软件得到。当杠杆比随轮心位移非线性增加时，有效阻尼系数会随之非线性变化，从而影响车辆动态性能。通常杠杆比 $R_d < 1$，因此换算得到的轮心阻尼力会降低，轮心速度会相应提高。减振器杠杆比与阻尼特性的转换关系如图 7.36 所示。如果进一步假定杠杆比为常数 R_d，则轮心阻尼力-轮心速度关系可表达为：

$$F_w = R_d F_d = a_0 R_d + a_1 R_d^2 V_w + a_2 R_d^3 V_w^2 + \cdots + a_n R_d^{n+1} V_w^n \quad (7.15)$$

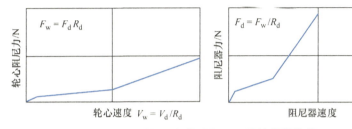

图 7.36　减振器杠杆比与阻尼特性的转换关系

悬架系统的布置设计需要先确定减振器的尺寸，尤其是外径，而减振器的尺寸和整车参数比如轴荷、弹簧刚度、行程等有关。阻尼力是工作表面积和阀系压差的函数，欲产生给定的阻尼力，工作表面积较小的减振器需要较大的压差，因此需要更大刚度的阀片组合来产生需要的压差，大刚度阀片组合通常对应更大的阀片组合质量，从而减慢了阀系的动态响应。另外，过大刚度的阀片组合需求降低了阀系调校选择的灵活性，从而限制了实现良好行驶平顺性所需的精细化的设定。此外，针对减振器气穴可能引起的问题，通过增加充气压力虽然可以减缓气穴的产生，但也会增加密封圈摩擦力，对行驶平顺性产生负面影响。比起阻尼力特性相似但压力更高的小尺寸减振器，采用更大尺寸的减振器和更低的压差可以实现更好的行驶平顺性。

过大的减振器外径会造成重量和成本增加。在工作表面积过大的情况下，产生给定的阻尼力需要很小的压降，因此只需要小刚度的阀片组合来产生压差；但过小的阀片组合刚度要求同样降低了阀系调校选择的灵活性，从而限制了实现良好行驶平顺性所需的精细化的选择范围。合理设计尺寸的减振器可优化所需的压差特性，并将所需的阀系调校件放置在调校库的中间位置，以获得更好的调校灵活性。减振器尺寸的选择与整车空载质量、减振器杠杆比、减振器活塞和活塞杆直径、减振器结构形式等有关。为得到同样的工作表面积，双筒减振器明显需要更大的外径。

减振器技术规范是整车厂输出给减振器供应商的技术要求文件，里面要详细列出减振器本体和衬套的设计参数和特性要求,如减振器的最大拉伸长度和最小压缩长度、缸筒内外径、构造(单筒、双筒)、活塞和活塞杆直径、力-速度特性、流体特性、寿命、成本等;衬套的设计参数和特性要求包括构造、尺寸、材料和刚度特性等。

7.4.4 筒式减振器的调校原理及调校步骤

减振器的调校原理可以通过改变压力-流量曲线形状来解释。变化常通孔面积 A_0、节流孔最大开度面积 A_m、阀系预紧力(对应阀系初开压力 ΔP_{open_start})、阀系刚度及其非线性特性均可以有效调校阻尼特性。

低速段阻尼调校对操控性有重大影响,会影响车身动态载荷转移和簧上质量相对于路面的运动。中高速段阻尼通常侧重于吸收路面输入,但会影响簧下质量在崎岖路面上的运动。如果减振器活塞移动缓慢,活塞两端的压差不足以将阀片推离活塞,唯一的液流路径是常通孔,此时阻力与速度的平方成正比。除了改变充气压力之外,调整低速段阻尼的唯一方法是通过更换零件调整孔口面积。当活塞移动得足够快,液压将阀片堆推离活塞表面时,就会产生一个额外的流动路径。活塞速度越高,孔口面积增加越多。由于孔口尺寸随阻尼力变化,阻尼力不再与速度的平方成正比。通常会通过选择阀片堆中每个阀片的直径和厚度来控制线性的力与速度关系,更厚的阀片会增加力与速度线的斜率。改变阀片组上的预载会改变力与速度线的拐点,更大的预载将拐点移动到更高速度范围。低速段阻尼调校影响全速度范围内的阻尼力,而改变预载只影响中高速阻尼力,图7.37~图7.40详细展示了以上几个关键调校因素的机理。

常通孔面积的增加使得压差-流量曲线的低速拐点右移,假定阀系调校不变,且开度面积与压差为线性关系,则高速拐点同样右移(图7.37)。

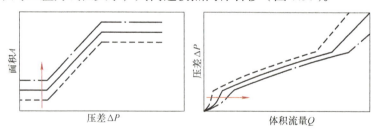

图 7.37 常通孔面积的作用

在其他参数不变的前提下,阀片组预紧力 F_0 的提高使得阀系初开的压差增加,如式(7.16)所示。可通过调节安装面偏移量 ΔX 来改变阀片预紧力,因为阀片预紧力与阀片的刚度 K_x 和安装面偏移量 ΔX 有关。阀片组预紧力的作用见图7.38。

$$\Delta P_{open\_start} = \frac{F_0}{A} = \frac{K_x \Delta X}{A} \tag{7.16}$$

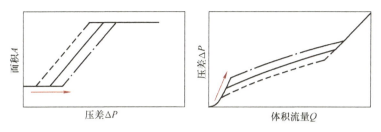

图 7.38　阀片组预紧力的作用

假定节流孔开度与压差的线性关系不变，最大开度面积的增加使得压差 - 流量曲线的高速拐点右移。阀片的限位行程决定了最大开度面积（图 7.39）。

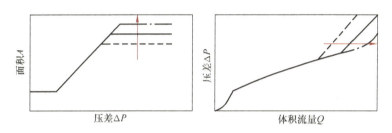

图 7.39　最大阀片开度面积的作用

当然阀片组有效刚度可以有任何非线性特性，因此开度面积与压差也可以为任意非线性关系，因此可以得到不同的阀特性。通过不同的阀片组合来调校有效刚度，可以得到不同的阀特性（图 7.40）。通常认为，塔形阀系（即最接近节流阀孔的阀片最大，然后依次变小）可以得到期望的阀特性。

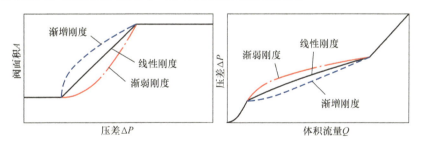

图 7.40　阀片刚度特性与阀系特性的关系

减振器作为整车重要部件，直接影响车辆动态性能，而行驶平顺性和操纵性能目标对其调校提出了相互冲突的要求，因此减振器调校是整个底盘调校的重点和难点。减振器阻尼特性的调校就是利用减振器特性，实现阻尼与刚度匹配、前后轴的阻尼力匹配、一阶车身控制与二阶振动的平衡、压缩与拉伸阻尼的平衡、兼顾冲击强度控制和隔振，最后达到舒适性与操稳性能的平衡。减振器力 - 速度曲线可以较好地解释减振器的调校原理，反映一阶车身控制是否处于合理范围内，但对中高频振动，虽然不同的阀系组合可以产生相同的减振器力-速度曲线，但驾乘感受也可能不同。

鉴于减振器调校需要考虑的因素很多，通常按照一定的步骤，先粗调后精调，先调校对应减振器高速段的振动冲击和轮跳控制，再调校对应低速段的车身控制，最后调校中高频隔振。在调校初期，阻尼力及阀系的调校变化幅度较大，以确定能获得较好车身控制的复原及压缩阻尼力的大致范围；先调前减振器以控制垂向车身运动，再调后减振器以控制俯仰运动；先调校压缩特性再调校复原特性，以得到两个方面主观感觉的平衡；好的阀系组合能极大地削弱冲击强度和过多的簧上簧下质量的跳动，大幅提升行驶平顺性能；最后需要迭代确认。按照以上大致顺序，可以逐步确定节流孔面积、常通孔面积、阀片预载和阀片堆栈。减振器调校是实践性很强的工作，需要深入研究阀系特性，同时要结合实际的驾乘体验，目前靠单纯的理论分析很难做到需要的精细平衡。

7.5 主动及半主动悬架

前面讨论的传统悬架系统由并联的弹簧和减振器组成。悬架的自然频率主要由簧上质量和悬架弹簧刚度决定，而轮跳频率主要由簧下质量以及悬架弹簧刚度和轮胎径向刚度决定。阻尼力需要根据行驶平顺性和操纵稳定性的要求优化，一旦确定就不能更改，因此这种悬架被称为被动悬架。实际在汽车行驶过程中，车速和路况等都会有比较大的变化，对行驶平顺性和操纵稳定性要求也不同。衰减簧上质量的中高频振动需要小阻尼比，而控制簧上质量的低频加速度响应和悬架动行程又需要大阻尼比，降低轮胎动载以提高抓地力也需要较大的悬架刚度和阻尼比。在急转弯、急加速、紧急制动和高速驾驶时，也要求保持车身的平稳姿态，因此悬架的特性需要有相应的变化。被动悬架由于机理的局限，难以满足各种行驶工况下对悬架特性的需求。

主动和半主动悬架控制的理论与应用部分地突破了以上被动悬架机理的局限，有助于达到更好的悬架性能平衡，这是主动悬架和半主动悬架出现的客观背景。以下将讨论主动和半主动悬架控制的代表性研究结果、它们的局限性以及性能方面可能实现的改善，以期让读者有一个基本认识，对主动和半主动悬架可能带来的性能潜力有合理预期，在产品开发中做适当的取舍。

7.5.1 主动和半主动悬架的区别与分类

主动和半主动悬架的主要区别有：第一，主动悬架理论上不需要有弹簧，控制执行器可以产生所有需要的控制力；半主动悬架必须要有弹簧，且一般情况下弹簧为被动元件；第二，主动悬架可以采用全状态或部分状态反馈控制，其执行器的控制力可与悬架动行程和速度解耦，主动悬架系统既可以消耗能量，也可以输入能量;半主动悬架的执行器实际上是一个阻尼特性可根据路面和车辆行驶工况实时调节与响应的减振器,通常又称为主动减振器,其控制力是悬架相对速度的函数。当车辆振动系统需要耗散振动能量时,主动减振器可以根据控制需求产生相应的阻尼力,而当车辆振动系统需要输入能量时,主动减振器能够做到的是将阻尼力降低到硬件限制的最小值。

车辆主动悬架控制算法设计的主要任务是实现车辆良好的性能平衡。许多学者在过去几十年里提出了各种不同的控制理论,且都能达到一定的效果。本书主要介绍线性最优控制方面的工作,包括全状态反馈和簧上绝对速度的部分状态反馈。

实际应用中,根据执行器的响应速度,主动悬架又分为慢主动悬架和快主动悬架。慢主动悬架的执行器响应速度较慢,通常与一个弹簧串联。这个组合能实现最高 5～6Hz 有限带宽的主动控制。高于这个频率时,作动响应的速度不够快,于是变成一个被动悬架,在高频区被动隔振。为了减少能量消耗,大多数主动悬架的执行器通常会与一个承受车身重量的弹簧并联。

半主动悬架控制方面的工作起源于工程师对振动衰减的直观理解,提出了"天钩"(Skyhook)与"地钩"(Groundhook)的控制概念。"天钩"控制概念出现较早,"地钩"控制概念以及随后出现的混合控制概念延续了"天钩"控制概念。代表性工作见文献 [8,9]。在后续讨论中可以看出,"天钩"与"地钩"以及混合控制概念实际上可以看作是全状态反馈控制的特例,并且可以由线性最优控制理论推出[10]。

所谓天钩控制概念,其实是在簧上质量与空间的某个固定点之间加一个减振器,以减小簧上质量的加速度;地钩控制概念是指在簧下质量和空间某个固定点之间加一个减振器,以减小簧下质量的加速度。实际上,减振器只能安装在簧上质量和簧下质量之间,其阻尼力根据控制目的调节。根据阻尼力的调节方式,半主动悬架又分为两种,第一种是开关式,减振器根据某些条件产生最大的阻尼力或者产生最小的阻尼力,阻尼力直接和悬架运动速度成正比;第二种是阻尼力连续可调的半主动悬架,阻尼力大小不再局限于最大或最小特性曲线,而是可以调整到特性曲线范围内的任意一点,因此当需要时,天钩控制的阻尼力可以直接和簧上速度成正比。

7.5.2 控制系统模型与不变点

关于主动与半主动悬架的讨论基于前面的被动悬架系统的 1/4 车辆模型,不过在簧上质量和簧下质量之间增加了一个既可以消耗能量也可提供能量的执行器(图 7.41)。

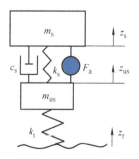

图 7.41 带主动执行器的 1/4 车辆模型

动力学方程如下：

$$\begin{cases} m_s\ddot{z}_s + c_s(\dot{z}_s - \dot{z}_{us}) + k_s(z_s - z_{us}) = F_a \\ m_{us}\ddot{z}_{us} + c_s(\dot{z}_{us} - \dot{z}_s) + k_s(z_{us} - z_s) + k_t(z_{us} - z_r) = -F_a \end{cases} \quad (7.17)$$

式中，F_a 为控制作动力。

在讨论任何控制算法之前，有必要先从以上方程组出发，讨论不同传递函数之间的约束关系，以及簧上质量加速度和悬架动行程传递函数存在的两个不变点。这些约束关系决定了优化某个传递函数通常必须以恶化其他两个传递函数为代价，而这两个不变点的位置和幅值只与基本的机械参数，如轮胎刚度及簧上/簧下质量有关，而与具体的控制算法及控制参数无关[10]。

由方程组（7.17）可以推出方程（7.18），方程（7.18）只包含簧上质量和簧下质量及轮胎刚度，与主动作动力和悬架参数无关：

$$m_s\ddot{z}_s + m_{us}\ddot{z}_{us} + k_t z_{us} = k_t z_r \quad (7.18)$$

簧上质量加速度、悬架动行程和轮胎动载对路面位移输入的传递函数 H_A、H_{SD} 和 H_{TF} 分别定义为：

$$H_A = \frac{s^2 z_s}{z_r}$$

$$H_{SD} = \frac{z_s - z_{us}}{z_r}$$

$$H_{TF} = \frac{k_t(z_{us} - z_r)}{z_r}$$

由式（7.18）可以推导出三个关键传递函数之间的关系，见式（7.19）～式（7.21）。这些关系清楚表明，它们之间通过簧上质量和簧下质量，以及轮胎刚度相互联系起来。当一个传递函数通过调校悬架参数（如刚度或阻尼），或优化控制参数后，另两个传递函数可完全确定。这些约束关系表明，当调校或控制的目的是改善某单一项性能时，通常会引起其他两项性能恶化。比如，降低某个频率范围内簧上质量加速度传递函数值，必然会引起该频率范围内轮胎动载和悬架动行程的增加，而降低轮胎动载只能以增加簧上质量加速度为代价，这也是行驶平顺性和操纵稳定性之间固有矛盾的原因所在。

$$m_s H_A + \frac{m_{us}s^2 + k_t}{k_t} H_{TF} = -m_{us}s^2 \quad (7.19)$$

$$m_s s^2 H_{SD} + \frac{(m_{us} + m_s)s^2 + k_t}{k_t} H_{TF} = -(m_{us} + m_s)s^2 \quad (7.20)$$

$$-s^2(m_{us} \cdot s^2 + k_t)H_{SD} + \left[(m_{us} + m_s)s^2 + k_t\right]H_A = k_t s^2 \quad (7.21)$$

从方程（7.19）可推导出簧上质量加速度传递函数 H_A 的不变点。不变点出现的频率 ω_1 非常接近轮跳频率 ω_{hop}，表达为：

$$\omega_1 = \sqrt{\frac{k_t}{m_{\text{us}}}}$$

簧上质量加速度传递函数 H_A 的不变点幅值为：

$$H_A = \frac{k_t}{m_s}$$

在该不变点出现的频率（轮跳频率附近），无论悬架参数或者控制参数如何选择，簧上质量加速度传递函数的幅值保持不变，降低传递函数在该频率点的幅值只能通过降低轮胎刚度和增加簧上质量来实现。因为减振器衬套刚度只能影响当量悬架刚度和悬架阻尼，因此不变点的频率和幅值与减振器衬套刚度无关。

第二个不变点出现在悬架动行程传递函数，由式（7.20）可推导出处于悬架偏频和轮跳频率之间的不变点频率，表达为：

$$\omega_2 = \sqrt{\frac{k_t}{m_{\text{us}} + m_s}}$$

而不变点的幅值为：

$$H_{\text{SD}} = \frac{m_{\text{us}}}{m_s} + 1$$

可见，降低该频率下悬架动行程传递函数幅值的唯一方法，是降低簧下质量相对于簧上质量的比值。

从方程（7.20）也可以推导出在簧上质量加速度传递函数的不变点频率 ω_1 时，轮胎动载传递函数幅值的表达式。表达式直观显示降低轮胎刚度可以直接改善轮胎动载。同时，簧下相对于簧上的质量比又一次出现在式中，这也是行驶平顺性讨论中反复强调的对垂向振动而言，降低簧下质量的必要性。

$$H_{\text{TF}} = -\left(H_{\text{SD}} + \frac{m_{\text{us}}}{m_s} + 1 \right) k_t$$

7.5.3　从状态反馈控制理论推导出的控制算法

开发线性最优控制算法的第一步需要写出用状态变量表达的线性系统动力学方程；第二步需要定义状态变量和控制力二次函数的积分，并且用矩阵形式表达的性能指标。性能指标中的加权系数就是对性能平衡的要求。上述两步中得到的系数矩阵可用来构成里卡提（Ricatti）方程，求解里卡提（Ricatti）方程就可以得到以性能加权系数为变量的状态反馈增益系数。当车辆参数和加权系数确定后，由此得出的最优控制反馈增益矩阵就可以实现系统闭环控制以便让性能指标达到最小。

状态变量可用多种表达形式构建，但下面一组有明确的物理意义，可以很方便地用于讨论最优控制算法：

悬架动行程 $\quad x_1 = z_s - z_{us}$

簧上质量绝对速度 $\quad x_2 = \dot{z}_s$

轮胎变形 $\quad x_3 = z_{us} - z_r$

簧下质量绝对速度 $\quad x_4 = \dot{z}_{us}$

$$\boldsymbol{x} = [x_1, x_2, x_3, x_4]^T$$

以状态变量表达的动力学方程可写为：

$$\dot{\boldsymbol{x}} = \boldsymbol{A}\boldsymbol{x} + \boldsymbol{B}F_a + \boldsymbol{L}\dot{z}_r$$

式中，系数矩阵 $\boldsymbol{A}$、$\boldsymbol{B}$ 和 $\boldsymbol{L}$ 可直接由式（7.17）推出。

应用线性最优控制理论来设计全状态反馈控制，需要定义二次型性能指标 J：

$$\begin{aligned} J &= \lim_{T \to \infty} \frac{1}{T} E\left[\int_0^T (\ddot{z}_s^2 + \rho_1(z_s - z_{us})^2 + \rho_2 \dot{z}_s^2 + \rho_3(z_{us} - z_r)^2 + \rho_4 \dot{z}_{us}^2) dt\right] \\ &= \lim_{T \to \infty} \frac{1}{T} E\left[\int_0^T (\boldsymbol{x}^T \boldsymbol{Q}\boldsymbol{x} + 2\boldsymbol{x}^T \boldsymbol{S} F_a + R F_a^2) dt\right] \end{aligned} \quad (7.22)$$

二次型性能指数中的加权系数 ρ_1、ρ_2、ρ_3 和 ρ_4 的大小直接决定各项性能的平衡，而矩阵 $\boldsymbol{Q}$、$\boldsymbol{S}$ 和 $\boldsymbol{R}$ 与加权系数有关，作动力 F_a 与簧上质量加速度直接相关。求解极小化性能指数的作动力首先需要构建并求解 Ricatti 方程。一旦求解完成，则全状态反馈的增益矩阵可知。由此得出的增益矩阵的分量 g_1、g_2、g_3 和 g_4 与性能加权系数 ρ_1、ρ_2、ρ_3 和 ρ_4 相关。

$$F_a = -\boldsymbol{G}\boldsymbol{x} = -g_1(z_s - z_{us}) - g_2 \dot{z}_s - g_3(z_{us} - z_r) - g_4 \dot{z}_{us} \quad (7.23)$$

在假定轮胎的径向刚度远远大于每一个增益系数的前提下，可得到增益系数的近似解析解，如式（7.24）所示。式中包括悬架的弹簧刚度 k_s 和阻尼系数 c_s。下一小节中传递函数的推导可以证明，正是 k_s 和 c_s 的出现使得主动控制系统的传递函数特性与被动系统的弹簧刚度和阻尼系数无关。

$$\begin{cases} g_1 = m_s \sqrt{\rho_1} - k_s \\ g_2 = m_s \sqrt{\rho_1 + 2\sqrt{\rho_1}} - c_s \\ g_3 = m_s \left[\sqrt{\rho_1} - \sqrt{\rho_4 \left(\rho_2 + 2\sqrt{\rho_1}\right)}\right] \\ g_4 = -m_s \sqrt{\rho_4} + c_s \end{cases} \quad (7.24)$$

7.5.4 传递函数及其渐进线特征

将作动力的一般表达式（7.23）代入动力学方程（7.17），可推导出关键传递函数的表达式：

簧上质量加速度　　$H_A = \dfrac{s^2 z_s}{z_r} = \dfrac{s^2[m_{us}g_3 s^2 + (c_s - g_4)\cdot k_t s + (k_s + g_1)k_t]}{d(s)}$

悬架动行程　　$H_{SD} = \dfrac{z_s - z_{us}}{z_r} = \dfrac{[m_{us}g_3 - (k_t - g_3)m_s]s^2 - (g_2 + g_4)k_t s}{d(s)}$

轮胎动载

$H_{TF} = \dfrac{k_t(z_{us} - z_r)}{z_r} = \dfrac{m_{us}m_s s^3 + [(c_s - g_4)m_s + (c_s + g_2)m_{us}]s^2 + (k_s + g_1)(m_s + m_{us})s}{d(s)} k_t s$

式中，$d(s) = m_{us}m_s s^4 + [(c_s - g_4)m_s + (c_s + g_2)m_{us}]s^3 + [(k_s + g_1)m_{us} + (k_t + k_s + g_1 - g_3)m_s]s^2 + [(c_s + g_2)k_t]s + (k_s + g_1)k_t$

进一步将增益矩阵系数表达式（7.24）（即 g_1 到 g_4）代入以上关键传递函数的表达式，弹簧刚度 k_s 或阻尼系数 c_s 都抵消掉，不再出现（式 7.25）。这说明一旦簧上质量和簧下质量、轮胎刚度以及性能加权系数确定后，主动系统的传递特性完全确定，而与被动系统的弹簧刚度和阻尼系数无关。

$$(c_s - g_4) = m_s\sqrt{\rho_4}$$
$$(k_s + g_1) = m_s\sqrt{\rho_1}$$
$$(g_2 + g_4) = m_s\left(\sqrt{\rho_1 + 2\sqrt{\rho_1}} + \sqrt{\rho_4}\right) \quad (7.25)$$
$$(c_s + g_2) = m_s\sqrt{\rho_1 + 2\sqrt{\rho_1}}$$
$$(k_t + k_s + g_1 - g_3) = k_t + m_s\sqrt{\rho_4\left(\rho_2 + 2\sqrt{\rho_1}\right)}$$

进一步分析主动和被动系统的三种主要传递函数在低频和高频的渐近线，将得到一些有益的信息（表 7.5）。主动和被动系统的簧上质量加速度传递函数在低频段的渐近线是相同的。在高频段，使用轮胎变形反馈系数 g_3 导致加速度传递函数为常量，相比于被动系统的传递函数幅值以 20dB/倍频的速度降低，这将引起高频振动粗糙感问题，将增益系数 g_3 设为零可以解决此问题。主动悬架的悬架动行程传递函数的低频渐近线比被动系统以更慢的速度降低，这意味着低频下更大的悬架动行程，该低频渐近线与簧上质量和簧下质量速度的反馈增益正相关。对主动和被动系统，轮胎动载的低频和高频渐近线都相同，选择不同控制参数主要影响轮跳频率附近的性能。

表 7.5　主动和被动系统的三种主要传递函数在低频和高频的渐近线方程

		$\lim\limits_{s\to 0} H$	$\lim\limits_{s\to\infty} H$
簧上质量加速度传递函数 H_A	主动	s^2	$\dfrac{g_3}{m_s}$
	被动		$\dfrac{c_s k_t}{m_s m_{us} s}$
悬架动行程传递函数 H_{SD}	主动	$\dfrac{-(g_2+g_4)s}{k_s+g_1}$	$\dfrac{g_3 m_{us}-(k_t-g_3)m_s}{m_{us}m_s}\cdot\dfrac{1}{s^2}$
	被动	$\dfrac{-m_s s^2}{k_s}$	$-\dfrac{k_t}{m_{us}}\cdot\dfrac{1}{s^2}$
轮胎动载传递函数 H_{TF}	主动	$-\dfrac{(m_s+m_{us})s^2}{k_t}$	-1
	被动		

7.5.5　全主动控制与被动悬架的性能比较

二次型性能指数中加权系数的选择能够平衡三个主要悬架性能，如式（7.22）所示。首先考虑侧重优化行驶平顺性能（即簧上质量加速度）时这三个主要传递函数的比较，此时簧上质量加速度响应的加权系数最高，而其他状态变量的加权系数相对较小，并且满足轮胎径向刚度 k_t 值远大于每一个增益系数值的假设。侧重优化行驶平顺性能时，主动悬架和被动悬架簧上质量加速度传递函数对比见图 7.42a，可见在轮跳频率附近存在一个不变点。除该不变点外，簧上质量加速度在宽频范围内有显著降低。悬架动行程传递函数的对比见图 7.42b，可见在悬架偏频和轮跳频率之间存在一个不变点，而在低频和轮跳频率附近，主动悬架的悬架动行程大幅增加。主动悬架和被动悬架轮胎动载传递函数对比见图 7.42c，在轮跳频率附近，轮胎动载大幅增加。以上结果证实了在第 7.5.2 小节中讨论的不变点和三个传递函数之间相互关联的约束关系，即使是主动悬架，在改善垂向平顺性方面也有其局限性。

其次考虑加大悬架和轮胎变形权重，试图侧重优化操纵稳定性能的情况，其中簧上质量加速度、悬架动行程和轮胎动载的对比如图 7.43 所示。相应的增益系数仍然都满足远小于轮胎径向刚度的假定。除明显的不变点外，改善的悬架动行程（图 7.43b）和轮跳频率附近的轮胎动载（图 7.43c）是以牺牲宽频范围内的簧上质量加速度为代价的（图 7.43a）。

以上两种调校方案用于凸显强调某一极端性能时，三个主要传递函数如何变化，以便对悬架的主动控制机理和能效有较为全面的理解。对于大多数乘用车，达到三个主要传递函数之间的恰当平衡是车辆底盘调校的必要前提。均衡调校下的主动悬架和被动悬架的性能对比显示在图 7.44。可见，性能均衡的主动悬架，是在良好控制轮胎动载和悬架动行程的前提下，主要控制和优化悬架偏频附近和减振区内的簧上质量加速度。

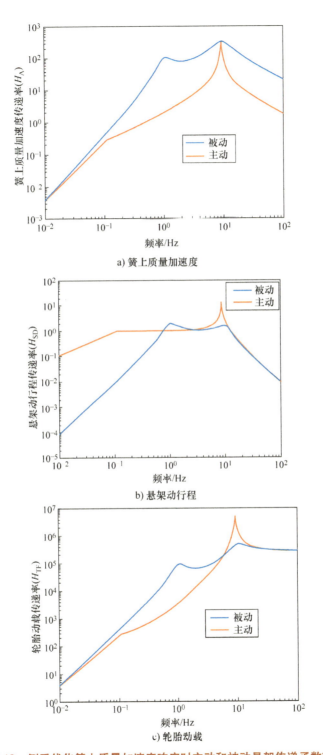

图 7.42 侧重优化簧上质量加速度响应时主动和被动悬架传递函数对比

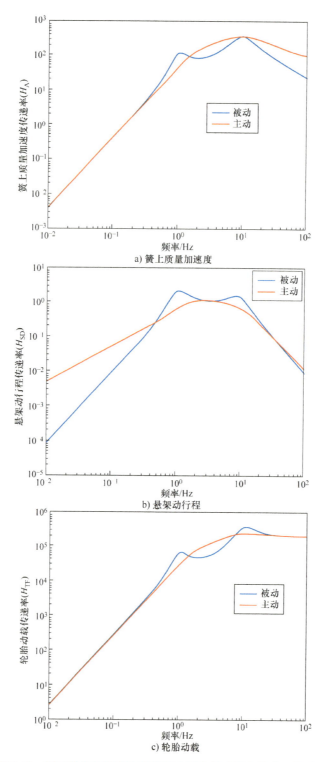

图 7.43 侧重优化操纵稳定性能时主动和被动悬架传递函数对比

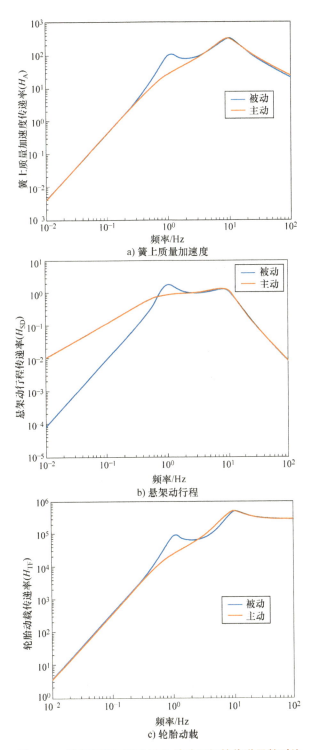

图 7.44 均衡调校下的主动和被动悬架的传递函数对比

7.5.6 全状态变量反馈控制与部分状态变量反馈控制的性能比较

全状态变量反馈控制要求所有的状态变量都可测得,并且作为反馈信息用于产生最优控制力。实际上完全做到这点可能并不现实且不必要。一个更实用的方法是部分状态变量反馈控制,即当系统某些状态变量(比如路面信息)难以测量得到时,可用容易测得的状态变量产生必要反馈控制力。从下文的介绍可以看出,由线性最优控制理论简化而来的部分状态变量反馈控制与从天钩控制概念引申而来的混合控制概念实际上殊途同归,都是全状态变量反馈控制的特例。

天钩控制概念最早起源于对振动控制的直观理解,而不是来源于线性最优控制理论,它出现的重要意义是催生了半主动振动控制概念。如果簧上质量可以通过减振器连接到固定的参照物上(如"天空"),则簧上质量的绝对速度可以由此减小并得到控制(图7.45)。减振器由此产生的控制力 F_{sky} 与簧上质量的绝对速度 $\dot{z}_s$ 成正比而方向相反,在任何速度方向都可以耗散能量。

$$F_{sky} = -c_{sky}\dot{z}_s \tag{7.26}$$

基于相似的逻辑,如果控制的目的是减小簧下质量的绝对速度,则可以把簧下质量通过减振器连接到"大地",地钩控制概念由此诞生(图7.46)。簧下质量的绝对速度的降低可以保持轮胎的接地能力。减振器产生的控制力 F_{grd} 应该与簧下质量的绝对速度 $\dot{z}_{us}$ 成正比,且在任何速度方向都可以耗散能量。

$$F_{grd} = -c_{grd}\dot{z}_{us} \tag{7.27}$$

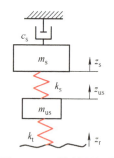
图7.45 天钩控制概念

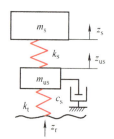
图7.46 地钩控制概念

组合天钩和地钩控制可以得到混合控制策略,即连接到两个质量的减振器都产生与绝对速度成正比的控制力。混合控制策略允许用户定义一个变量 α 来指定天钩或地钩阻尼力的比例。通过调节 α 值,混合控制可得到不同特征的控制力,当 $\alpha = 1$ 时为天钩控制,而当 $\alpha = 0$ 时为地钩控制。

$$F_a = \alpha F_{sky} + (1-\alpha)F_{grd} \tag{7.28}$$

将式（7.26）和式（7.27）代入式（7.28）可得：

$$F_a = -\alpha c_{sky}\dot{z}_s - (1-\alpha)c_{grd}\dot{z}_{us} \quad (7.29)$$

对比式（7.23）与式（7.29）可知，从对控制振动的直观理解推出的"天钩"和"地钩"控制以及混合控制，其概念实际上是全状态反馈控制的特例，都属于有限状态反馈控制，这从理论上把两种控制策略联系了起来（图7.47）。将式（7.29）表达为全状态反馈增益系数的形式可得：

$$g_1 = 0;\ g_2 = \alpha c_{sky};\ g_3 = 0;\ g_4 = (1-\alpha)c_{grd}$$

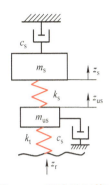

图 7.47 混合控制策略

因为簧上质量加速度不变点的存在，在簧下质量共振频率（约10Hz）附近簧上质量加速度只能获得非常小的性能改善，因此最好集中精力改善簧上质量共振频率（1.2Hz）附近的性能。天钩控制又称为簧上质量绝对速度反馈控制，图7.48比较了天钩控制和全状态反馈控制主动悬架以及被动悬架的性能。可见在一定的反馈系数范围内，只使用简单的簧上质量速度反馈控制可以改善簧上质量共振频率下的几乎所有性能，同时因为簧下质量速度反馈为0（$g_3 = 0$），可避免簧上质量加速度在高频下的振动粗糙感（见第7.5.4小节的讨论）。此时，因为$g_1 = g_3 = g_4 = 0$，原来在式（7.25）中讨论的全主动系统的传递特性与被动系统的刚度和阻尼特性不相关的结论不再成立，即天钩控制系统的传递特性与被动系统的刚度和阻尼特性有关，调校悬架刚度和阻尼特性可以影响系统的传递特性，即：

簧上质量加速度 $\quad H_A = \dfrac{s^2 z_s}{z_r} = \dfrac{s^2[c_s s + k_s]}{d(s)}k_t$

悬架动行程 $\quad H_{SD} = \dfrac{z_s - z_{us}}{z_r} = \dfrac{-m_s s^2 - g_2 s}{d(s)}k_t$

轮胎动载 $H_{TF} = \dfrac{k_t(z_{us} - z_r)}{z_r} = \dfrac{m_{us}m_s s^4 + [c_s m_s + (c_s + g_2)m_{us}]s^3 + k_s(m_s + m_{us})s^2}{d(s)} \cdot k_t$

式中，$d(s) = m_{us}m_s s^4 + [c_s m_s + (c_s + g_2)m_{us}]s^3 + [k_s m_{us} + (k_t + k_s)m_s]s^2 + [(c_s + g_2)k_t]s + k_s k_t$

因为三个传递函数之间存在的相互约束关系，一种悬架性能的优化通常以另外两种悬架性能的恶化为代价。为了在不降低悬架动行程和轮胎动载性能的情况下提高行驶平顺性，最好的办法是在悬架偏频附近实现簧上质量加速度的显著降低，实现悬架动行程和轮胎动载的显著减小，同时避免在轮跳频率下三种传递函数的任何恶化。为便于比较不同的控制算法，选择天钩控制的增益系数使得轮跳频率附近三种悬架传递特性的响应相近，着重比较悬架偏频附近的差异。图7.48所示的三个传递函数显示，天钩控制效果与全主动控制相比略有不足，但比起被动悬架仍然有很大的性能改善。

$$g_1 = 0;\ g_2 = 5000;\ g_3 = 0;\ g_4 = 0$$

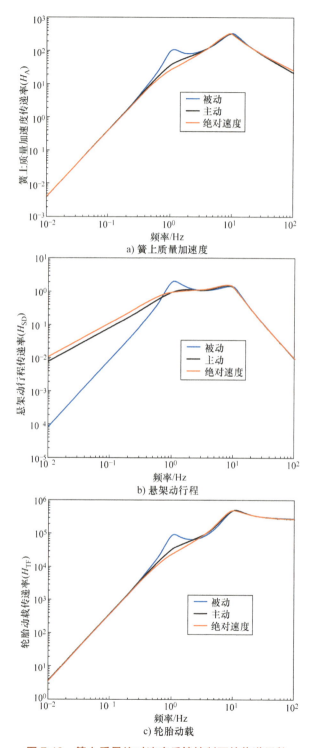

图 7.48 簧上质量绝对速度反馈控制下的传递函数

7.5.7 半主动控制与天钩控制、地钩控制和全状态反馈控制的关系

在上一节提到的天钩和地钩控制概念中，实际上减振器只能连接在簧上质量和簧下质量之间。假定减振器可以产生需要的任意控制力，可以证明这种连接仍然可以产生和天钩控制相同的性能[10]。事实上，减振器只能耗散振动能量。对簧上质量而言，能达到的最好性能是当减振器产生的力能减小簧上质量运动时，减振器能够产生需要的阻尼力；而当减振器产生的力可能加剧簧上质量运动时，此时可以做到最好的是减振器产生尽可能小的阻尼力。天钩控制根据需求实时调整减振器阻尼力，因此为半主动控制，相应的悬架称为半主动悬架。相比主动悬架，半主动悬架需要一个弹簧和一个可实时调节阻尼力的主动减振器，仅需要很少的能量来改变减振器的阻尼特性，而不直接用来抵消振动力。相比主动悬架的另一个优点是，半主动悬架只耗散振动能量，不存在主动悬架可能有的失稳风险。

假定与天钩阻尼系数相对应的半主动悬架减振器的可调阻尼系数为 c_{sa_sky}，则欲产生相同的控制力 F_{sa}，可调阻尼系数 c_{sa_sky} 应满足方程

$$F_{sa} = -c_{sky}\dot{z}_s = -c_{sa\_sky}(\dot{z}_s - \dot{z}_{us})$$

即
$$c_{sa\_sky} = c_{sky}\frac{\dot{z}_s}{\dot{z}_s - \dot{z}_{us}} \tag{7.30}$$

实际上，因为减振器只能产生正阻尼力，即 c_{sa_sky} 只能取正值。根据方程7.30，此时的必要条件是 $\dot{z}_s$ 与 $(\dot{z}_s - \dot{z}_{us})$ 符号相同。如果符号相反，因为减振器不能产生负阻尼，此时只能取最小阻尼力。半主动悬架控制力 F_{sa} 因此可以表达为图7.49所示的方程，F_{min} 和 F_{max} 是受减振器硬件限制实际能产生的最小和最大阻尼力。为了达到更优的性能，F_{min} 应尽可能低，而 F_{max} 应尽可能高。

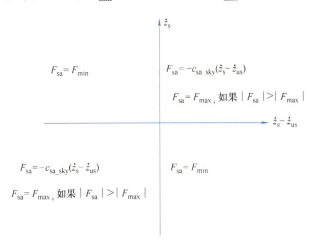

图 7.49　基于天钩控制原理的半主动阻尼力算法

同样地,地钩控制中的减振器也只能连接在簧上和簧下质量之间。此时能达到的最好性能是当减振器产生的力可以减小簧下质量运动时,减振器能够产生需要的阻尼力;当减振器产生的力可能加剧簧下质量运动时,减振器应当产生尽可能小的阻尼力,以减小簧下质量的运动。假定地钩半主动悬架减振器的可调阻尼系数为 c_{sa_grd},则欲产生相同的控制力 F_{sa},可调阻尼系数 c_{sa_grd} 应满足方程:

$$F_{sa} = -c_{grd}\dot{z}_{us} = -c_{sa\_grd}(\dot{z}_s - \dot{z}_{us})$$

因此

$$c_{sa\_grd} = c_{grd}\frac{\dot{z}_{us}}{\dot{z}_s - \dot{z}_{us}}$$

半主动悬架控制力 F_{sa} 因此可以表达为图 7.50 所示的方程,F_{min} 和 F_{max} 是受减振器硬件限制实际能产生的最小和最大阻尼力。

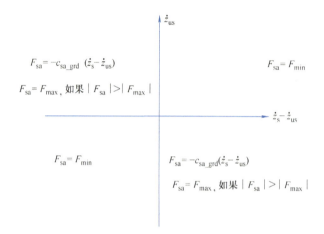

图 7.50 基于地钩控制原理的半主动阻尼力算法

将以上判据应用到混合控制概念,则可得到以下控制力 F_{sa} 的表达式。

如果 $\dot{z}_s(\dot{z}_s - \dot{z}_{us}) \leq 0$,或者 $\dot{z}_{us}(\dot{z}_s - \dot{z}_{us}) \geq 0$,$F_{sa} = F_{min}$

如果 $\dot{z}_s(\dot{z}_s - \dot{z}_{us}) > 0$,或者 $\dot{z}_{us}(\dot{z}_s - \dot{z}_{us}) < 0$ 以及 $|F_{sa}| \leq |F_{max}|$,$F_{sa} = [-\alpha c_{sa\_sky} - (1-\alpha)c_{sa\_grd}](\dot{z}_s - \dot{z}_{us})$

如果 $|F_{sa}| > |F_{max}|$,$F_{sa} = F_{max}$

7.5.8 半主动控制与其他悬架控制系统的性能比较

半主动控制悬架减振器根据簧上质量和簧下质量的绝对速度方向,以及悬架动行程速度方向来决定提供的阻尼特性。因此,阻尼特性处于连续的调节状态,半主动控制悬架本质上是一个非线性系统。当减振器需要提供阻尼力时,在其能力范围内,可以通过调节可变阻尼系数来提供所需要的阻尼力。在任意时刻,可变阻尼系数由所需的控制力和减振器拉伸/压缩速度确定。

为了求解这类系统的传递函数以便和其他悬架系统对比,可以首先在时域仿真中用扫频信号输入,并得到系统的时域响应,然后处理输入、输出数据得到相应的传递函数。以幅值为10mm的正弦扫频信号作为路面输入,对比分析天钩控制半主动悬架和被动悬架的时域响应结果。图7.51显示正弦扫频信号频率范围在0.5~2Hz时悬架的响应。可以很清楚地看到,对比被动悬架,天钩半主动控制悬架在簧上质量加速度、悬架动行程和轮胎动载的响应在约为1Hz的悬架偏频附近都有明显改善。被动悬架的响应频率与路面输入频率相同,而天钩半主动控制悬

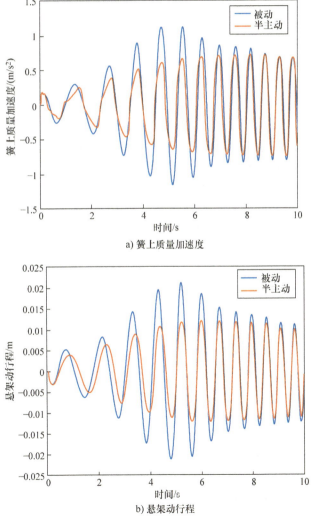

a) 簧上质量加速度

b) 悬架动行程

图7.51 天钩控制半主动悬架与被动悬架扫频时域响应

架由于连续调节的阻尼特性，其响应明显带有其他频率成分。为了性能对比更加直观，天钩半主动控制悬架的簧上质量绝对速度的增益和被动悬架的阻尼系数相同（即 $g_2 = c_s$）。

下面比较被动悬架、全状态反馈主动悬架、簧上质量绝对速度反馈悬架和天钩控制半主动悬架的性能（图7.52）。同样地，三种控制系统的簧上质量绝对速度的增益都取和被动悬架的阻尼系数相同的值（即 $g_2 = c_s$）。结果显示，相比于被动悬架，天钩半主动控制悬架在簧上质量加速度、悬架动行程和轮胎动载在悬架偏频附近都得到显著改善。其性能与簧上质量绝对速度反馈悬架很接近，比起最佳性能平衡的全状态反馈主动悬架略有不足。在轮跳频率附近，所有悬架的幅值特性都比较接近。另外，与其他通过公式直接计算出的传递函数曲线相比，通过分析时域仿真结果得到的传递函数曲线不够光滑，这和半主动悬架阻尼特性连续调节带来的悬架非线性特性有关，通过降低半主动控制悬架的控制带宽可以降低这种高频粗糙度。仿真中假设减振器能够产生所有需要的阻尼系数，如果半主动悬架所需阻尼系数超出实际硬件的能力范围，则最佳控制系统需要使用受约束的极限阻尼值，这可能降低控制系统的性能。

7.5.9　半主动悬架的减振器硬件

与全主动悬架系统相比，半主动悬架系统需要的功率明显更低，能耗仅用于实时调节减振器的阻尼力特性。半主动悬架系统的另一个优点是不会导致悬架系统的不稳定。半主动悬架系统有两种主要的阻尼力调节原理，一种为电磁阀可调式（图7.53），通过实时控制电磁阀的流通面积来控制阻尼力特性，以 ZF Sacks 的 CDC 减振器为代表；另一种为电流变液或磁流变液减振器，当施加电场或磁场时，流体的黏度特性会发生变化，从而引起阻尼力特性的变化，以德尔福（现京西重工）的 MagneRide 减振器为代表（图7.54）。无论何种调节原理，在减振器阀系硬件设计和调校之后，需要标定控制策略的相关参数，以达到期望的性能平衡。

7.5.10　小结

本节从带主动执行器的 1/4 车辆模型出发，解释了悬架传递函数中只与机械参数有关而与控制系统参数无关的不变点的存在，证明了从天钩控制概念引申来的混合控制概念实际上是一种由线性最优控制理论简化而来的部分状态反馈控制特例。比较了侧重行驶平顺性、侧重操纵稳定性以及均衡调校的性能差异。通过将轮跳频率附近性能调校到相似水平，逐个比较了被动、全状态反馈主动、簧上质量绝对速度反馈和天钩控制半主动悬架的性能差异。证明了天钩控制半主动悬架可以在悬架偏频附近获得明显优于被动悬架的性能。

第7章 行驶平顺性与相关车辆系统

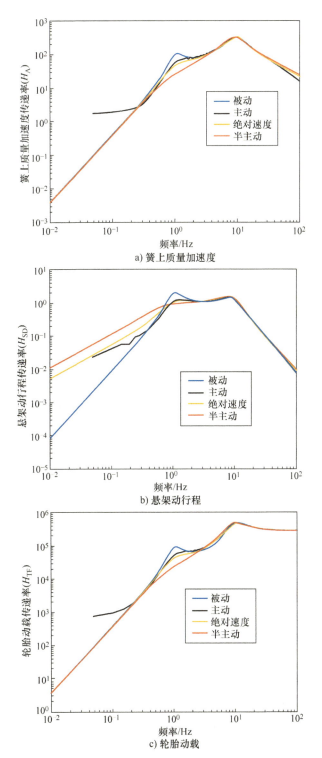

图 7.52 被动、全状态反馈主动、簧上质量绝对速度反馈和天钩控制半主动悬架的传递

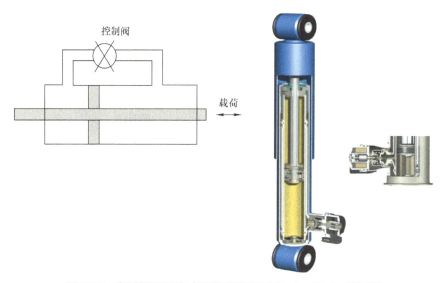

图 7.53　电磁阀可调式减振器原理（ZF Sacks CDC 减振器）

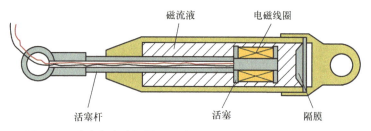

图 7.54　磁流变液减振器原理（京西重工 MagneRide 减振器）

7.6　车辆俯仰模型与前后悬架刚度比的选择

当车辆低速通过宽限速带或某些长波路面时，可以激励出车身的垂向和俯仰模态。车身的垂向和俯仰运动响应与车速、整车的轴距、车身质量及其分布（质心前后位置以及绕质心的俯仰转动惯量）、前后悬架偏频及其比值以及悬架阻尼比有关。通过一个简化模型可以分析以上因素影响振动响应的机理，以指导车身的质量分布以及悬架偏频的设计。

7.6.1　二自由度俯仰模型

俯仰平面模型假设车身为刚体，通过合并车辆的左右侧将三维模型简化为二维模型，模型仅考虑车身的俯仰和垂向运动，忽略车身的横向和侧倾运动（图 7.55），忽略簧下质量的运动自由度。该二自由度模型可用于分析低频长波路面垂向输入下车身的垂向和俯仰运动响应，以及线性悬架和轮胎的总行程。

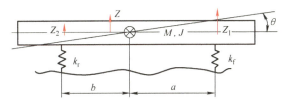

图 7.55 二自由度俯仰平面模型

采用不同的运动自由度表达形式，可以写出两套不同的方程，即以垂向位移 Z 和俯仰运动 θ 自由度写出的运动方程和以前后轴垂向位移 Z_1 和 Z_2 自由度写出的运动方程，如式（7.31）和式（7.32）所示。

$$\begin{bmatrix} Ms^2 + k_f + k_r & ak_f - bk_r \\ ak_f - bk_r & Js^2 + k_f a^2 + k_r b^2 \end{bmatrix} \begin{Bmatrix} Z \\ \theta \end{Bmatrix} = \begin{Bmatrix} k_f z_f + k_r z_r \\ ak_f z_f - bk_r z_r \end{Bmatrix} \quad (7.31)$$

$$\begin{bmatrix} (M_f - M_c)s^2 + k_f & M_c s^2 \\ M_c s^2 & (M_r - M_c)s^2 + k_r \end{bmatrix} \begin{Bmatrix} Z_1 \\ Z_2 \end{Bmatrix} = \begin{Bmatrix} k_f z_f \\ k_r z_r \end{Bmatrix} \quad (7.32)$$

式中，M 为车身质量；J 为俯仰转动惯量；k_f 和 k_r 为前后悬架刚度。

$$M_f = M\frac{b}{a+b}; \quad M_r = M\frac{a}{a+b}; \quad M_c = M\frac{ab - k^2}{(a+b)^2}; \quad 其中 \; k^2 = \frac{J}{M}$$

以上两个方程可以通过坐标转换方程相互转换，因此是等效的：

$$\begin{Bmatrix} Z_1 \\ Z_2 \end{Bmatrix} = \begin{bmatrix} 1 & a \\ 1 & -b \end{bmatrix} \begin{Bmatrix} Z \\ \theta \end{Bmatrix}$$

采用式（7.32）分析垂向和俯仰运动更为方便。当 $k^2 = ab = \dfrac{J}{M}$ 时，$M_c = 0$，此时方程中的两个自由度相互独立，即两个模态解耦，其物理意义就是前后悬架系统独立运作，前轴输入只会引起车身前部响应而不会引起后悬架运动；同理，后轴输入只会引起车身后部响应而不会引起前悬架运动。此时，系统固有频率可以直接通过前后自然频率计算出来。

$$\omega_1 = \sqrt{\frac{K_f}{M_f}} = \omega_f; \quad \omega_2 = \sqrt{\frac{K_r}{M_r}} = \omega_r$$

在上述解耦条件不满足的情况下，固有频率可以通过求解特征值得出。

$$(\omega_{1,2})^2 = \frac{\alpha + \gamma}{2} \pm \sqrt{\frac{(\alpha - \gamma)^2}{4} + \frac{\beta^2}{k^2}}$$

式中，$\alpha = \dfrac{K_f + K_r}{M}$；$\beta = \dfrac{K_f a - K_r b}{M}$；$\gamma = \dfrac{K_f a^2 + K_r b^2}{J}$

对应上面每个固有频率，都有相应的模态振型（图 7.56）。通常振动响应涉及耦合的俯仰和垂向运动。一般而言，垂向模态频率低于俯仰模态频率。

图 7.56　二自由度俯仰平面模型的垂向和俯仰模态振型

上述模态解耦的理论以及参数的影响可以通过一系列的仿真结果展现。在仿真分析中，路面输入为峰值 0.2m、波长 0.5m 的半正弦波形，前轴的输入从 0s 开始。研究的变量包括车速、俯仰动态指数（PDI）、偏频比、阻尼比等。俯仰动态指数的定义见式（2.2）。

图 7.57 是不同的俯仰动态指数对应的后悬架动行程（车速为 25km/h）。当俯仰动态指数为 1.0 时，从 0s 开始的前轴输入不产生任何后悬架动行程，后悬架的行程变化开始于后轴的路面输入。当俯仰动态指数为 0.8 时，前轴输入产生后悬架拉伸运动（负位移），而当俯仰动态指数为 1.2 时，前轴输入产生后悬架压缩运动（正位移）。

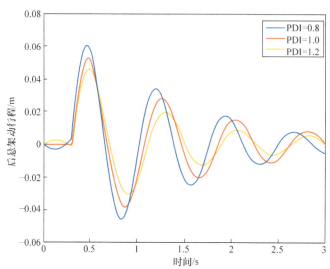

图 7.57　不同的俯仰动态指数对应的后悬架动行程

图 7.58 清楚地显示当俯仰动态指数为 1.0 时，车身质心俯仰角位移响应收敛最快。Maurice Olley 在 1961 年 8 月通过在汽车前后轴增加质量，用试验方法证实当俯仰动态指数为 1.0 时，能够改善行驶平顺性能。现代汽车的俯仰动态指数

可能达不到1.0，但可以达到的前后悬架阻尼比相比早期汽车更高，因此可不通过调整前后轴质量来达到较小的俯仰运动响应。

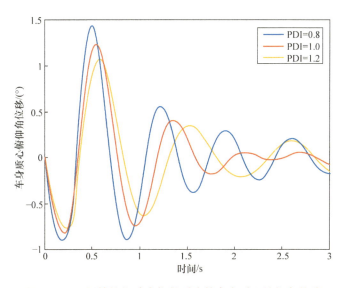

图7.58 不同的俯仰动态指数对应的车身质心俯仰角位移

因为人体对俯仰运动更为敏感，所以减小俯仰运动，以实现更为纯粹的垂向运动是设计目标之一。这样的所谓平乘（FlatRide）性能可以通过提高后悬架偏频实现，即让后悬架的振动响应"追上"前轴的振动响应，即偏频比 $\frac{f_R}{f_F}$ 应大于1：

$$\frac{f_R}{f_F} > 1$$

图7.59显示不同偏频比对应的车身质心俯仰角位移响应。在保持其他参数不变的情况下，当偏频比从1.1增加到1.2时，即后悬架偏频增加，车身俯仰角位移响应频率加快。当偏频比为1.15时，车身俯仰收敛最快，此时很好地实现了平乘特性。

最佳的车身俯仰角位移收敛速度除了与偏频比有关外，也与车速和轴距有关。为说明这种关系，在固定轴距参数的前提下，计算了三种车速下质心俯仰角均方根值随偏频比变化的趋势（图7.60）。在给定的三个车速下，当偏频比从1.0逐步增加时，质心俯仰角均方根值逐步下降到一个相对稳定的值，这直接证实了平乘理论的正确性。另外，由图可知，当偏频比为1.2时，对于当前轴距参数的汽车，如果以质心俯仰角位移作为性能评判指标，则通过限速带的最佳车速是30km/h。

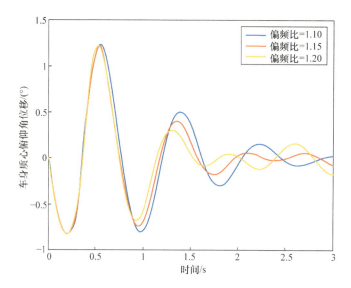

图 7.59　不同偏频比对应的车身质心俯仰角位移响应

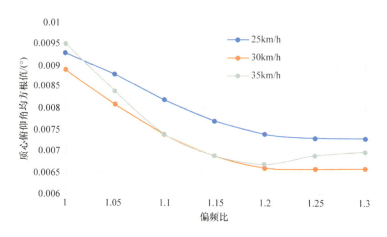

图 7.60　质心俯仰角均方根值随偏频比变化的趋势

抑制俯仰运动的另一个有效手段是增加后悬架相对于前悬架的阻尼。图 7.61 显示在保持车速和其他参数不变的情况下，增加后悬架阻尼可以有效提高俯仰运动的收敛性能。虽然现代汽车有更高的阻尼比，俯仰响应能更快地衰减，但平乘概念仍被用于选择前后悬架偏频。选择较高后悬架偏频的另一个主要原因是车辆后部通常可能装载较大载荷，后弹簧刚度必须提高以维持后车身姿态和足够悬架动行程。大量测试数据也证实，现代车辆后悬架偏频高于前悬架偏频。

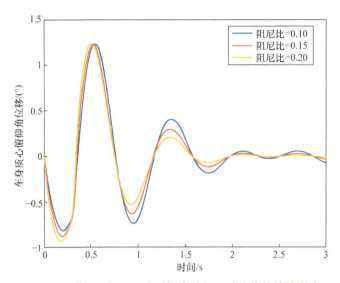

图 7.61　增加悬架阻尼比对提高俯仰运动的收敛性的影响

7.6.2　悬架弹簧刚度的选择

整车的偏频和偏频比直接影响车辆的行驶平顺性能与操稳性能。根据目标车辆的定位和标杆车的对标来设定悬架偏频和偏频比目标，提出悬架刚度的合理范围，进而根据给定的轴荷分配和悬架杠杆比或运动比，将轮心的悬架刚度要求转化为悬架弹簧刚度目标。估计悬架偏频的方法有两种，区别在于包括或不包括轮胎径向刚度。如果采用包括轮胎径向刚度的方法，则轮胎径向刚度应精确估计或测量。

悬架偏频目标设定的基本指导原则是：①悬架偏频要尽可能低以提高行驶平顺性，但有限的悬架总行程和承载要求可能不允许太低的悬架偏频；②平乘性能是选择乘用车偏频比超过 1 的原因之一；对于带有线性刚度弹簧的载重车辆，例如小型货车，后悬架偏频较高的另一个原因是较高的后轴弹簧刚度可以保持满载时的车架姿态；③当使用非线性刚度弹簧，弹簧辅助件或承载限位缓冲块时，线性刚度弹簧的刚度可以降低。悬架偏频使用车轮中心的刚度计算，而沿弹簧作用轴的弹簧刚度可通过杠杆比 R 转换为车轮中心刚度：

$$K_{wc} = K_{spr} R^2 \ ; \quad R = \frac{\Delta X_{spr}}{\Delta X_{wc}}$$

车轮中心的刚度同时受悬架连杆衬套刚度和减振器气体刚度的影响。对应用多个橡胶衬套的多连杆悬架来说，这两项的贡献可以达到总轮心刚度的三分之一，因此不容忽视。图 7.62 是部分量产车的悬架偏频的统计结果。图中数据显示后悬架偏频一般比前悬架偏频高，偏频比一般选择为 1.05～1.40 之间。偏频比的范围和车型以及轴荷有关。

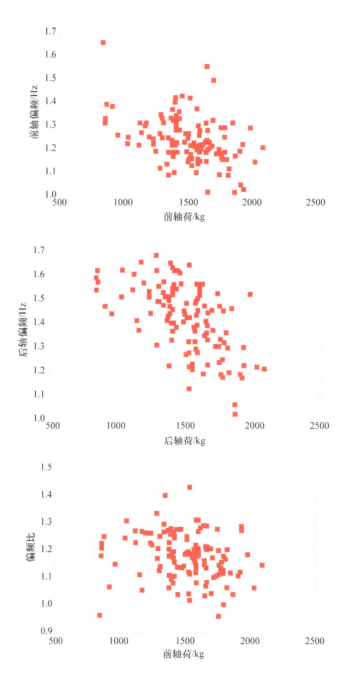

图 7.62 部分承载式车身乘用车的悬架偏频统计结果

实际情况是,在满足布置等要求的前提下,供应商只能提供一组刚度值离散的弹簧,因此悬架偏频目标和偏频比目标必须有一定的设计范围,在此范围内确定恰当的前后悬架弹簧刚度组合。图 7.63 提供一种选择思路，图中多个前后弹簧的组合构成不同的候选方案，方框内的组合满足前后悬架偏频的目标范围，而两条斜线各自从原点引出，分别代表偏频比的下限和上限，同时满足上述两个条件的组合才是可行的设计方案。

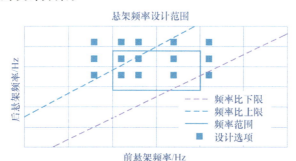

图 7.63 悬架偏频目标和偏频比设计范围以及恰当的前后悬架偏频组合

7.7 动力总成悬置与平顺性

早期的内燃机动力系统与车架刚性连接，导致发动机工作时各种力和力矩不平衡造成的激振力直接传递到车身。实践证明，在激励源和车架之间采用柔性连接可以有效减小动态力的传递，因此，发动机柔性悬置逐步推广开来。柔性连接到副车架的动力总成有 6 个自由度，其刚体模态频率和底盘固有频率的合理分布以及模态解耦是底盘设计中必须考虑的内容。当受到不平路面激励或者平滑路面轮胎动不平衡力激振时，动力总成悬置系统会影响车身的振动响应。悬置的刚度和阻尼特性会影响对动力总成激励的隔振效率以及车身对路面激励的振动响应。为满足动态性能要求，工程师逐步研发了不同的悬置方式，如橡胶悬置、液压悬置、主动和半主动悬置等。所有这些不同种类的悬置件，首先要能够支承动力总成的重量，受机舱布置空间的限制，对悬置也有最大变形要求。在严酷环境下橡胶件出现故障时，悬置应能保证继续维持安全的操作条件，必须满足制造和装配工艺要求，并且易于维修，同时还要满足车辆项目的质量和成本目标。

7.7.1 动力总成悬置的形式

常用的动力系统悬置类型包括纵置发动机后轮驱动三点悬置、横置发动机前轮驱动三点悬置和横置发动机前轮驱动四点悬置。纵置后驱三点悬置用于载货汽车和后驱乘用车上，发动机左右两侧悬置和后方传动系悬置和车架或副车架相连接。

典型的横置前驱悬置有两种：一种为主要支承动总重量的左右两侧悬置和控制动总俯仰运动的第三点抗扭悬置，另一种为发动机侧的前后两点悬置和传动系侧的第三点悬置，一般都连接在副车架。横置前驱四点悬置也分为两种：一种为主要支承动总重量的左右两侧悬置和控制动总俯仰运动的第三、第四点抗扭悬置；另一种在发动机侧和传动系侧分别布置的前后四点悬置。支承动总重量的左右两侧悬置一般都连接到车身，抗扭悬置也有可能直接与车身连接。为降低成本和重量通常选择三点悬置，第四悬置点可以在较大发动机转矩作用下更好地约束发动机的俯仰运动，同时对系统的振动特性具有较小的影响。少部分车辆应用多于四点的悬置以满足不同功能或性能要求[11]。

需要设计的动力总成悬置相关参数包括：数量、布置位置、作用方向、刚度和阻尼特性，性能要求包括：动总激励隔振、不平路面激励隔振和平滑路面轮胎动不平衡激励的衰减。橡胶悬置从20世纪30年代开始使用，其中又可分为天然橡胶、高阻尼橡胶、丁基橡胶（Butyl）和耐高温橡胶等。从20世纪80年代起，液压件逐步得以使用，分为带解耦件和非解耦两类。随后出现的主动悬置利用磁流变特性控制其阻尼特性。

7.7.2 发动机悬置对内部激励的隔振

发动机点火工况的隔振是首要关注的问题：点火引起气缸中的燃料爆炸，产生作用于缸体的平行于曲柄轴线的力矩。第二类扰动包括由活塞、连杆和曲柄引起的惯性力和转矩。惯性力在单缸、2缸、3缸、4缸甚至5缸发动机中是不平衡的，必须在隔振系统设计中予以关注。通常6缸或8缸发动机的扰动容易平衡。不平衡扰动的频率取决于发动机转速和发动机的气缸数量以及冲程数。对于4冲程发动机，其激振频率可以由下式计算。

$$f = \frac{\text{转速（r/min）}}{60} \times \frac{\text{缸数}}{2} \quad (7.33)$$

在低速（接近怠速空转）时，发动机扰动可能导致车辆抖动。在较高转速下，当发动机扰动频率与乘员舱的声腔共振频率一致时，会在车厢内产生噪声。图7.64为从发动机到车身的力传递函数，可见为了隔离由发动机不平衡扰动引起的振动，悬置需要低弹性刚度和低阻尼。实现良好的怠速隔振需要刚体模态固有频率降低到至少低于2倍激振力频率的值。但在突然加速和减速/制动时，过低的悬置刚度可能会导致过大的静态和准静态发动机位移并可能造成发动机部件的损坏。发动机的低频模态如被不平路面输入激发，会导致行驶平顺性变差。从这个角度来看，需要高刚度来最小化发动机运动并需要高阻尼吸收发动机振动避免共振。因此，理想的动刚度应该如图7.65所示，即：为了在相对高的频率范围内隔离发动机振动不平衡引起的车身振动，悬置需要低刚度和低阻尼，同时为防止发动机在低频范围内的过大位移，发动机悬置应有高刚度和高阻尼，且平顺性能要求发动机悬置刚体模态应该避开某些频率范围。

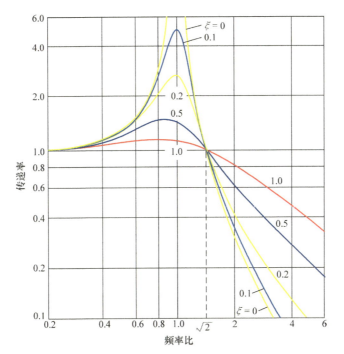

图 7.64　发动机激励力到车身力的传递函数

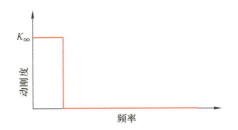

图 7.65　理想的发动机悬置的动刚度

7.7.3　模态频率的分隔与解耦

发动机悬置系统和底盘其他系统总成构成一个多自由度振动系统，有多个刚体模态。发动机悬置频率一般在车轮跳动频率附近，其中发动机的垂向模态是对平顺性影响最大的模态。首先，需要设定刚体模态频率目标，尽力避免发动机激励引起刚体模态的共振；其次，如果发动机模态没有充分解耦，其他模态（通常是俯仰或侧倾）可能对轮跳频率输入有显著响应，从而对平顺性不利。为了避免急速抖动，动力总成悬置系统的俯仰模态应该与车身结构的一阶弯曲和扭转模态充分隔开，并且俯仰频率应该与急速时的发动机转矩脉冲频率很好地分开。发动机刚体模态频率需要避开 12~20Hz 之间的平移模态（主要是垂向和侧向）以减少在高速公路工况下的一阶轮胎激励引发的振动耦合，也需要避开 8Hz 以下的刚体模态（人体对振动灵敏度的响应范围），还要避免垂向、俯仰、侧倾模态出现在轮跳频率范围内（一般为 12～13Hz）。因此，发动机刚体模态最好在 8～12Hz 之间（图 7.66）。

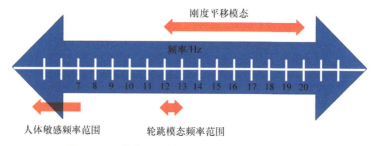

图 7.66　发动机刚体模态频率需要避开的范围

当发动机的模态高度耦合时，发动机的扭转激励会导致其垂向响应，反之，垂向振动力也会引起其他五种模态的振动响应。动力系统和底盘的振动模态耦合，可能导致宽频道路激励通过高度耦合的发动机模态引起车身结构抖动。因此，在设计阶段需要解耦大多数模态或至少使耦合变"弱"。从纵置发动机悬置设计开始，很多工作集中在如何从理论上进行模态解耦，引用或创造了不少概念和方法。理论上讲，如果通过设计使得弹性轴与惯性主轴相重合可达到解耦的目的。在乘用车上广泛采用横置前驱发动机，车辆俯仰方向与发动机转矩激励的方向一致，并且因为没有后轮驱动的高齿轮速比，前轮转矩相对于后轮驱动而言要大得多。动力系统的惯性主轴相对于主要车辆坐标轴方向通常非常倾斜，很容易产生刚体模态耦合。目前的优化技术可以绕过弹性轴或惯性轴等概念或解耦策略，直接聚焦发动机悬置本身，通过设计发动机悬置的作用方向并确定刚度。在满足动力系统频率范围目标的同时，使用动能矩阵的非对角线项的绝对值之和作为目标函数，优化器将找到迫使该目标函数为零的几何和刚度参数。根据模态纯度和频率的要求，对每个弹性件都可以给出最优刚度和阻尼要求。因为动能矩阵是从对称刚度矩阵导出的，所以迫使行耦合项为零也将迫使列耦合项为零，从而达到解耦的目的。只有充分解耦的动力悬置系统，才有可能达成期望的平顺性能。

7.7.4　橡胶悬置件

大多数发动机橡胶悬置件使用天然橡胶制造，如果必须在恶劣的流体或高温环境中工作，则应使用合成材料（如氯丁橡胶）。橡胶悬置件具有结构紧凑、成本低、免维修等特点，可以提供更稳定的性能和更长的使用寿命。橡胶悬置件的特性数据包括静态刚度曲线、动刚度曲线和阻尼性能曲线。典型的静态刚度曲线如图 7.67 所示，其中的工作点为安装后在动力总成重量作用下达到的静平衡点。工作点一般选择在线性行程的中间位置，工作点随动力总成重量而变化。可以选择工作点附近的两点计算静态刚度,也可以选择一点以切线斜率代表静刚度。金属到金属的行程是当主橡胶件和二级缓冲件失效时悬置件所能达到的最大行程。悬置件的最大行程受制于两个因素:其一是悬置件的疲劳耐久特性,最大行程越大,越容易损坏;其二是保证动力总成工作允许的最大运动范围的约束。二级缓冲件是用于防止金属和金属接触的弹性缓冲器,其渐变刚度特性会影响冲击后的高频响应和噪声。与突然过渡相比,渐变曲线有利于减小冲击后的高频响应和隔绝噪声。

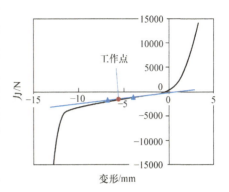

图 7.67　橡胶悬置件静刚度特性曲线

迟滞特性是橡胶件的固有特性,可以通过加载和卸载的准静态载荷变形曲线对比,以及动态加载试验中位移滞后于加载力反映出来。准静态加载曲线代表弹性件储存的能量,卸载曲线代表弹性件释放的能量,加卸载曲线围成的面积代表橡胶件的阻尼特性。动刚度定义为引起单位变形所需要的动态力,而阻尼特性表现为力和位移之间的相位差(图 7.68)。动刚度 K_d、阻尼角 δ、弹性刚度 K' 和损失刚度 K'' 之间的关系可以用图 7.69 表示。

$$动刚度 K_d = \frac{\Delta F}{\Delta X}$$

$$阻尼角 \delta = \frac{\Delta t}{T} \times 360°$$

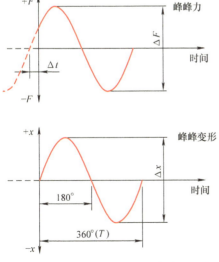

图 7.68　动态加载试验力和位移关系示意图

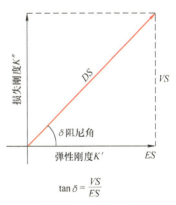

图 7.69　动刚度、阻尼角、弹性刚度和损失刚度的关系

橡胶材料的动刚度和阻尼角是频率和输入位移幅值的函数,动刚度和阻尼角都随激励频率增加而增加,动刚度随输入位移幅值的增加而降低,阻尼角随输入位移幅值的增加而增加,但变化率不大。阻尼角和阻尼系数的关系可以用式(7.34)表示,可见随频率的增加,阻尼系数 C 降低。

$$C = \frac{K_d \sin\delta}{2\pi f} \qquad (7.34)$$

高频率下的橡胶悬置件的动刚度比在低频率下更大,这种特性与需求的最优动刚度特性相悖。在低频下高刚度或高阻尼可产生低振动水平,但其在高频下的噪声水平将很差。反之,低刚性和低阻尼可以降低噪声水平,但在低频时的振动水平必然高。因此,需要在隔绝发动机激励和控制发动机弹跳振动之间进行折中,而液压悬置件可以在发动机高频隔振隔噪和低频平顺性改进之间取得平衡。

7.7.5 液压悬置件

第一个液压悬置件专利批准于 1962 年,大规模应用开始于 20 世纪 80 年代。最初液压悬置件只带有简单流液孔,随后开发出了惯性通道结构,最后出现了带惯性通道和解耦膜的液压悬置件。带解耦器的液压悬置件如图 7.70 所示,其中主橡胶件提供支撑刚度,低刚度有助于隔振,但较大激励输入下发动机会发生较大位移。受压的悬置件迫使流体流过一个精确设计的惯性通道,在通道内发生共振的流体质量产生高阻尼。流体通道的长度和横截面积决定流体的质量,而流体的质量与能够产生的最大阻尼角及最大阻尼角对应的频率有关。液压悬置件可以在某个低频范围大大增加阻尼,有利于控制振动幅度,但如只有简单孔或惯性通道的液压悬置件,其动态刚性会大于对应的橡胶悬置件,在较高频率下隔振隔噪性

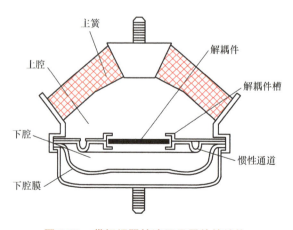

图 7.70 带解耦器的液压悬置件的结构

能降低。在液压悬置件中加入一个解耦器可以解决这个问题。解耦件是一个自由浮动的弹性盘,相当于一个限幅浮动活塞,其作用相当于一个机械开关,实现在橡胶件和液压件之间的转换。在低位移下,解耦膜开通,流体不经过惯性通道,液压悬置件就像橡胶件一样有较低的动刚度,可以对高频小振幅的动力总成激励提供良好的隔振效果;大位移时,解耦膜关闭,迫使流体经过惯性通道,就表现为普通液压悬置件,在设定的频率范围内为大幅值的冲击激励提供阻尼。因此就可以解决不同振动幅度输入下的不同动态性能需求。

典型解耦液压悬置件的动刚度和阻尼角与频率、幅值的关系如图7.71所示。在小振幅下(0.1mm),解耦件在限位槽内自由移动以吸收流体体积,流体不通过惯性通道流动,而是通过解耦器流动,此时液压悬置件和弹性橡胶件性能相似,动刚度和阻尼较小。在大振幅下(如大于0.2mm),解耦件会与限位接触,不再能吸收流体体积,迫使流体通过惯性通道,从而产生高阻尼。解耦件厚度和槽的高度决定了产生高阻尼对应的振幅。图7.71所示特性取决于结构设计参数,如惯性通道参数(横截面和长度)、支承刚度以及解耦器限位间隙等。对于特定的发动机液压悬置件,存在一组最佳的设计参数,可以同时具有高频隔振降噪所需的低动刚度和低频控制冲击激励响应所需的高阻尼。典型带解耦器的液压悬置件对于简单的正弦输入表现出出色的隔振特性,由于解耦器引起的显著非线性特性,这类悬置件对于叠加输入的隔振效果受限。

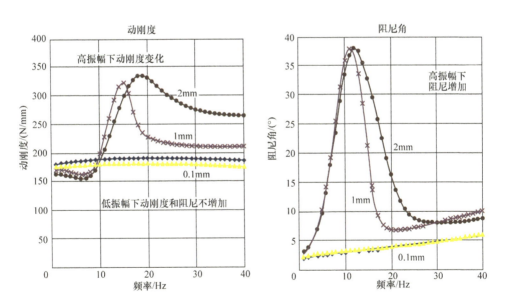

图7.71 典型解耦液压悬置件的动刚度和阻尼角特性

因为液压悬置件的动态特性取决于激励频率和幅值,并且对结构参数敏感,所以这种系统的设计通常需要多次迭代,反复调整参数以解决目标车辆的特定振动问题。可能需要牺牲特定频率范围内的性能以提升重点关注频率范围的性能。车辆与悬置件的制造误差会显著改变所需的动态特性并进一步降低振动性能。为了解决被动液压悬置件的固有局限，并进一步改善其动态性能，半主动（或在某些情况下的自适应）和主动振动控制技术已经应用于发动机悬置件设计。

7.7.6　半主动和主动悬置件系统

半主动悬置件系统通常包括：具有可控元件的悬置件、控制机构以及可以控制一个或多个系统参数以调整系统的动态响应。大多数情况下，半主动振动控制的基本原理是通过改变发动机悬置件阻尼来消耗振动能量，这点和半主动悬架的原理相似。半主动磁流变液悬置件的结构类似于传统液压悬置件，但其油液为磁流变（MR）流体。当 MR 流体不被磁化时，铁粉粒子随机分散，表现为低黏度。当电磁线圈在流体通道上施加磁场时，流体的黏度特性迅速变化，移动流体所需的剪切应力与磁场成比例，由此可以通过控制流体黏度从而控制与速度成比例的阻尼力。半主动磁流变液悬置件的控制算法基于单自由度的天钩控制理论，主要用于在低频冲击激励时增加阻尼，改善低频范围的动总刚体运动控制。

主动悬置件的结构包括：被动悬置件（弹性件或液压件）、振动传感器、控制器和执行器。被动悬置件用于支承发动机重量，限制低频下发动机的运动，并在主动控制执行器发生故障时提供安全保障功能[12]。执行器用于提供动态力，对控制信号的响应速度要足够快。振动传感器向控制器提供力或加速度信号。控制器调节执行器产生力的幅值和相位，从而达到隔离发动机振动的目的。在特定频率下，主动悬置件可以实现非常低的动刚度，而在其他频率范围，主动悬置件的刚度和被动悬置件（弹性和液压）相似。因此主动悬置件可以克服被动悬置件的限制，在低频时动刚度可以非常高，在特定频率下则非常柔和，提供卓越的隔振能力。所以主动悬置件可以允许较高的发动机振动水平，对于平衡轴的性能要求更宽容。但是，主动悬置件需要使用传感器、控制单元和能量输入，与被动悬置件相比，导致重量、成本和能量消耗增加并降低系统的可靠性。另外，主动悬置件应位于振动传递的主要路径上，需要更大的安装空间，这对动力系统悬置件安装布置构成挑战，实际产品中应用并不广泛。图 7.72 和图 7.73 分别为主动弹性悬置件和主动液压悬置件的阻尼角和动刚度特性。

7.7.7　小结

发明柔性发动机悬置件的最初目的是隔绝发动机内部的激励，但由此增加的动力总成六个自由度又和底盘的其他模态一起构成了更为复杂的动态系统。对发动机悬置件模态的充分解耦和对底盘模态频率的合理隔离是提高车辆综合性能的必要条件。内部激励的隔绝和车身对路面输入的响应对悬置件的要求相互矛盾，因此，发明了以不同方式改变动刚度和阻尼特性的悬置件。

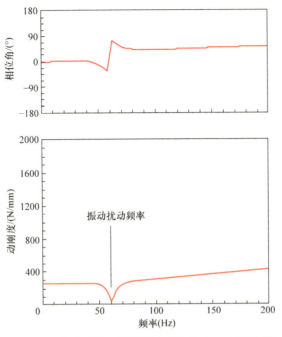

图 7.72 主动弹性悬置件的阻尼角和动刚度特性 [12]

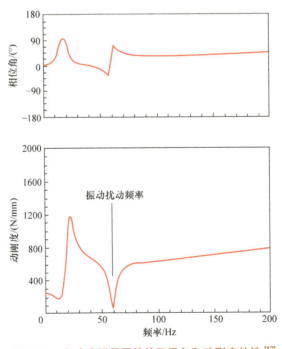

图 7.73 主动液压悬置件的阻尼角和动刚度特性 [12]

7.8 对限速带类路面凸起的冲击强度和余振响应

不同于第 7.6 节讨论的车辆低速通过表面平滑的长波路面时所激起的车身刚体俯仰运动,当车辆在一定行驶速度通过各种路面接缝、台阶差、凸起、坑洼或者窄而高的限速带时,会产生较高频率的纵向和垂向的振动响应。在纵向,悬架的侧视图摆臂角度、轮心的纵向柔度和阻尼是悬架的关键设计和调校参数,主要影响冲击强度和冲击余振。在垂向上,悬架弹簧和减振器的调校与动力总成悬置系统对应的垂向模态对冲击强度和冲击余振的影响不容忽视。因此,这类路面输入对悬架的配置选择和关键参数的调校都有重要意义。优化车辆在这种典型路面输入下的行驶平顺性,对一般随机不平路面响应的改善有直接益处。分析这些参数对冲击性能的影响机理,有利于在开发初期就设立明确的设计和配置要求,指导底盘设计。

7.8.1 车辆对冲击工况响应的机理分析

与轮胎的包络特性相对应,车辆以较低速度经过限速带类路面凸起时,其动态响应大致可分为三个阶段。①轮胎接近并滚动上限速带,首先产生胎体变形吸收一些冲击能量,在轮心处同时受到垂向和纵向的冲击力,垂向纵向冲击响应同时达到最大。垂向的冲击力会引起车轮相对于车身的上跳,而悬架的侧视图几何特性可能引起轮心相当于车身的前行或后退。同时,纵向冲击力会引起车轮相对于车身的后退,此时车轮尚未完全达到限速带顶端;②车轮通过限速带顶部,此时车轮相对于车身已经有充分的上跳行程,垂向的冲击力大为减小。在限速带顶端,纵向的冲击力接近于 0;③车轮从另一侧滚动下限速带,轮胎向下撞击地面,纵向上车轮受到限速带向前的冲击力,垂向和纵向力几乎又同时出现另一个峰值。纵向的振动会逐步由悬架纵向的阻尼衰减,但在垂向上车身可能还会受到积蓄在动力总成悬置系统能量的二次冲击,导致垂向振动峰值再次增大。上述过程表明,悬架的纵向和垂向刚度及阻尼、动力总成悬置和副车架或车架的纵向和垂向衬套特性都会对冲击响应有影响。

有些研究文献表明,撞击后的声音和振动响应都被感知为声振粗糙度(harshness),关注的振动频率范围为 3~100Hz,声音频率范围为 20~16kHz。在另外的文献中[13, 14],冲击强度特指频率范围在 2~20Hz 的振动响应程度。本书中主要讨论低中速下(如 20~60km/h)过常见限速带时的振动响应。在这样的工况输入下,振动响应取决于橡胶隔振件的设计,悬架和各种衬套的变形及阻尼特性既可能处于线性,也可能处于非线性范围。

对于中低速通过限速带工况的冲击响应,需要考虑两个不同维度。首先是乘员的冲击感(Impact Hardness),通常冲击后的硬感被定义为冲击强度,冲击感"硬"与过度的强迫冲击有关,而冲击感较"软"通常意味着悬架有韧性。冲击响应的第二个方面是冲击响应后的衰减时间，也称为冲击余振 (Impact Shake)。乘员对振动加速度有个感知阈值，冲击余振和达到这个最小加速度水平需要的时间有关。本节介绍冲击强度和冲击余振的研究方法和结果，以特定车型为例说明车辆和底盘设计参数对每个属性影响的相对敏感度，以便更好地在车辆开发过程中确定早期的设计预留，以及在后期进行有效地调校。

可以定义不同的冲击工况评价指标来量化相关的两个性能。这些评价指标应该首先经过相应频率滤波或加权之后得到纵向和垂向响应，然后再融合成单独的受前轮冲击或后轮冲击的响应指标（通常情况下，乘员难以判断这个工况下振动的方向）。分别处理前后轮冲击的强度指标能更清楚地显示每个参数的影响，为设计或调校提供方向。最后，应该综合前、后轴的冲击强度指标以定义整车的冲击强度指标，从而可以进行对标分析。同样地，应该定义前轮或后轮冲击后的冲击余振指标，但车速过快时可能只能计算整车的冲击余振值，因为此时前后轴的冲击余振变成了连续的振动，难以区分。

本书选择用均四次方根值（RMQ）来度量某个车轮冲击后某方向的冲击强度。RMQ 可以更好地度量短时长、高强度的振动（例如冲击型振动）。在一些研究中发现，RMQ 与冲击的主观感觉更好地相关，而均方根值（RMS）低估了冲击的强度[2]。有多种方式可以度量冲击余振，比如用加速度响应的绝对值在时域的积分和均四次方根的比值（t_{IS}）：

$$\mathrm{RMQ} = \sqrt[4]{\frac{1}{T}\int_0^T a^4 \mathrm{d}t}$$

$$t_{IS} = \frac{\int_0^T |a| \mathrm{d}t}{\mathrm{RMQ}}$$

7.8.2 包括侧视摆臂及轮胎包络的多自由度模型

如果具备实车或包含足够细节的多体动力学模型（如 ADAMS 模型），直接进行实车试验或仿真分析无疑可以得到相对准确的结论。但要得到独立于悬架结构的普遍结论，并研究与冲击有关的动力学机理，则必须建立相应的分析模型。使用独立于悬架结构的分析模型并分析有限的关键车辆设计参数，可以更好地协助决策，如使用何种悬架结构、相对于竞争对手的性能目标、系统技术要求以及必要时在不同性能之间进行权衡等。

本节采用的多自由度集中质量线性车辆模型包括悬架、轮胎和车轮、车身和副车架、动力总成悬置系统相关的有限但关键的车辆设计参数（图 7.74）。模型中相应质量具有纵向、垂向或俯仰自由度。驾驶员脚地板位置的纵向和垂向加速度响应用以计算冲击强度和冲击余振指标。该模型独立于悬架结构，由悬架侧视图摆臂及其角度、轮心纵向柔度和阻尼、悬架垂向刚度和阻尼和簧下质量构成。车身和动力总成部分包括车架、车身和动力总成的质量、惯性矩和质心位置。轮胎和车轮参考 SWIFT 轮胎模型，需要多个参数来定义[15]，衬套和悬置件的刚度和阻尼系数也是必需的输入参数。通过产生"有效路面高度"和"有效路面坡度"，可以生成适当的轮胎包络，在此基础上，轮胎模型用来产生输入力。"有效路面高度"是由一对分别位于轮胎接地点前缘和后缘，且半径很小的刚性轮滚过实际不平路面时轮心轨迹的平均值，而"有效路面坡度"是同一对刚性轮之间的垂直差除以它们之间的距离，这是准确模拟类似冲击工况的重要输入。本例中限速带的高度为30mm，车速为30km/h，此时，路面输入引发的车辆加速度响应频率主要在 2～25Hz 之间，这与文献 [13,14] 中定义的频率范围相似。通过与整车多体动力学模型的仿真结果对比，该简化模型有比较好的一致性，而仿真用时仅为前者的千分之一。

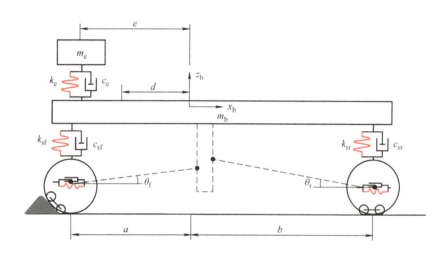

图 7.74　用于冲击强度和冲击余振分析的多自由度集中质量车辆线性模型

7.8.3　纵向响应的影响因素

影响纵向响应的悬架系统参数包括侧视图虚拟摆臂角度、轮心的纵向柔度和纵向阻尼。首先以纵向阻尼为例，通过时域仿真分析其对驾驶员脚地板位置纵向加速度响应的影响，并通过处理数据得到冲击强度和冲击余振的性能指标，以分析其对相关量化性能的有效性。纵向阻尼的大小用纵向共振频率（该例中为15.5Hz）处的当量阻尼角来表示。阻尼角与轮心纵向的损失刚度和弹性刚度的比值相关，实车中轮心的阻尼角和所有悬架摆臂衬套以及副车架衬套的阻尼大小相关。图 7.75 展示了前悬架轮心纵向阻尼角对车身纵向加速度响应的影响。可见增加纵向阻尼角可以有效降低前轴冲击响应的幅值，并且可以更快地衰减振动响应，即冲击余振明显减小。另外，增加前轴的阻尼角几乎对后轴冲击响应没有影响。

图7.76展示了前悬架轮心纵向阻尼角对车身纵向冲击强度和冲击余振指标的影响。随着轮心纵向阻尼角的增加，冲击强度和冲击余振指标都明显降低，且冲击余振指标的降低更为显著。在实车调校中也证实，在纵向共振频率附近增加阻尼角，比如应用增加轮心阻尼的摆臂液压衬套，可以有效改善冲击余振性能。

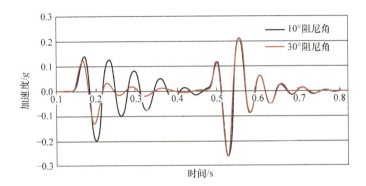

图 7.75 前悬架轮心纵向阻尼角对车身纵向加速度响应的影响

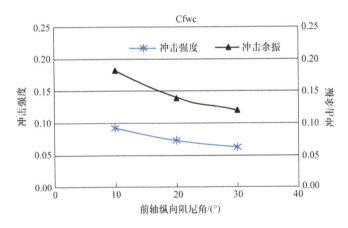

图 7.76 前悬架轮心纵向阻尼角对车身纵向冲击强度和冲击余振指标的影响

增加轮心纵向柔度对车身纵向冲击强度和冲击余振的影响如图 7.77 所示。冲击强度随着纵向柔度的增加几乎线性下降，而冲击余振的变化趋势则无明显规律，即减小或增加柔度都有可能降低冲击余振。在实车评价中也经常可以体验到，冲击强度大的车冲击余振反而不明显。纵向柔度的增加通常可以使用低刚度的摆臂或副车架衬套来实现。本例中的前悬架侧视摆臂角接近零度，在此前提下，相对于轮心柔度，悬架侧向虚拟摆臂角对纵向冲击强度和冲击余振的影响较小。一般情况下应该避免侧视摆臂角导致的轮跳前行运动。

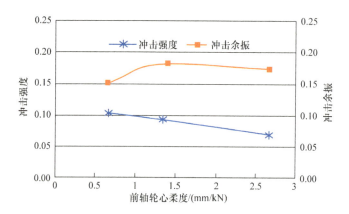

图 7.77　前悬架轮心纵向柔度对车身纵向冲击强度和冲击余振的影响

7.8.4　垂向响应的影响因素

在垂直方向上，影响冲击强度和冲击余振的因素主要包括悬架弹簧刚度和减振器阻尼，以及动力总成悬置系统的垂向刚度和阻尼。悬架系统在限速带工况主要工作在线性范围内。悬架弹簧刚度的设定需要顾及较多的性能约束，而且在可能的调校范围内对冲击强度和冲击余振的影响较小，这里不予讨论。相对于其质量，动力总成悬置系统的垂向刚度通常较低，以满足 NVH 的要求（如怠速抖动性能），因此动力总成悬置系统可能会在线性区外工作直至达到限位行程，准确地研究动力总成悬置件的非线性刚度，要求需要更为复杂的多体动力学模型。因此这里只讨论悬架阻尼和动力总成悬置系统阻尼角对冲击强度和冲击余振性能的影响。

图 7.78 为前悬架轮心垂向阻尼对车身垂向冲击强度和冲击余振的影响。增加轮心垂向阻尼会引起车身垂向冲击强度的线性增加，而冲击余振线性减小。这点和增加轮心纵向阻尼的"双赢"效果不同。轮心垂向阻尼的增加会直接导致传递到车身的垂向力增加从而增加垂向加速度响应，但在过限速带后的减振过程中，较大的阻尼显然会加快振动的衰减。当然，减振器调校需要综合考虑多种行驶工况，可行的调校范围远不如纵向阻尼那么大，因此实际的效果也有限。动力总成悬置垂向阻尼角对车身垂向冲击强度和冲击余振也有相似的影响，如图 7.79 所示。增加阻尼角会引起车身垂向冲击强度的线性增加，而冲击余振线性减小。实车评价和测试结果证实，应用液压悬置件对减小冲击余振有明显效果，前提是液压悬置件的峰值阻尼角频率与动力总成悬置系统解耦后的垂向共振频率接近。液压悬置件的应用对车身垂向响应的影响可以用轮跳频率附近的动质量增加来解释，下一节将进行更详细的讨论。

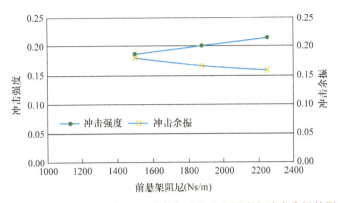

图 7.78　前悬架轮心垂向阻尼对车身垂向冲击强度和冲击余振的影响

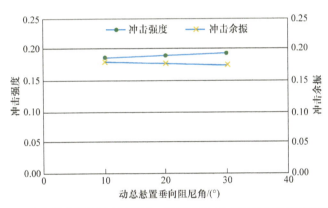

图 7.79　动力总成悬置垂向阻尼角对车身垂向冲击强度和冲击余振的影响

7.8.5　小结

当车辆以一定行驶速度通过各种路面凸起时,轮心处会同时受到垂向和纵向的冲击力,激起车身纵向和垂向较高频率的振动响应。纵向冲击力会引起车轮相对于车身的后退,垂向的冲击力会引起车轮相对于车身的上跳。纵向振动由悬架纵向的阻尼逐步衰减,但在垂向上除第一次冲击外,车身可能还会受到积蓄在动力总成悬置系统能量的二次冲击,导致垂向振动峰值再次增大。因此,悬架的纵向/垂向刚度和阻尼、动力总成悬置和副车架或车架的纵向和垂向衬套特性都会影响冲击响应性能。增加轮心纵向柔度会降低冲击强度,而增加阻尼角对冲击余振的影响更为显著。增加悬架垂向阻尼会引起车身垂向冲击强度的线性增加,而冲击余振线性减小;应用动力总成液压悬置件并最优调校后对减小冲击余振有明显作用。

7.9 平滑路上的抖动

平滑路上的抖动（Smooth Road Shake）是在平坦道路上行驶的车辆在 5～30Hz 范围内在转向盘转动方向（又称为 nibble）、车身垂向和纵向的振幅虽小但易感知的振动响应，也可称为 shimmy。激励源包括轮胎和车轮组件动不平衡、车轮质心偏心、轮胎构造不均匀或轮胎表面的平点。抖动响应既可能是由前轮力输入引起，也可能是由后轮力输入引起。另外，因为响应机制的不同，在不同方向上的抖动响应可能出现在不同的车速下。用户可能难以分辨抖动的方向。平滑路抖动和不平路抖动现象的根本区别是不平路上抖动主要由路面不平输入引起，振幅一般较大，车身响应通常与悬架隔振有关，而平滑路上的抖动问题频率与车辆自身旋转件不平衡力激励相关，频率范围可能更广，平滑路上的抖动更为令人不适，因此需要详细讨论。

7.9.1 模态分析

在高速行驶的特定速度范围内，轮胎不平衡动态力和轮胎构造不均匀等因素将激励悬架和转向系统的相关模态，引起车辆在各位置和各方向的振动响应。对模态频率和相应振型的正确理解以及模态之间的分离程度是设计悬架、转向系统以获得可接受性能的关键。与平滑路抖动有关的模态主要有反相转向模态、行走模态和轮跳转向模态。

第一，当轮心纵向刚度较高时（如载货汽车），反相（out of phase）转向模态为引起转向盘轴向抖动的主要模态，其振型表现为当左右车轮发生同相角位移时，转向盘有和车轮反相的角位移。第二，一般乘用车的轮心纵向刚度较低，行走模态频率一般为导致平滑路抖动的主要模态。乘用车行走模态频率一般处于一阶车轮转动频率范围内，其振型表现为左右车轮纵向反相位移时伴随着车轮的前行正前束角位移，此时转向盘的角位移和车轮角位移反相（图 7.80）。车辆在高速行驶时，由转向车轮的质量不平衡产生的纵向的动态力会激励行走模态，转向横拉杆会对齿条施加横向力，引起齿条相对于转向机壳体横向位移，从而引起转向盘的轴向抖动，并通过转向机壳体连接件将激振力传递到车身或副车架，引起车身横向振动。第三个相关的模态为轮跳转向模态，即当左右车轮反相跳动时，伴随着的车轮和转向盘的反相角位移。轮胎不平衡动态力除了引起纵向周期性的激振力

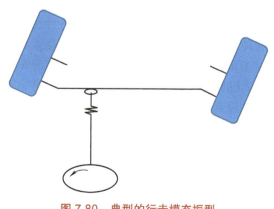

图 7.80 典型的行走模态振型

外，还会引起同频率垂向的激振力，这在载货汽车上会引起转向盘轴向抖动，在乘用车上主要引起脚底地板振动。

虽然可以比较容易地通过 ADAMS 等多体动力学软件复现和研究以上模态，但经过验证的理论模型可以更好地分析转向盘轴向角振动响应的机理。图 7.81 为包括悬架和转向系统主要特征参数的简化平面模型[16]。该模型包括五个自由度，即转向盘角位移、齿条横向位移、转向机壳体横向位移、车轮质心纵向位移和绕质心的角位移。悬架系统在纵向简化为一个虚拟摆臂，该虚拟摆臂有侧向连接柔度和摆臂角度。在主轴和虚拟摆臂的交点处施加了纵向刚度以体现轮心纵向柔度。以车轮的几何中心定义的主轴长可能和以簧下质量质心的横向位置定义的动态主轴长（DSL）不重合，因此需要分别定义。另外，转向横拉杆相对齿条中心线有夹角。以上参数均可以用来研究其对模态振型的影响。该模型中助力子系统的刚度 K_a 和转向机壳体衬套刚度 K_r 采用线性刚度。

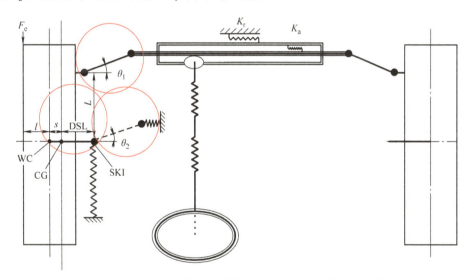

图 7.81　包括悬架和转向系统的主要特征参数的简化平面模型

出于试验便利性的考虑，平滑路上的抖动试验使用轮胎不平衡动态力来代表所有影响激励源的因素。轮胎不平衡质量产生一个作用于簧下质量质心的激振力 F_e 和在转向方向上围绕簧下质量质心的激振力力矩 M：

$$F_e = mr\omega^2 \tag{7.35}$$

$$M = mr\omega^2(l+s) \tag{7.36}$$

式中，m 是不平衡质量；r 是从不平衡质量到轮心在径向的距离；ω 是轮胎转动角速度，l 是不平衡质量到轮心在轴向的距离；而 s 是轮胎总成的质心到轮心在轴向的距离。主轴长度不直接影响上式定义的激励力和力矩，但会间接影响行走模态振型。既然行走模态振型中的轮胎角位移是导致转向盘轴向角振动的主要因素，探索将纵向运动和转向运动解耦的条件变得很有必要。纵向自由度响应 x_t 和激振力 F_e 有关，而转向方向的自由度响应 θ_t 和围绕质心的激振力矩 M 有关。车轮总成的纵向和转向自由度的方程如式（7.37）和式（7.38）所示。

$$\ddot{x}_t = \frac{1}{m_t}(F - K_{11}x_t - \Delta_1) \tag{7.37}$$

式中，K_{11} 和 K_{22} 只与系统参数有关，Δ_1 和 Δ_2 是与动态系统中其他自由度的耦合项。

$$\ddot{\theta}_t = \frac{1}{I_t}(M - K_{22}\theta_t - \Delta_2) \tag{7.38}$$

分析表明，当动态主轴长度 DSL（即质心到转向轴距离）为 0 时，以及转向横拉杆和悬架摆臂与横轴角度均为 0 时，Δ_1 和 Δ_2 均为 0，即车轮的纵向自由度和转向自由度完全解耦，如式（7.39）所示。

$$\begin{Bmatrix}\theta_t \\ x_t\end{Bmatrix} = 0, \text{当} \begin{cases} \text{DSL} = 0 \\ \theta_1 = \theta_2 = 0 \end{cases} \tag{7.39}$$

此时的行走模态称为纯粹行走模态，即车轮只有纵向的反相位移，没有伴随着的转向角位移。转向横拉杆不会对齿条施加横向力，因此不会引起齿条相对于转向机壳体横向位移，也不会引起转向盘轴向抖动和车身横向振动。但实际设计中因为存在各种约束，主轴长度不可能为 0，转向横拉杆和悬架摆臂与横轴夹角也不可能均为 0。但该结论清楚表明，主轴越短越好，而且转向横拉杆和悬架摆臂与横轴夹角应尽可能接近 0。

7.9.2 转向盘轴向振动响应

转向盘轴向角振动的传递路径比较单一。由轮胎不平衡质量导致的簧下质量纵向激振力，在特定的车速范围将激励起车轮的行走模态。行走模态中的车轮角位移分量会引起转向横拉杆的横向位移，进而输入到转向系统，最终表现为转向盘的轴向角振动，如图 7.82 所示。因此，减小平滑路转向盘轴向角振动响应的策略包括：①改变行走模态的振型，减小振型中转向角位移的分量；②调整行走模态的频率；③优化簧下质量纵向力输入的传递函数；④减少齿条相对于转向机壳体的运动；⑤衰减齿条传递到转向盘的运动。

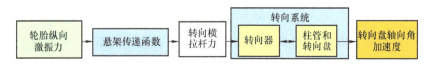

图 7.82 平滑路转向盘轴向角振动的振动传递路径

根据如图7.81所示简化模型的分析表明，当车轮的纵向自由度和转向自由度完全解耦，并且只存在静态不平衡激励力（即激励力直接施加在车轮系统质心位置）时，转向盘的轴向角振动响应为0。除此之外，无论动态主轴长度（即车轮系统质心到转向轴的距离）为正值或负值，转向盘轴向角振动响应的峰值对称性增大，如图7.83所示。图中纵坐标单位为（mg/oz），即每盎司（oz）不平衡质量引起的以千分之一重力加速度为单位（mg）的转向盘圆周方向线性响应。当激励力和力矩同时存在时，激励力矩将产生额外的车轮角振动响应，因此即使动态主轴长度为0，响应也不为0。理论上此时可以利用负动态主轴长度产生的转向运动来抵消行走模态中的前束转向，以进一步降低响应。实际设计悬架时，通过上下球铰的布置或者应用虚铰能够尽可能缩短几何主轴长度，因而动态主轴长度也可以随之缩短。虽然两者有所不同，但变化方向相同。策略②和③都和轮心的纵向柔度有关，增加轮心纵向柔度有可能将行走模态频率降低到高速路车轮转动的激励频率之下，从而使得由不平衡质量引起的（随车速的平方增加的）激振力处于振动衰减区，以减小振动响应。图7.84体现了行走模态频率及反相转向模态频率和轮心纵向柔度的关系，图中的频率范围是根据高速路车速范围和轮胎滚动半径换算得到的轮胎转动频率。由图可见，在轮心柔度为3mm/kN时，行走模态频率降到了高速路轮胎转动频率范围之下，因此可以有效地避免不平衡质量引起的共振。

图7.85为轮心纵向柔度和阻尼比对转向盘轴向角位移加速度传递函数的影响，输入为轮心纵向力。增加轮心纵向柔度可以同时降低峰值频率和峰值，从而在较宽的频率范围内减小在给定激振力输入下转向盘的轴向角振动响应。当轮心纵向阻尼变化时，存在一个不变点，在低于不变点频率的频段增加轮心纵向阻尼，以及在高于不变点频率的频段减小轮心纵向阻尼都可以有效减小转向盘的轴向角振动响应。轮心的纵向阻尼主要由舒适性衬套提供，而普通橡胶衬套通常难以兼顾相互冲突的性能要求。通过设计把最大阻尼角对应的频率降低到低于不变点频率，而在较高频段维持较低阻尼角，液压衬套能够较好地兼顾性能要求。

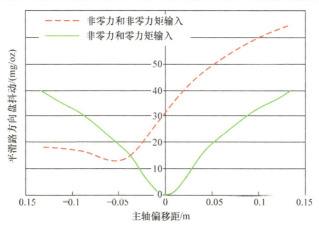

图7.83　在不同激励情况下转向盘角加速度和动态主轴长的关系

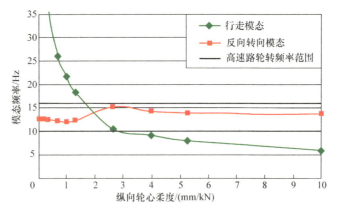

图 7.84　行走模态频率及反相转向模态频率和轮心纵向柔度的关系

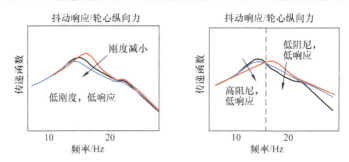

图 7.85　轮心纵向柔度和阻尼比对转向盘的轴向角振动响应的影响

通过降低转向机壳体衬套刚度和增加衬套阻尼角，可以减少齿条相对于转向机壳体的横向运动，即策略④。但降低转向机壳体衬套刚度会降低转向精准性和中心区响应，不建议采用；可以尝试通过增加衬套阻尼角实现对振动响应的减小。通过使用较低的转向扭杆弹簧刚度和较大的转向盘轴向转动惯量来改变转向上游子系统的传递特性，可以减小齿条传递到转向盘的运动，即策略⑤。但是，因为转向扭杆弹簧刚度通常是标准化的参数，且转向盘轴向转动惯量通常受轻量化约束，所以通常不可能通过调整这两个参数来有效降低响应。

通过讨论以行走模态为主导模态的设计参数，总结以下可以有效改善转向盘轴向角振动响应的可行方法：即减小动态主轴长以及增加轮心纵向柔度，在不变点频率以下频段增加轮心纵向阻尼以及增加转向机壳体支承阻尼。

7.9.3　垂向响应

垂向振动响应的传递路径比较复杂，响应的接触面也更多一些（图 7.86）。旋转轮胎产生的轮胎不平衡动态力，如式（7.35）所示，引起同频率垂向的周期性激振力，在特定的车速范围内，会激励左右车轮反相跳动模态，激发出车轮和转向盘的反向角位移。垂向的周期性激振力会通过悬架传递到副车架，并可能激励动力总成悬置系统的模态。同时，传递到车身的力会进一步引起脚地板和座椅的垂向振动响应。由于轮胎质量不平衡动态力引起的激励比较小，有可能不能完全克服悬架的摩擦力，因此研究垂向振动响应必须首先考虑悬架的摩擦力模型，以及同样重要的动力总成悬置参数的作用。座椅的垂向响应将在后面的章节单独讨论。

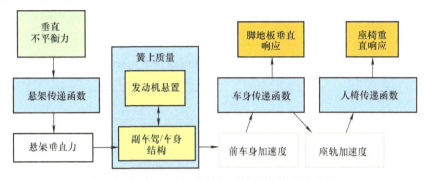

图 7.86　平滑路抖动垂向振动响应的传递路径

7.9.3.1　悬架摩擦力的影响

悬架系统包含一系列可能产生迟滞特性的元件，包括球铰、减振器（特别是麦弗逊减振器滑柱总成）和稳定杆衬套。悬架迟滞特性显著影响微小悬架动行程时的平顺性能，且不容易调整和控制（如平滑路抖动）。在此工况下悬架杆件的球铰、衬套和减振器的摩擦力表现出很强的非线性，悬架等效刚度明显增加。详细真实地建模有很大的挑战，比较现实的方法是通过减振器和悬架的微变形试验分别测量二者的弹性刚度和损失刚度，然后研究轮跳频率附近垂向振动响应的机理。小振幅悬架迟滞特性的试验结果与图 7.87 所示相近，其中包括悬架弹簧刚度、悬架系统摩擦力和杆件连接柔度的影响，但减振器特性需要单独测量。

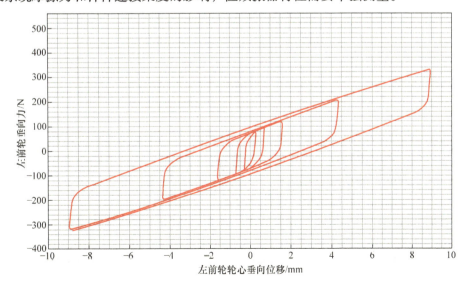

图 7.87　小振幅悬架迟滞特性的试验数据

为了解释摩擦力在微小悬架动行程幅值下对垂向振动响应的影响，采用正弦曲线拟合试验数据，从而将一个非线性系统做线性化处理（图 7.88）。由于迟滞特性的存在，上述拟合结果在力和位移图上显示为椭圆（图 7.89），数据拟合时确保由椭圆包围的区域和测试数据包围的区域在每个周期消耗的能量相同，拟合方程可以表达为

$$F = F_{peak}\sin(\omega t + \varphi) = F_{peak}\cos\varphi\sin(\omega t) + F_{peak}\sin\varphi\cos(\omega t) \tag{7.40}$$

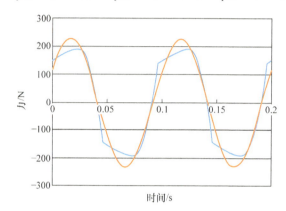

图 7.88　采用正弦曲线在时域拟合试验数据

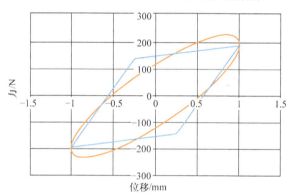

图 7.89　悬架力和悬架动行程的拟合结果

按照第 7.7.4 小节定义的弹性刚度、损失刚度、动刚度和相位角的关系，可以处理得到三种刚度特性。由于悬架迟滞特性的影响，在平滑路抖动振幅范围内（即 0.2～0.5mm）的动刚度远远高于大振幅下的动刚度，即小振幅下悬架特性表现出很强的非线性，振幅越小，弹性刚度 K_{elas} 对动刚度的贡献越大（图 7.90）。可以用类似方法实现在小振幅、轮跳频率下减振器本体特性的线性化，小振幅下减振器的动刚度很高，损失刚度 K_{loss} 构成其动刚度的主要成分（图 7.91）。通过上述方法，在轮跳频率附近，复杂的机械系统（图 7.92）可以简化为等效有效刚度线性模型（图 7.93）。

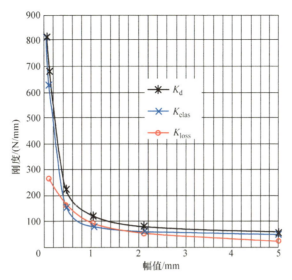

图 7.90　悬架动刚度、损失刚度和悬架动行程的关系

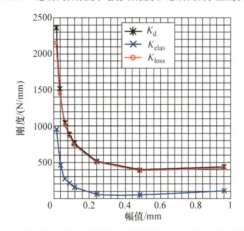

图 7.91　减振器本体动刚度、损失刚度和悬架动行程的关系

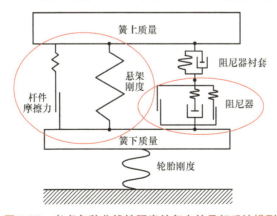

图 7.92　考虑各种非线性因素的复杂的悬架系统模型

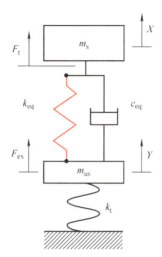

图 7.93　由图 7.92 非线性模型简化来的等效有效刚度线性模型

不平衡动态力引起的最大垂向振动响应发生在轮跳频率附近。因为在该频率簧上质量位移 X 近似为零，可以假定固定于地面，由此可以推导出大为简化但有指导意义的运动方程。在此假定下，由簧下质量位移 Y 传递到簧上质量的力 F_t 可以表达为

$$F_t = (k_{eq} + j\omega c_{eq})Y = \frac{(k_{eq} + j\omega c_{eq})F_{ex}}{k_{eq} + k_t - m_{us}\omega^2 + j\omega c_{eq}} \quad (7.41)$$

在轮跳频率，簧上质量加速度可以表达为

$$\left|\ddot{X}\right| = \left|\frac{F_t}{m_s}\right| = \frac{mr(k_t + k_{eq})}{m_{us}m_s}\sqrt{\left(1 + \frac{k_{eq}^2 m_{us}}{c_{eq}^2(k_t + k_{eq})}\right)} \quad (7.42)$$

从式（7.42）可以看出，对给定的激励力（mr），降低轮跳频率处簧上质量加速度响应的几个可行方法包括：①降低悬架等效刚度 k_{eq}；②降低轮胎径向刚度 k_t；③增加悬架等效阻尼 c_{eq}。小振幅下悬架等效刚度与悬架系统迟滞特性密切相关，迟滞特性越严重，悬架等效刚度的增加越多，此时弹簧刚度只是悬架等效刚度中的一小部分。因为迟滞特性难以控制，降低悬架等效刚度通常难以实现，所以悬架摩擦力大容易导致高速路抖动。另外，式（7.42）也显示，增加簧上质量 m_s 和簧下质量 m_{us} 都可以降低簧上质量加速度响应，其中，增加簧下质量可以降低簧上质量加速度响应这个结论显然与提升路面输入激励隔振要求相悖。

7.9.3.2　动力系统悬置对平滑路垂向振动响应的影响

动力总成悬置系统的垂向固有频率一般在车轮跳动频率附近，对行驶平顺性的影响不容忽视。动力总成悬置系统模型考虑两种激振力下的响应，即轮胎不平

衡动态力和路面输入。动力总成悬置系统通常包括三个或更多的弹性件，构成一个多自由度振动系统，其中，垂向模态是对行驶平顺性影响最大的模态。如果发动机模态没有充分解耦，其他模态（通常是俯仰或侧倾）在轮跳频率输入下可能存在显著的振动响应，从而对行驶平顺性不利。因此动力总成悬置系统设计的首要目标是模态解耦，或者至少使耦合变弱。

假定悬置系统的垂向自由度已充分解耦，则可以采用总垂向刚度和总垂向阻尼表示橡胶悬置件的弹性属性。垂向悬置系统可以简化为包含动力总成悬置系统的 1/4 车辆刚体模型，如图 7.94 所示，模型中簧上质量分为车身和发动机两部分。相似地，假定所有垂向承载悬置件都是液压件，且具有相同的峰值阻尼频率，则可以用图 7.95 表示应用液压悬置件的 1/4 车辆刚体简化模型来分析调校参数对性能的影响。液压悬置件模型引用自文献 [17]，其中 k_e 和 c_e 分别为主簧刚度和阻尼；k_b 和 c_b 分别为膨胀刚度和阻尼；k_l 和 c_l 分别为下腔膜刚度和阻尼；m_i 为惯性通道流体质量。图中惯性通道流体质量对应的杠杆比为 60。以上模型参数中考虑了悬架的摩擦特性，因此悬架有效刚度远高于标称值。

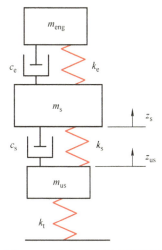

图 7.94 包含动力总成橡胶悬置件的 1/4 车辆简化模型

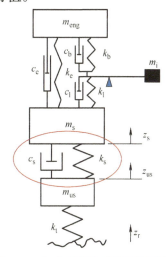

图 7.95 包含动力总成液压悬置件的 1/4 车辆刚体简化模型

悬架传递到簧上质量的力 F_s 可以表达为

$$F_s = (k_s + c_s s)(z_{us} - z_s) \tag{7.43}$$

动质量的物理意义是在特定的频率产生单位加速度需要的力。对刚体而言，动质量就是其质量本身；而对动态系统，动质量是频率的函数。由此可以用簧上动质量来描述动力总成悬置件对车身抵抗轮跳力的影响：

$$动质量 = \frac{F_s}{z_s s^2}$$

对橡胶悬置系统，簧上动质量的表达式相对简单：

$$\text{簧上动质量} = \frac{F_s}{z_s s^2} = m_s + m_e \frac{c_e s + k_e}{m_e s^2 + c_e s + k_e} \quad (7.44)$$

对液压悬置系统，也可以同样推导其簧上动质量的表达式，但表达式相对复杂。

图 7.96 显示在应用橡胶悬置和液压悬置时，动质量的不同变化趋势。在远低于悬置垂向频率（此例约 8Hz）时，二者的簧上动质量都是车身和发动机质量的总和（$m_s + m_e$）；在远高于轮跳频率（此例约 10Hz）时，二者的簧上动质量都接近车身质量。显然，不同频率下的簧上动质量是个变量，对传递到车身的特定不平衡力，增加动质量（或减少动质量的降低）可有效降低振动响应。在轮跳频率附近，可以通过调校动力总成悬置参数来影响簧上动质量。当橡胶悬置系统的动质量在轮跳频率附近比车身质量还要小时，对同样的激振力，意味着更大的车身振动响应。显然，经过最优调校的液压悬置可以有效增加轮跳频率附近的动质量。从后面的讨论可以看出，这将有效地改善车身的振动响应。

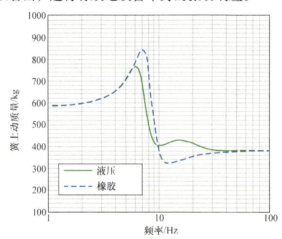

图 7.96　应用橡胶悬置和液压悬置时动质量的不同变化趋势

车身的垂向振动响应 $z_s s^2$ 可以表达成簧上动质量和悬架力传递率 $\left(\dfrac{F_s}{F_e}\right)$ 的函数：

$$z_s s^2 = mr\omega^2 \left| \frac{\text{悬架力传递率}}{\text{簧上动质量}} \right| \quad (7.45)$$

动力总成悬置系统除可以影响簧上动质量，也可以直接改变悬架力传递特性。其中，悬架力传递率可表达为

$$\frac{F_s}{F_e} = \frac{(k_s + c_s s)(z_s - z_{us})}{mr\omega^2}$$

通过求解图 7.94 所示模型的传递函数并研究参数可以看出，橡胶悬置件的刚度和阻尼都可有效地同时改变悬架力传递率和动质量，从而影响簧上质量的垂向振动响应。增加悬置刚度可有效地同时降低悬架力传递率和增加动质量，从而实现目标要求（图 7.97）。但在实车调校中，这通常会带来急速隔振性能的恶化，因此也许不是可行的方案。极大地增加悬置阻尼也可有效地同时降低悬架力传递率和增加动质量，从而实现目标要求（图 7.98）。

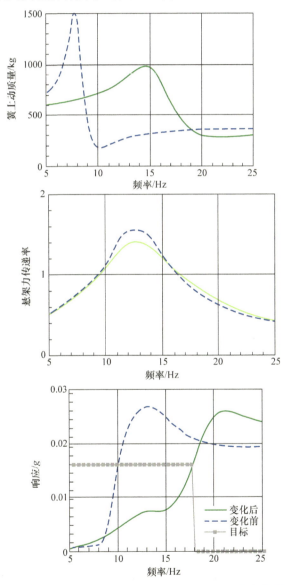

图 7.97　增加橡胶悬置刚度（增加 3 倍）对降低悬架传递率、
增加动质量和减小车身垂向响应的影响

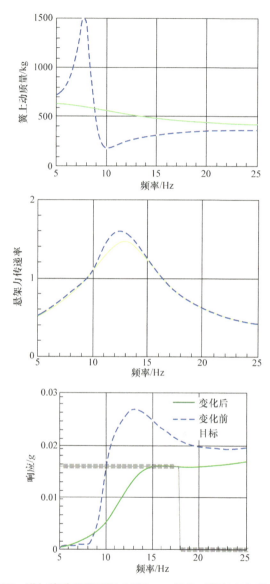

图 7.98 增加橡胶悬置阻尼（增加 10 倍）对降低悬架传递率、增加动质量和减小车身垂向响应的影响

引入经过充分优化的液压悬置对改进平滑路抖动有更为积极的作用。分析中保持支撑刚度（图 7.95 中 k_e）不变以满足静态支持和动行程、噪声隔离等要求，仅增加惯性通道流体质量从而增加阻尼角（图 7.95 中 m_i）以实现性能要求。通过调校液压悬置件，可有效增加轮跳频率附近的动质量，从而衰减由发动机垂向振动引起的车身响应，如图 7.99 所示。

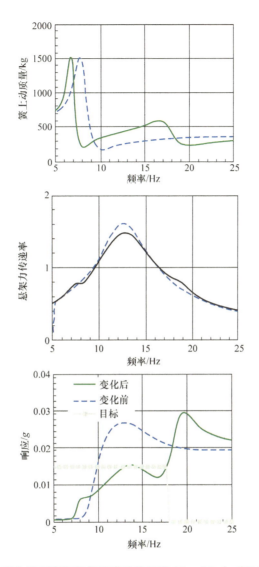

图 7.99 增加液压悬置惯性通道流体质量（0~30g）对悬架传递率、簧上动质量和减小车身垂向响应的影响

总而言之，调校动力总成悬置件参数可以有效地减小发动机激励传递到车身的动态力，但会增加由车轮激励传递到车身的振动响应。增加橡胶悬置件的刚度或者极大增加其阻尼可以增加轮跳频率附近的动质量，从而改善车身的垂向振动响应，但发动机激励和噪声的隔离性能会变差。液压悬置可以在不增加悬置件支撑刚度的前提下有效改善车轮激励传递到车身的振动响应，能够同时满足静态支持和动行程、噪声隔离等要求。车身振动响应改善的主要原因是增加了轮跳频率

附近的动质量,而悬架力传递率改善的影响相对小一些。

7.9.4 纵向的响应

纵向的平滑路抖动机理比较复杂,难以建立简单的线性质量弹簧阻尼系统研究分析,无法给出有指导意义的结论,因此通常采用整车多体动力学模型仿真分析,系统振动传递路径可用图 7.100 表示。

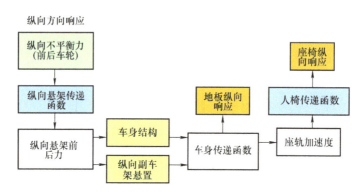

图 7.100 纵向振动响应传递路径

对于前轮不平衡力激励,优化舒适性衬套的阻尼特性和刚度特性可以有效改善振动响应(图 7.101)。一般说来,能够减小地板纵向振动响应的最优舒适性衬套通常也能减小转向盘轴向抖动。产品开发实践证明,悬架摆臂的舒适性衬套改为液压衬套并调校优化后可以有效地减小平滑路抖动。对于后轮不平衡力激励,优化后副车架或后连杆衬套的阻尼和柔度可以有效减小振动响应(图 7.102)。

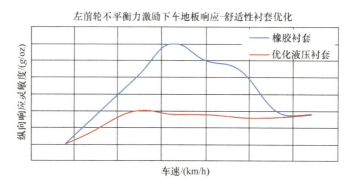

图 7.101 前轮不平衡力激励下应用橡胶和液压衬套时驾驶员地板纵向振动响应

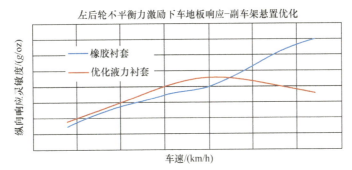

图 7.102　后轮不平衡力激励下应用橡胶和液压衬套时驾驶员地板纵向振动响应

7.9.5　平滑路抖动小结

对转向盘轴向抖动，后期调校中几乎只有优化舒适性衬套方案比较可行，其他方案如减小扭杆刚度、增加转向助力、增加转向盘轴向转动惯量都不太现实。对垂向振动响应，减小悬架系统的摩擦力，特别是前麦弗逊减振滑柱总成的侧向负载和阀系、油封的静摩擦力，以及调校减振器塔座悬置特性和调校动力总成悬置特性可以有效地减小振动响应。液压悬置可以在不增加悬置件支承刚度的前提下有效改善车轮激励传递到车身的振动响应，能够同时满足静态支持和动行程、噪声隔离等要求。车身振动响应改善的主要原因是增加了轮跳频率附近的动力总成悬置系统的动质量。应对由前轮不平衡力激励导致的纵向振动响应，优化舒适性衬套的阻尼和柔度特性，或者引入液压衬套并调校优化后可以改善振动响应；对于后轮不平衡力激励导致的纵向振动响应，优化后副车架或后连杆衬套的阻尼和柔度可以有效地减小振动响应。

7.10　不平路面输入下车身的侧向、横摆和侧倾响应

对行驶于不平路面上的车辆的低频响应，大多数研究集中在垂向和俯仰方向，已形成较为完备的理论基础。随着高质心 SUV 的日益流行，用户越来越关注侧向和侧倾方向的行驶平顺性。虽然开发实践已证实，太高侧向能力的轮胎、太高的轮跳转向系数、太高的侧倾中心高度或较差的侧倾运动控制通常都会恶化行驶平顺性，但从理论上探索这方面机理的研究报告却很少，本节的内容主要来自文献 [18]。该研究拓展了简化的三自由度模型（侧向、横摆和侧倾自由度），包括了不平路面输入的影响。轮胎侧向力的产生包括了下列因素的贡献：①转向输入角；②整车刚体侧倾运动；③前后轴侧向力转向；④前后轴侧向力引起的车轮-地面的侧向滑移；⑤前后轴侧倾转向；⑥前后轴侧倾转向引起的车轮-地面的侧向滑移；⑦轮胎特性；⑧路面的倾角输入。由外倾角变化引起的轮胎力的变化没有单独考虑。其中③～⑥与悬架的 K&C 特性相关，也是悬架设计的关注重点。

7.10.1 简化分析模型

图 7.103 所示为该研究所用的简化模型。与常用分析操纵稳定性模型的不同之处在于该模型的垂向输入表现为左右车轮反向的路面输入。该简化模型基于以下假定：①低频路面输入下簧下质量的振动可以忽略；②车辆左右对称且轮胎和悬架都有线性特性；③前轴的路面输入为 φ_1，后轴的路面输入 φ_2 与前轮相同，只不过存在与轮距 L 和车速 v 相关的滞后时间，可以用方程 $\varphi_2 = \varphi_1 e^{-L/Us}$ 表达；④车辆的侧偏角和侧倾角符合小角度假定；⑤车辆的侧倾中心位置不变。由此可以推导出运动方程：

侧向自由度 $\qquad mU(\beta s + r) = F_1 + F_2 \qquad$ (7.46)

横摆自由度 $\qquad I_z rs = F_1 L_1 - F_2 L_2 \qquad$ (7.47)

侧倾自由度 $\qquad I_x \varphi s^2 = F_1(H - h_1) + F_2(H - h_2) + T \qquad$ (7.48)

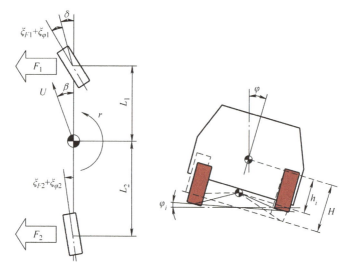

图 7.103 用于不平路面输入下车身的侧向和侧倾响应研究的简化模型

侧向力 F_1 和 F_2 以及由路面倾斜度和车身侧倾引起的侧倾力矩 T 可以分别表达为

$$F_1 = K_1\left(\delta - \beta - \frac{rL_1}{U} - \frac{\varphi Hs}{U} + \xi_{F1} + \xi_{\varphi 1}\right) - mg\frac{L_2}{L}\varphi_1 \qquad (7.49)$$

$$F_2 = K_2\left(-\beta + \frac{rL_2}{U} - \frac{\varphi Hs}{U} + \xi_{F2} + \xi_{\varphi 2}\right) - mg\frac{L_1}{L}\varphi_2 \qquad (7.50)$$

$$T = -(K_{\varphi 1} + C_{\varphi 1}s)(\varphi - \varphi_1) - (K_{\varphi 2} + C_{\varphi 2}s)(\varphi - \varphi_2) + mg(H - h)\varphi \qquad (7.51)$$

$$L = L_1 + L_2 \tag{7.52}$$

$$h = \frac{h_1 L_2 + h_2 L_1}{L} \tag{7.53}$$

式（7.49）和式（7.50）中的 $\left(\dfrac{\varphi H s}{U}\right)$ 项与整车刚体侧倾运动引起的车轮 - 地面接触点侧向滑移产生的侧向力有关，与质心高度 H、车速 U 和侧倾角 φ 有关，与车速成反比，且车速较低时影响更大。K_i 是轴侧偏刚度系数，下标 $i=1$ 代表前轴，下标 $i=2$ 代表后轴。ξ_{F_i} 代表由侧向力 F_i 引起的侧偏角，ξ_{φ_i} 代表由悬架几何（包括侧倾转向特性和侧倾中心高度的影响）和车身 - 路面之间的相对侧倾角 $(\varphi - \varphi_i)$ 引起的侧偏角，分别如式（7.54）和式（7.55）所示。

$$\xi_{F_i} = \left(p_{F_i} + \frac{q_{F_i}}{U} s\right) F_i \tag{7.54}$$

$$\xi_{\varphi_i} = \left(p_{\varphi_i} + \frac{q_{\varphi_i}}{U} s\right)(\varphi - \varphi_i) \tag{7.55}$$

式中，p_{F_i} 代表悬架的侧向力转向系数；q_{F_i} 是单位侧向力引起的车轮 - 地面接触点的侧向滑移；p_{φ_i} 代表悬架的侧倾转向系数；q_{φ_i} 代表单位相对侧倾角引起的车轮 - 地面接触点的相对侧向滑移。

当仅考虑转向输入下的响应，即路面输入 $\varphi_i = 0$，由上述方程可以推导出转向输入下的动态响应；当转向输入角 δ 设为 0 时，方程表达的是完全由不平路面引起的侧向、横摆和侧倾自由度的振动响应。此时将式（7.54）和式（7.55）代入式（7.49）和式（7.50）可进一步推导求解出侧向力 F_i 的显性表达式：

$$F_i = \frac{K_i}{1 - K_i \left(p_{F_i} + \dfrac{q_{F_i}}{U} s\right)} \left\{ \left[-\beta - \frac{rL_i}{U} - \frac{\varphi H s}{U} + \left(p_{\varphi_i} + \frac{q_{\varphi_i}}{U} s\right)(\varphi - \varphi_i) \right] - \frac{1}{K_i} mg \frac{L - L_i}{L} \varphi_i \right\} \tag{7.56}$$

上式中的系数项又可以拆分为以下两项：

$$\frac{K_i}{1 - K_i \left(p_{F_i} + \dfrac{q_{F_i}}{U} s\right)} = \frac{K_i}{1 - K_i p_{F_i}} \cdot \frac{1}{1 - \dfrac{K_i}{1 - K_i p_{F_i}} \dfrac{q_{F_i}}{U} s} \tag{7.57}$$

第一项 $\left(\dfrac{K_i}{1-K_i p_{F_i}}\right)$ 为等效侧偏刚度，正的侧向力转向系数 p_{F_i} 使得等效侧偏刚度增加；第二项中的 $\left(-\dfrac{K_i}{1-K_i p_{F_i}}\dfrac{q_{F_i}}{U}\right)$ 是侧向力产生相对于侧偏角输入的时间滞后常数，单位侧向力下轮胎接地点的侧向移动 q_{F_i} 越多或车速 U 越慢，滞后时间越长；$\left(p_{\varphi_i}+\dfrac{q_{\varphi_i}}{U}s\right)(\varphi-\varphi_i)$ 与悬架几何特性引起的侧向力变化有关，包括侧倾转向特性 p_{φ_i} 和相对侧倾引起的车轮-地面接触点的相对侧向滑移 q_{φ_i} 系数；$mg\dfrac{(L-L_i)\varphi_i}{L}$ 是路面的倾斜角产生的侧向力。

7.10.2 等效侧偏刚度对平顺性的影响

将式（7.56）代入式（7.46）~式（7.48）后，可求解出车身的侧向位移、侧倾角位移和横摆角速度对前轮路面角输入的传递函数。仿真和试验结果都证实：增加后轴等效侧偏刚度会在比较宽的频率范围内显著增加侧向位移和横摆角速度的增益，而前轴等效侧偏刚度对侧向位移和横摆角速度增益的影响较小；侧倾角位移增益受这两个系数的影响较小（图 7.104）。第 5 章的讨论已经证明，减小后轴转向柔度或者增加后轴等效侧偏刚度可以有效改善操纵稳定性，而图 7.104 明确表明后轴等效侧偏刚度较强会引起不平路面输入下更多的侧向和横摆响应，对应着较差的行驶平顺性，这又是一个行驶平顺性和操纵稳定性需要适当平衡的例证。用户不期望在不平路面输入下车身发生侧向和横摆响应。

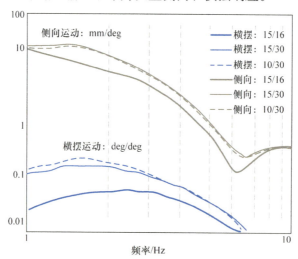

图 7.104 等效侧偏刚度对侧向位移传递函数 $\left(\left[\dfrac{U(\beta s+r)}{s^2}\right]/\varphi_1\right)$ 和横摆角传递函数 $\left(\left[\dfrac{r}{s}\right]/\varphi_1\right)$ 的影响

7.10.3 悬架侧倾转向系数和侧倾中心高度对平顺性的影响

通过式（7.56）中悬架几何特性引起的侧向力变化项 $\left(p_{\varphi_i}+\dfrac{q_{\varphi_i}}{U}s\right)(\varphi-\varphi_i)$ 可以看出，当侧倾转向系数 p_{φ_i} 和侧倾中心高度增加（q_{φ_i} 因此增加）时，轮胎产生的侧向力相应增加，这通常会引起侧向位移和横摆角速度增益的增加；同时另一个因素必须予以考虑，即在不同车速下车身侧倾角与前后轴路面输入的角度差 $(\varphi-\varphi_i)$。只有当车身侧倾角与某轴的路面输入有较大的角度差时，悬架几何特性引起的侧向力才可能会比较大。仿真和试验的结果都证明：低速时（25km/h），车身侧倾角与前轴路面输入几乎同相，因此前轴只有很小的相对侧倾角，侧向力因此较小；与后轴路面输入有大约 90° 的相位角，因此后轴有较大的相对侧倾角并导致较大的侧向力；反之，高速时（80km/h），车身侧倾角与后轴路面输入几乎同相，而与前轴路面输入有大约 90° 的相位角，因此后轴只有很小的相对侧倾角，而前轴有较大的相对侧倾角。所以在给定的路面上，在低速时（25km/h），后轴侧倾转向系数的增加引起横摆角度增益的增加，而在较高车速时（80km/h），前轴侧倾转向系数的增加引起横摆角度增益的增加，从而导致行驶平顺性下降，如图 7.105 所示。前后轴侧倾高度的增加也有类似的效果，即前后轴侧倾高度的增加在不同车速下引起横摆角增益的增加。后轴侧倾转向系数的增加可以减小后轴等效侧偏柔度，而较高的侧倾中心高度可以减小稳态侧倾增益，二者有利于提升车辆的操纵稳定性。但上述讨论说明，二者的增加会引起路面输入下横摆角度增益的增加，这是另一个在行驶平顺性和操纵稳定性之间需要达到性能平衡的例证。

7.10.4 不平路面输入下的车身"侧倾中心"

上面的讨论中假定侧倾刚度和侧倾阻尼为常量。显然当这两个可被调校的参数发生变化时，车身的侧倾角位移增益也会相应变化，导致侧向力的变化，进而引起侧向位移和侧倾角位移的变化。实际研发中，侧倾刚度和侧倾阻尼的调校通常需要优先考虑平坦路面转向工况下车身的侧倾控制性能。但不平路面输入下的车身"侧倾中心"仍然是个有趣的话题，这部分的讨论将有助于纠正一种错误观念，即悬架几何特性中讨论的侧倾中心是簧上质量相对于簧下质量的侧倾运动中心。

不平路面输入下的"侧倾中心"定义为：通过质心的车身中心线上侧向位移最小的点的高度到路面的垂向距离。因为整车刚体侧倾运动引起的车轮-地面接触点侧向滑移产生的侧向力与车速有关，即 $\left(\dfrac{\varphi Hs}{U}\right)$ 项与车速成反比关系，而侧向力直接影响侧倾和侧向响应，因此可以想见，特定不平路面输入下的"侧倾中心"应该与车速直接相关。仿真和测试结果都证明，低速时，车身的"侧倾中心"靠近地面，即车轮的侧向运动较小，似乎被约束到了地面，此时乘员位置的侧向位

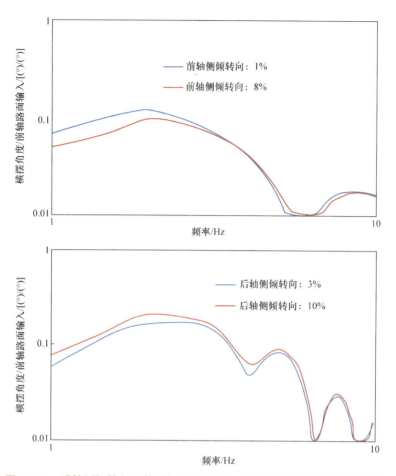

图 7.105 后轴侧倾转向系数对低速时（25km/h）横摆角度有较大的影响；前轴侧倾转向系数在较高车速时（80km/h）对横摆角度有较大的影响

移更大；高速时，车身的"侧倾中心"更靠近车辆的质心位置，因此乘员位置的侧向位移较小。图 7.106 为仿真得出不平路面输入下的所谓"侧倾中心"高度（即车身最小侧向位移点到路面的垂向距离）与车速的关系。显然，位置固定的几何侧倾中心不是不平路面输入下簧上质量相对于簧下质量的侧倾运动中心。

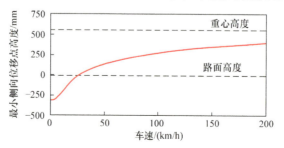

图 7.106 不平路面输入下的"侧倾中心"高度与车速的关系

7.10.5 小结

高质心 SUV 的日益流行，使得不平路面输入下侧向和侧倾方向上的行驶平顺性备受关注。通过拓展简化的三自由度操稳模型，引入了不平路面输入的影响。研究结果表明，增加后轴等效侧偏刚度、侧倾转向系数和侧倾中心高度等通常有助于提升操纵稳定性的参数，都会引起不平路面输入下侧向和横摆位移增益的增加，引起行驶平顺性的恶化，再次证明操纵稳定性和行驶平顺性之间存在固有的性能约束。

7.11 人-椅系统动力学对行驶平顺性的影响

就质量而言，人-椅系统仅次于发动机悬置系统，而且座椅直接安装在柔性车身上，不仅对传递到人体的振动有直接影响，通过和车身的约束关系也对地板到人-椅系统的输入有直接影响。人-椅系统可以进一步分解为人体的动质量和座垫的动刚度和阻尼特性，它们可以和人-椅系统的振动传递特性建立动力学联系。虽然人体的垂向、纵向和侧向响应都和人-椅系统有关，但是目前仅垂向有简单且有效的振动模型，其输入为地板垂向加速度，输出为人-椅系统的接触面振动。近年来，人-椅系统的有限元模型的研究工作取得了很大进步，这有助于对供应商提出技术要求，对行驶平顺性能的仿真、车辆悬架调校和座椅开发具有潜在的重大意义。

7.11.1 人体动质量与人体动力学模型

人体动质量将人-椅接触面的驱动力和加速度响应联系起来，在频域反映人体的振动动态特征，其定义为

$$M = \frac{F}{Xs^2} \tag{7.58}$$

在人体动质量的振动试验中，受试者坐在刚性或柔性座椅上，在一定频率范围内（比如 0～20Hz）振动台以白加速度信号激振。显然，受试者的体重、身高、身体坐姿和状态还有振动输入幅值都会影响试验结果。在统一的试验条件下，通过用座垫支撑的人体质量归一化得到的动质量，可以得到一致性相当好的结果。图 7.107 是基于 60 个受试者的试验结果[2]。基于此试验，Griffin 教授提出了一个简单的集中质量人体模型（图 7.108）。该模型完全基于曲线拟合得出参数，不代表真实的人体结构。可以简单理解为直接由座椅支撑并随座椅运动的质量 m_2 和由线性弹簧 k_B 和阻尼 c_B 支撑的质量 m_1；m_3 是由固定踏板支撑的腿脚质量；k_T 和 C_T 为大腿与座椅接触处的刚度和阻尼。

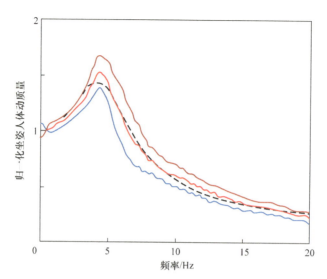

图 7.107　基于 60 个受试者的归一化后动质量试验结果 [2]

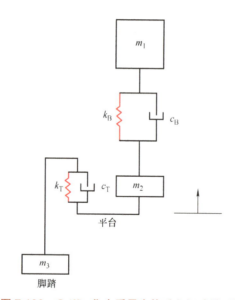

图 7.108　Griffin 集中质量人体垂向振动模型 [2]

研究人体动质量的重要意义除了探究人体的振动动态特性，也对座椅和整车产品的开发提供了理论依据。不同频率下人体和同质量刚体的动质量不同，直接体现为激振台和被激振体之间相互作用力的不同。通过对整车行驶平顺性能的仿真分析证明，是否应用正确的人体模型会直接影响座椅导轨振动响应分析结果的准确性。

7.11.2 座垫的动刚度和等效阻尼系数

大多数现代汽车使用的聚氨酯泡沫柔性座垫，可以用动刚度 k_d 和等效阻尼系数 C_e 来描述其动态特征。试验中一般用特定压头测量在给定预载和振幅下座垫的振动响应，由此算得动刚度和等效阻尼系数与频率的函数关系。由坐垫支撑的乘员重量确定预载，从输入位移幅值 ΔX 和输出力幅值 ΔF 可以处理出动刚度 k_d，由输入和输出信号的相位差 θ 可以确定等效阻尼系数 C_e。

$$k_d = \frac{\Delta F}{\Delta X} \tag{7.59}$$

$$C_e = \frac{k_d \sin\theta}{2\pi f} \tag{7.60}$$

图 7.109 为某座垫测得的动刚度和等效阻尼系数与频率的函数关系。动刚度随频率的变化有很强的非线性，尤其在 10Hz 以上，频率越高动刚度越大；聚氨酯泡沫柔性座垫的动刚度随振幅的变化也表现出非线性，动刚度随振幅的增大而减小。座垫的动态特性与测量所用的压头形状有关，刚性臀形压头容易测得过高刚度，而面积较小的圆形平板压头可测得更合理的刚度，但其压头形状与真实人体不符。

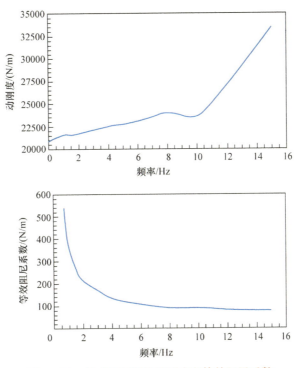

图 7.109 某座垫测得的动刚度和等效阻尼系数

除了以上材料自身的非线性特性，在座椅的实际使用中，由于人-椅接触面积的变化，进一步导致系统特性的非线性。图 7.110 为在正弦振幅输入下，用体压测量垫测量到的受试者在座椅上接触面积和接触力的变化[19]。在标准正弦振幅输入下，有效接触面积和接触力都表现出相对于静态值的不对称性和随幅值变化的非线性特性。这显然与座垫的表面形状和人体臀部形状以及它们在振动状态下的变形有关，增加了问题的复杂性。

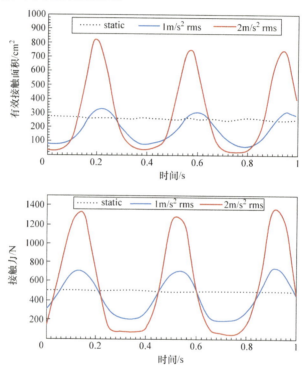

图 7.110　在正弦振幅输入下用体压测量垫测量到的受试者在座椅上接触面积和接触力的变化

7.11.3　座椅传递率、人-椅系统响应函数之间的关系和 SEAT 值

7.11.3.1　座椅垂向传递率

座椅垂向传递率 T 定义为人-椅接触面加速度响应 A 与座椅导轨振动输入 A_0 在频域的比值如式（7.61）所示。座椅垂向传递率与人体动态特性和坐垫动态特性有关，也与人体坐姿、座椅结构和输入振动幅度有关[2]。图 7.111 直观地展示了相同座椅用坐姿人体和放置质量相同的重块测得的座椅垂向传递率的区别。显然，相对于重块，人体对应的座椅垂向传递率表现出极大的不同，体现在较低的刚度和较大的阻尼。因此在与座椅相关的平顺性试验中，不能简单以重块代替人体。

$$T = \frac{A}{A_0} = \frac{X}{X_0} \tag{7.61}$$

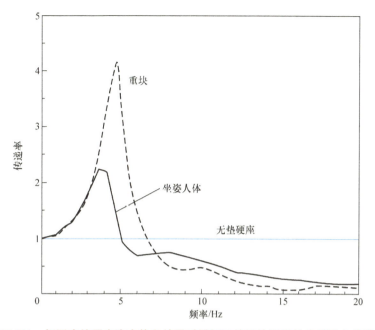

图 7.111　相同座椅用坐姿人体和放置质量相同的重块测得的座椅垂向传递率

7.11.3.2　人-椅系统响应函数之间的关系

在分别定义了人体动质量[式（7.58）]、坐垫动刚度[式（7.59）]和座椅垂向传递率[式（7.61）]之后，可以推导出它们的关系式：

$$T = \begin{cases} \dfrac{1}{1+\dfrac{Ms^2}{k_d}} = \dfrac{1}{1-\dfrac{M\omega^2}{k_d}}, & T>1 \\[2ex] \dfrac{1}{1-\dfrac{Ms^2}{k_d}} = \dfrac{1}{1+\dfrac{M\omega^2}{k_d}}, & T\leqslant 1 \end{cases} \quad (7.62)$$

可见座椅垂向传递率与动质量和动刚度的比值直接相关。人体的动质量有其固有特性，只能考虑为不变的特性。为改变座椅垂向传递率，只能考虑如何改变动刚度 k_d。在共振区内（$T>1$），提高动刚度 k_d 可以降低座椅垂向传递率；在减振区内（$T<1$），只能通过降低动刚度 k_d 来降低座椅垂向传递率，但这显然和聚氨酯泡沫坐垫的动态特性不符。实际上，更多情况下是通过降低动刚度来降低座椅垂向传递率的峰值频率，同时通过调节阻尼来优化座椅垂向传递率曲线的形状。

7.11.3.3　SEAT 的定义

因为座椅在某些频率范围放大振动，而在另外的频率范围衰减振动，单独用座椅垂向传递率难以判定不同座椅隔振性能的优劣，因此定义了座椅有效幅值传递率（SEAT 值）以用单个数字表示座椅能否有效隔离给定地板输入的振动。座椅有效幅值传递率（Seat Effective Amplitude Transmissibility，SEAT）的定义为[2]

$$\text{SEAT} = \sqrt{\frac{G_{ss}(f)W_b^2(f)\mathrm{d}f}{G_{ff}(f)W_b^2(f)\mathrm{d}f}} \times 100\% \quad (7.63)$$

式中，$G_{ss}(f)$ 是人 - 椅接触面垂向加速度功率谱密度；$G_{ff}(f)$ 是地板垂向加速度功率谱密度；$W_b(f)$ 是垂向坐姿人体灵敏度频率加权函数。

SEAT 是座椅、人体、车辆和路面的函数，并考虑了人体对振动敏感度的加权。车辆和路面信息可使用地板垂向加速度功率谱密度来代表。刚性座椅的 SEAT 值为 100%，因此某个柔性座椅的 SEAT 值可理解为传到人体的振动与座椅为刚性时的比例。SEAT 值最有效的用途之一，是对特定车型上候选座椅的隔振性能进行排序。需要指出的是，在某个车型上隔振性能最优的座椅在另一个车型上的隔振性能不一定仍然最优，因为人 - 椅接触面垂向加速度功率谱密度部分取决于车辆悬架动态性能。

7.11.4 人 - 椅系统动力学模型

建立人 - 椅系统动力学模型的用途包括仿真行驶平顺性、设置地板振动输入的期望、调校座垫的动刚度和等效阻尼系数以达到预期的 SEAT 值、提出座椅动态特性的技术要求和评价座椅隔振性能等。常用的集中质量的人 - 椅系统动力模型仅包括垂向的自由度，而最近研究出的人 - 椅系统有限元模型可以用来仿真和预测人体多个自由度的振动响应。

7.11.4.1 集中质量模型

通过合并 Griffin 提出的人体垂向振动模型和 Maxwell 单元座椅模型可以得到简单而相对精确的人 - 椅系统动力学模型，如图 7.112 所示。采用 Maxwell 单元座椅模型是为了体现其部分非线性动态特性，相关参数需要根据试验数据拟合得到，而人体模型直接采用原模型推荐的参数，可认为是常量。

图 7.113 为使用该模型对 16 个受试者在某座椅上的座椅垂向传递率试验数据平均值的拟合结果。在相当宽的频率范围内，该模型可以取得较高的拟合精度。可以认为，由此辨识出的坐垫参数能够基本描述坐垫的动态

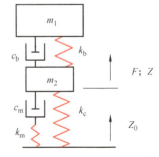

图 7.112　简化的垂向人 - 椅系统动力学模型

特性。在整车仿真模型中，建立该人 - 椅系统动力学模型能够大致预测人体的垂向振动响应，也能够大致反映人 - 椅系统和车身之间垂向力的相互作用关系。

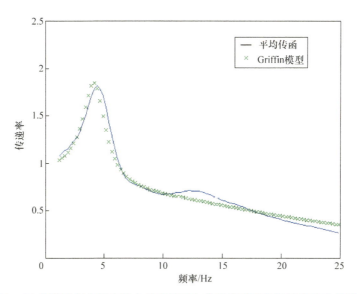

图 7.113　16 个受试者在某座椅上的座椅垂向传递率试验数据平均值及其拟合结果

7.11.4.2　人-椅系统的有限元模型

建立人-椅系统有限元模型的必要性在于该系统的复杂性，首先是不同方向上（垂向、纵向和侧向）的振动响应明显不同，其次存在与输入相关的非线性特性，再次人体坐姿的不同、踏板和靠背的使用也有明显影响（有无靠背对纵向的影响尤其明显），因此简单的集中质量模型难以全面描述人-椅系统的动力学特性。从整车行驶平顺性的仿真需求出发，人-椅系统对车身地板输入的影响不容忽视，它可以直接改变座椅导轨处功率谱的频率成分和幅值。有限元模型提供了满足这些要求的可能性[20]。人-椅系统有限元模型包括人体有限元模型和座椅有限元模型两部分，人体有限元模型包括复杂的骨骼、肌肉和内脏（图 7.114），座椅有限元模型包括金属骨架和高分子泡沫材料。

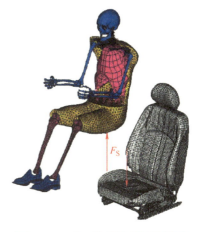

图 7.114　人-椅系统有限元模型

人体有限元模型垂向的动质量与人体试验数据的对比（图 7.115）表明，所建人体有限元模型能够在行驶平顺性关注的频率范围内比较精确地拟合人体垂向振动响应的试验数据。人-椅系统有限元模型的有效性用两个传递率来描述，一个是垂向的振动输入产生坐垫垂向振动响应的传递率，另一个是垂向的振动输入产生靠背垫纵向振动响应的传递率。在这两个方向上，有限元模型都能够很好地拟合人体试验数据，如图 7.116 及图 7.117 所示。因此可以推断，当应用到整车仿真时，人-椅系统有限元模型可以更好地反映人-椅系统与车身的相互作用关系，并准确地预测乘员的振动响应。

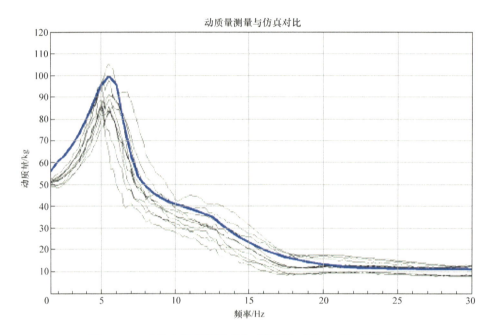

图 7.115　人体有限元模型垂向动质量与人体试验数据的对比

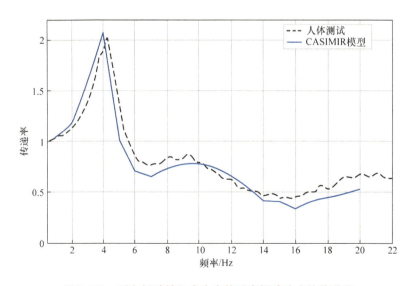

图 7.116　垂向振动输入产生坐垫垂直振动响应的传递率

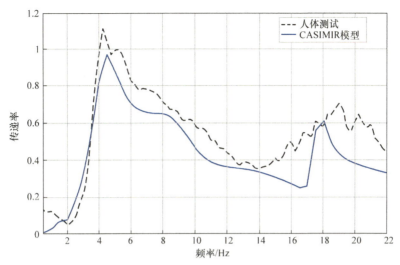

图 7.117 垂向振动输入产生靠背垫纵向振动响应的传递率

事实上，人-椅有限元模型的第一个用途是预测与静态乘坐舒适性有关的体压分布，这可以直接支持座垫材料的选用和坐垫形状的设计。运动型车辆通常需要较硬的座垫提供较好的支撑，而需要隔振的舒适性车辆通常需要较软的座垫。从人-椅系统动态性能出发，坐垫一般需要足够大的阻尼。此外，除靠垫材料外，靠背纵向的振动响应受座椅骨架和安装刚度的影响较大，增大座椅骨架和安装刚度有助于减小振动响应。

7.11.5 小结

影响行驶平顺性的 4 个人-车接触面中，两个与座椅相关，因此很有必要讨论人-椅系统动力学对行驶平顺性的影响。本节从人体动质量入手，逐一讨论了座椅垂向动刚度、座椅垂向传递率等概念，并将三者联系起来。考虑人体对振动敏感度加权的座椅有效幅值传递率是一个实用的系统级指标。人-椅系统动力学模型的建立是行驶平顺性仿真的重要环节。从集中质量人-椅系统动力学模型到人-椅系统有限元模型的精细化，可以有效地提高行驶平顺性仿真精度。

7.12 总结

行驶平顺性涉及多个车辆系统，和车辆的品质感直接且密切相关。行驶平顺性的激励源分为路面激励和车辆内部激励。行驶平顺性的开发目前主要依靠工程师的主观评价，并依赖多轮的反复调校迭代。行驶平顺性客观指标的开发有助于进行产品的快速对标，并借助仿真进行虚拟调校，发现开发中产品性能的不足，更快达成行驶平顺性能各方面的平衡。

垂向 1/4 车辆线性刚体模型可以通过关键性能指标清晰地展示悬架关键参数

的影响及各指标之间对这些参数或相似或相反的要求。减振器的设计与调校直接影响整车的动力学性能，减振器衬套在减振器的轴向刚度直接决定了减振器能够发挥的最大潜力。虽然主动及半主动悬架对提升行驶平顺性提供了更大的潜力，但只能在垂向发挥作用，且仍然受到悬架系统固有的性能约束。从理论上可以证明，不同形式的半主动悬架控制都是全状态变量反馈控制的特例。

本章后面几个小节以专题的形式讨论了在常见的行驶平顺性场景与工况中，车身其他自由度的表现和机理。用包括侧视摆臂及轮胎包络的多自由度模型对限速带类凸起路面的冲击强度和冲击余振进行了分析，探讨了影响纵向和垂向振动响应的因素。由轮胎不平衡动态力引起的平滑路上的抖动则通过模态分析，分别讨论了在转向盘轴向和车身垂向及纵向的振动响应，特别关注了小振幅下悬架摩擦力和动力总成悬置系统对平滑路垂向振动响应的影响。在不平路面输入下车身的侧向、横摆和侧倾响应也是行驶平顺性应该关注的重要内容，这一部分的行驶平顺性通过等效侧偏刚度、悬架侧倾转向系数和侧倾中心高度与操纵稳定性发生联系，是兼顾操纵稳定性和行驶平顺性能必须考虑的方面。作为人-车系统的重要接触面，人-椅系统动力学及其对行驶平顺性的影响不容忽视，本章详细介绍了人体动质量与人体动力学模型、座垫的动刚度和等效阻尼系数、座椅垂向传递率、人-椅系统响应函数之间的关系和 SEAT 值等概念，并讨论了人-椅系统动力学模型，使用适当的模型将对行驶平顺性仿真能力的提升产生积极作用。

参 考 文 献

[1] SOCIETY OF AUTOMOTIVE ENGINEERS. Vehicle Dynamics Terminology: SAE J670E [S]. Warrendale PA: Society of Automotive Engineers, Inc., 1976.

[2] GRIFFIN M J.Handbook of Human Vibration [M]. London: Academic Press Inc., 1996.

[3] INTERNATIONAL ORGANIZATION FOR STANDARDS. Guide to the evaluation of human exposure to whole-body mechanical vibration and shock: ISO 2631-1-1997 [S], 1997.

[4] BADIRU I, CWYCYSHYN W B.Customer focus in ride development, SAE Technical Paper No. 2013-01-1355 [C]. Warrendale PA: Society of Automotive Engineers, Inc., 2013.

[5] INTERNATIONAL ORGANIZATION FOR STANDARDS. Mechanical vibration – road surface profiles – reporting of measured data: ISO8606-1995 [S], 1995.

[6] THE REGENT OF THE UNIVERSITY OF MICHIGAN. The little book of profiling - basic information about measuring and interpreting road profiles [M], Michigan: University of Michigan, 1998.

[7] GILLESPIE T D. Fundamentals of vehicle dynamics [M]. Warrendale PA: Society of Automotive Engineers, Inc., 1992.

[8] KARNOPP D C, CROSBY M J, HARWOOD R A. Vibration control using semi-active force generators (J). ASME Journal of Engineering for Industry, 1975, 96(2): 619-626.

[9] GONCALVES F D, AHMADIAN M.A hybrid control policy for semi-active vehicle suspensions[J], Shock and Vibration, 2003, 10, 59–69.

[10] BUTSUEN T, The design of semi-active suspensions for automotive vehicles [D],Cambridge: MIT(麻省理工学院), 1989.

[11] ERDELYI H E, ROESEMS D, TOSO A, et al. Powertrain mounting system layout for decoupling rigid-body modes in the vehicle concept design stage, SAE Technical Paper No.2013-01-1706 [C]. Warrendale PA: Society of Automotive Engineers, Inc., 2013.

[12] SWANSON D A. Active engine mounts for vehicles, SAE Technical Paper No.932432 [C]. Warrendale PA: Society of Automotive Engineers, Inc.,1993.

[13] YANG X, Medepalli S. Sensitivities of suspension bushings on vehicle impact harshness performances, SAE Technical Paper No. 2005-01-0827 [C]. Warrendale PA: Society of Automotive Engineers, Inc., 2005.

[14] WU X T, FARHAD M, Sheets R A. Designing suspensions to achieve desirable impact harshness and impact shake performance, SAE Technical Paper No. 2007-01-0585 [C]. Warrendale PA: Society of Automotive Engineers, Inc., 2007.

[15] TNO AUTOMOTIVE, SWIFT Tire User Manual [Z]. The Netherlands, TNO AUTOMOTIVE, 2001.

[16] WU X T, WONG J M, FARHAD M. Fundamental dynamics of steering wheel torsional vibration on smooth roads, SAE Technical Paper No. 2006-01-0564 [C]. Warrendale PA: Society of Automotive Engineers, Inc.,2006.

[17] FLOWER W C. Understanding hydraulic mounts for improved vehicle noise, vibration and ride qualities, SAE Technical Paper No. 850975 [C]. Warrendale PA: Society of Automotive Engineers, Inc., 1985.

[18] KOUMURA S, OHKITA T. Ride comfort evaluation through analysis of roll and lateral vehicle behaviors due to road input, SAE TechnicalPaperNo. 2008-01-0581 [C]. Warrendale PA: Society of Automotive Engineers, Inc., 2008.

[19] WU X T, RAKHEJA S, BOILEAU P-É. Study of human-seat interface pressure distribution under vertical vibration [J], International Journal of Industrial Ergonomics, 1998, 21, 433-449.

[20] PANKOKE S, SIEFERT A. Virtual simulation of static and dynamic seating comfort in the development process of automobiles and automotive seats: application of finite-element-occupant-model CASIMIR, SAE Technical Paper No. 2007-01-2459 [C]. Warrendale PA USA: Society of Automotive Engineers, Inc., 2007.

第 8 章 车辆动力学在整车开发中的应用

用户期望的是一个完整的产品,而不是一个个系统和零部件的组合。由独立开发的各系统组装成的产品不能保证满足用户的需求,甚至不能保证各系统协同工作。需要一定的流程、工具、方法去研究客户需求,将这些需求转换成设计规范,并确认设计开发出来的产品满足客户期望。整车开发流程将以上活动划分为一系列步骤和任务,按一定的时间顺序整合到一起,每一个任务的开始和结束时间以及交付物都要清晰定义,因此整车开发流程中必须包括步骤、任务、时间节点和交付物。

8.1 整车正向开发流程概述

正向开发流程最重要的特点是首先确定期望的输出,然后根据输入确定所需要系统的特征,该过程称为系统设计。而要达到期望的系统特征,又需要设计下一级子系统来满足分解下来的要求(图 8.1)。对于整车正向开发流程,"期望的输出"定义为整车性能目标(VTS),VTS 逐级分解到系统性能目标直至零部件技术条件。正向开发的几大要素包括目标设定和分解、明确的工作流程或顺序、一系列开发时间节点(一个整车开发主计划及其二级子计划)和阀门交付物、一套工具和方法、一个各司其职的团队。

图 8.1 系统设计概念图

8.1.1 整车开发主要任务和 V 字形开发流程

整车公司的使命是为满足用户需求和政府法规要求,经由设计开发、制造、销售等环节提供给用户性价比最好的车,以长期盈利为终极目的。其中满足用户需求是首位要求,否则开发的产品就找不到用户。长期盈利是企业的商业需求,也是投资者的目的。产品开发可以划分为一系列任务:①预研;②对标车选定和测试;③整车开发主计划及其二级子计划;④概念车设计;⑤整车性能定义;

⑥整车性能分解；⑦造型（外形内饰）；⑧车辆各系统设计（部件技术要求，供应商选择）；⑨零部件测试，整车调校、验证；⑩项目管理（质量、成本和时间管理）；⑪生产准备等。以上任务必须以一定的顺序组合起来，才能保证整车开发在一定的开发成本和单车成本内保质按时完成。产品开发可以用以下的 V 字形开发流程表示[1]，如图 8.2 所示。

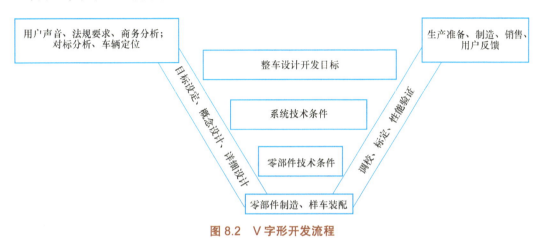

图 8.2　V 字形开发流程

在车型项目正式立项之前，必须经过一个严格的预研过程，体现为 V 字形的左侧上部分。在该过程中确定车辆的特征和基本架构（如车辆类型、整车关键尺寸、动力系统形式、驱动形式、悬架形式等）、性能特征、销售市场、主要对标或竞品车辆等。一般先导设计小组会提供一个或几个车型概念以展示在造型和工程设计方面的挑战，同时提交给企业管理层一份商业企划书（包括预期销量、设备工具和人力需求、财务计划等）以供决策。管理层将根据现有产品规划和商业战略决定是否批准该车型项目。

管理层批准车型项目立项之日就是车型项目的开始之时，从此车型项目正式计时，开发团队正式组建，供应商逐步确定并参与到车型开发中。开发团队从各专业部门抽调，并形成一个个开发小组，负责整车、系统和零部件的开发。开发团队的第一个任务就是设计一台概念车，包括更为详细的外造型、内部系统布置等。每一个工程开发小组需要在给定的内外空间范围内布置相应的系统，确保该系统能够和相关系统密切配合，满足功能、重量、性能、人机、安全等要求。如不能满足，则需要返回上一级重新设计。在此过程中，整车的性能目标分解到系统目标，以保证系统设计能够满足整车性能要求。当系统设计满足整车布置空间约束和性能要求后，开发流程的下一步就是将系统的技术要求分解到子系统或零部件要求，用于指导零部件设计。以上活动构成 V 字形开发流程的左半部分。

V 字形开发流程的右半部分从制造零部件或分总成（注：小的零件系统叫"分总成"）开始，通常由供应商完成。首先需要验证零部件是否满足设计阶段设定的技术要求，然后将零部件组装成系统，各系统需要满足它们各自的技术规范，最后由各系统组装成整车。整车组装完毕后，首先要进行全面详细的调校和标定，然后才可能通过整车的车辆动力学性能验收。除调校件外，该阶段所用的调校车辆结构件应该接近量产状态。此外，悬架的强度耐久验证、制动系统验证和驱动耐久验证都在此阶段进行。第一辆车开下生产线并卖给用户是产品开发过程的结束之日。

V字形开发流程的右侧上部包括量产制造、销售和售后服务，市场对产品的反馈是年款、中期改款和下一代新车型开发的重要输入信息。由此完成了从用户出发到用户市场反馈的全开发流程。

8.1.2　主要开发阀门及其交付物

为了管理车型开发项目及其流程，保证项目如期进行，所有的主要开发任务都要标注到一个时间轴上，并在关键节点设置阀门，每个阀门都要经过专家和管理层评审。阀门评审的目的是确保开发任务如期保质完成，上个阀门的遗留问题通过优化设计、风险等级评估乃至设计变更得以妥善解决，如果阀门顺利通过评审，则车型项目可以进行下一阶段的工作。每个公司都有自己的阀门名称，但其实质大同小异。早期车型的开发可能需要48个月甚至更长，现在这一时间压缩到一半甚至更短，阀门之间的时间间隔大为缩短，有时候两个阀门可能合并到一起评审。V字形开发流程之上的阀门节点的主要任务和交付物见表8.1。

表8.1　每个阀门的名称、定义和交付物、任务

阀门编号	阀门名称	阀门交付物
7	预研	产品规划；车型定位；开发目标设定；商品企划书
6	立项	正式立项；开发团队成立；对标车选定；整车技术目标设定
5	概念设计	关键系统技术方案和参数确定
4	详细设计	系统级设计工作完成评审；零部件设计完成；数据发布；整车动力学仿真与虚拟验证完成
3	样车制造	零部件级和系统级试验验证完毕；样车装配完毕；生产线工装改造；准备大规模生产
2	整车验证	整车机械系统调校、电控系统标定、整车强度和耐久试验完毕；功能、性能、强度和耐久验收通过；工程开发结束；生产工厂通过生产质量验收
1	生产和销售	第一辆量产车下线、上市出售；售后服务；用户反馈；周期性回顾质量和保修费用数据以决定未来产品或生产流程变化

在整车开发中，车辆动力学性能是相关系统开发的出发点。开发团队从车型定位出发选定标杆车，经由相关工程师和专家讨论，根据目标车辆的性能特点最终达成共识，制订出整车性能要求。车辆动力学性能开发策略的第一步是各相关系统构型方案的选定。整车动力学性能目标分解为下一步硬点优化、转向、轮胎和衬套关键参数（如刚度、速比等）的确定提供了输入。通过零部件的设计和制

造，再装配成系统和整车，然后逐级向上验证，经过底盘调校件的调校和电控系统的标定，最后达成整车动力学性能目标（图8.3）。该过程对应V字形整车开发流程的每一步。第8.2节~8.4节将以车辆动力学性能开发为主线介绍整车开发流程。

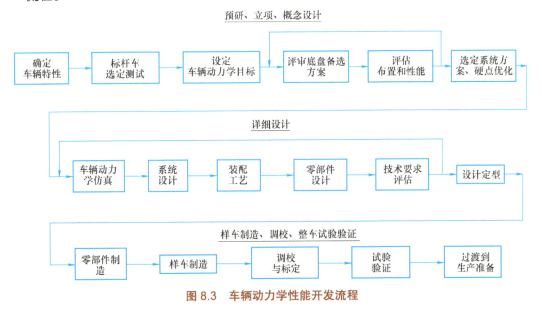

图8.3　车辆动力学性能开发流程

8.2　产品规划和概念设计阶段

该阶段决定了要开发一辆什么样的车，总体方案和可行性研究并确定关键参数，对应表8.1中阀门7~阀门5的内容。其中产品规划是车型开发的第一步，主要目的是规划车型开发的基本原则，定义开发内容、关键技术、风险分析、商品竞争力分析等。这部分的内容作为以后部分的输入，用于指导对标车选定、开发目标设定以及概念设计。

8.2.1　车辆特征和对标分析

车辆特征根据市场需求、企业商务需求确定，包括车辆尺寸（轴距、轮距、车高）、类型和用途、车重、载客数、载重量、车价、油耗、造型、性能、配置等。根据车型的定位，选取对标车进行对标分析，以便设定开发目标。立项之前硬件方面的工作主要是实车对标工作。对标分析的内容广泛，包括车辆特征、整车内外部尺寸、座位布置和使用空间、动力系统、性能、底盘结构（前后悬架类型、制动系统、转向系统、轮胎）、车辆性能、舒适和便利性、安全性、驾驶辅助功能、信息娱乐功能等。以下对标结果对车辆动力学开发有直接指导意义：行驶平顺性、操纵性、稳定性、制动性能，以及整车质量、重心位置、转动惯量和轮胎组合。性能对标需同时采用主观评估和客观测量两种方法。通过对标分析，使得车型开发的目的更为明确，使得以后的阀门评审和开发验收都有了明确参照物。

8.2.2 车辆动力学研发团队组建

车辆动力学性能开发需要多个团队成员共同参与，每个成员都有自己的职责，大部分的职位和责任和交付物都很明确，见表8.2。特别需要指出的是，动力学性能集成工程师、整车架构工程师和系统工程师的责任尤其重要。他们的工作是有关平衡与妥协、关注全局而非局部，他们首先要保证符合用户需求和项目需求，同时满足设计要求。

表8.2 研发团队成员及主要职责

名称	主要职责
动力学性能集成工程师	①性能对标分析；②制定整车动力学性能的VTS目标；③整车动力学性能相关的评价体系、标准、规范等建设
底盘架构师	①平台车型扩展及共用方案、解决布置问题；②平台车型新技术搭载、布置可行性分析，给出布置或平台规划建议，解决布置问题；③负责平台内所有车型底盘集成数据（含包络）更新及维护；④概念及详细设计阶段底盘内外部布置问题解决
系统工程师	①对接平台及性能开发输入，制定系统性能目标；②负责系统级设计参数；③负责系统相关试验验证计划制定；④负责平衡系统内零件成本、耐久、重量、工艺、开发时间与性能、平台化需求的矛盾；⑤完成系统内性能分配；⑥参与系统平台化规划
车辆动力学分析工程师	①搭建并维护多体动力学模型；②整车性能目标分解，对系统及零部件提出约束及要求；③轮胎、转向动力学性能关键参数设计；④底盘硬点设计开发，K&C参数、调校件参数等设计开发；⑤整车动力学性能仿真、虚拟验证；⑥整车动态载荷预测分析和轮胎包络分析等
零部件设计工程师（DRE）	①按性能要求完成零部件设计开发；②零部件供应商对接；③和CAE分析工程师一起进行零部件的设计优化；④零部件的试验验证计划制定及结果跟进；⑤零部件设计认可；⑥零部件模块化开发策略
调校工程师（机械部分）	①底盘调校计划编制及统筹、底盘调校方案制定、调校件清单制定；②实车调校工作；③整车VTS目标达成、问题解析、对策制定及验证等工作；④组织解决整车动力学相关的性能问题
标定工程师（电控部分）	①领导标定工作、组织和参加性能评价和验收；②标定车辆的跟踪和检查；③建立验收评价标准；④功能和性能对标分析
整车客观试验、主观评价工程师	①整车客观试验；②通过主观评价进行性能和商品性验收；③和动力学性能集成工程师、调校标定工程师一起，制订、完善试验标准和验收规范
系统和零部件试验工程师	①悬架K&C特性；②转向系统特性；③柔性件特性；④阻尼器特性等

8.2.3 车辆动力学性能目标设定

整车级动力学性能的四项性能中的每一项都有一系列性能指标，其中操纵性、稳定性和制动性指标较为完善，标准化程度较高，而行驶平顺性指标的标准化水平仍需提升。每一项指标都需要制定目标值，这些目标值既可以是用户目标（通常用主观评价分数描述），也可以是工程目标（一般用客观指标表达）。性能目标值可以保证用户的需求不被忽略，可以让团队中每个成员了解本车型对标车的性能。在关键节点，需对所有的性能指标的达成情况进行阶段评审或达标验收。

性能目标设定首先是确定主观目标：相对于细分市场和参考车辆，期望在研车辆的表现如何、开发目标如何、怎么实现等，比如"操纵性、稳定性和制动性应维持对标车同样水平，但行驶平顺性应该提升 0.5 主观评价分"。客观目标的设定需要进行一系列测试，以便得到类似中心区转向性能、频响性能、阶跃响应、总转向比、转弯半径、制动性能、制动距离、制动效率、行驶平顺性、悬架频率、车身运动控制、冲击输入响应、平滑路抖动等性能的测试结果作为参考。车辆客观性能目标的设定通常也需要在给定初始车辆架构设计参数下进行前期动力学性能仿真，以便确保目标的合理性。主客观目标的设定过程也是确定车辆动力学性能开发策略的过程，比如偏运动型的车辆，需要设定较为激进的操纵稳定性目标，必须搭载高侧偏刚度的轮胎以及高刚度转向系统；以行驶平顺性为主要开发目标的车辆，必须做关键液压衬套的设计预留等。

8.2.4 概念设计

概念设计是整车开发中的重要组成部分，主要是确定总体方案、几何集成和关键参数。车辆动力学性能开发策略工作需要在该阶段完成，因此 CAE 工具的使用和完善的分析规范是进行概念设计的重要前提。概念设计首先需要根据车型定位，确定合适的关键系统的结构形式，主要包括轮胎规格、前后悬架、转向系、制动系、传动系和半轴、副车架等。系统结构形式的选择标准主要包括：性能、重量、成本、布置空间、轮胎包络和装配难易程度等，各悬架形式和转向系统的优缺点及适用范围分别参看第 3 章和第 6 章。

8.2.4.1 基于仿真的车辆动力学开发

为了将开发工作前置，必须依赖车辆动力学模型来完成大量的优化工作，以满足整车性能指标。一套成熟的多体动力学仿真技术是车辆动力学正向研发的关键之一。项目开发前期，应用多体动力学仿真技术，可在概念设计阶段充分验证设计是否满足技术规范和要求。在概念设计完成后，通过试验设计和六西格玛研究，进行优化设计，在任何硬件构建之前完成充分的设计和验证工作，有利于尽早做出基于数据的正确决定，增加决策依据，从而实现从支持到领导设计和开发，也有利于减少样车数量，降低样车制造成本，缩短开发周期。图 8.4 所示为正向开发流程中的基于仿真工作量和基于硬件开发工作，从预研阶段大量应用仿真，就可以在概念设计阶段产生大量可用数据，从而帮助做出基于数据的正确决策，从而有效减少对硬件的依赖。

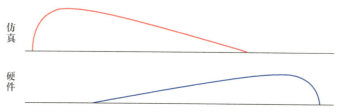

图 8.4　前期大量的仿真工作可以使得研发工作前置并减少对硬件的依赖

仿真实际上是将客观物理世界投影到虚拟世界的过程,为了能够提供有价值的数据,必须首先达到三个一致:①系统一致。正确按硬件系统建模,建模过程与构建样车的步骤相同,为了某特定的目的,物理系统的必要细节必须有足够详细的仿真模型以满足特定任务,以便能足够准确地预测实车的表现;②工况一致。针对特定性能,首先开发出一套完善的实车试验规范,然后仿真工况要能够完全重复物理世界里的试验,达到"仿真所测试的,测试所仿真的"的目的;③数据处理方法一致。仿真的准确性和可靠性需要通过仿真模型和实车的试验结果对比判断,当不能从报告里分辨出是仿真还是试验结果时,说明仿真可以乱真,从而实现开发工作前移的目的。当二者不一致时,一方面可能需要细化模型,另一方面也必须检查实车是否符合设计要求。

多体动力学分析工程师在硬点优化和弹性件、柔性件以及减振器最初的外特性设计方面起主要作用。根据开发工作尽可能前置的原则,一般希望在此阶段硬点和柔性件特性参数优化完毕。多体动力学模型的搭建是一个不断精细化的过程,最初可能是刚体线性模型,所用外特性一般是相似替代件的测量特性。需要收集并不断精细化以下几个方面的内容:①整车及零部件质心、质量、转动惯量信息;②悬架及动力总成悬置硬点信息;③调校件特性,包括柔性件动静刚度和阻尼特性等;④轮胎模型。

车身和零部件转动惯量信息对振动响应仿真尤为重要,而杆件衬套(尤其是摆臂液压衬套)的阻尼值必须是频率的函数。柔性件的非线性特性都需要在仿真模型中精确体现,如限位块在设计状态的间隙、悬置件非线性段间隙以及悬架衬套的刚度曲线拐点等。对于轮胎模型,在概念设计阶段最可靠的方法是选用和目标特性(至少在线性范围内)及设计规格一致或接近的模型。

前期仿真的输入是整车动力学性能目标,交付物是优化后的硬点和调校件特性,以及调校件,如图 8.5 所示。仍以不足转向特性的虚拟验证开发的为例,首先搭建悬架模型对概念设计阶段硬点进行悬架 K&C 优化分析,重点关注与不足转向特性强相关的侧倾转向、同向侧向力转向、同向回正力矩转向等指标是否满足指标分解要求,然后搭建整车操纵稳定性模型,包括采用实际轮胎六分力测试辨识的轮胎模型进行整车不足转向特性仿真分析,重点关注转向灵敏度、后轴等效侧偏柔度 D_r 等指标,如不能满足要求则需要迭代优化。整车行驶平顺性能的仿真可以虚拟验证相应指标是否满足客观目标要求,如不满足,则需要优化柔性件非线性特性和阻尼特性,以及虚拟调校减振器。

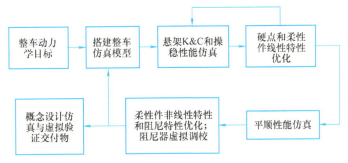

图 8.5 基于车辆动力学模型的虚拟开发验证流程

8.2.4.2 几何集成与轮胎包络

在开发初期,悬架系统结构布置分析(包括制动系统布置)之前,首先需要初定转向器和转向中间传动轴布置、传动系布置以及轮胎包络,这将为悬架概念开发提供基础;其次进行零部件空间布置范围和系统界面分析;最后初步优化悬架几何、分析轮胎包络、半轴行程及其在各种承载状态下的角度,以及载荷预测及控制。

轮胎规格即轮胎的尺寸。车企一般需要制订轮胎序列和规划,避免轮胎规格过多或者过于少见。轮胎规格过多会造成开发资源的浪费,且不一定会因此增加总销量,规格过于少见使得供应商资源不足。轮胎包络通常用车型项目中最大轮胎尺寸,如果有防滑链,还须分析带防滑链的轮胎尺寸。轮胎包络分析要考虑车轮行程与转向(转向前轮),且需补偿由柔度和制造公差引起的误差。裸胎包络可以用全下跳行程到 75%~80% 上跳行程,和端到端车轮极限转向角度;轮链包络分为低速(如 10km/h)和高速(如 70km/h)两种,低速轮链包络使用全下跳行程到 75%~80% 上跳行程,端到端车轮极限转向角度;高速轮链包络使用全下跳行程到 75%~80% 上跳行程和 ±5° 车轮转向。非转向后轮胎裸胎包络分析可以使用全有效行程以及 6° 车身侧倾验算。后轮链高速(70km/h)包络可使用全下跳行程到 75%~80% 上跳行程。

8.2.4.3 轮胎动力学性能正向开发和基准轮胎的选定

传统的轮胎开发流程以轮胎本体为主线,首先从满足轮胎单体要求出发,以法规和各种标准为指南,主要从轮胎规格、功能、强度耐久、结构均匀性等方面考虑,这些无疑仍然非常重要。在以车辆动力学性能为主线的轮胎正向开发流程中,把轮胎开发有机地融入整车正向开发 V 字形流程中。轮胎性能目标的设定,对整车性能取向包括悬架和转向系在内的性能分解结果有决定性影响。以整车动力学性能为主线的轮胎正向开发流程如图 8.6 所示。这样的开发思路也为将来轮胎虚拟送样打下了基础。

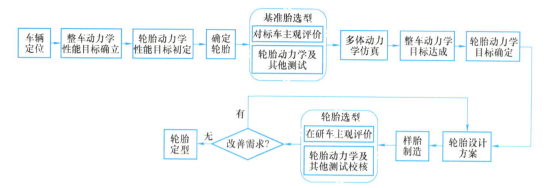

图 8.6 轮胎动力学性能正向开发流程

轮胎是一个结构复杂、由供应商设计的选型件，选择基准轮胎作为开发的参照物，可以确保制订出的轮胎性能指标合理可行，同时满足多项性能之间的约束和平衡。基于基准轮胎的主客观性能评估结果和在研轮胎的开发目的，制订出可行开发目标，比如为了持续提升，在研轮胎比基准轮胎在某些方面性能目标更高，另一种情况是在研轮胎需要保持和基准轮胎相似的性能，但成本目标更低。在前期概念设计阶段，当整车性能目标（VTS）确定后，在悬架硬点和柔性件特性优化之前，首先需要参考基准胎动力学性能和轮胎数据库，并结合积累的数据和经验初步设定轮胎动力学性能目标，然后才能利用简单模型或工具将整车性能分解到悬架和转向系统。

基准轮胎一般从上代车型轮胎或市场上口碑较好的轮胎中选择。如果在研车型的轮胎规格不变，一般选择上代车型的主销轮胎作为基准轮胎；如果轮胎规格有变化，则需要在市场上找相同规格，同时口碑较好的轮胎，连同上代车型的轮胎一起通过选型，选定主客观性能最接近上代车型的轮胎作为基准轮胎。全新开发车型没有上代轮胎作为参考，只能在市场上找相同规格，且性能接近车型定位的轮胎作为基准胎。在进行基准轮胎的整车主客观测试之前，必须先确定测试所需的对标车。有上代车型的情况下可以直接选用上代车型，否则可以选取符合在研车型的对标车型，基准胎选型首先需要对各参选轮胎进行实车主客观动力学性能测试，以此缩小基准胎选定范围，然后结合耗时较短、较为简单的单体试验结果选定基准胎，如滚动阻力、各向刚度和胎面硬度等。最后，对确定的基准胎进行单体动力学客观性能测试。

轮胎开发技术要求包括根据基准胎性能和轮胎数据库资料定义出来的车轮系统的性能目标和其他技术要求。供应商根据技术要求制订轮胎设计方案并制作样胎，样胎经过测试后提供给主机厂进行客观数据分析，同时进行动力学性能仿真轮胎选型。如果有某项性能不能满足要求，则需要提出改善需求，重复以上步骤。样胎需要通过可靠性等多方面验证，满足技术要求的轮胎性能指标需要写入轮胎开发技术说明书，开发到此完毕。

在研轮胎的整车主观性能指标一般参照装有基准胎的对标车的性能制订，给出相对提升、维持或降低的目标。大部分情况下，在研轮胎的所有性能至少要维持基准胎的水平，在某些方面有所提升，或者在成本方面有所下降。由此制订的主观性能目标的变化要传递到后期基于在研车辆的轮胎选型。在研轮胎的客观性能目标要在基准胎的客观数据的基础上，根据主观目标进行相应调整，调整量要经过简单工具或多体仿真虚拟验证的校核和基于开发经验的判断。受轮胎结构和材料的影响，轮胎的力学性能指标之间存在复杂的内部联系和相互影响，主客观性能之间的关联性也可能受随后车辆的变化而不同，所以轮胎本体性能要求更多是性能开发的指导性辅助手段而非约束性要求，意在通过性能目标的设定，引导轮胎开发不断突破边界约束，实现整车性能的持续提升。

8.2.4.4 车辆动力学性能目标分解与硬点设计

每个整车指标通常和多个系统有关，而每个系统也会影响多个整车指标，如动力学性能就和车身（下车体、副车架、转向盘管柱系统、座椅等）、底盘（悬架、转向、制动系统）、动力总成（悬置）等有关，因此只有把整车性能目标分解到相关系统目标，并按系统目标设计该系统，才可能在整车装配后达成整车目标。性能目标分解环节主要在产品开发预研阶段和概念设计阶段进行，可以使用一些小工具进行整车指标分解。

本小节以不足转向系数分解到前后悬架转向柔度的过程说明分解流程（图 8.7）。整车不足转向特性是衡量汽车操纵稳定性能的重要指标，将车轮处不足转向度分为前轴等效侧偏柔度 D_f 和后轴等效侧偏柔度 D_r，在轮胎设计目标已知的前提下，可以直接指导悬架 K&C 和转向等系统的关键指标的设定，进而指导硬点优化和衬套特性的设计。

悬架 K 特性和悬架硬点直接相关，而悬架 C 特性和悬架硬点以及衬套特性直接相关。在确定整车不足转向目标后，为提升操纵稳定性能，必须尽可能降低后悬架等效侧偏柔度目标。因为轮胎本体在给定轴荷下产生过多转向效应，因此后悬架的 K&C 特性应该在允许的范围内尽可能产生最大的不足转向效应，从而尽可能减小后轴等效侧偏柔度。构成悬架等效侧偏柔度的成分包括侧倾转向、侧倾外倾、同向侧向力转向、同向侧向力外倾、同向回正力矩转向、同向回正力矩外倾等，其中侧倾转向和侧向力转向是主要的悬架等效侧偏柔度贡献因素。转向系统的贡献可以用同向回正力矩转向描述，主要影响因素为转向助力特性、速比、转向系统柔度等。构成轴等效侧偏柔度的轮胎指标主要包含前后轮胎的侧偏刚度归一化系数。每一个因素都有其合理的取值范围，目标分解时需要限定相应指标的取值范围，超出该范围可能会引起其他性能问题。关键指标的合理取值范围可以通过数据库积累的数据确定。通过分解可以明确悬架、转向系统以及轮胎对不足转向特性的贡献占比（表 5.2），根据各部分贡献占比相应优化相关系统指标，

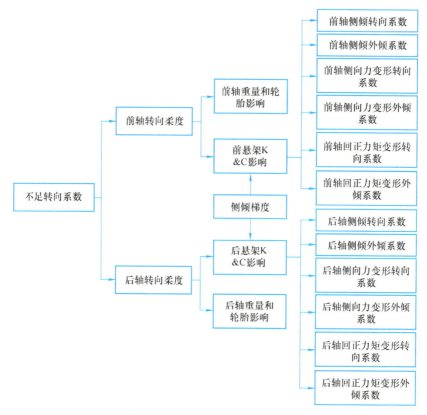

图 8.7 不足转向系数分解到前后悬架等效侧偏柔度的流程

以达到不足转向特性指标的设计目标。达成不足转向特性的过程同时也完成了性能指标分解，以及硬点优化和衬套特性的设计。

8.2.5 阀门交付物

本节介绍了车型项目开发前期阶段的整车动力学性能的开发流程和方法，包括对标分析、性能目标设定、性能目标分解、底盘概念设计等。主要交付物包括：①《车辆动力学性能 VTS 目标》（阀门 6）；②《车辆动力学性能开发策略报告》（即各系统方案；阀门 6）；③《车辆动力学性能仿真分析报告》（包括硬点方案和悬架 K&C 分析结果；阀门 5）。车辆动力学性能目标根据车型开发要求按照 VTS 格式制订，包括在四个性能方面的主客观目标。车辆动力学性能开发策略是根据性能目标从平台规划方案出发，制订关键系统的技术方案，即车轮系统、悬架系统（包括副车架）、转向系统、传动系统、制动系统、底盘电控系统和悬置等系统。报告的内容包括：①轮距和姿态拓展策略；②各系统性能要求；③各系统的具体结构形式和关键技术参数，并解释和整车平台中其他车型的异同及原因；④集成布置风险；⑤重量和成本核算；⑥平台化零部件沿用率。车辆动力学性能仿真分析报告包括性能目标，整车的基本参数，车辆动力学模型的基本参数和建模信息，工况及仿真结果，最后记录达标情况和对标风险分析等。

作为由供应商设计的选型件，轮胎开发需要更为详细的技术要求，包括所有关于在研轮胎的要求，用于和供应商有效沟通。第 3.9 节仅仅讨论了轮胎客观力学性能指标。轮胎开发技术要求包含更多内容，如车型项目信息和车辆信息、开发时间节点、整车主观性能要求（如干地操稳性能、湿地操稳性能、行驶平顺性、轮胎噪声等）、整车客观性能要求（操稳性能指标、制动距离、车内轮胎噪声等）、轮胎单体性能要求（如重量、外部尺寸、强度耐久性能、脱圈力、均匀性、电阻、漏气率、磨耗、抗鼓包、力学性能、NVH 性能等）。供应商根据轮胎开发技术要求进行方案设计和样胎验证，并提交技术方案材料给主机厂进行方案的审核，评估是否有明显的设计缺陷，是否有不满足设计要求之处，实车主、客观试验结果或者轮胎本体关键性能指标与开发目标是否差距较大等。

8.3　详细设计与样车制造阶段

详细设计阶段的主要工作包括零部件的详细设计和特性开发，以及整车动力学性能的虚拟调校和验证，对应表 8.1 中的阀门 4。该阶段需要完成系统级设计工作评审，零部件设计和数据发布。零部件的设计要考虑空间布置、动静工况下的应力寿命要求等。系统工程师的职责非常关键，可以看成是架构师工作在立项后的延续，负责系统开发的落地实施，主要工作内容包括设计输入参数搜集与合成、系统目标分解和初步设计方案、重量成本目标分解、系统台架强度及耐久和系统级性能达成，最后批准系统设计认可。零部件工程师则需要根据零部件性能目标，设计和分析零部件；组织零部件数据评审及 2D/3D 数据发布；完成零部件报价书；与系统工程师对接，确保零部件设计方案达成系统性能需求；制定产品验证计划和产品尺寸测量计划；与供应商对接，完成零部件样件性能检测报告，最后批准零部件设计认可等。

零部件详细设计阶段完成后，需要更新整车零部件质量信息等所有特性参数。若供应商已提供样件，需要进行测试以判断是否满足技术要求。此外，对于轮胎开发，按照技术要求提供的样胎经轮胎选型确认后，也需要根据轮胎六分力测试结果更新胎模型。

8.3.1　详细设计阶段的车辆动力学仿真与虚拟验证

在详细设计阶段，硬点和调校件的优化工作已经结束。这一阶段的多体动力学模型应该包括详细的悬架硬点和柔性件参数、正确的转向系统形式和相应参数、基于样胎试验数据的轮胎模型、尽可能接近最终状态的整车参数等。通过一系列仿真工况，对整车动力学性能进行全面评估，提出转向和悬架系统可调件的优化需求，最重要的是轮胎方案的优化需求。此时，应该已经提交采用实测轮胎六分力辨识的轮胎操稳模型、基于小凸块冲击的轮胎低速包络特性和中速冲击响应的行驶平顺性轮胎模型，可以利用不足转向特性和前后轴等效侧偏柔度仿真分析和某些行驶平顺性分析，进一步验证达标情况。比起前期用于指标分解的简单线性模型，多体力学模型可以更全面地考察轮胎在实际驾控操作时的表现，比如非线性特性、外倾和侧偏综合力学特性、复杂的载荷灵敏度特性、迟滞特性和振动响应等。随着项目的进展，整车前后轴荷、转动惯量和重心位置等关键整车输入参数越来越准确，仿真精度大为提高。

8.3.2 车辆动力学仿真与轮胎虚拟送样

车辆动力学仿真实际上催生了所谓轮胎虚拟送样概念。所谓虚拟送样，就是在主机厂密切关注的轮胎操稳性能、行驶平顺性能、NVH特性等方面，直接用高精度有限元轮胎模型生成不同类型轮胎模型需要的虚拟试验数据，像对待实胎试验数据一样，通过参数辨识等工具建立实用轮胎模型，然后进行整车性能仿真优化分析。在图8.8所示的轮胎动力学性能正向开发流程中，虚拟送样相当于样胎制作和轮胎方案测试两步，这样可直接通过车辆动力学仿真评估不同轮胎设计方案，省去了样胎制造和试验环节，加快轮胎开发节奏。

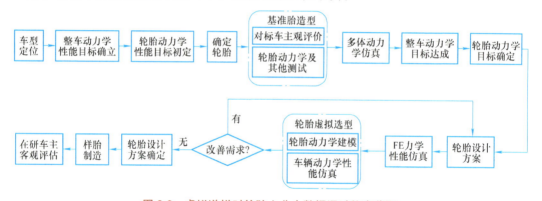

图8.8　虚拟送样时轮胎六分力数据通过仿真获取

强实时的轮胎模型的开发，可以将上面两步整合成一步，直接将轮胎结构有限元模型装配到整车模型中，完成整车性能仿真评估。这需要开发轮胎专用有限元软件进行建模，高精度、高效率地从轮胎有限元模型产生所需要的轮胎特性，更快积累数据、更准确地评估轮胎设计方案，进而利用大数据分析方法快速建立轮胎设计参数和整车性能之间的关系。未来，这方面的工作大有可为。

8.3.3 样车制造

样车制造阶段对应表8.1中的阀门3。经过前期的大量仿真工作，大部分设计方面的问题可以避免，但零部件制造工艺和材料、整车装配工艺等方面的问题需要在实车制造和使用过程充分暴露。样车制造一般分为设计试制、试验试制和量产前试制等三步,分别用于功能验证、性能验证和技术认可验证(如可靠性和耐久性等)。车辆动力学相关工作主要是按照调校件清单制造调校件。

8.3.4 阀门交付物

在详细设计阶段,车辆动力学方面的主要交付物是应用最新的设计数据和轮胎模型建立车辆动力学仿真模型,完成完整的仿真工作,生成最后一份《车辆动力学性能仿真分析报告》(阀门4)。

8.4 整车动力学性能调校与验证阶段

在整车开发后期,基于样车的研发工作成为主流,包括性能调校、电控标定和主客观试验等,对应表8.1中的阀门2。性能调校是整车动力学性能工程师通过评估并选择所需的组件特性,来实现车辆动力学性能目标的过程。性能调校的目的是为了达到选定系统结构在性能上的最大潜力。因为大部分调校件都属于底盘,通常又称为"底盘调校"。底盘调校任务是根据开发目标,确定弹性件和柔性件调校方向与关键参数、减振器阀系和控制参数、EPS与ESC初始标定文件,使得整车的四大动力学性能达到硬件结构所允许的最佳平衡。

8.4.1 性能调校任务清单和调校流程

底盘调校是达成性能目标的最后也是最重要的一步,包括一系列可调件的调校工作。底盘调校任务清单见表8.3。

表 8.3 底盘调校任务清单

分类	调校和标定内容	主要评估内容
车辆准备	车轮定位参数校正	
	悬架高度校正	
	悬架K&C特性测试验证	制造精度和对称性等
轮胎和轮辋	轮胎最终定型	整车动力学所有性能
弹性件	弹簧刚度	一阶平顺性、侧倾控制
	横向稳定杆尺寸	侧倾控制、稳态性能、一阶平顺性
	减振器拉伸弹簧刚度	稳定性、平顺性
柔性件	缓冲块尺寸和材料密度	一阶平顺性、侧倾稳定性、操纵性
	控制臂衬套刚度和阻尼角	平顺性、稳定性、操纵性
	弹簧座材料厚度和硬度	平顺性、NVH
	横向稳定杆衬套刚度	平顺性、稳定性、操纵性、NVH
	减振器衬套轴向刚度	平顺性、稳定性、操纵性、NVH
	Topmount轴向刚度	平顺性、NVH
	副车架衬套刚度	平顺性、稳定性、操纵性、NVH

(续)

分类	调校和标定内容	主要评估内容
减振器	减振器阀系选型和调校	所有整车动力学性能
转向系统标定	EPS 标定文件	操纵性、平顺性
稳定性系统标定	ESC 标定文件	稳定性
ADAS 标定	ADAS 标定文件	安全性

对于这一有挑战性的调校任务，必须按一定的顺序进行，并且需要迭代式优化。调校过程以实车评价为主，但 CAE 分析仍然能发挥重要的作用，通过更新模型参数，进行相关分析，给出调校方向和变化范围。图 8.9 为典型的调校迭代流程。调校流程基本遵从先机械后电控、先低频后中高频、先下游后上游的顺序。例如，轮胎是一切动力学性能的基础，因此必须首先定型。弹簧及稳定杆和悬架偏频及车身侧倾控制密切相关，需要随之确定。减振器特性与所有的动力学性能相关，阀系调校也是机械底盘调校的核心，耗时最长，通常需要进行多套方案的多轮调校。因此在调校流程中，以减振器为中心需要反复迭代以便得到期望的最优性能特征。悬架衬套和轴转向柔度密切相关，也和 NVH 性能密切相关。除影响中高频路面隔振性能外，发动机悬置与冲击工况的余振控制和 NVH 性能强相关。扎实的底盘调校是优良转向性能的基础和必要前提，因此，电动转向 EPS 性能的标定需要等到悬架调校基本完成之后。电控稳定性系统的标定既要保证极限驾驶情况下的稳定性，同时也要兼顾极限工况下车辆仍然有足够的操纵性。如今几乎所有的新车型都装备了某种形式的辅助驾驶功能，因此底盘的调校和标定必须保证有足够的 ADAS 系统标定时间。

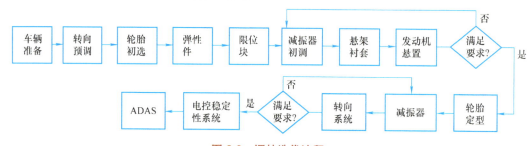

图 8.9 调校迭代流程

8.4.2 轮胎选型

轮胎选型是一个主机厂利用最新状态的在研车型，经过整车主观和客观性能评价，对通过技术方案审核的参选轮胎以及基准胎进行排序，最后选定最接近轮胎开发技术要求，通常也是综合性能最好的轮胎的过程。每次轮胎选型和优化前均需开展指标设定并编制指标要求清单，以输出给供应商进行样胎方案设计或优化。供应商完成样胎制作后，主机厂需根据目标要求对送样方案进行客观评估，筛选符合要求的轮胎方案进入下一阶段的实车主客观测评。

在选型前应安排好选型方案、样胎和车辆准备，选型中认真讨论并记录主观评价结果，同时进行客观数据测试。首先应确认是否满足轮胎开发技术要求，同时对参选轮胎进行排序，可以使用蛛网图更好地表达参选轮胎的相对性能，然后比较参选轮胎单体性能的测试结果，确认轮胎本体性能指标与目标要求的差异。如果参选轮胎整车主客观性能未能达到要求，需找出轮胎本体原因，为下一步轮胎性能改善做准备。因为基准胎选型时通常使用上一代或者竞品车型，而在研车型可能相对有较大变化，因此有可能需要检讨原来制订的轮胎开发目标是否需要调整。不同阶段底盘调校的变化也使得最佳匹配的轮胎性能不同，因此可能需要通过优化轮胎来改善某些性能。总之，满足最初设定的性能目标要求并不是轮胎开发的终点，仍然需要在车型投产之前不断优化轮胎性能。此外，提升轮胎单项性能应避免其他性能的损失。

对充分满足基础底盘动力学要求的轮胎，还需验证是否满足底盘电控 ESC 性能要求，同时确认轮胎滚阻是否满足整车能耗要求，最后需要通过强度和综合耐久试验以确保轮胎有无质量问题，本轮轮胎开发工作到此方告结束。

8.4.3　底盘弹性件和柔性件的调校

底盘弹性件包括弹簧、横向稳定杆、减振器拉伸限位弹簧等。根据在样车制造阶段制造出的调校件库，将在该阶段优选出最优的弹簧刚度、横向稳定杆直径、减振器拉伸限位弹簧刚度等主要性能指标。作为辅助弹簧，缓冲块的长度和刚度特性也在该环节初步确定。弹簧刚度要先于减振器调校。根据第 7.7 节的讨论，弹簧刚度可以由悬架频率目标和偏频比设计范围确定，调校过程需要确认设定的弹簧刚度是否能够达到期望的性能。横向稳定杆刚度的设定已在第 5.2 节讨论。根据整车侧倾梯度和横向载荷转移分布系数，可以推导出前后悬架需要的侧倾刚度，在弹簧刚度确定的情况下，就可以确定横向稳定杆需要提供的侧倾刚度。在该阶段可以根据稳定杆的几何走向确定前后稳定杆的直径。在利用线性范围内悬架偏频和侧倾梯度等确定弹簧和横向稳定杆刚度后，减振器拉伸限位，弹簧的长度和刚度，以及缓冲块的长度和刚度特性需要通过大幅长波路面输入来调校，目的是在初始侵入感、限位冲击强度、悬架行程控制和车身侧倾控制之间找到最佳平衡。在良好路面输入下悬架位移较小，此时较低的中心区悬架刚度有助于隔振，而在悬架位移较大时，渐进式的悬架刚度有助于吸收来自路面的垂向冲击能量，避免为乘员带来触底感，同时车身侧倾可以得到良好控制。性能平衡较好的车辆调校通常采用这种类似解耦的方法来实现不同性能之间的平衡。

图 8.10 为包括缓冲块刚度在内的轮心载荷和轮心位移关系，可用于指导缓冲块的设计和调校。假定空载时轮心位置为 0，则半载状态下轮心位置发生位移，此时一般限位块不应接触。半载状态下，轮心位置到初始接触点的位移由缓冲块

长度决定,而缓冲块顶部的刚度决定了是否有顶升侵入感。随后缓冲块刚度曲线的形状决定了轮心刚度的非线性特性,该特性与上述的一系列性能平衡有关。另外,缓冲块必须在误用工况下吸收足够的能量,将悬架位移控制在设计范围内,同时将传递到车身的最大力限制在车身局部能够承受的范围内。

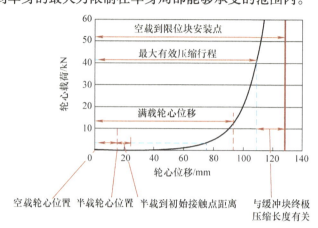

图 8.10 轮心载荷与轮心位移的关系

底盘柔性件主要包括悬架连杆橡胶、液压衬套和动力总成悬置件。最初柔性件的应用都是为了改善悬架 NVH 性能,而且一般来说较低刚度的悬架衬套和动力总成悬置件有助于 NVH 性能。但同时悬架连杆衬套也会影响悬架的弹性运动学特性,从而影响操纵稳定性能。为了更快地传递轮胎侧向力,必须有很高的轮胎接地点侧向刚度,而从平顺性需求出发,又需要较高的轮心纵向柔度和较高的轮心纵向阻尼。在上述诸多性能需求下,一般需要 NVH 和底盘调校工程师对橡胶件进行联合调校,以达到最佳的综合性能。

8.4.4　减振器的调校

与减振器有关的整车设计开发可以分为三个方面:①影响减振器工作效率的整车结构参数(如减振器杠杆比和减振器衬套刚度);②确保减振器正常工作状态的减振器尺寸参数(如外径、活塞及活塞杆直径和气室压力);③优化平衡整车性能的减振器调校(力-速度递减特性、压缩-拉伸特性比和前后侧倾阻尼分配比等)。

减振器调校通常在制造出能够代表设计状态的样车之后进行。通常需要至少几周时间完成;如果基于同一平台的车型众多,减振器调校任务会极为紧迫而繁重。借助计算机仿真可以大大缩减调校所需时间,粗调可以在前期借助计算机模拟完成,而精调可以在得到样车之后,用传统实车调校方法完成。

车型定位会影响性能的侧重,如偏舒适性的车辆需要提供放松舒适的乘坐环境,有效隔离粗糙道路输入,减小抖动,而偏操纵性的车辆应该提供非常敏捷的驾驶体验，强调运动感。总结起来，作为整车重要部件的减振器直接影响平顺性和操纵性能，二者对阻尼调校提出相互冲突的要求。应该通过具体的操稳和平顺性工况，通过递减的阻尼特性、压缩拉伸阻尼比调校以及前后轴阻尼比例来实现理想的整车性能。

减振器和限位缓冲块共同吸收输入的能量、影响行程限位冲击强度且降低传到车身/车架结构的力，因此需要综合设计调校限位缓冲块和减振器（高速曲线部分）。减振器调校（高速曲线部分）和限位缓冲器调校共同影响行程限位冲击强度等性能。当悬架运行到行程终点附近，应避免急剧或突然的载荷和响应变化。为此，必须在车轮过中心位置、减振器速度最快时就提供高阻尼力以便尽可能早地吸收冲击能量，降低悬架限位末端的峰值冲击载荷，所以减振器的高速阻尼必须增加。更多与减振器调校相关的内容可参见第7.4节。

8.4.5 转向系统的标定

转向系统的选型（包括控制策略）及其相关特征参数如转向速比（包括可变速比）、齿条行程、上游转向系统轴向刚度、转向万向节夹角及十字节相位等都应该在早期概念设计阶段完成。现在乘用车上广泛应用的电动助力转向系统的标定着重于转向助力特性和控制算法参数的确定。主要的转向性能客观指标包括原地或低速的转向便利性（如最小转弯半径、端到端总圈数和全行程范围的原地转向手力等），中高速行驶的中心区响应灵敏度及其线性度（包括无响应区和力矩无感区等），转向力矩特性（如在不同车速和侧向加速度下的转向力矩和转向刚度）。

现有的转向系统标定工作一般包括基础助力、主动回正、转向阻尼（转向力矩与转向角速度关系）、摩擦补偿、惯量补偿和末端保护等模块的标定。各模块的基本工作原理在第6.1节中介绍过。转向控制参数的标定是逐步迭代的过程，每次迭代都包括在不同车速下对以上模块参数的调校以及相应的客观试验和主观评价，直到在关注的车速、转向角速度和侧向加速度范围内满足预先设定的主客观目标。所谓标定流程，就是按照一定的顺序逐一确定各控制参数，并反复核实检验的过程。不同转向系统可能有各自最佳的标定流程，经验丰富的工程师可能在各步骤之间灵活跳转。一套统一的，包括关键客观目标和尽可能完整地覆盖主要用户场景的主观评价标准可以充分保证转向性能的达成。转向系统的标定和验收通常也包括转向干扰的评估和优化。

另外，在车辆开发的不同阶段，转向系统调校的目的也不完全相同。在工程样车阶段，调校的目的是为其他系统的开发（如悬架和底盘电控）提供安全可靠的转向功能，有较好的转向手感，并且提前识别转向系统问题，降低生产样车转向调校工作量。转向系统的最终标定是当样车状态基本达到量产状态时，在工程样车参数的基础上进一步全面标定并最终冻结量产参数。

8.4.6 电控稳定系统的标定

与车辆动力学密切相关的底盘电控稳定系统主要包括防抱死系统（ABS）、驱动力防滑系统（TCS）和车身稳定性控制系统（ESC）。底盘电控稳定系统的标定就是对这三个主要功能及其他附加功能在多个典型应用工况和路面条件下，逐一标定软件参数，直到满足预先设定的主客观性能目标的过程。

电控稳定系统的标定通常包括低附和高附两部分。低附标定是对车辆ESC各功能在低附着系数路面上的性能进行匹配标定。首先需要确认标定车辆的状态，检查对底盘电控有影响的底盘硬件是否体现最新的调校状态，软件是否为最新版本，以及是否可以正常工作等。低附标定工作完成后，供应商就主要指标完成情况编写关键性能测试报告。在确认满足验收条件后，主机厂组织低附标定验收工作。高附标定是对车辆各功能在高附着系数路面上的性能进行匹配标定。此时仍然需要确保采用最新状态的车辆，包括迄今为止最新的机械调校和低附电控标定的结果。高附标定工作完成后，供应商就主要指标完成情况编写关键性能测试报告，在确认满足验收条件后，主机厂组织高附标定验收工作。有的车企采用两轮高附和一轮低附的标定流程。第一轮高附标定主要是在秋季初步标定ABS功能，然后在随之而来的冬季进行低附标定，紧接着在春季完成第二轮高附，也就是最后的标定。根据车型开发的时间节点，也有可能需要在南半球进行反季节标定。

底盘电控稳定系统标定的主要内容及典型的客观指标如表8.4所示。除各种均一低附和高附路面外，标定工作还用到分离路面（即左右侧分别为不同附着系数的路面），和对接路面（即车辆首先从一种附着系数的路面开始制动或加速，然后马上进入另一种不同附着系数的路面）。在加速和制动两种工况下，又分别有从低附到高附和从高附到低附两种情况。现在很多试车场都有分离和对接路面。具体的目标设置需要根据车型定位和竞品对标制订。

表8.4 底盘电控稳定系统标定的主要内容和客观指标

序号	功能	工况	描述	指标
1	ABS	均一路面高附制动	给定初速度下高附沥青路面紧急制动	平均减速度、横摆速率峰-峰值
2		均一抛光冰面/压实雪面制动	给定初速度下压实雪面和抛光冰面紧急制动	平均减速度、横摆速率峰-峰值
3		分离路面制动	给定初速度下一侧抛光冰面另一侧干沥青路面紧急制动	平均减速度、最大横摆速率、方向盘修正角
4		高-低附对接路面制动	干沥青紧急制动中进入抛光冰面	滑移率恢复时间或抱死时间、峰值横摆速率、最大侧向位移、最大方向盘修正角
5		低-高附对接路面制动	抛光冰面紧急制动进入干沥青路面	减速度恢复时间延迟
6		均一路面圆环制动	定半径高低附圆环制动	车身侧偏角峰值、保持在3.5m车道内

(续)

序号	功能	工况	描述	指标
7	TCS	均一路面直线加速	均一平直路面原地起步及超车加速（干沥青、压实雪面及抛光冰面）	纵向加速度峰-峰值、横摆速率（峰-峰、平均）、最大方向盘修正角度
8		分离路面直线加速	分离路面-抛光冰面+干沥青 直线加速	起步加速度（平均、峰值、横摆速率峰-峰值、最大方向盘修正角度）
9		低-高附对接路面直线加速	抛光冰面加速进入干沥青	纵向加速度恢复时间
10		高-低附对接路面直线加速	干沥青路面进入抛光冰面	驱动轴轮速恢复时间
11		分离路面爬坡加速	15%分离路爬坡，一侧干沥青另一侧抛光冰面	起步车速、方向盘修正角度
12		均一路面圆环加速	高附和低附路面	平均侧向加速度、稳定性
13	ESC	鱼钩试验	Fishhook Test，动态抗侧翻性能试验	80km/h初速度完成鱼钩试验，无双车轮超过50mm的离地，车辆无其他非正常表现
14		正弦停顿方向盘输入试验	Sine with Dwell，横摆稳定性试验	横摆角速度和峰值横摆角速度的比值、车辆横向位移
15		双移线试验	不同路面以逐步增加的车速进行双移线	最高通过车速以及主观稳定感觉

8.4.7 车辆动力学客观试验验证

工程开发结束的标志是量产前的产品在功能、性能、强度、疲劳耐久、商品性等方面经过全方位评价都达到了要求。整车试验验证的目的，就是通过客观试验和主观评估对上述内容做出判断。客观试验由专业试验团队按照企业标准完成，而主观评估团队由整车性能工程师、底盘调校工程师和主观评价师（包括性能和商品性评价）组成。

功能验收是看有没有问题，相对简单。强度和疲劳耐久验证必须通过实车客观试验进行，将来或许可用可靠的虚拟验证代替。车辆动力学性能方面的客观测试直接与整车性能目标（VTS）相关，用于检验VTS性能是否达标，而主观评估的范围比客观更为广泛，包括了很多暂时无法客观量化的性能指标以及商品性目标。

操纵稳定性和制动性方面的客观测试标准化程度比较高，主要原因是大部分试验都只需要平整的路面，对某些制动试验要求的不对称路面也相对容易满足。主机厂通过一系列标准试验工况采集数据，并通过标准化数据处理方式得到结果。典型的干地高附路操稳试验包括稳态定圆、中心区转向、转向角阶跃和扫频试验等。典型的车辆制动性能客观试验通常包括在ABS试验中。

行驶平顺性客观试验要更复杂一些。首先是行驶平顺性概念涵盖的范围很广,涉及车辆多个系统和人体对振动的敏感性,需要在多种路面和不同车速下,在不同界面采集数据并处理出能够和主观感觉对应的指标。主机厂一直在努力定义客观指标,但是尚未有广为接受的行驶平顺性客观试验指标。主要困难在于世界上的不平路面千差万别,除了如限速带一样的单个或连续凸起冲击工况外,起伏路、粗糙路(类似NVH路)、修补路(破损路修补后)、一般破损路等特征各异,难以统一。行驶平顺性能的客观量化势在必行,但目前调校和验收大部分仍然依靠主观评估。

8.4.8 车辆动力学主观评估

主观评估车辆稳定性、操纵性、行驶平顺性和制动性能是车辆调校和验收的重要内容。因为所用场景相似,稳定性和操纵性一般同时考察评估。在日常驾乘场景中,驾驶员对车辆总体运动以及人-车界面的主观感觉非常重要。在这些行驶条件下车辆的表现会影响驾驶员的驾控体验,安全感和信心,直接影响用户对车辆的购买意愿。在极限驾驶场景,如高速紧急避让等工况,车辆的稳定性事关安全,必须充分满足标准要求。车辆行驶平顺性能的主观评价需要在多种路面、不同车速下的评价工况。制动性能评价除了效能和制动稳定性外,制动踏板反馈是制动性能评价的重要组成部分。

8.4.8.1 车辆操纵性和稳定性的主观评价

驾驶员在不同工况下对车辆总体运动以及人-车界面的主观感觉非常重要,这些工况包括高速直行和变道、弯道行驶、紧急极限避让、不平路稳定性、极限工况稳定性、制动稳定性和驻车性能等。在某些工况下,车辆可能不存在与安全性相关的稳定性隐患,但会影响驾驶员的安全感和信心。实际驾驶操作中,驾驶员会根据道路、环境等情况实时调整转向、制动和加速输入,因此与研究操纵稳定性的开环系统不同,此时人-车-路构成一个闭环系统。车辆操纵性和稳定性的主观评价可以分为用于性能验收和商品性评价两种情况。二者的主要区别在于前者基本利用试验场,评价的颗粒度较细,可以直接用于指导产品开发;而后者可以是任意用户可能用到的道路,评价的颗粒度较粗,用于评估产品的商品性水平。虽然操纵性和稳定性关注的方面不同,但大部分场景相同,通常一起评价。

直线行驶主要与车辆的抗干扰稳定性和中心区转向特性有关。直行性能首先考察在平直道路上行驶时,受到外界干扰如路面输入或侧向风时车辆的直线稳定性,例如车身是否有飘忽感,后轴是否能牢牢抓住地。受到不平路输入后是否能保持原来方向行驶,轮胎是否能保持较好的接地能力;在车辙路面车辆是否左右晃动,能否直行;在侧向风作用下,车辆是否有较小的横摆、侧倾和侧向位置的变化。直线稳定性好的汽车不需要转向盘校正输入就能自然直行,是最重要的动态性能指标之一。直线稳定性还包括直线加速和制动时车身的俯仰点头运动幅度和车辆是否能直行,如果车辆俯仰运动幅度太大或跑偏,会给人不稳定的感觉。直线行驶时也考察转向死区和转向盘中间位置感。如果转向死区较小,则转向盘只要从中间位置以很小角度左右转向,车辆就有可感知的横摆响应。转向盘中间位置感与之不同,如果转向盘有清晰的中间位置感,往左右打转向盘都能马上感知手力上升,松开转向盘能马上回正。无法自动回正或者回正过慢,则需要驾驶员亲自操舵回正,易造成驾驶疲劳。

变道行驶时需要车辆有很好的可控性,能够按照驾驶员意图,以可预测的响应完成变道。此时转向盘角度输入较大,但转向角速度通常较低。表现优秀的车辆能够迅速响应转向输入,有可预测的侧向和横摆响应。另外,侧倾响应的大小和速度以及和横摆运动的时间关系也是重点考察方面。可控性优秀的车辆有较小和较慢的侧倾角响应,而降低前轴侧倾角速度比减小稳态侧倾角更为重要,做到这点,就能实现横摆运动发生于侧倾运动之前的目的。侧倾角速度过快给人不安全的感觉,降低操控信心。在稳定性方面,主要评估横摆和侧倾的超调以及后轮的线性抓地能力,优秀的车辆有不易觉察的横摆和侧倾的超调以及几乎不可感知的后轴甩尾动作,车辆显得轻灵,有"得心应手"和"人车合一"的感觉。转向手力的大小和线性度也是操纵性能评估的重要方面,优秀车辆的转向手力恰如其分,手力与车辆响应(比如侧向加速度)有较好的线性递增关系。

弯道行驶需要更大的转向盘角输入,此时描述车辆状态的指标主要有稳态不足转向特性、侧倾响应和力矩反馈等。主要考察车辆在入弯时最初的瞬态过程中车辆响应延迟和力矩反馈的线性感,逐步达到稳态回转状态极限不足转向特性,在此过程中车辆应该始终有一定的线性不足转向特性以维持稳定性。但如果不足转向太多,操纵性将变差,车辆难以转向,此时称为"推头"。车辆的前轮应该比后轮稍早达到极限,如果后轮先达到极限车辆会甩尾,是需要避免的失控现象。除车辆能达到的最大侧向加速度外,还需考察极限状态下轮胎抓地能力是否感觉有余量,是否容易维持在峰值附近,转向盘是否对轮胎的极限状态有足够反馈等。

达到稳定状态后,通过控制加速踏板或轻微制动,确认不足转向特性是否有明显变化。表现优秀的车辆在轻微加速或制动操作下,不需要频繁的转向盘修正就能够维持原有的轨迹,车身的侧倾增益适中,最大侧倾角得到有效控制,给驾驶员以操纵信心。在弯道行驶中修正转向盘时,路面传来的回正力矩应该反馈到手上,驾驶员从而对车辆状态有把握,增加操纵信心,否则会缺乏安全感。维持弯道行驶时,转向盘手力大小要适中,太重会引起疲劳,太轻则引起不安。有良好弯道稳定性的轮胎抓地力有较大线性范围,即使在极限状态下轮胎抓地能力也能够基本维持在峰值附近,不会突然打滑,从转向盘力反馈可以明显感知轮胎已经达到极限状态。如果突然加速时车辆有严重的转向特性突变,特别是由轻微不足转向变为过度转向,则车辆的弯道稳定性不佳,这点对于后驱车辆尤其需要避免。在出弯时松开转向盘评估转向盘回正是否迅速、稳定、准确而无超调。近年来，在不同附着系数路面上的转弯制动综合工况也纳入了考核范围，其中就包括定圆对开路面弯道制动，此时的考察指标包括弯道制动稳定性、转向修正量和最大制动加速度等。

与变道操作相比，高速紧急避障（双移线操作）的最大特点除车速快、转向盘角度大外，还需要快速大转角的转向盘输入，以求车辆能快速连续变道。典型的双移线操作需要在一定的距离内完成两次操作，不仅需要车辆的转向响应足够快，而且轮胎也要有很高的极限抓地能力。当转向角速度（即转向频率）提高后，车辆的响应会产生更多滞后，时域中响应的线性度也明显下降。减小响应延迟和提高响应线性度是提升车辆高速紧急避障能力的首要目标。转向频率提升后，响应的下降和响应延迟的增加可以更清晰地用频域增益和相位图描述（见第5章的讨论）。从稳态增益开始，横摆增益维持一定的线性度直到达到一个峰值，然后迅速下降，相位延迟随频率的增加而逐步增加，在增益峰值附近相位延迟急剧增大。此时车辆对输入的响应不直接、不灵敏。以高于峰值频率的高频小角度转动转向盘，车辆基本上不改变行进方向。增益峰值频率高和相位滞后短的车辆，在更广的频率范围内增益的线性度好，不易进入低响应区，更易于横摆控制。极限驾驶是对车辆极限动态能力的综合考量，不光考察车辆的线性和极限操纵稳定性、转向性能，也考察车辆的极限加速和制动性能。响应敏捷的车辆匹配极限抓地能力强的轮胎是提升高速紧急避障性能的重要保障。为了提升赛道成绩，车辆一般有接近中性转向的特点，以便提高至关重要的操纵性，驾驶员的极限驾驶技能弥补了车辆稳定性的下降。在赛事中，通过加速或制动踏板的使用，驾驶员有意识地在弯道中制造瞬态过多转向以便以更快的速度通过弯道。

8.4.8.2　车辆行驶平顺性能的主观评价

车辆行驶平顺性能的主观评价可以大致按照5种不同路面和车速分为不同的评价工况，在每一种工况下评价相关的性能项。在单个或连续凸起冲击工况下，评价冲击的顶升感、柔和感和余振或车身的紧凑感；低频大幅起伏路面输入会激起悬架的偏频模态，即一阶平顺性，此时车身运动控制感、触底感和侧向晃动感变得更为突出；在新铺装的平滑路上可评价由于车轮动不平衡引起的周期性平滑路抖动、非周期性平滑路细碎振动或路面过滤能力以及制动脉动或制动抖动；在粗糙路上（类似NVH路的颗粒路），通过车内地板和转向盘抖动考察悬架和轮胎的过滤能力；修补路可以用来评价悬架隔振能力和振动的柔和感、以及簧下运动控制；在破损路和失修路面上的试验一般更多关注强度耐久，车辆通过性和安全性，通常不用来评价行驶平顺性。

8.4.8.3　车辆制动性能的主观评价

按照减速度的不同，车辆制动性能的主观评价可以分为原地制动、轻度制动、中度制动和最大制动四种。主观制动性评价时关注踏板反馈，即在不同制动踏板位移输入下，踏板位移和踏板力与制动减速度的关系，包括响应灵敏度、行驶平顺性、可控性、稳定性等，也会关注制动点头梯度。在最大制动输入下，关注最大减速效能和最大制动点头角。

8.4.9 阀门交付物

按照调校流程，利用调校件库完成整车机械系统调校和电控系统标定后，需要进行车辆动力学所有4项性能的客观测试和主观评估检验。参与主观评估验收的人员应该包括车型总监、车辆动力学域性能负责人、专业验收团队以及性能开发团队。验收过程不光要检验开发工作的达标情况，也要针对需要提升项给出对策，以便性能开发团队能够尽快完善开发工作。最终的阀门交付物是一份完整的包括主客观性能目标和达成情况的《车辆动力学性能目标达成评估验收报告》(阀门2)。

8.5 总结

车辆动力学和相关整车系统的开发是整车开发流程中的重要部分，根据预研、立项和概念设计阶段、详细设计和样车试制阶段，以及整车试验验证阶段的要求，由研发团队中大致分为9个角色的工程师配合工作以完成开发任务。车型开发最重要的一步是清晰明确的车型定位，这是所有开发工作的指南和努力方向。整车开发就是根据车型定位一步步研发车辆各系统以满足期望输出的过程。通常用V字形正向开发流程，划分为7个阀门节点来描述这个过程，每个阀门都按照大计划提交相应交付物。根据车型定位设定开发目标，制订客观目标并进行目标分解，然后开始概念设计，硬点优化等，相关系统和部件的详细设计随之展开。这一过程需要大量运用多体动力学分析工具。

因为对整车动力学的各方面都有决定性影响，轮胎开发是车辆动力学开发中最重要的一环。相比于传统的以轮胎本体为主线的轮胎开发流程，从车辆动力学角度出发的开发流程把轮胎开发有机地融入V字形开发流程中，保证了以用户体验为中心开发理念的实施，也是轮胎虚拟送样的基础。基准轮胎的选定和轮胎选型等活动都是开发过程中重要的环节。

相关系统的调校和标定是车辆动力学开发最后也是最关键的一步，涉及众多调校件和软件参数的最终确定。机械调校和电控标定会影响到车辆动力学的所有方面，其根本目的是在给定硬点和底盘配置下让性能达到最优。由于机械调校件众多、电控系统复杂，调校工作必须按照一定的顺序进行，基本遵从先机械后电控、先低频后中高频、先下游后上游的顺序。调校工作通常在专用的试车场进行，电控系统的调校可能需要供应商配合。在此阶段，明确的步骤和适当的迭代非常必要，总的指导思想是在满足安全法规和稳定性要求的前提下，聚焦于改善用户体验，比如行驶平顺性、转向精准性和力矩反馈、制动踏板感等。调校和标定工作最终以通过主客观性能试验验证，满足最初设定的开发目标为结束。以前各章讨论的具体技术内容都会体现在整车开发流程中的不同阶段。

现代新车型开发一般都是基于某个已经完成的模块化平台架构。相比传统的开发流程，平台化和市场对产品快速迭代的需求使得近年来的整车开发周期大为缩短。车辆动力学正向开发的关键，是有一套成熟完整的客观指标体系和仿真技术。只有不断完善与用户体验相关的客观指标，仿真模型的精细化和建模自动化，大量应用优化和试验设计等工具，才能充分做到底盘开发工作前置，适应开发周期缩短的新形势。

参 考 文 献

[1] BHISE V D. Automotive product development, a systems engineering implementation [M]. Boca Raton FL: Taylor & Francis Group, 2017.